Die Berliner Schulstrukturreform

W0094414

Kai Maaz, Jürgen Baumert,
Marko Neumann, Michael Becker,
Hanna Dumont (Hrsg.)

Die Berliner Schulstrukturreform

Bewertung durch die beteiligten Akteure und
Konsequenzen des neuen Übergangsverfahrens
von der Grundschule in die weiterführenden Schulen

Waxmann 2013
Münster / New York / München / Berlin

Bibliografische Informationen der Deutschen Nationalbibliothek

Die Deutsche Nationalbibliothek verzeichnet diese Publikation in der Deutschen Nationalbibliografie; detaillierte bibliografische Daten sind im Internet über http://dnb.d-nb.de abrufbar.

ISBN 978-3-8309-2946-8

© Waxmann Verlag GmbH, 2013
Postfach 8603, 48046 Münster

www.waxmann.com
info@waxmann.com

Umschlaggestaltung: Christian Averbeck, Münster
Umschlagabbildung: © Benjamin Bahr – Fotolia.com
Satz und Layout: Zentrales Schreibbüro am Max-Planck-Institut für Bildungsforschung, Berlin,
Marianne Hauser, Renate Hoffmann
Druck: Hubert & Co., Göttingen
Gedruckt auf alterungsbeständigem Papier, säurefrei gemäß ISO 9706

Inhalt

Vorwort

Kai Maaz, Jürgen Baumert, Marko Neumann, Michael Becker & Hanna Dumont

In der jüngeren Vergangenheit gab es im deutschen Schulsystem eine Vielzahl von Reformen. Dazu gehören Veränderungen von pädagogischen Strukturen auf der Ebene der Einzelschule, wie die Entwicklung eines Schulprogramms oder eines Schulprofils, aber auch Veränderungen der institutionellen Rahmenbedingungen. Beispiele hierfür sind die flexible Schuleingangsphase, die Änderung des Einschulungsalters, die Einführung von Vergleichsarbeiten, das jahrgangsübergreifende Lernen, die Einführung des achtjährigen Gymnasiums (G8) oder die zentralen Abschlussprüfungen. Mit all diesen Reformen sind spezifische Ziele verbunden, die in der Summe auf Qualitätssicherung und Qualitätsverbesserung ausgerichtet sind. Das Land Berlin setzt seit dem Schuljahr 2010/11 eine tiefgreifende Schulstrukturreform um, bei der sich zwei große Bereiche unterscheiden lassen: die Neuregelung des Verfahrens für den Übergang von der Grundschule in die weiterführenden Schulen und die Umstellung des Sekundarschulsystems auf Zweigliedrigkeit. Ziele dieser Reform sind die Reduzierung des Einflusses der sozialen Herkunft auf den Bildungserfolg, eine Anhebung der Abiturientenquoten bei gleichzeitiger Sicherung der Qualitätsstandards, die Verminderung der Schulabbrecherquoten und letztlich auch die Verbesserung des mittleren Leistungsniveaus bei verringerter Leistungsstreuung am Ende der Sekundarstufe I.

Das Land Berlin lässt diesen Reformprozess von einer unabhängigen Instanz beobachten. Mit der BERLIN-Studie wurde eine Untersuchung begonnen, die die Berliner Schulstrukturreform ab dem Zeitpunkt ihrer Implementation wissenschaftlich begleiten und evaluieren soll. Der vorliegende Band nimmt das veränderte Übergangsverfahren und dessen Konsequenzen für den Wechsel von der Grundschule in die weiterführenden Schulen der neu strukturierten Sekundarstufe I in den Blick. Er stellt somit eine erste empirische Zwischenbilanz dar. Dabei liegt der Fokus auf drei großen thematischen Blöcken. Welche Konsequenzen hat die Reform für die Wahl der Einzelschule (Kap. 5)? Welche Auswirkungen hat die Schulstrukturreform auf Muster sozialer Disparitäten im Übergangsprozess (Kap. 6)? Und wie wird die Reform durch die unmittelbar betroffenen Akteure wie Schulleitungen, Lehrkräfte und Eltern wahrgenommen (Kap. 7)?

Die Herausgeber und Autoren des vorliegenden Bandes sind vielen Personen zu großem Dank verpflichtet. In erster Linie möchten wir uns bei den teilnehmenden Schülerinnen und Schülern und ihren Eltern sowie den beteiligten Lehrkräften und Schulleiterinnen und Schulleitern für ihre Mitarbeit und Unterstützung bei der Umsetzung der Untersuchung bedanken. Ohne ihre Hilfe wäre die Untersuchung nicht möglich gewesen.

Die Senatsverwaltung für Bildung, Jugend und Wissenschaft hat die Studie nicht nur initiiert, sondern auch ihre praktische Durchführung auf allen Ebenen unterstützt. Besonderer Dank gilt dem Senator Professor Dr. E. Jürgen Zöllner, der die Studie auf den Weg gebracht hat, und der Senatorin Sandra Scheeres, die sich die Studie zu eigen gemacht hat. Großer Dank gebührt dem Leitenden Oberschulrat Tom Stryck, Oberschulrat Christian-Magnus

Ernst sowie Anne March für die intensive Betreuung der Untersuchung. Sie haben kontinuierlich wichtige Impulse für die Projektrealisierung gegeben und das Gesamtvorhaben mit Rat und Tat in allen Phasen unterstützt. Zu keiner Zeit gab es den Versuch, Einfluss auf die Anlage, Durchführung, Auswertung und Interpretation der Ergebnisse zu nehmen.

Mit der Durchführung der Untersuchung in den Schulen war das IEA Data Processing and Research Center (DPC) in Hamburg betraut. Für die qualitätsvolle Arbeit möchten wir uns – vor allem bei Svenja Bundt, Tina Ebert, Wolfram Jarchow, Juliane Kobelt und Cornelia Kutter – ausdrücklich bedanken.

Das zentrale Schreibbüro am Max-Planck-Institut für Bildungsforschung, Berlin war mit der Erstellung der Druckvorlage betraut. Für die akribische und schnelle Arbeit möchten wir uns insbesondere bei Marianne Hauser und Renate Hoffmann bedanken.

Weiterhin möchten wir uns bei Heidi Barnack vom Amt für Statistik Berlin-Brandenburg bedanken, die uns in Fragen schulbezogener statistischer Hintergrundinformationen eine kompetente und hilfsbereite Ansprechpartnerin war.

Schließlich möchten wir uns bei den Mitarbeiterinnen und Mitarbeitern des Arbeitsbereichs Quantitative Methoden in den Bildungswissenschaften der Universität Potsdam bedanken. Bei der Organisation, Datendokumentation, Datenaufbereitung und dem Verfassen des ersten Berichtsbandes unterstützten uns Naemi Brandt, Christian Jäntsch, Denise Klinge, Katharina Konietzko, Nathalie Larissa Lebski, Manuella Müller, Lisa Niendorf, Mareike Reising, Hilke Schulz und Nicky Zunker.

Kapitel 1
Die Berliner Schulstrukturreform: Hintergründe, Zielstellungen und theoretischer Rahmen

Jürgen Baumert, Kai Maaz, Marko Neumann, Michael Becker & Hanna Dumont

1.1 Schulstrukturreform: Historische Bezüge und aktuelle Entwicklungen

Das gegliederte Schulwesen in der Bundesrepublik Deutschland gilt als Prototyp stratifizierter Sekundarschulsysteme. Kennzeichen sind die frühe Verteilung nach der 4. Jahrgangsstufe auf unterschiedliche Schulformen und die Dreigliedrigkeit der Sekundarstufe, bei der die Haupt- und Realschule sowie das Gymnasium in gestufter Schulzeitdauer zu entsprechenden Abschlüssen führen. Im politischen Diskurs über die Weiterentwicklung der Schulstruktur in Deutschland wird regelmäßig auf diese Strukturmerkmale verwiesen – allerdings in sehr unterschiedlicher Absicht. Entweder wird die historisch bewährte Gestalt der Sekundarstufe beschworen oder ihr Modernitäts- und Gerechtigkeitsdefizit herausgestellt. Beide Argumente haben jedoch historische und systematische Schwächen. Sie verkennen, dass sich die Dreigliedrigkeit von Haupt-, Realschule und Gymnasium erst in den 1950er- und 1960er-Jahren flächendeckend entwickelt hat, in den neuen Ländern überhaupt nicht eingeführt wurde und heute in keinem der 16 Bundesländer mehr existiert. Stattdessen kennen die Länder ausweislich einer Dokumentation des Sekretariats der Ständigen Konferenz der Kultusminister der Länder in der Bundesrepublik Deutschland (KMK, 2012) mittlerweile 17 Sekundarschularten, und ihre Gliederungstiefe reicht je nach Land von Zwei- bis Sechsgliedrigkeit. Darunter ist die Verbindung von Haupt-, Realschule und Gymnasium in der Reinform nicht mehr zu finden. Was ist geschehen?

In den 1950er-Jahren wurde das Schulwesen der Bundesrepublik im Anschluss an Organisationsstrukturen der Weimarer Zeit wiederhergestellt. Dabei wurden Reformansätze der unmittelbaren Nachkriegszeit, durch die unter alliiertem Einfluss das gegliederte Schulwesen in einen gestuften Schulaufbau überführt werden sollte, zurückgenommen oder ganz aufgehoben. 1955 vereinbarten die Bundesländer im Düsseldorfer Abkommen zur Vereinheitlichung des Schulwesens die Dreigliedrigkeit – also damals das Nebeneinander von Volksschule, Mittelschule und Gymnasium – als verbindliche Grundstruktur, wohl wissend, dass Dreigliedrigkeit nicht quantitative Gleichverteilung bedeutet. Nach den ersten vier Klassen besuchten etwa 80 Prozent der Schülerinnen und Schüler die Volksschuloberstufe und 12 bis 15 Prozent wechselten nach einer Aufnahmeprüfung zum Gymnasium. Die Mittelschule war mit Ausnahme der ehemaligen preußischen Landesteile quantitativ bedeutungslos und wurde erst – wie im Südweststaat – schrittweise neu aufgebaut oder im Anschluss an historische Vorläufer – wie die bayerische konfessionell gebundene Mädchenrealschule – weiterentwickelt. Noch 1960 schwankte der Realschulbesuch länderspezifisch zwischen 4 Prozent in Rheinland-Pfalz und 24 Prozent in Berlin (West). In vielen Ländern blieb die Mittelstufe des Gymnasiums noch lange Jahre ein funktionales Äquivalent für eine unzureichend ausgebaute mittlere Schulform. Der Begriff Realschule als einheitliche Bezeichnung für die mittlere Schulform setzte sich erst allmählich durch und wurde als offizielle Bezeichnung überhaupt erst mit dem Hamburger Abkommen zur Vereinheitlichung auf dem Gebiete des Schulwesens von 1964 eingeführt.

Mit dem Hamburger Abkommen der Länderregierungen wurde auch wieder die Möglichkeit eröffnet, Schulversuche mit abweichender Organisationsstruktur durchzuführen. Dies wurde in einer Zeit vereinbart, in der das Bildungssystem der Bundesrepublik Deutschland zum ersten Mal in den Mittelpunkt öffentlicher Aufmerksamkeit rückte. Themen waren damals – wie auch heute – ein Modernisierungs- und ein Gerechtigkeitsdefizit. Das Modernisierungsdefizit wurde unter dem Schlagwort der Bildungskatastrophe (Picht, 1964) behandelt. Gemeint waren damit die hohe Übergangsauslese sowie der unzureichende Ausbau der weiterführenden Schulen und des tertiären Systems. An der Übergangsauslese setzte auch die Diagnose des Gerechtigkeitsdefizits an, mit der vor allem in den Arbeiten von Dahrendorf und Peisert die frühe soziale Selektivität und die geringe spätere Durchlässigkeit der Schularten kritisiert wurden (Dahrendorf, 1965; Peisert, 1967; Peisert & Dahrendorf, 1967). Die Forderung nach mehr Durchlässigkeit im Bildungssystem dokumentierte der Deutsche Bildungsrat Anfang der 1970er-Jahre in seinem Strukturplan wie folgt:

> Kein Bildungsgang darf in einer Sackgasse enden. Das Bildungswesen muß so eingerichtet sein, daß der Lernende früher gefällte Entscheidungen für dieses oder jenes Bildungsziel korrigieren kann. Zwar können Chancen, die angeboten aber – aus welchen Gründen auch immer – nicht wahrgenommen wurden, nicht unbegrenzt offengehalten werden. Doch soll es grundsätzlich möglich sein, versäumte Chancen einzuholen. (Deutscher Bildungsrat, 1972, S. 38)

Der Strukturplan des Deutschen Bildungsrats war der erste Versuch in der Bundesrepublik, das Bildungssystem als Ganzes in den Blick zu nehmen. Nur die Hochschule überließ der Bildungsrat dem Zuständigkeitsbereich des Wissenschaftsrats. Im Strukturplan und den 16 begleitenden Einzelempfehlungen wurden praktisch alle bildungspolitischen Themen angeschlagen, die auch heute noch in der Diskussion stehen. In seinen Empfehlungen zur Struktur der Sekundarstufe I war der Bildungsrat ausgesprochen zurückhaltend. Angeregt wurden eine verstärkte Kooperation zwischen den verschiedenen Schularten der Sekundarstufe I, eine möglichst weitgehende Angleichung der Lehrpläne und die Einrichtung von Schulzentren. Darüber hinaus empfahl der Bildungsrat in Übereinstimmung mit seiner ersten Empfehlung (Deutscher Bildungsrat, 1969) Schulversuche mit Gesamtschulen. Bereits in dieser Empfehlung kam die frühe Polarisierung der Bundesländer im Hinblick auf die Weiterentwicklung der Schulstruktur zum Ausdruck (vgl. Hurrelmann, 2013). Ein Experimentalprogramm mit Gesamtschulen war die Kompromissformel, mit der Strukturentscheidungen dilatorisch behandelt wurden. Die Auslegung des Experimentalprogramms konnte unterschiedlicher nicht ausfallen. Die sozialdemokratisch regierten Bundesländer interpretierten das Programm als ein Experimentieren mit Gesamtschulvarianten unter der Zielsetzung, das gegliederte Schulsystem längerfristig durch eine gemeinsame Schule zu ersetzen. Die konservativ regierten Länder betrachteten das Experiment als grundsätzliche Bewährungsprobe der Gesamtschule (Raschert, 1974).

Anfang der 1980er-Jahre lief die Versuchsphase der Gesamtschule nach fast 15-jähriger Erprobung und einem pädagogischen Glaubenskrieg aus (Fend, 1982). Sie endete mit einem formellen Kompromiss, der 1982 von den Kultusministern der Länder in der Vereinbarung über die wechselseitige Anerkennung von Gesamtschulabschlüssen (KMK, 1982) gefunden wurde. Nach einer nochmaligen Zuspitzung des Konflikts legte diese Vereinbarung die inhaltlichen und organisatorischen Grundzüge einer bundesrepublikanischen Gesamtschule fest. Dieser Kompromiss hat historische Bedeutung, insofern er die Akzeptanz unterschiedlicher schulstruktureller Entwicklungen in den Bundesländern signalisierte. Gestützt durch diese Vereinbarung entwickelte sich die Gesamtschule in den beiden folgenden Jahrzehnten zwar nicht zur Alternative zum gegliederten Schulsystem, aber zu einer vierten Schulform, die je nach Standort in unterschiedlich intensivem Wettbewerb mit den drei anderen Schulformen stand. Damit war der Schritt zur Viergliedrigkeit und zur weiteren strukturellen Ausdifferenzierung des Sekundarschulsystems vollzogen.

Mit dem Gesamtschulkompromiss wurden Fragen der Strukturreform zunächst auf Eis gelegt. Erst mit der Vereinigung der beiden deutschen Staaten kam die Schulstruktur erneut auf die Tagesordnung (vgl. Hurrelmann, 2013). Nach dem Beitritt der DDR zum Geltungsbereich des Grundgesetzes war in den neuen Bundesländern eine Grundsatzentscheidung über die Struktur des Schulwesens zu treffen. Im Rückblick ist es bemerkenswert, dass es keine ernsthafte politische Diskussion über die Beibehaltung und Weiterentwicklung der Polytechnischen (POS) und Erweiterten Oberschule (EOS) der DDR gab. Das Gymnasium war mit seinem offenen, nicht reglementierten Zugang zur Hochschulreife als Schulform praktisch gesetzt. Gleichzeitig galt aber die neunjährige Hauptschule gegenüber der zehnjährigen POS und ihrem Abschluss als bildungspolitischer Rückschritt. Im Jahr 1991 wurden in allen neuen Bundesländern die rechtlichen Voraussetzungen für eine neue Schulstruktur geschaffen. Was zunächst wie die Restaurierung eines dreigliedrigen Schulsystems nach westdeutschem Muster aussah, stellte sich faktisch als eigene Strukturreform heraus, die in verschiedener Hinsicht Wegweiser für spätere Entwicklungen in westdeutschen Bundesländern sein sollte. In den Ländern Sachsen, Sachsen-Anhalt und Thüringen wurde der Haupt- und der Realschulbildungsgang unter dem Dach einer Schule zusammengefasst, die entweder Mittelschule (Sachsen), Sekundarschule (Sachsen-Anhalt) oder Regelschule (Thüringen) hieß. Mit der Einführung einer Schule mit mehreren Bildungsgängen (MBG) haben diese Länder für ausreichende Flexibilität im Umgang mit einer sich verändernden Bildungsnachfrage und den Herausforderungen einer negativen demografischen Entwicklung gesorgt (Autorengruppe Bildungsberichterstattung, 2010). Brandenburg übernahm – nicht zuletzt mit Blick auf eine mögliche Länderfusion mit Berlin – die sechsjährige Grundschule und ersetzte unter dem Einfluss Nordrhein-Westfalens die Hauptschule durch die Integrierte Gesamtschule. Mecklenburg-Vorpommern orientierte sich zunächst am Vorbild der Dreigliedrigkeit, musste dieses Modell allerdings aufgrund der demografischen Entwicklung wenige Jahre später mit der Einführung paralleler Verbundformen liberalisieren. Mit der Umstellung des Schulsystems in den neuen Ländern vergrößerte sich die institutionelle Vielfalt in der Sekundarstufe I in Deutschland. Je nach Land reichte die Variation jetzt vom zweigliedrigen bis zum fünfgliedrigen System.

Mit den großen Schulleistungsuntersuchungen der *International Association for the Evaluation of Educational Achievement* (IEA) und der *Organisation for Economic Co-operation and Development* (OECD), die ein auch im internationalen Vergleich bemerkenswertes Qualifikations- und Gerechtigkeitsdefizit im deutschen Schulsystem nachgewiesen hatten, brach die Schulstrukturdebatte wieder auf. Vor allem die PISA-Ergebnisse hatten auf eine relativ große Risikogruppe von Jugendlichen aufmerksam gemacht, deren Basiskompetenzen für die Aufnahme einer zukunftsfähigen Berufsausbildung voraussichtlich nicht ausreichten (Artelt, Stanat, Schneider & Schiefele, 2001; Baumert & Schümer, 2001; Klieme, Neubrand & Lüdtke, 2001). Diese Jugendlichen besuchten überwiegend Haupt-, aber auch Gesamtschulen und stammten vornehmlich aus sozial schwachen und zugewanderten Familien. In einer beträchtlichen Anzahl dieser Schulen waren Entwicklungsmilieus entstanden, die die Qualität der schulischen Arbeit nachweislich beeinträchtigten (Baumert, Stanat & Watermann, 2006a). In der öffentlichen Debatte wurden diese Befunde als Argumente für überfällige Unterrichtsentwicklung bzw. notwendige Strukturreform als scheinbare Alternativen gegeneinander ausgespielt.

Politische und vor allem administrative Durchschlagskraft erhielten die Argumente für Strukturveränderungen aber erst durch das Zusammentreffen von vier unterschiedlichen, langfristig wirkenden Entwicklungen (vgl. auch Hurrelmann, 2013):

- Im Schulwahlverhalten der Eltern beim Übergang in die Sekundarstufe I zeigt sich in allen Ländern die irreversible Abwendung von der Hauptschule – mit unterschiedlichen negativen Folgen für Hauptschulstandorte in Großstädten bzw. Ballungsgebieten und strukturschwachen Regionen.
- Steigende Qualifikationsanforderungen in zukunftsfähigen Berufen und der Verlust von Nischen für Schwachqualifizierte auf dem Ausbildungs- und Arbeitsmarkt stellen Schulabgänger mit Hauptschulabschluss vor große Probleme, einen adäquaten Ausbildungsplatz im dualen System zu finden. Die Devaluierung des Hauptschulabschlusses für zukunftsfähige Berufsausbildungen ist in allen Ländern – wenn auch mit unterschiedlicher Dynamik – unübersehbar.
- Zurückgehende Schülerzahlen in der Sekundarstufe I machen es außerordentlich schwer, in strukturschwachen Gebieten bei geringer Hauptschulnachfrage ein differenziertes Schulangebot aufrechtzuerhalten. Die Unterhaltung kleiner Hauptschulen erzwingt teilweise extrem niedrige Klassenfrequenzen, ohne die Fachlichkeit des Unterrichts bei einem kleinen Lehrkörper gewährleisten zu können. Damit steigen die Betriebskosten bei sinkender Ausbildungsqualität. Dies verschlechtert die Ausbildungschancen der Absolventen weiter.
- Im Hintergrund dieser Entwicklungen verläuft als Folge von Modernisierungsmaßnahmen im gegliederten System ein schon seit den 1980er-Jahren wirkender Prozess einer zunehmenden Entkopplung von Schulform und Schulabschluss. Die Weiterentwicklung der Schulformen und des Berechtigungssystems führte dazu, dass der mittlere Schulabschluss nicht nur an Realschulen, sondern auch an Hauptschulen und beruflichen Schulen oder die Übergangsberechtigung in die gymnasiale Oberstufe auch an anderen Schulformen, die den mittleren Abschluss vermitteln, erworben wird. Dieser Prozess wurde in fast allen Bundesländern durch den Ausbau von Bildungsgängen in der Se-

kundarstufe II unterstützt, die außerhalb der Oberstufe an allgemeinbildenden Gymnasien eine Hochschulzugangsberechtigung vergeben. Dadurch sind faktisch parallele Bildungswege entstanden, die insgesamt die Offenheit des Systems gefördert haben und gleichzeitig die Entstehung eines Zwei-Säulen-Modells vorzeichnen, bei dem das Mindestniveau bürgerlicher Bildung durch den mittleren Abschluss definiert wird.

Das Zusammentreffen dieser Entwicklungen hat alle Länder – unabhängig von ihrer politischen Orientierung – dazu geführt, nach politisch akzeptablen Wegen zu suchen, um auf regionale Herausforderungen flexibel und kostengünstig reagieren zu können und langfristig eine Vereinfachung der Schulstruktur vorzubereiten. Um mit ihren jeweiligen Lösungen bekannte politische Konfliktfronten zu vermeiden, haben alle Bundesländer bei ihren schulstrukturellen Maßnahmen eine begriffliche Camouflage betrieben, indem sie für vergleichbare Schulangebote unterschiedliche Namen erfunden haben, sodass mittlerweile 17 unterschiedliche Schularten in der Sekundarstufe I anzutreffen sind. Dabei hat sich die Mehrzahl der Bundesländer für ein zweigliedriges oder – falls die Gemeinschaftsschule als Sekundarschule mit eigener Primarstufe zusätzlich eingeführt wurde – quasi zweigliedriges Schulsystem entschieden. Mittlerweile haben zehn Bundesländer diesen Schritt getan. Die meisten dieser Länder sehen die Entwicklung eines Zwei-Säulen-Modells vor, in dem einerseits das Gymnasium und andererseits eine Sekundarschule – wie sie auch immer heißt – in unterschiedlicher zeitlicher Taktung zu allen allgemeinbildenden Schulabschlüssen führen. Sechs Bundesländer haben sich aus politischen Gründen für eine Anbaustrategie entschieden, die für flexible Lösungen in strukturschwachen Gebieten sorgt, aber langfristig auch den Weg zur Vereinfachung des Sekundarschulsystems öffnet. Diese Länder bieten vier, fünf oder sechs unterschiedliche Schularten in der Sekundarstufe I an (für einen aktuellen Überblick zur Schulstruktur in den Ländern vgl. Tillmann, 2012).

Das Land Berlin hat sich mit der Schulstrukturreform im Jahr 2010 dafür entschieden, das viergliedrige Schulsystem im Sekundarbereich (Haupt-, Real- und Gesamtschule und Gymnasium) durch ein zweigliedriges Schulsystem mit dem Gymnasium auf der einen und der Integrierten Sekundarschule (ISS), die flächendeckend im Ganztagsbetrieb geführt wird und besondere Schwerpunkte auf das Duale Lernen legt, auf der anderen Seite zu ersetzen. Nach der Umstellung verfügt das Land Berlin über ein Sekundarschulsystem mit Zwei-Säulen-Struktur, bei der zwei parallele, aber curricular unterschiedlich ausgestaltete Bildungsgänge nach sechs bzw. sieben Schuljahren zur Hochschulreife führen. Hochschulzugangsberechtigungen können sowohl am Gymnasium als auch an der Integrierten Sekundarschule, sofern diese über eine eigene Oberstufe verfügt, ansonsten an einem kooperierenden beruflichen Gymnasium in einem Oberstufenzentrum erworben werden. Im Folgenden werden die zentralen Bestandteile der Berliner Schulstrukturreform genauer erläutert.

1.2 Die Berliner Schulstrukturreform

Zum Schuljahresbeginn 2010/11 hat das Land Berlin das System der allgemeinbildenden Sekundarstufe I von Viergliedrigkeit auf Zweigliedrigkeit umgestellt. Die strukturelle Umstellung wird durch curriculare und organisatorische Maßnahmen unterstützt. Das Berliner Reformprogramm umfasst inhaltlich zwei große Elemente: (1) Die Neugestaltung des Sekundarschulsystems und (2) die Veränderung des Übergangsverfahrens von der Grundschule in die weiterführende Schule.

1.2.1 Neugestaltung des Sekundarschulsystems

Die strukturell tiefgreifendste Veränderung ist die Reduktion der Sekundarschulformen auf zwei Angebote. Während vor der Reform fünf Schulformen und mit Berücksichtigung der Gemeinschaftsschule sogar sechs Schulformen im Sekundarschulbereich zur Wahl standen, sind es künftig nur noch das Gymnasium und die Integrierte Sekundarschule, die die bisherigen Haupt-, Real- und Gesamtschulen in sich vereint (vgl. Abb. 1.1). Die alte Schulstruktur wird bis zum Schuljahr 2014/15 noch parallel in der neuen weitergeführt, damit die zum Zeitpunkt der Einführung der neuen Schulstruktur bereits begonnenen Jahrgänge an den Haupt-, Real- und Gesamtschulen noch regulär beendet werden können. Die Gemeinschaftsschule, die eine eigene Primarstufe hat, wird in der Sekundarstufe als Integrierte Sekundarschule weitergeführt.

Ein Kernelement dieses Zwei-Säulen-Modells ist die grundsätzliche Gleichwertigkeit der beiden Schulformen. Diese lässt sich nach den Zielen des Berliner Abgeordnetenhauses (Drucksache 16/2479, vgl. Anhang 2) im Wesentlichen mit sechs Punkten beschreiben:

- An beiden Schulformen können alle allgemeinbildenden Schulabschlüsse einschließlich des Abiturs erworben werden.
- In Bezug auf den zu erwerbenden Abschluss gelten an beiden Schulformen die gleichen Bildungsstandards sowie die entsprechenden Lernvolumina.
- Ein Schulartwechsel einmal aufgenommener Schülerinnen und Schüler durch die Entscheidung der Schule ist unzulässig. Unberührt von dieser Regel bleibt jedoch das elterliche Entscheidungsrecht zum Verlassen einer Schule. An den Gymnasien greift diese Regel nach dem Bestehen des Probejahres.
- Der Übergang in die gymnasiale Oberstufe obliegt an beiden Schulformen den gleichen Anforderungen und Regelungen.
- Schülerinnen und Schüler mit und ohne sonderpädagogischen Förderungsbedarf werden an beiden Schulformen gemeinsam unterrichtet.
- Übergeordnetes Ziel ist es, an beiden Schulformen alle Schülerinnen und Schüler in einer heterogenen Lerngruppe zu bestmöglichem Abschluss zu führen.

Die Neugestaltung des Sekundarschulsystems sieht für die Integrierten Sekundarschulen die größten Veränderungen vor. Hierzu gehört unter anderem die flächendeckende Führung der Integrierten Sekundarschulen im Ganztagsbetrieb, mit der durch die Integration formeller und informeller Bildungsangebote die individuelle Förderung der Schülerinnen und Schüler unterstützt werden soll. Das Abitur wird im Regelfall nach 13 Schuljahren erworben. Es ist aber auch möglich, das Abitur bereits nach 12 Schuljahren zu erwerben. Um der Heterogenität der Schülerschaft gerecht zu werden, sollen die Schülerinnen und Schüler

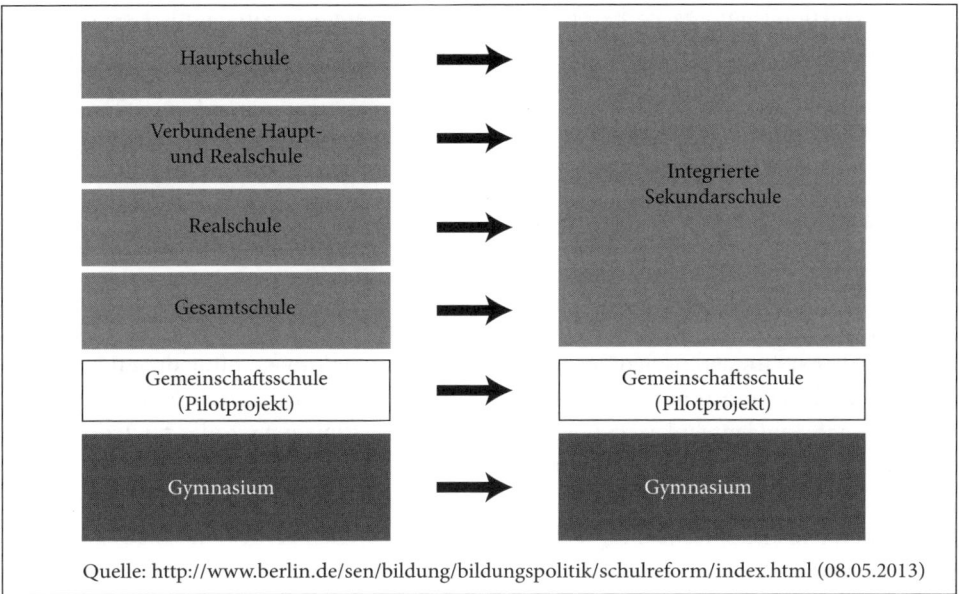

Quelle: http://www.berlin.de/sen/bildung/bildungspolitik/schulreform/index.html (08.05.2013)

Abbildung 1.1: Schulstruktur im Sekundarschulsystem vor und nach der Schulstrukturreform

im Unterricht differenziert, entsprechend ihren Lernvoraussetzungen lernen. Dabei entscheidet die Schule autonom, welches Konzept der Differenzierung verfolgt wird. Dadurch sollen die Binnendifferenzierung gestärkt und das individuelle Lernen gefördert werden. Klassenwiederholungen entfallen an den Integrierten Sekundarschulen in Gänze bzw. kommen nur in Ausnahmefällen im Rahmen von Bildungs- und Erziehungsvereinbarungen zwischen Schule und Eltern zur Anwendung. An allen Integrierten Sekundarschulen soll den Schülerinnen und Schülern der Übergang in die gymnasiale Oberstufe ermöglicht werden, entweder durch eine eigene Oberstufe oder durch verbindliche Kooperationen mit beruflichen Gymnasien an den Oberstufenzentren. Das Fach Wirtschaft-Arbeit-Technik (WAT), das die bisherige Arbeitslehre weiterentwickelt, wurde als Kernelement des gestärkten Dualen Lernens im Sekundarschulcurriculum eingeführt. Die Lerngruppengröße an der Integrierten Sekundarschulen wurde auf eine Frequenz von maximal 25 Schülerinnen und Schüler festgelegt.

Wenngleich das Gymnasium von den zentralen Elementen im Vergleich zu den Integrierten Sekundarschulen weniger stark betroffen ist, zielen die verschiedenen Reformaspekte darauf ab, auch am Gymnasium veränderte Lernformen und Möglichkeiten zur individuellen Förderung der Schülerinnen und Schüler zu entwickeln. Anders als an den Integrierten Sekundarschulen ist der Erwerb des Abiturs nach 12 Jahren vorgesehen. Das Überspringen einer Jahrgangsstufe ermöglicht es aber auch, in kürzerer Zeit (nach 11 Schuljahren) zum Abitur zu gelangen. Auf Klassenwiederholungen, die es prinzipiell an den Gymnasien weiterhin gibt, soll nach Möglichkeit weitestgehend verzichtet werden. Ein durch die Schule initiierter Schulartwechsel ist nach dem Probejahr am Gymnasium nicht mehr möglich. Neben der Vorbereitung auf eine akademische Ausbildung gehören Berufsorientierung und Berufsvorbereitung ebenfalls zu den Aufgaben des Gymnasiums. In diesem Zusammenhang kann das Duale Lernen auch im Rahmen des Schulprogramms am Gymnasium angeboten werden.

1.2.2 Veränderung des Übergangsverfahrens von der Grundschule in die weiterführende Schule

Die neue Regelung des Übergangsverfahrens von der Grundschule in die weiterführende Schule kam erstmals für Schülerinnen und Schüler zur Anwendung, die im Schuljahr 2011/12 in die weiterführenden Schulen eintraten, und ist eng an die veränderte Schulstruktur des Sekundarschulsystems gekoppelt. Dies betrifft in erster Linie die Reduzierung der potenziellen Wahlmöglichkeiten auf zwei gleichberechtigte Schulformen.

In zentralen Punkten ähnelt das neue Übergangsverfahren dem bisherigen Verfahren. Unberührt bleibt die Entscheidungshoheit der Eltern bezüglich der gewünschten Schulform. Auch nach dem neuen Verfahren können sie frei und unabhängig von der Förderprognose, die die alte Bildungsgangempfehlung ersetzt, über den Besuch der weiterführenden Schulform für ihr Kind entscheiden. Sie können im Laufe des Übergangsprozesses auch weiterhin drei Wunschschulen für ihr Kind angeben. Hat eine Schule mehr freie Plätze als Schulanmeldungen, muss die Schule alle angemeldeten Schülerinnen und Schüler aufnehmen.

Die wichtigsten Neuerungen beziehen sich auf den Fall, dass eine Schule übernachgefragt ist, das heißt, dass die Anzahl der Anmeldungen die Zahl der freien Plätze übersteigt. In diesem Fall haben die Schulen die Möglichkeit, nach Berücksichtigung von Schülerinnen und Schülern mit sonderpädagogischem Förderbedarf (Integrationskinder) 60 Prozent der freien Plätze nach festgelegten, transparenten und gerichtsfesten Kriterien selbst zu vergeben. Die Schulen sind jedoch bei der Wahl der Auswahlkriterien nicht völlig frei. Die Sekundarstufe I-Verordnung (§ 6 Abs. 3) nennt hier neben der Durchschnittsnote der Förderprognose insbesondere die Notensumme von bis zu vier Fächern der beiden letzten Halbjahreszeugnisse, die Kompetenzen der Schülerinnen und Schüler, die die fachspezifischen Ausprägungen des Schulprofils oder der jeweiligen Klasse kennzeichnen, sowie das Ergebnis eines profilbezogenen einheitlichen Tests oder einer praktischen Übung. Die Schulen haben damit die Möglichkeit, den Rahmen des Auswahlverfahrens für einen Großteil der Schülerinnen und Schüler selbst zu bestimmen und damit Gestaltungsoptionen für die Profilierung der Schule. Weitere 30 Prozent werden bei einer Übernachfrage per Losentscheid vergeben. 10 Prozent der Plätze werden im Rahmen der sogenannten Härtefallregelung im Einvernehmen zwischen der Einzelschule und dem Bezirk vergeben. Anders als im bisherigen Verfahren wird die Wohnortnähe *nicht* mehr als Auswahlkriterium herangezogen.

Lässt sich der Erstschulwunsch der Eltern nicht realisieren, werden die Nennungen für die zweite und dritte Wunschschule sowie die Förderprognosen der betreffenden Schülerinnen und Schüler an die für die Zweitwunschschule zuständige Schulbehörde weitergeleitet. Sofern diese Schule nicht übernachgefragt ist, muss sie den Schüler bzw.

die Schülerin aufnehmen. Liegt auch an dieser Schule eine Übernachfrage vor, werden die nach Berücksichtigung der dort vorliegenden Erstwünsche freigebliebenen Plätze nach dem Kriterium der Rangfolge der Förderprognose der Zweitwunschschüler vergeben. Dieses Verfahren wiederholt sich für den Drittschulwunsch, wenn der Zweitschulwunsch nicht realisiert werden kann. Ist die Aufnahme auch an der Drittwunschschule nicht möglich, teilt die Schulbehörde den Eltern eine noch aufnahmefähige Schule der im Erstwunsch genannten Schulform im Wohnort mit. Sollte das Kind nach Ablauf einer gesetzten Frist weder an dieser noch an einer anderen Schule angemeldet sein, weist die Behörde der Schülerin bzw. dem Schüler eine in der Schulart dem Erstwunsch entsprechende Schule zu.

1.2.3 Ziele der Reform

Mit der gesamten Schulstrukturreform verbinden sich typische Erwartungen der Qualitätssteigerung. Sie beziehen sich auf die individuelle Kompetenzentwicklung und die individuelle Bewältigung des Übergangs am Ende der Grundschule, in die berufliche Erstausbildung oder einen vorakademischen Bildungsgang, aber auch auf strukturelle Verteilungseffekte. Die Erwartungen hinsichtlich der Verbesserung der individuellen Kompetenzentwicklung sind mehrdimensional. Sie betreffen die akademischen Basisqualifikationen ebenso wie spezifische berufsvorbereitende Qualifikationen, motivationale Orientierungen (Lernbereitschaft, Sekundärtugenden, selbstbezogene Kognitionen, Interessenprofilierung, Klärung von Lebenszielen und selbstregulative Fähigkeiten), sozialkognitive Kompetenzen (Perspektivenübernahme, Kompromissbereitschaft und Teamfähigkeit) sowie Wertorientierungen (Bereitschaft zur Verantwortungsübernahme, zivilgesellschaftliches Engagement und Integrationsbereitschaft). Die übergangsbezogenen individuellen Effekte beziehen sich in erster Linie auf eine verbesserte Passung zwischen Qualifikation und Interessen einerseits und der Berufswahl andererseits, ein effizienteres Bewerbungsverhalten mit verbesserten Erfolgschancen und eine Verringerung der Lageorientierung bei Misserfolg.

Die erwarteten strukturellen Effekte der Reform betreffen Abschlüsse und Übergänge. Eine der bedeutsamsten Abschlusserwartungen ist die substanzielle Verkleinerung der sogenannten Risikogruppe – also der Gruppe jener Jugendlichen, die bis zum Ende der Vollzeitschulpflicht keine Mindeststandards in den Basisqualifikationen erreichen. Damit verbunden ist die Annahme, dass der Prozentsatz von Jugendlichen ohne Abschluss – bei Wahrung der Mindeststandards – signifikant reduziert wird. Beide Effekte zusammen sollten zu einer Verminderung der Leistungsvarianz und einem Anstieg des mittleren Leistungsniveaus in der Alterskohorte führen. Gleichzeitig sollte sich die Kopplung sowohl von Schulleistungen als auch Schulabschluss mit Merkmalen der sozialen und ethnischen Herkunft verringern. Zu den erwarteten strukturellen Übergangseffekten gehören steigende Übergangsquoten in die gymnasiale Oberstufe, steigende Besuchsquoten in vollzeitschulischer Berufsausbildung, Erhöhung der Erfolgsquoten bei Bewerbungen für einen dualen Ausbildungsgang (bei Kontrolle des Angebots an Ausbildungsplätzen) und ein bedeutsames Absinken des Transfers in das sogenannte Übergangssystem. Bezogen auf den Übergang von der Grundschule in die weiterführende Schule sollen durch das neue Übergangsverfahren eine Schärfung der Schulprofile im Sekundarschulsystem, eine optimierte Passung zwischen Schülerschaft und Schulprofil sowie auch mehr Wettbewerb zwischen den Schulen erreicht werden. Gleichzeitig soll über das Losverfahren und die Härtefallregelung ein zu hohes Maß an Differenzierung und Spezialisierung vermieden und ein hinreichendes Maß an Heterogenität an den Schulen gesichert werden. In der Konsequenz soll der Übergang transparenter gestaltet und mögliche soziale und ethnische Benachteiligungen minimiert werden. Zu den erwarteten strukturellen Effekten gehört aber auch die Erweiterung des Berufswahlspektrums bei gleichzeitigem relativem Anstieg der Anwahl zukunftsfähiger Berufe. Ähnlich wie bei den Abschlüssen besteht auch für die Übergänge die Erwartung einer Verbesserung der Ausbildungsgerechtigkeit im Hinblick auf die soziale und ethnische Herkunft, aber auch im Hinblick auf differenzielle Berufschancen der Geschlechter.

Die zentralen Ziele der Reform im Land Berlin lassen sich wie folgt zusammenfassen:

- Es werden ein Anstieg des mittleren Leistungsniveaus und eine Verringerung der Leistungsstreuung angestrebt.
- Alle Kinder und Jugendlichen sollen zu höchstmöglichen schulischen Erfolgen und die übergroße Mehrheit zum mittleren Schulabschluss am Ende der 10. Jahrgangsstufe geführt werden.
- Der Anteil der Schülerinnen und Schüler, die die Schule ohne Abschluss verlassen, soll sich deutlich verringern.
- Die Abhängigkeit des Bildungserfolgs von der sozialen und ethnischen Herkunft soll deutlich reduziert werden.
- Mittel- bis langfristig (innerhalb der nächsten zehn Jahre) soll die Abiturientenquote deutlich erhöht werden.

Das Berliner Abgeordnetenhaus hat am 25. Juni 2009 beschlossen, die Auswirkungen der Schulstrukturreform, die Umstellung des Systems und das neue Übergangsverfahren wissenschaftlich begleiten und evaluieren zu lassen. Mit der wissenschaftlichen Untersuchung wurde Prof. Dr. Jürgen Baumert (Max-Planck-Institut für Bildungsforschung, Berlin) beauftragt, der die Studie als Kooperationsprojekt mit der Universität Potsdam (Arbeitsbereich Quantitative Methoden in den Bildungswissenschaften) und dem Leibniz-Institut für die Pädagogik der Naturwissenschaften und Mathematik (IPN, Kiel) durchführt (vgl. zur Anlage und den Fragestellungen der BERLIN-Studie Maaz et al., Kap. 2 in diesem Band).

1.3 Theoretische Rahmung der BERLIN-Studie zur Evaluation und wissenschaftlichen Begleitung der Berliner Schulstrukturreform

In diesem Abschnitt wird der theoretische Rahmen der BERLIN-Studie skizziert. Dieser orientiert sich an den zentralen Zielsetzungen der Reform und lässt sich inhaltlich in sechs übergeordnete Bereiche gliedern, die im Folgenden näher erläutert werden sollen:

- Soziale Disparitäten beim Übergang in die weiterführenden Schulformen der Sekundarstufe I
- Leistungsgruppierung als wesentliches Merkmal von Bildungssystemen
- Leistungsstände am Ende der Sekundarstufe I
- Entkopplung von Schulform und Schulabschluss
- Schulische Kompetenzen und der Übergang in die berufliche Erstausbildung
- Soziale und ethnische Disparitäten beim Übergang in die Sekundarstufe II, die Hochschule und die berufliche Erstausbildung

1.3.1 Soziale Disparitäten beim Übergang in die weiterführenden Schulformen der Sekundarstufe I

Mit der Veröffentlichung der PISA-Studie 2000 (vgl. Baumert et al., 2001) sind soziale Disparitäten im Bildungsbereich wieder in das Zentrum der fachlichen und öffentlichen Diskussion gerückt. Inzwischen liegt eine Vielzahl von Untersuchungen vor, die das Vorhandensein sozialer Ungleichheiten sowohl im Hinblick auf die Bildungsbeteiligung als auch auf den Kompetenzerwerb in robuster Weise bestätigen (Baumert et al., 2006a; Becker & Lauterbach, 2010; Berger & Kahlert, 2008; Cortina, Baumert, Leschinsky, Mayer & Trommer, 2008; Georg, 2006; Watermann, Maaz & Szczesny, 2009), wenngleich die Ergebnisse der jüngsten PISA-Untersuchung aus dem Jahr 2009 diesbezüglich auf ein gewisses Maß an positiver Veränderung hindeuten (vgl. Ehmke & Jude, 2010; Klieme, Jude, Baumert & Prenzel, 2010). Die PISA-Befunde zum Einfluss der familiären Herkunft auf den Bildungserfolg (z. B. Baumert & Schümer, 2001, 2002; Ehmke & Baumert, 2007, 2008; Ehmke, Hohensee, Heidemeier & Prenzel, 2004; Ehmke & Jude, 2010) haben das Bild einer verwirklichten Chancengleichheit im Bildungssystem empfindlich gestört (Geißler, 2004) und in Erinnerung gerufen, dass die soziale und ethnische Herkunft von Schülerinnen und Schülern eng mit dem erreichten Kompetenzniveau und dem Zugang zum Gymnasium und zur Hochschule verbunden ist (Ehmke & Baumert, 2008; vgl. Becker, 2003; Ditton, 2007a; Müller & Pollak, 2004, 2007). Die Befunde anderer großer Schulleistungsstudien wie der *Internationalen Grundschul-Lese-Untersuchung* (IGLU; vgl. Arnold, Bos, Richert & Stubbe, 2007; Bos, Voss, Lankes, Schwippert, Thiel & Valtin, 2004), der *Trends in International Mathematics and Science Study* (TIMSS; vgl. Bonsen, Frey & Bos, 2008; Maaz, Baumert, Gresch & McElvany, 2010) oder der länderübergreifenden Untersuchung zur Überprüfung der nationalen Bildungsstandards (BISTA; vgl. Köller, Knigge & Tesch, 2010; Stanat, Pant, Böhme & Richter, 2012) bestätigten und ergänzten die PISA-Ergebnisse.

Einigkeit besteht in der Bildungs- und Sozialstrukturforschung dahingehend, dass die entscheidenden Stationen für die Entstehung und Persistenz von Bildungsungleichheiten die Gelenkstellen von individuellen Bildungsverläufen bzw. die entsprechenden Übergänge im Bildungssystem sind (Baumert & Schümer, 2001; Bellenberg & Klemm, 1998; Breen & Goldthorpe, 1997; Ditton, 1992; Henz, 1997a, 1997b; Schnabel, Alfeld, Eccles, Köller & Baumert, 2002). Besonders gut untersucht ist der Übergang von der Grundschule in die weiterführenden Schulen. Ein Großteil der vorhandenen Studien stützt sich dabei auf das Modell der primären und sekundären Disparitäten von Boudon (1974). Als *primäre* Herkunftseffekte werden Einflüsse der sozialen Herkunft bezeichnet, die sich direkt auf die Kompetenzentwicklung der Heranwachsenden auswirken und in den unmittelbar übergangsrelevanten schulischen Leistungen (insbesondere der Schulnoten) der Kinder sichtbar werden. Als *sekundäre* Herkunftseffekte werden jene sozialen Disparitäten bezeichnet, die, unabhängig von der Kompetenzentwicklung und dem erreichten Kompetenzniveau, aus unterschiedlichen Bildungsaspirationen und einem unterschiedlichen Entscheidungsverhalten Angehöriger verschiedener Sozialschichten resultieren.

Der Übergang von der Grundschule auf die verschiedenen Bildungsgänge des Sekundarschulsystems ist nach wie vor einer der wichtigsten Bildungsübergänge in der Bildungsbiografie eines Heranwachsenden. Kennzeichen dieses Übergangs ist nicht nur der relativ frühe Zeitpunkt in der Bildungslaufbahn nach der 4. oder 6. Klassenstufe. Diesem Übergang liegt vielmehr ein komplexer Entscheidungsprozess zugrunde, der durch unterschiedlichste rechtliche Rahmenbedingungen geregelt wird. Beispielhaft sind hier die Schullaufbahnempfehlungen der abgebenden Grundschulen (in Berlin die Förderprognose) zu nennen, denen im Rahmen der Entscheidungsgenese eine besondere Rolle zukommt, weil sie für Eltern eine wichtige Orientierung sind und sie in einigen Bundesländern einen bindenden Charakter für den Übergang haben (vgl. Gresch, Baumert & Maaz, 2010). Aber auch Schulnoten und elterliche Bildungsaspirationen sind für diesen Übergang von zentraler Bedeutung. Wenig bekannt ist hingegen, ob und wie die Struktur des Sekundarschulsystems das Entscheidungsverhalten beeinflusst und ob dadurch unerwünschte soziale und ethnische Effekte des Bildungserwerbs reduziert werden können.

Bereits die Analysen aus IGLU-2001 zeigten, dass die Vergabe einer Gymnasialempfehlung in Abhängigkeit von der Sozialschichtzugehörigkeit der Eltern deutlich variiert. Die Vergabe der Grundschulempfehlungen erfolgt nicht ausschließlich nach leistungsbezogenen Kriterien. Bei gleicher Leistung sind die Chancen, eine Gymnasialempfehlung anstelle einer Realschulempfehlung zu bekommen, für Kinder aus den oberen Sozialschichten größer als für Kinder aus sozial weniger privilegierten Schichten (Bos et al., 2004; Arnold et al., 2007). Stubbe und Bos (2008) haben in einem Prognosemodell für die Analyse von Schullaufbahnempfehlungen zusätzlich zu den Leistungen und der Sozialschichtzugehörigkeit auch Noten und andere Variablen familiärer Herkunft (Migration und Bücherbesitz) sowie motivationale Indikatoren berücksichtigt. Sie konnten zeigen, dass alle berücksichtigten Variablen mit den Schulnoten und der Schullaufbahnempfehlung in einem signifikanten Zusammenhang standen. Es zeigten sich signifikante Effekte der sozialen Herkunft auf die Schulnote und die Schullaufbahnempfehlungen (vgl. Maaz, Baeriswyl & Trautwein, 2011). Zu vergleichbaren Ergebnissen kamen auch Arnold et al. (2007) mit den Daten der IGLU-2006-Studie sowie eine Reihe anderer Studien, die auf ganz unterschiedliche Daten zurückgreifen (Ditton, 2005, 2007b; Ditton, Krüsken & Schauenberg, 2005; Maaz, Neumann, Trautwein, Wendt, Lehmann & Baumert, 2008; Merkens & Wessel, 2002; Pietsch, 2007; Pietsch & Stubbe, 2007; Trautwein & Baeriswyl, 2007). Neben den Effekten der sozialen Herkunft auf die Schullaufbahnempfehlungen wurden auch Herkunftseffekte auf die Bildungsaspiration und den vollzogenen Übergang nachgewiesen (Becker, 2000, 2003; Ditton, 2007b; Paulus & Blossfeld, 2007; Schneider, 2008; Stocké, 2007).

Insgesamt liegen damit mittlerweile zahlreiche Arbeiten vor, in denen bedeutsame Herkunftseffekte beim Übergang am Ende der Grundschule nachgewiesen wurden. Fasst man die empirischen Befunde zum Übergang von der Grundschule in die weiterführenden Schulen zusammen, lassen sich wenigstens fünf Stellen identifizieren, an denen die Merkmale der sozialen Herkunft zum Tragen kommen:

(1) Kinder aus sozial weniger begünstigten Familien verfügen im Vergleich zu Kindern aus sozial privilegierten Elternhäusern über niedrigere schulische Kompetenzen.

(2) Sie werden bei gleichen Leistungen von den Lehrkräften schlechter bewertet.

(3) Sie haben auch unter Kontrolle der Schulleistungen und Noten geringere Chancen auf den Erhalt einer Gymnasialempfehlung.

(4) Ihre Eltern wünschen sich seltener das Abitur für ihr Kind bzw. den Besuch des Gymnasiums.

(5) Schließlich wechseln die Kinder auch bei guten Leistungen und entsprechender Empfehlung seltener auf ein Gymnasium als Kinder aus sozial begünstigten Familien.

1.3.2 Leistungsgruppierung als wesentliches Merkmal von Bildungssystemen

Die Schaffung homogener Lerngruppen stellt eine schulorganisatorische Maßnahme dar, die sich in nahezu allen Ländern der Welt findet, wenngleich die Art und Weise, das Ausmaß sowie der Zeitpunkt des Einsetzens der Gruppierungsmaßnahmen deutlich zwischen den Ländern variieren (Hattie, 2002; LeTendre, Hofer & Shimizu, 2003; Oakes, 2005). Allen Gruppierungsmaßnahmen liegt jedoch die implizite Annahme zugrunde, dass es in Lerngruppen mit homogenem Leistungsniveau einfacher ist, den Unterricht an den individuellen Lernvoraussetzungen auszurichten und so eine bessere Förderung aller Schülerinnen und Schüler zu erreichen.

Zu den Auswirkungen der verschiedenen Gruppierungsmaßnahmen auf die Schülerleistungen, aber auch auf die Herausbildung motivationaler, sozialer und selbstregulativer Kompetenzen liegt inzwischen eine reichhaltige empirische Befundbasis vor. Bezogen auf die Schulleistungen deuten die vorhandenen Forschungsüberblicke insgesamt gesehen auf vergleichsweise geringe Auswirkungen des *trackings* hin, zumindest dann, wenn die Gruppierungsmaßnahmen nicht mit curricularen Differenzierungen einhergehen (vgl. im Überblick Hattie, 2009; Schofield, 2006). Gleichwohl fanden sich in mehreren Untersuchungen Hinweise auf differenzielle Auswirkungen der Leistungsgruppierung in Abhängigkeit der individuellen Lernvoraussetzungen. So scheinen leistungsschwächere Schülerinnen und Schüler vom Unterricht in heterogenen Lerngruppen eher profitieren zu können (vgl. z. B. Dar & Resh, 1986; Hoffer, 1992; Resh & Dar, 1992).

Für das deutsche Bildungssystem ist in diesem Zusammenhang vor allem die vergleichende Gegenüberstellung der unterschiedlichen Schulformen bzw. Bildungsgänge *innerhalb* des gegliederten Systems von Bedeutung, nicht zuletzt da diese neben Unterschieden in der Zusammensetzung der Schülerschaft auch durch Unterschiede in der institutionellen Ausgestaltung (z. B. unterschiedliche Lehrpläne, Lehrkörper und Unterrichtstraditionen) gekennzeichnet sind (Baumert et al., 2006a). Die weiterführenden Schulformen wurden in diesem Zusammenhang erstmals von Baumert und Köller (1998) als differenzielle Lern- und Entwicklungsmilieus bezeichnet. Die Autoren meinen damit,

> dass junge Menschen unabhängig von und zusätzlich zu ihren unterschiedlichen persönlichen, intellektuellen, kulturellen, sozialen und ökonomischen Ressourcen je nach besuchter Schulform differenzielle Entwicklungschancen erhalten, die schulmilieubedingt sind und sowohl durch den Verteilungsprozess als auch durch die institutionellen Arbeits- und Lernbedingungen und die schulformspezifischen pädagogisch-didaktischen Traditionen erzeugt werden (Baumert, Stanat & Watermann, 2006b, S. 99).

Eine wesentliche Komponente, durch die sich Schulformen als differenzielle Entwicklungsmilieus beschreiben lassen, betrifft die Zusammensetzung der Schülerschaft selbst als ein zentrales leistungswirksames schulisches Kontextmerkmal, dessen Bedeutung für gegliederte Schulsysteme besonders augenscheinlich wird (vgl. Baumert et al., 2006b). Auswirkungen der Schülerkomposition auf die Leistungsentwicklung konnten in einer Reihe von Untersuchungen nachgewiesen werden (vgl. im Überblick Dumont, Neumann, Maaz & Trautwein, in Druck). Analysen von Baumert et al. (2006b) ergaben zudem, dass mit schulformspezifischen Einflüssen der Schülerkomposition zu rechnen ist. Während sich das Gymnasium als relativ resistent gegenüber Variationen in der leistungsmäßigen Schülerzusammensetzung erwies, ist an der Hauptschule von bedeutsamen Einflüssen kritischer Kompositionsmerkmale (Konzentration bildungsferner Schichten mit schwierigem familiärem Hintergrund, niedriges Leistungs- und Fähigkeitsniveau) auszugehen, wobei sich unterschiedliche Hauptschultypen identifizieren ließen. Insbesondere in den Stadtstaaten, in denen die Hauptschule nur noch von einem sehr geringen Anteil des Altersjahrgangs besucht wurde, stellte der „schwierige" Typ eher den Normalfall dar, während sich die Hauptschulen in Bundesländern mit vergleichsweise hoher Hauptschulquote (Baden-Württemberg und Bayern) mehrheitlich dem „günstigen" Milieu zuweisen ließen.

Die vorliegenden Untersuchungen weisen jedoch auch darauf hin, dass lernmilieubedingte Entwicklungsverläufe nicht lediglich ein Resultat von Maßnahmen der Schülergruppierung darstellen, sondern auch auf institutionellen und je nach Schulform differierenden curricularen und didaktischen Vorgaben beruhen. Die bedeutsamsten Unterschiede in Fragen der Schulorganisation (Lehrpläne, Stundentafeln, Lehrbücher) und der Unterrichtsgestaltung bestehen dabei zwischen dem Gymnasium und den anderen Schulformen, was wiederum als Folgeerscheinung der historisch gewachsenen Differenzierung zwischen niederem und höherem Schulwesen anzusehen ist (vgl. Kunter, Brunner & Baumert, 2005).

Mit der Umsetzung der Zweigliedrigkeit existieren in Berlin nunmehr zwei formell gleichberechtigte Schulformen, die zu allen allgemeinbildenden Zertifikaten führen. Welche Konsequenzen diese Form der Stratifizierung des Sekundarschulsystems auf die Muster sozialer und ethnischer Ungleichheit sowie der Leistungsentwicklung in der Sekundarstufe I hat, soll im Rahmen der BERLIN-Studie untersucht werden. In diesem Zusammenhang stellt sich auch die Frage, ob und in welchem Maße es durch die Reform der Schulstruktur in der Sekundarstufe gelingen wird, heterogenere Lernumwelten zu schaffen und den Anteil von Schulen, in denen sich mehrere Risikofaktoren kumulieren, zu verringern.

1.3.3 Leistungsstände am Ende der Sekundarstufe I

Die internationalen und nationalen Large-Scale-Assessments seit PISA 2000 (Baumert et al., 2001) und die Verabschiedung der Bildungsstandards durch die KMK (vgl. im Überblick Köller et al., 2010) haben die Möglichkeit eröffnet, auf der Basis von Kompetenzstufenmodellen stärker inhaltlich-kriteriale Einordnungen schulischer Leistungen bzw. Kompetenzen vorzunehmen. In den Stufenmodellen, welche die OECD im Rahmen von PISA verwendet (Klieme et al., 2010), wird davon ausgegangen, dass 15-Jährige auf der Stufe I oder darunter Kompetenzstände aufweisen, die es fraglich erscheinen lassen, ob sich die Jugendlichen erfolgreich in die berufliche Erstausbildung werden einfädeln können (sog. Risikogruppe). Auf dieser Stufe befanden sich im Jahre 2009 in mathematischen und Lesekompetenzen etwa 18 Prozent der 15-Jährigen, in den Naturwissenschaften waren es rund 15 Prozent (vgl. Klieme et al., 2010). Der letzte Ländervergleich in PISA 2006 (vgl. Prenzel, Schütte & Walter, 2007) hat deutlich gemacht, dass die Risikogruppe in den Stadtstaaten deutlich größer ist (in Mathematik bei über 25 %) und in erster Linie Schülerinnen und Schüler aus Haupt- und Integrierten Gesamtschulen umfasst. Hier liegen die Anteile der Jugendlichen auf Stufe I oder darunter teilweise bei über 50 Prozent. Bezugnehmend auf die Kernfragestellung der BERLIN-Studie sind die Leistungsstände der Schülerinnen und Schüler am Ende der Sekundarstufe I von zentraler Bedeutung. Insbesondere die Frage, inwieweit die getroffenen Reformmaßnahmen dazu führen, den Anteil der Kinder, die seit PISA als sogenannte Risikokinder bezeichnet werden, zu verringern, ist als wesentlicher Gradmesser für die Auswirkungen der Schulstrukturreform zu betrachten.

1.3.4 Entkopplung von Schulform und Schulabschluss

Die strukturellen Veränderungen des Bildungssystems haben dazu geführt, dass sich auf Basis der Schulformwahl im Anschluss an die Grundschule keine sicheren Aussagen mehr über die letztlich erreichten Abschlüsse treffen lassen, da sich in den letzten Jahrzehnten eine bedeutsame Öffnung des Sekundarschulsystems vollzogen hat, die bei der Bewertung sozialer Ungleichheiten in der mehr oder weniger gegliederten Sekundarstufe I zu berücksichtigen ist (vgl. Baumert, Cortina & Leschinsky, 2008; Köller, Watermann & Trautwein, 2004; Maaz, Watermann & Köller, 2009).

Die Entkopplung von Schulart und Schulabschluss und die Ausdifferenzierung von vorakademischen Bildungswegen in der Sekundarstufe II werfen allerdings eine Reihe möglicher Fragen auf. Solange in Deutschland mit Abschlusszeugnissen auch Zugangsberechtigungen erteilt werden, stellt sich bei jeder Ausdifferenzierung von Bildungsgängen, die zu äquivalenten Abschlüssen führen, notwendigerweise die Frage nach der Vergleichbarkeit der Zertifikate und vielleicht noch dringender nach der Sicherung von Mindeststandards. Watermann und Baumert (2000) haben für die Abschlüsse der Sekundarstufe I gezeigt, dass sich die Leistungsmaßstäbe zwischen den die Zertifikate vergebenden Institutionen erheblich unterscheiden können. Den analogen Nachweis haben Köller, Baumert und Schnabel (1999) sowie Köller, Watermann, Trautwein und Lüdtke

(2004; vgl. Trautwein, Köller, Lehmann & Lüdtke, 2007) für unterschiedliche Wege zur allgemeinen Hochschulreife erbracht. Gerechterweise wird man keine identischen Leistungsverteilungen an den verschiedenen, zur Hochschulreife führenden Bildungswegen erwarten dürfen. Umso wichtiger ist es, auf die Einhaltung von Mindeststandards bei der Vergabe von Abschlüssen zu achten.

1.3.5 Schulische Kompetenzen und der Übergang in die berufliche Erstausbildung

Die Relevanz von schulischen Abschlüssen und Abschlussnoten für den Ausbildungserfolg ist unbestritten, auch wenn andernorts zu Recht darauf hingewiesen wird (vgl. z. B. Eberhard, 2006), dass Ausbildungsreife ein sehr viel umfangreicheres Konzept sei, das neben fachlichen Leistungen am Ende der Schulzeit auch soziale Kompetenzen, physische und psychische Belastbarkeit und allgemeine intellektuelle Fähigkeiten umfasst. Im Rahmen der ULME-II-Untersuchung sind Lehmann, Seeber und Hunger (2006) der Frage nachgegangen, welche Variablen den Abbruch einer Ausbildung in einer teilqualifizierenden Berufsfachschule vorhersagen können. In der Tat dominierten hier die kognitiven Maße (allgemeine Fachleistung am Ende der Sekundarstufe I [als Kompositum aus den Leseleistungen, mathematischen und fremdsprachlichen Kompetenzen] und kognitive Grundfähigkeiten): Je höher die Fachleistungen und je höher die kognitiven Grundfähigkeiten, desto geringer die Chance, die Ausbildung abzubrechen. „Soft Skills" (Lernstrategien) wiesen eine geringere Bedeutung auf. Die Befunde aus ULME III (Lehmann & Seeber, 2007) bestätigen das Bild auch für ausbildungsspezifische Leistungen am Ende der Ausbildung. Hier erwiesen sich wiederum die kognitiven Variablen zum Ende der Sekundarstufe I als gute Prädiktoren der am Ende der Ausbildung in verschiedenen Ausbildungsberufen erworbenen Kompetenzen. Insgesamt ergibt sich demnach ein Bild, das die hohe Relevanz fachlicher Leistungen am Ende der Sekundarstufe I für verschiedene Indikatoren des beruflichen Ausbildungserfolgs bestätigt. Ungeklärt ist allerdings die Frage, ob und welche weitreichenden Folgen durch das Verfehlen von schulischen Mindeststandards oder die Zugehörigkeit zur PISA-Risikogruppe für die berufliche Erstausbildung zu erwarten sind, vor allem jenseits der im allgemeinbildenden System vergebenen Zertifikate.

1.3.6 Soziale und ethnische Disparitäten beim Übergang in die Sekundarstufe II, die Hochschule und die berufliche Erstausbildung

Für den Übergang in die Sekundarstufe II liegen vergleichsweise wenige Untersuchungen vor, die eine Trennung von primären und sekundären Effekten der familiären Herkunft zulassen. Mit Daten der *Third International Mathematics and Science Study* (TIMSS) fanden Schnabel und Schwippert (2000) für den Übergang in die gymnasiale Oberstufe auch bei Kontrolle der Fachleistungen in Mathematik und Physik/Biologie signifikante Effekte des kulturellen Kapitals und des Bildungsabschlusses der Eltern. Bei vergleichbaren Leistungen in den Bereichen Mathematik und Physik/Biologie erhöhten sich die Chancen für den Oberstufenbesuch für Schülerinnen und Schüler aus Familien mit hohem kulturellem Kapital. Diese Effekte können somit als sekundäre Disparitäten interpretiert werden. Zu ähnlichen Befunden kommen auch andere Studien (u. a. Müller & Pollak, 2007). In einer aktuellen Studie mit Daten der TOSCA-10-Untersuchung konnten Trautwein, Nagy und Maaz (2011) zeigen, dass bezogen auf Indikatoren wie den sozialen Hintergrund der Eltern sowie deren Schulabschluss sich mit der Öffnung der gymnasialen Oberstufe für die Realschüler die soziale Selektivität des Oberstufenbesuchs verringert. Für die Kernfragestellungen der BERLIN-Studie ist dieser Übergang besonders relevant. Die konsequente Umsetzung eines Zwei-Säulen-Modells sollte zu einem Abbau sozialer Ungleichheiten beim Übergang in die Sekundarstufe II führen, da auch an den Integrierten Sekundarschulen eine direkte Anbindung an eine gymnasiale Oberstufe vorgesehen ist.

Langfristig interessiert dann auch der Übergang in ein Hochschulstudium, für den mittlerweile auch einige Untersuchungen vorliegen, die unter Berücksichtigung primärer und sekundärer Effekte Hinweise auf vorhandene soziale Disparitäten geben (Becker, 2000; Schnabel & Gruehn, 2000; Schnabel et al., 2002; auch Becker & Hecken, 2007, 2008, 2009a, 2009b; Maaz, 2006). Die vorliegenden Studien weisen auch für diesen späten Übergang einen signifikanten Effekt der sozialen Herkunft auf die Studienintention und -aufnahme, auch bei Berücksichtigung der schulischen Leistungen, nach. Analysen mit den Daten der TOSCA-Studie (Köller et al., 2004) deuten ferner darauf hin, dass ein offenes Sekundarschulsystem (hier realisiert durch berufliche Gymnasien) nicht nur zu einem Abbau sozialer Ungleichheiten beim Zugang zum Abitur führen kann, sondern auch die Ungleichheitsverhältnisse bei der Aufnahme eines Hochschulstudiums reduzieren kann, ohne sie jedoch in Gänze auszuschalten.

Die Erhöhung der Abiturientenquote ist ein zentrales Ziel, das unter anderem im Zuge der Schulstrukturreform erreicht werden soll. Damit verbunden ist auch eine Anhebung der Studienübertrittsquoten. Für Schülerinnen und Schüler, die keine akademische Laufbahn planen, stellt die Initialisierung und Realisierung des Ausbildungsübergangs eine wichtige Statuspassage dar. Auch an diesem Übergang lassen sich soziale und ethnische Disparitäten nachweisen. Diese Disparitäten können einerseits in Bezug auf die für den Übergang erforderlichen Kompetenzen und Zertifikate wirken. Insbesondere die PISA-Studien haben auf einen substanziellen Zusammenhang zwischen der sozialen Herkunft und den erreichten Kompetenzen am Ende der Vollzeitschulpflicht hingewiesen (Baumert & Schümer, 2001; Ehmke & Jude, 2010). Dieser Unterschied spiegelt sich dann auch in den erreichten Bildungszertifikaten eines Jahrgangs wider (Becker, 2011; Beicht & Granato, 2010; Seeber, 2011). Das heißt, Kinder aus sozial weniger begünstigten Familien und Kinder mit Migrationshintergrund haben ein erhöhtes Risiko, keinen oder nur einen Abschluss unterhalb der mittleren Reife zu erreichen. Da die Bildungszertifikate wichtige Selektionskriterien für die Allokation auf einen Ausbildungsplatz darstellen, werden hier soziale und ethnische Disparitäten sichtbar. Andererseits zeigen sich Herkunftseffekte im Entscheidungsverhalten. Hier sind insbesondere die Migrationseffekte hervorzuheben. So berichten Beicht und Granato (2010) mit den Daten der Übergangsstudie des Bundesinstituts für Berufsbildung (BIBB), dass auch bei Konstanthaltung ausbildungsmarktrelevanter Merkmale und nach Kontrolle des Schulabschlusses, der Durchschnittsnote des Abschlusszeugnisses und Merkmalen der sozialen Herkunft Personen mit Migrationshintergrund bei der Einmündung in die berufliche Ausbildung deutlich benachteiligt waren. Dies galt insbesondere für junge Männer mit Migrationsgeschichte. Ähnlich konnten Diehl, Friedrich und Hall (2009) anhand eines für die Jahre 2004 bis 2006 gepoolten Datensatzes der Absolventenbefragungen des BIBB für Abgänger aus allgemeinbildenden und beruflichen Schulen des Übergangssystems zeigen, dass männliche Jugendliche mit Migrationshintergrund bei Kontrolle einer Kombination von Schulabschluss und Noten, Wunschberuf und Region deutlich geringere Chancen hatten, einen Ausbildungsplatz zu finden als deutsche Jugendliche deutscher Herkunft (Diehl et al., 2009, S. 58). Den Übergangsprozess von Hauptschulabsolventen untersuchten Reißig und Gaupp (2007) bzw. Gaupp, Lex, Reißig und Braun (2008) anhand des 2004 begonnenen Übergangspanels des Deutschen Jugendinstituts (DJI). Unter Kontrolle von Schulabschluss, Deutschnote und Merkmalen der sozialen Herkunft belegen sie differenzielle ethnische Disparitäten an der ersten Übergangsschwelle (vgl. auch Hunkler, 2010; Seibert, 2011).

1.4 Über diesen Band

Der vorliegende Band stellt die ersten Ergebnisse der BERLIN-Studie zur wissenschaftlichen Begleitung und Evaluation der Berliner Schulstrukturreform vor. Der Schwerpunkt liegt dabei auf dem Übergang von der Grundschule in die weiterführenden Schulen. In *Kapitel 2* werden die Anlage und das Design der BERLIN-Studie sowie die im vorliegenden Berichtsband untersuchten Fragestellungen dargestellt. Das methodische Vorgehen für die Datenerhebungen und Analysen des vorliegenden Bandes wird in *Kapitel 3* beschrieben. Mit der ELEMENT-Studie (vgl. Lehmann & Lenkeit, 2008) liegt eine Vergleichsstudie vor, mit der der Übertritt in das Berliner Sekundarschulsystem unter den Bedingungen der alten Schulstruktur untersucht werden kann. In *Kapitel 4* erfolgt zunächst ein Vergleich der beiden Schülerkohorten der BERLIN- und ELEMENT-Studie. Vor dem Hintergrund des neuen Übertrittverfahrens widmet sich *Kapitel 5* der Wahl der Einzelschule. Im Mittelpunkt von *Kapitel 6* steht die vergleichende Untersuchung des Übergangsprozesses zwischen den Schülerinnen und Schülern der ELEMENT- und der BERLIN-Studie. Auf die Bewertung der Schulstrukturreform durch Eltern, Lehrkräfte und Schulleiterinnen und Schulleiter wird in *Kapitel 7* eingegangen. Der Band schließt mit einer zusammenfassenden Diskussion und einem Ausblick in *Kapitel 8*.

1.5 Literatur

Arnold, K.-H., Bos, W., Richert, P., & Stubbe, T. C. (2007). Schullaufbahnpräferenzen am Ende der vierten Klassenstufe. In W. Bos, S. Hornberg, K.-H. Arnold, G. Faust, L. Fried, E.-M. Lankes, K. Schwippert & R. Valtin (Hrsg.), *IGLU 2006: Lesekompetenzen von Grundschulkindern in Deutschland im internationalen Vergleich* (S. 271–297). Münster: Waxmann.

Artelt, C., Stanat, P., Schneider, W., & Schiefele, U. (2001). Lesekompetenz: Testkonzeption und Ergebnisse. In J. Baumert, E. Klieme, M. Neubrand, M. Prenzel, U. Schiefele & W.

Schneider (Hrsg.), *PISA 2000: Basiskompetenzen von Schülerinnen und Schülern im internationalen Vergleich* (S. 69–137). Opladen: Leske + Budrich.

Autorengruppe Bildungsberichterstattung. (2010). *Bildung in Deutschland 2010: Ein indikatorengestützter Bericht mit einer Analyse zu Perspektiven des Bildungswesens im demografischen Wandel.* Bielefeld: Bertelsmann.

Baumert, J., Cortina, K. S., & Leschinsky, A. (2008). Grundlegende Entwicklungen und Strukturprobleme im allgemein bildenden Schulwesen. In K. S. Cortina, J. Baumert, A. Leschinsky, K. U. Mayer & L. Trommer (Hrsg.), *Das Bildungswesen in der Bundesrepublik Deutschland: Strukturen und Entwicklungen im Überblick* (S. 53–130). Reinbek: Rowohlt.

Baumert, J., Klieme, E., Neubrand, M., Prenzel, M., Schiefele U., Schneider, W., Stanat, P., Tillmann, K.-J., & Weiß, M. (Hrsg.). (2001). *PISA 2000: Basiskompetenzen von Schülerinnen und Schülern im internationalen Vergleich.* Opladen: Leske + Budrich.

Baumert, J., & Köller, O. (1998). Nationale und internationale Schulleistungsstudien: Was können sie leisten, wo sind ihre Grenzen? *Pädagogik, 50*(1), 12–18.

Baumert, J., & Schümer, G. (2001). Familiäre Lebensverhältnisse, Bildungsbeteiligung und Kompetenzerwerb. In J. Baumert, E. Klieme, M. Neubrand, M. Prenzel, U. Schiefele, W. Schneider, P. Stanat, K.-J. Tillmann & M. Weiß (Hrsg.), *PISA 2000: Basiskompetenzen von Schülerinnen und Schülern im internationalen Vergleich* (S. 323–407). Opladen: Leske + Budrich.

Baumert, J., & Schümer, G. (2002). Familiäre Lebensverhältnisse, Bildungsbeteiligung und Kompetenzerwerb im nationalen Vergleich. In J. Baumert, C. Artelt, E. Klieme, M. Neubrand, M. Prenzel, U. Schiefele, W. Schneider, K.-J. Tillmann & M. Weiß (Hrsg.), *PISA 2000 – Die Länder der Bundesrepublik Deutschland im Vergleich* (S. 159–202). Opladen: Leske + Budrich.

Baumert, J., Stanat, P., & Watermann, R. (Hrsg.). (2006a). *Herkunftsbedingte Disparitäten im Bildungswesen: Vertiefende Analysen im Rahmen von PISA 2000.* Wiesbaden: VS Verlag für Sozialwissenschaften.

Baumert, J., Stanat, P., & Watermann, R. (2006b). Schulstruktur und die Entstehung differenzieller Lern- und Entwicklungsmilieus. In J. Baumert, P. Stanat & R. Watermann (Hrsg.), *Herkunftsbedingte Disparitäten im Bildungswesen: Differenzielle Bildungsprozesse und Probleme der Verteilungsgerechtigkeit. Vertiefende Analysen im Rahmen von PISA 2000* (S. 95–188). Wiesbaden: VS Verlag für Sozialwissenschaften.

Becker, R. (2000). Klassenlage und Bildungsentscheidungen: Eine empirische Anwendung der Wert-Erwartungstheorie. *Kölner Zeitschrift für Soziologie und Sozialpsychologie, 52*(3), 450–474.

Becker, R. (2003). Educational expansion and persistent inequalities of education: Utilizing subjective expected utility theory to explain increasing participation rates in upper secondary school in the Federal Republic of Germany. *European Sociological Review, 19*, 1–24.

Becker, R. (2011). Integration von Migranten durch Bildung und Ausbildung – theoretische Erklärungen und empirische Befunde. In R. Becker (Hrsg.), *Integration durch Bildung* (S. 11–36). Wiesbaden: VS Verlag für Sozialwissenschaften.

Becker, R., & Hecken, A. E. (2007). Studium oder Berufsausbildung? Eine empirische Überprüfung der Modelle zur Erklärung von Bildungsentscheidungen von Esser sowie von Breen und Goldthorpe. *Zeitschrift für Soziologie, 36,* 100–117.

Becker, R., & Hecken, A. E. (2008). Warum werden Arbeiterkinder vom Studium an Universitäten abgehalten? Eine empirische Überprüfung der „Ablenkungsthese" von Müller und Pollak (2007) und ihrer Erweiterung durch Hillmert und Jacob (2003). *Kölner Zeitschrift für Soziologie und Sozialpsychologie, 60,* 3–29.

Becker, R., & Hecken, A. E. (2009a). Higher education or vocational training? An empirical test of the rational action model of educational choices suggested by Breen and Goldthorpe and Esser. *Acta Sociologica, 52,* 25–45.

Becker, R., & Hecken, A. E. (2009b). Why are working-class children diverted from universities? An empirical assessment of the diversion thesis. *European Sociological Review, 25,* 233–250.

Becker, R., & Lauterbach, W. (Hrsg.). (2010). *Bildung als Privileg: Erklärungen und Befunde zu den Ursachen der Bildungsungleichheit.* Wiesbaden: VS Verlag für Sozialwissenschaften.

Beicht, U., & Granato, M. (2010). *Ausbildungsplatzsuche: Geringere Chancen für junge Frauen und Männer mit Migrationshintergrund. BIBB-Analyse zum Einfluss der sozialen Herkunft beim Übergang in die Ausbildung unter Berücksichtigung von Geschlecht und Migrationsstatus.* Bielefeld: Bertelsmann.

Bellenberg, G., & Klemm, K. (1998). Von der Einschulung bis zum Abitur: Zur Rekonstruktion von Schullaufbahnen in Nordrhein-Westfalen. *Zeitschrift für Erziehungswissenschaft, 1*(4), 577–596.

Berger, P. A., & Kahlert, H. (Hrsg.). (2008). *Institutionalisierte Ungleichheiten: Wie das Bildungswesen Chancen blockiert.* München: Juventa.

Bonsen, M., Frey, K. A., & Bos, W. (2008). Soziale Herkunft. In W. Bos, M. Bonsen, J. Baumert, M. Prenzel, C. Selter & G. Walther (Hrsg.), *TIMSS 2007: Mathematische und naturwissenschaftliche Kompetenzen von Grundschulkindern in Deutschland im internationalen Vergleich* (S. 141–156). Münster: Waxmann.

Bos, W., Voss, A., Lankes, E.-M., Schwippert, K., Thiel, O., & Valtin, R. (2004). Schullaufbahnempfehlungen von Lehrkräften für Kinder am Ende der vierten Jahrgangsstufe. In W. Bos, E.-M. Lankes, M. Prenzel, K. Schwippert, R. Valtin & G. Walther (Hrsg.), *IGLU: Einige Länder der Bundesrepublik Deutschland im nationalen und internationalen Vergleich* (S. 191–228). Münster: Waxmann.

Boudon, R. (1974). *Education, opportunity, and social inequality: Changing prospects in Western society.* New York: Wiley.

Breen, R., & Goldthorpe, J. H. (1997). Explaining educational differentials: Towards a formal rational action theory. *Rationality and Society, 9,* 275–305.

Cortina, K. S., Baumert, J., Leschinsky, A., Mayer, K. U., & Trommer, L. (2008). *Das Bildungswesen in der Bundesrepublik Deutschland: Strukturen und Entwicklungen im Überblick.* Reinbek: Rowohlt.

Dahrendorf, R. (1965). *Gesellschaft und Demokratie in Deutschland.* München: Piper.

Dar, Y., & Resh, N. (1986). Classroom intellectual composition and academic achievement. *American Educational Research Journal, 23*(3), 357–374.

Deutscher Bildungsrat. (1969). *Empfehlungen der Bildungskommission: Einrichtung von Schulversuchen mit Gesamtschulen.* Stuttgart: Klett.

Deutscher Bildungsrat. (1972). *Empfehlungen der Bildungskommission: Strukturplan für das Bildungswesen.* Stuttgart: Klett.

Diehl, C., Friedrich, M., & Hall, A. (2009). Jugendliche ausländischer Herkunft beim Übergang in die betriebliche und schulische Ausbildung. Vom Wollen, Können und Dürfen. *Zeitschrift für Soziologie, 38(1),* 48–68.

Ditton, H. (1992). *Ungleichheit und Mobilität durch Bildung: Theorie und empirische Untersuchung über sozialräumliche Aspekte von Bildungsentscheidungen.* Weinheim: Juventa.

Ditton, H. (2005). Der Beitrag von Familie und Schule zur Reproduktion von Bildungsungleichheit. In H. G. Holtappels & K. Höhmann (Hrsg.), *Schulentwicklung und Schulwirksamkeit: Systemsteuerung, Bildungschancen und Entwicklung der Schule* (S. 121–130). Weinheim: Juventa.

Ditton, H. (2007a). *Kompetenzaufbau und Laufbahnen im Schulsystem: Ergebnisse einer Längsschnittuntersuchung an Grundschulen.* Münster: Waxmann.

Ditton, H. (2007b). Schulübertritte, Geschlecht und soziale Herkunft. In H. Ditton (Hrsg.), *Kompetenzaufbau und Laufbahnen im Schulsystem: Ergebnisse einer Längsschnittuntersuchung an Grundschulen* (S. 63–87). Münster: Waxmann.

Ditton, H., Krüsken, J., & Schauenberg, M. (2005). Bildungsungleichheit – der Beitrag von Familie und Schule. *Zeitschrift für Erziehungswissenschaft, 8(2),* 285–304.

Dumont, H., Neumann, M., Maaz, K., & Trautwein, U. (in Druck). Die Zusammensetzung der Schülerschaft als Einflussfaktor für Schulleistungen: Internationale und nationale Befunde. *Psychologie in Erziehung und Unterricht.*

Eberhard, V. (2006). *Das Konzept der Ausbildungsreife: Ein ungeklärtes Konstrukt im Spannungsfeld unterschiedlicher Interessen. Ergebnisse aus dem BIBB.* Bonn: Bundesinstitut für Berufsbildung.

Ehmke, T., & Baumert, J. (2007). Soziale Herkunft und Kompetenzerwerb: Vergleiche zwischen PISA 2000, 2003 und 2006. In M. Prenzel, C. Artelt, J. Baumert, W. Blum, M. Hammann, E. Klieme & R. Pekrun (Hrsg.), *PISA 2006: Die Ergebnisse der dritten internationalen Vergleichsstudie* (S. 309–335). Münster: Waxmann.

Ehmke, T., & Baumert, J. (2008). Soziale Disparitäten des Kompetenzerwerbs und der Bildungsbeteiligung in den Ländern: Vergleiche zwischen PISA 2000 und 2006. In M. Prenzel, C. Artelt, J. Baumert, W. Blum, M. Hammann, E. Klieme & R. Pekrun (Hrsg.), *PISA 2006 in Deutschland: Die Kompetenzen der Jugendlichen im dritten Ländervergleich* (S. 319–342). Münster: Waxmann.

Ehmke, T., Hohensee, F., Heidemeier, H., & Prenzel, M. (2004). Familiäre Lebensverhältnisse, Bildungsbeteiligung und Kompetenzerwerb. In M. Prenzel, J. Baumert, W. Blum, R. Lehmann, D. Leutner, M. Neubrand, R. Pekrun, H.-G. Rolff, J. Rost & U. Schiefele (Hrsg.), *PISA 2003: Der Bildungsstand der Jugendlichen in Deutschland – Ergebnisse des zweiten internationalen Vergleichs* (S. 225–254). Münster: Waxmann.

Ehmke, T., & Jude, N. (2010). Soziale Herkunft und Kompetenzerwerb. In E. Klieme, C. Artelt, J. Hartig, N. Jude, O. Köller, M. Prenzel, W. Schneider & P. Stanat (Hrsg.), *PISA 2009: Bilanz nach einem Jahrzehnt* (S. 231–253). Münster: Waxmann.

Fend, H. (1982). *Gesamtschule im Vergleich: Bilanz der Ergebnisse des Gesamtschulversuchs.* Weinheim: Beltz.

Gaupp, N., Lex, T., Reißig, B., & Braun, F. (2008). *Von der Hauptschule in Ausbildung und Erwerbsarbeit: Ergebnisse des DJI-Übergangspanels.* Bonn: BMBF.

Geißler, R. (2004). Die Illusion der Chancengleichheit im Bildungssystem – von PISA gestört. *Zeitschrift für Soziologie der Erziehung und Sozialisation, 24,* 362–380.

Georg, W. (2006). *Soziale Ungleichheit im Bildungssystem: Eine empirisch-theoretische Bestandsaufnahme.* Konstanz: Universitätsverlag.

Gresch, C., Baumert, J., & Maaz, K. (2010). Empfehlungsstatus, Übergangsempfehlung und der Wechsel in die Sekundarstufe I: Bildungsentscheidungen und soziale Ungleichheit. In K. Maaz, J. Baumert, C. Gresch & N. McElvany (Hrsg.), *Der Übergang von der Grundschule in die weiterführende Schule: Leistungsgerechtigkeit und regionale, soziale und ethnisch-kulturelle Disparitäten* (S. 201–227). Bonn: BMBF.

Hattie, J. A. C. (2002). Classroom composition and peer effects. *International Journal of Educational Research, 37*(5), 449–481.

Hattie, J. A. C. (2009). *Visible learning: A synthesis of over 800 meta-analyses relating to achievement.* London: Routledge.

Henz, U. (1997a). Der Beitrag von Schulformwechseln zur Offenheit des allgemeinbildenden Schulsystems. *Zeitschrift für Soziologie, 26,* 53–69.

Henz, U. (1997b). Der nachgeholte Erwerb allgemeinbildender Schulabschlüsse: Analysen zur quantitativen Entwicklung und sozialen Selektivität. *Kölner Zeitschrift für Soziologie und Sozialpsychologie, 49,* 223–241.

Hillmert, S., & Jacob, M. (2003). Institutionelle Strukturierung und inter-individuelle Variation: Zur Entwicklung herkunftsbezogener Ungleichheiten im Bildungsverlauf. *Kölner Zeitschrift für Soziologie und Sozialpsychologie, 57,* 414–442.

Hoffer, T. B. (1992). Middle school ability grouping and student achievement in science and mathematics. *Educational Evaluation and Policy Analysis, 14*(3), 205–227.

Hunkler, C. (2010). Ethnische Unterschiede beim Zugang zu Ausbildung und Erwerb von Ausbildungsabschlüssen. In B. Becker (Hrsg.), *Vom Kindergarten bis zur Hochschule: Die Generierung von ethnischen und sozialen Disparitäten in der Bildungsbiographie* (S. 213–250). Wiesbaden: VS Verlag für Sozialwissenschaften.

Hurrelmann, K. (2013). Das Schulsystem in Deutschland: Das „Zwei-Wege-Modell" setzt sich durch. *Zeitschrift für Pädagogik, 59*(4), 455–468.

Klieme, E., Jude, N., Baumert, J., & Prenzel, M. (2010). PISA 2000–2009: Bilanz der Veränderungen im Schulsystem. In E. Klieme, C. Artelt, J. Hartig, N. Jude, O. Köller, M. Prenzel, W. Schneider & P. Stanat (Hrsg.), *PISA 2009: Bilanz nach einem Jahrzehnt* (S. 277–300). Münster: Waxmann.

Klieme, E., Neubrand, M., & Lüdtke, O. (2001). Mathematische Grundbildung: Testkonzeption und Ergebnisse. In J. Baumert, E. Klieme, M. Neubrand, M. Prenzel, U. Schiefele, W. Schneider, P. Stanat, K.-J. Tillmann & M. Weiß (Hrsg.), *PISA 2000: Basiskompetenzen von Schülerinnen und Schülern im internationalen Vergleich* (S. 139–190). Opladen: Leske + Budrich.

KMK – Sekretariat der Ständigen Konferenz der Kultusminister der Länder in der Bundesrepublik Deutschland. (1982). *Rahmenvereinbarung für die gegenseitige Anerkennung von Abschlüssen an integrierten Gesamtschulen* (Beschluss der Kultusministerkonferenz vom 28.05.1982). Bonn: KMK.

KMK – Sekretariat der Ständigen Konferenz der Kultusminister der Länder in der Bundesrepublik Deutschland. (2012). *Vereinbarung über Schularten und Bildungsgänge im Sekundarbereich I* (Beschluss der Kultusministerkonferenz vom 03.12.1993 i. d. F. vom 04.10.2012). <http://www.kmk.org/fileadmin/veroeffentlichungen_beschluesse/1993/1993_12_03-VB-Sek-I.pdf> (04.06.2013)

Köller, O., Baumert, J., & Schnabel, K. U. (1999). Wege zur Hochschulreife: Offenheit des Systems und Sicherung vergleichbarer Standards. Analysen am Beispiel der Mathematikleistungen von Oberstufenschülern an Integrierten Gesamtschulen und Gymnasien in Nordrhein-Westfalen. *Zeitschrift für Erziehungswissenschaft, 2*(3), 385–422.

Köller, O., Knigge, M., & Tesch, B. (Hrsg.). (2010). *Sprachliche Kompetenzen im Ländervergleich.* Münster: Waxmann.

Köller, O., Watermann, R., & Trautwein, U. (2004). Transformation des Sekundarschulsystems in der Bundesrepublik Deutschland: Differenzierung, Öffnung von Bildungswegen und die Wahrung von Standards. In O. Köller, R. Watermann, U. Trautwein & O. Lüdtke (Hrsg.), *Wege zur Hochschulreife in Baden-Württemberg: TOSCA – Eine Untersuchung an allgemein bildenden und beruflichen Gymnasien* (S. 13–27). Opladen: Leske + Budrich.

Köller, O., Watermann, R., Trautwein, U., & Lüdtke, O. (Hrsg.). (2004). *Wege zur Hochschulreife in Baden-Württemberg: TOSCA – Eine Untersuchung an allgemein bildenden und beruflichen Gymnasien.* Opladen: Leske + Budrich.

Kunter, M., Brunner, M., & Baumert, J. (2005). Der Mathematikunterricht der PISA-Schülerinnen und -Schüler: Schulformunterschiede in der Unterrichtsqualität. *Zeitschrift für Erziehungswissenschaft, 8(4),* 502–520.

Lehmann, R., & Lenkeit, J. (2008). *ELEMENT: Erhebung zum Lese- und Mathematikverständnis: Entwicklung in den Jahrgangsstufen 4 bis 6 in Berlin. Abschlussbericht über die Untersuchungen 2003, 2004 und 2005 an Berliner Grundschulen und grundständigen Gymnasien.* Berlin: Humboldt-Universität zu Berlin.

Lehmann, R., & Seeber, S. (2007). Ausblick: Perspektiven der Kompetenzerfassung in beruflichen Bildungsgängen. In R. Lehmann (Hrsg.*), ULME III: Untersuchung von Leistungen, Motivation und Einstellungen der Schülerinnen und Schüler in den Abschlussklassen der Berufsschulen* (S. 227–228). Hamburg: Behörde für Bildung und Sport.

Lehmann, R., Seeber, S., & Hunger, S. (2006). *ULME II: Untersuchung von Leistungen, Motivation und Einstellungen der Schülerinnen und Schüler in den Abschlussklassen der teilqualifizierenden Berufsfachschulen.* Hamburg: Behörde für Bildung und Sport.

LeTendre, G., Hofer, B., & Shimizu, H. (2003). What is tracking? Cultural expectations in the United States, Germany, and Japan. *American Educational Research Journal, 40*(1), 43–89.

Maaz, K. (2006*). Soziale Herkunft und Hochschulzugang: Effekte institutioneller Öffnung im Bildungssystem.* Wiesbaden: VS Verlag für Sozialwissenschaften.

Maaz, K., Baeriswyl, F., & Trautwein, U. (2011). *Herkunft zensiert? Leistungsdiagnostik und soziale Ungleichheiten in der Schule: Eine Studie im Auftrag der Vodafone Stiftung Deutschland.* Berlin: Vodafone Stiftung Deutschland.

Maaz, K., Baumert, J., Gresch, C., & McElvany, N. (Hrsg.). (2010). *Der Übergang von der Grundschule in die weiterführende Schule: Leistungsgerechtigkeit und regionale, soziale und ethnisch-kulturelle Disparitäten.* Bonn: BMBF.

Maaz, K., Neumann, M., Trautwein, U., Wendt, W., Lehmann, R., & Baumert, J. (2008). Der Übergang von der Grundschule in die weiterführende Schule: Die Rolle von Schüler- und Klassenmerkmalen beim Einschätzen der individuellen Lernkompetenz durch die Lehrkräfte. *Schweizerische Zeitschrift für Bildungswissenschaften, 30*(3), 519–548.

Maaz, K., Watermann, R., & Köller, O. (2009). Die Gewährung von Bildungschancen durch institutionelle Öffnung: Bildungswege von Schülerinnen und Schülern an allgemeinbildenden und beruflichen Gymnasien. *Pädagogische Rundschau, 63*(2), 159–177.

Merkens, H., & Wessel, A. (2002). *Zur Genese von Bildungsentscheidungen: Eine empirische Studie in Berlin und Brandenburg.* Baltmannsweiler: Schneider Verlag Hohengehren.

Müller, W., & Pollak, R. (2004). Social mobility in West Germany: The long arms of history discovered? In R. Breen (Ed.), *Social mobility in Europe* (pp. 77–113). Oxford, UK: Oxford University Press.

Müller, W., & Pollak, R. (2007). Weshalb gibt es so wenige Arbeiterkinder an deutschen Universitäten? In R. Becker & W. Lauterbach (Hrsg.), *Bildung als Privileg? Erklärungen und Befunde zu den Ursachen der Bildungsungleichheit* (S. 303–342). Wiesbaden: VS Verlag für Sozialwissenschaften.

Oakes, J. (2005). *Keeping track: How schools structure inequality.* New Haven, CT: Yale University Press.

Paulus, W., & Blossfeld, H.-P. (2007). Schichtspezifische Präferenzen oder sozioökonomisches Entscheidungskalkül: Zur Rolle elterlicher Bildungsaspirationen im Entscheidungsprozess beim Übergang von der Grundschule in die Sekundarstufe. *Zeitschrift für Pädagogik, 53*(4), 491–508.

Peisert, H. (1967). *Soziale Lage und Bildungschancen in Deutschland.* München: Piper.

Peisert, H., & Dahrendorf, R. (1967). *Der vorzeitige Abgang vom Gymnasium: Studien und Materialien zum Schulerfolg an den Gymnasien in Baden-Württemberg 1953–1963.* Villingen: Neckar.

Picht, G. (1964). *Die deutsche Bildungskatastrophe.* Olten: Walter-Verlag.

Pietsch, M. (2007). Schulformwahl in Hamburger Schülerfamilien und die Konsequenzen für die Sekundarstufe I. In W. Bos, C. Gröhlich & M. Pietsch (Hrsg.), *KESS 4 – Lehr- und Lernbedingungen in Hamburger Grundschulen* (S. 127–165). Münster: Waxmann.

Pietsch, M., & Stubbe, T. C. (2007). Inequality in the transition from primary to secondary school: School choices and educational disparities in Germany. *European Educational Research Journal, 6,* 424–445.

Prenzel, M., Schütte, K., & Walter, O. (2007). Interesse an den Naturwissenschaften. In M. Prenzel, C. Artelt, J. Baumert, W. Blum, M. Hammann, E. Klieme & R. Pekrun (Hrsg.), *PISA 2006: Die Ergebnisse der dritten internationalen Vergleichsstudie* (S. 107–124). Münster: Waxmann.

Raschert, J. (1974). *Gesamtschule. Ein gesellschaftliches Experiment*. Stuttgart: Klett-Cotta.

Reißig, B., & Gaupp, N. (2007). Chancenungleichheit an der ersten Schwelle Schule: Ausbildung: Ergebnisse aus dem DJI-Übergangspanel. In T. Eckert (Hrsg.), *Übergänge im Bildungswesen* (S. 143–161). Münster: Waxmann.

Resh, N., & Dar, Y. (1992). Learning segregation in junior high-schools in Israel: Causes and consequences. *Educational Effectiveness and School Improvement, 3*(4), 272–292.

Schnabel, K. U., Alfeld, C., Eccles, J. S., Köller, O., & Baumert, J. (2002). Parental influence on students' educational choices in the United States and Germany: Different ramifications – Same effect? *Journal of Vocational Behavior, 60*, 178–198.

Schnabel, K. U., & Gruehn, S. (2000). Studienfachwünsche und Berufsorientierungen in der gymnasialen Oberstufe. In J. Baumert, W. Bos & R. Lehmann (Hrsg), *TIMSS/III: Dritte Internationale Mathematik- und Naturwissenschaftsstudie – Mathematische und naturwissenschaftliche Bildung am Ende der Schullaufbahn: Bd. 2. Mathematische und physikalische Kompetenzen am Ende der gymnasialen Oberstufe* (S. 405–453). Opladen: Leske + Budrich.

Schnabel, K. U., & Schwippert, K. (2000). Einflüsse sozialer und ethnischer Herkunft beim Übergang in die Sekundarstufe II und den Beruf. In J. Baumert, W. Bos & R. Lehmann (Hrsg.), *TIMSS/III: Dritte Internationale Mathematik- und Naturwissenschaftsstudie – Mathematische und naturwissenschaftliche Bildung am Ende der Schullaufbahn: Bd. 1. Mathematische und naturwissenschaftliche Grundbildung am Ende der Pflichtschulzeit* (S. 261–281). Opladen: Leske + Budrich.

Schneider, T. (2008). Social inequality in educational participation in the German school system in a longitudinal perspective: Pathways into and out of the most prestigious school track. *European Sociological Review, 24*, 511–526.

Schofield, J. W. (2006). *Migrationshintergrund, Minderheitenzugehörigkeit und Bildungserfolg: Forschungsergebnisse der pädagogischen, Entwicklungs- und Sozialpsychologie.* Berlin: AKI und WZB.

Seeber, S. (2011). Einmündungschancen von Jugendlichen in eine berufliche Ausbildung: Zum Einfluss von Zertifikaten, Kompetenzen und sozioökonomischem Hintergrund. In M. Granato, D. Münk & R. Weiß (Hrsg.), *Migration als Chance* (AGBFN 9) (S. 55–78). Bielefeld: Bertelsmann.

Seibert, H. (2011). Berufserfolg von jungen Erwachsenen mit Migrationshintergrund: Wie Ausbildungsabschlüsse, ethnische Herkunft und ein deutscher Pass die Arbeitsmarktchancen beeinflussen. In R. Becker (Hrsg.), *Integration durch Bildung: Bildungserwerb von jungen Migranten in Deutschland* (S. 197–226). Wiesbaden: VS Verlag für Sozialwissenschaften.

Stanat, P., Pant, H. A., Böhme, K., & Richter, D. (Hrsg.). (2012). *Kompetenzen von Schülerinnen und Schülern am Ende der vierten Jahrgangsstufe in den Fächern Deutsch und Mathematik: Ergebnisse des IQB-Ländervergleichs 2011.* Münster: Waxmann.

Stocké, V. (2007). Explaining educational decision and effects of families' social class position: An empirical test of the Breen-Goldthorpe model of educational attainment. *European Sociological Review, 23*(4), 505–519.

Stubbe, T. C., & Bos, W. (2008). Schullaufbahnempfehlungen von Lehrkräften und Schullaufbahnentscheidungen von Eltern am Ende der vierten Jahrgangsstufe. *Empirische Pädagogik, 22*(1), 49–63.

Tillman, K.-J. (2012). Das Sekundarschulsystem auf dem Weg in die Zweigliedrigkeit: Historische Linien und aktuelle Verwirrungen. *Pädagogik, 64*(5), 8–12.

Trautwein, U., & Baeriswyl, F. (2007). Wenn leistungsstarke Klassenkameraden ein Nachteil sind: Referenzgruppeneffekte bei Übergangsentscheidungen. *Zeitschrift für Pädagogische Psychologie, 21,* 119–133.

Trautwein, U., Köller, O., Lehmann, R., & Lüdtke, O. (Hrsg.). (2007). *Schulleistungen von Abiturienten: Regionale, schulformbezogene und soziale Disparitäten.* Münster: Waxmann.

Trautwein, U., Nagy, G., & Maaz, K. (2011). Soziale Disparitäten und die Öffnung des Sekundarschulsystems: Eine Studie zum Übergang von der Realschule in die gymnasiale Oberstufe. *Zeitschrift für Erziehungswissenschaft, 14,* 445–463.

Watermann, R., & Baumert, J. (2000). Mathematische und naturwissenschaftliche Grundbildung beim Übergang von der Schule in den Beruf. In J. Baumert, W. Bos & R. Lehmann (Hrsg.), *TIMSS/III: Dritte Internationale Mathematik- und Naturwissenschaftsstudie – Mathematische und naturwissenschaftliche Bildung am Ende der Schullaufbahn: Bd. 1. Mathematische und naturwissenschaftliche Grundbildung am Ende der Pflichtschulzeit* (S. 199–259). Opladen: Leske + Budrich.

Watermann, R., Maaz, K., & Szczesny, M. (2009). Soziale Disparitäten, Chancengleichheit und Bildungsreformen. In W. Sacher, L. Haag, T. Bohl, G. Lang-Wojtasik & S. Blömeke (Hrsg.), *Handbuch Schule* (S. 94–102). Bad Heilbrunn: Klinkhardt.

Kapitel 2
Anlage und Zielsetzung der BERLIN-Studie

Kai Maaz, Jürgen Baumert, Marko Neumann, Michael Becker, Michaela Kropf &
Hanna Dumont

2.1 Einleitung

Die BERLIN-Studie ist die Begleituntersuchung zur Berliner Schulstrukturreform, die sowohl eine Veränderung der Schulstruktur (Umstellung auf das zweigliedrige System) als auch eine Modifikation des Übergangsverfahrens in die weiterführenden Schulen umfasst (vgl. Baumert et al., Kap. 1 in diesem Band). Die Untersuchung wird vom Max-Planck-Institut für Bildungsforschung, Berlin (Prof. Dr. Jürgen Baumert), in Kooperation mit der Universität Potsdam (Prof. Dr. Kai Maaz) und dem Leibniz-Institut für die Pädagogik der Naturwissenschaften und Mathematik (IPN), Kiel (Prof. Dr. Olaf Köller), durchgeführt. Dieses Kapitel beschreibt zum einen die Anlage und das Forschungsdesign der BERLIN-Studie (vgl. Abschnitt 2.2) und zum anderen die Kernfragestellungen des vorliegenden ersten Berichtsbandes zur BERLIN-Studie, in dessen Zentrum die Untersuchung des veränderten Übergangsverfahrens in die weiterführenden Schulen steht (vgl. Abschnitt 2.3). Das Kapitel schließt mit einem kurzen Forschungsausblick (vgl. Abschnitt 2.4).

2.2 Die BERLIN-Studie

Mit der BERLIN-Studie wurde eine wissenschaftliche Untersuchung begonnen, die den Reformprozess der Berliner Schulstrukturreform ab dem Zeitpunkt der Implementierung wissenschaftlich begleiten und evaluieren soll. Dazu wird in der BERLIN-Studie ein Schülerjahrgang untersucht, der als zweite Kohorte das reformierte Berliner Sekundarschulsystem durchläuft und gleichzeitig als erste Kohorte nach dem modifizierten Übergangsverfahren auf die beiden Sekundarschulformen übergegangen ist. Die Schülerinnen und Schüler werden vom Ende ihrer Grundschulzeit (6. Jahrgangsstufe) bis zum Übergang in die gymnasiale Oberstufe bzw. in die berufliche Erstausbildung begleitet. Das Studiendesign ist quasi-experimentell angelegt und umfasst zwei Stufen, die entsprechend den in Kapitel 1 dargestellten Reformzielen auf unterschiedliche Entscheidungsschwellen individueller Bildungsverläufe zielen: *Stufe 1* konzentriert sich auf den Übergang von der Grundschule in die Sekundarstufe I und *Stufe 2* auf die am Ende der Sekundarstufe I erreichten Bildungserträge und den Übergang in die berufliche Erstausbildung bzw. in einen vorakademischen Bildungsgang (gymnasiale Oberstufe). In beiden Stufen ist im Studiendesign jeweils eine eigene Experimental- und Kontrollgruppe angelegt, wobei die beiden Experimentalgruppen am Ende der Sekundarstufe I miteinander verzahnt werden (vgl. Abb. 2.1).

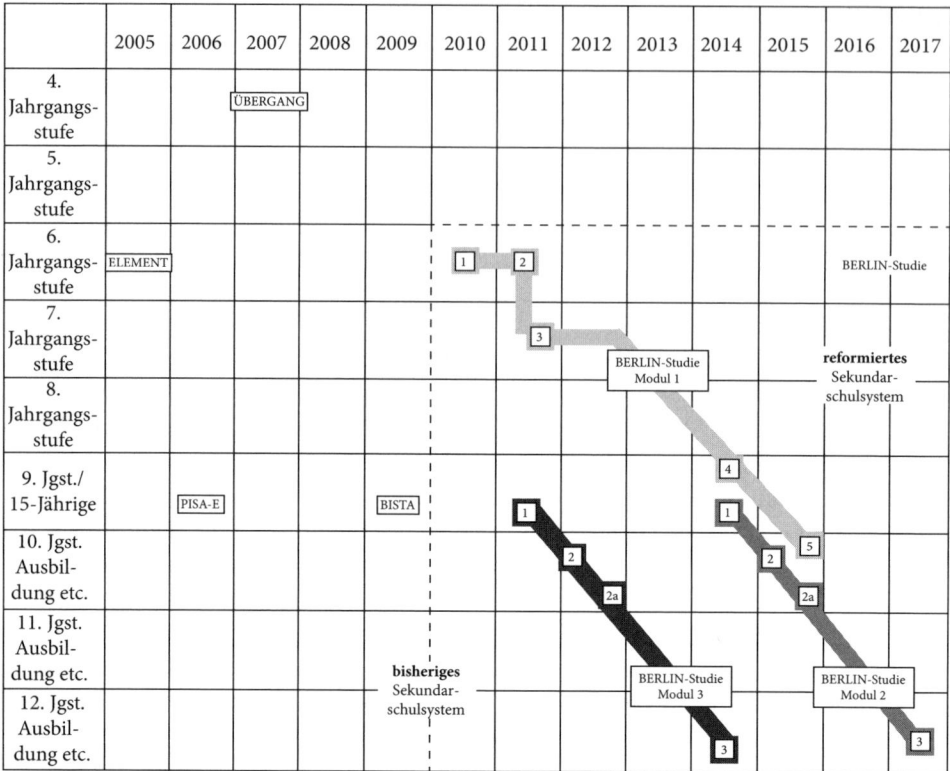

BERLIN-Studie Modul 1 – Stufe 1 der BERLIN-Studie, Quasi-Experimentalkohorte.
BERLIN-Studie Modul 2 – Stufe 2 der BERLIN-Studie, Quasi-Experimentalkohorte.
BERLIN-Studie Modul 3 – Stufe 2 der BERLIN-Studie, Kontrollkohorte.

ÜBERGANG – TIMSS-ÜBERGANGS-Studie, Referenzerhebung zur ersten Erhebung in Modul 1 der BERLIN-Studie.
ELEMENT – ELEMENT-Studie, Kontrollerhebung zur ersten Erhebung in Modul 1 der BERLIN-Studie.
PISA-E – PISA Ländervergleich Berlin, Kontrollerhebung zur ersten Erhebung in Modul 2 und Modul 3 der BERLIN-Studie.
BISTA – Bildungsstandards Berlin, Kontrollerhebung zur ersten Erhebung in Modul 2 und Modul 3 der BERLIN-Studie.

Abbildung 2.1: Untersuchungsdesign der BERLIN-Studie mit den Erhebungen der Kontroll- und Referenzstudien

In der ersten Studienstufe wird in Untersuchungsmodul 1 der Übergang von der Grundschule in die weiterführende Schule zum Schuljahr 2011/12 untersucht und die schulische Entwicklung der Schülerinnen und Schüler bis zum Ende der Sekundarstufe I dokumentiert. In der 9. Jahrgangsstufe mündet diese Schülerkohorte in die zweite Studienstufe ein und wird dort als Teil von Untersuchungsmodul 2 fortgeführt. Als Kontrollgruppe für die Kohorte des ersten Untersuchungsmoduls dient die Studie Erhebungen zum Lese- und Mathematikverständnis – Entwicklungen in den Jahrgangsstufen 4 bis 6 in Berlin (ELEMENT; vgl.

Lehmann & Lenkeit, 2008; Lehmann & Nikolova, 2005). Zu strukturellen Vergleichen wird ferner die TIMSS-Übergangs-Studie (Maaz, Baumert, Gresch & McElvany, 2010) herangezogen, die an einer für die Bundesrepublik Deutschland repräsentativen Stichprobe den Übergang von der Grundschule nach Jahrgangsstufe 4 in die weiterführenden Schulen untersucht (vgl. Abb. 2.1).

Die zweite Studienstufe setzt gegen Ende der Sekundarstufe I ein. Als Experimentalgruppe wird am Ende des Schuljahres 2013/14 eine repräsentative Stichprobe von Neuntklässlern und 15-Jährigen gezogen, die als zweite Kohorte das reformierte Sekundarschulsystem vollständig durchläuft (Untersuchungsmodul 2). In diese Stichprobe wird die bereits längsschnittlich untersuchte Experimentalgruppe des Moduls 1 integriert. Diese erweiterte Experimentalgruppe wird von der 9. Jahrgangsstufe, über die 10. Jahrgangsstufe bis in die berufliche Erstausbildung bzw. die gymnasiale Oberstufe begleitet. Für die Experimentalgruppe in Modul 2 wurde am Ende des Schuljahres 2010/11 eine eigene längsschnittliche Kontrollgruppe von Neuntklässlern und 15-Jährigen gezogen, die ebenfalls in den Jahrgangsstufen 9 und 10 sowie nach dem Übergang in die berufliche Erstausbildung oder die gymnasiale Oberstufe untersucht wird (Untersuchungsmodul 3). Die Untersuchungen von Modul 2 und Modul 3 sind in Design und Instrumentierung vollständig parallelisiert. Als zusätzliche querschnittliche Kontrollgruppen stehen für die Experimentalgruppe (Modul 2) die Berliner Stichproben der nationalen PISA-Erweiterungsstudie aus dem Jahr 2006 (PISA-E; Prenzel et al., 2008) und der Überprüfung der nationalen Bildungsstandards für die Sekundarstufe I aus dem Jahr 2009 (BISTA; Köller, Knigge & Tesch, 2010) zur Verfügung (vgl. Abb. 2.1). Im Folgenden sollen die beiden Untersuchungsstufen der BERLIN-Studie näher erläutert werden.

2.2.1 Beschreibung der ersten Studienstufe der BERLIN-Studie (Modul 1): Übergangsuntersuchung der ersten Stichprobe der Experimentalkohorte

Modul 1 der BERLIN-Studie untersucht die Auswirkungen der veränderten Rahmenbedingungen auf den Übergangsprozess von der Grundschule in die weiterführenden Schulen und die weitere Entwicklung der Schülerinnen und Schüler. Im Mittelpunkt stehen Schülerinnen und Schüler der 6. Jahrgangsstufe der Grundschule, die als erste Schülerpopulation das neue Übergangsverfahren durchlaufen haben und zu Beginn des Schuljahres 2011/12 in die Integrierte Sekundarschule und das Gymnasium übergegangen sind. Zu Vergleichszwecken wurde die Instrumentierung von Modul 1 mit der ELEMENT- und der TIMSS-Übergangs-Studie abgestimmt. Mit der Erhebung in Jahrgangsstufe 9 wird die Kohorte aus Modul 1 in die Experimentalgruppe der zweiten Erhebungsstufe der BERLIN-Studie (Modul 2) integriert.

Gegenstand von Modul 1 sind die Beschreibung und Analyse des elterlichen Entscheidungsprozesses für den Übergang in Abhängigkeit von den leistungs- und motivationsbezogenen Voraussetzungen der Schülerinnen und Schüler, den elterlichen Bildungsaspirationen und der familiären Herkunft sowie der Beratung durch die Grundschullehrkräfte und deren Förderungsprognosen. Nach erfolgtem Übergang in die

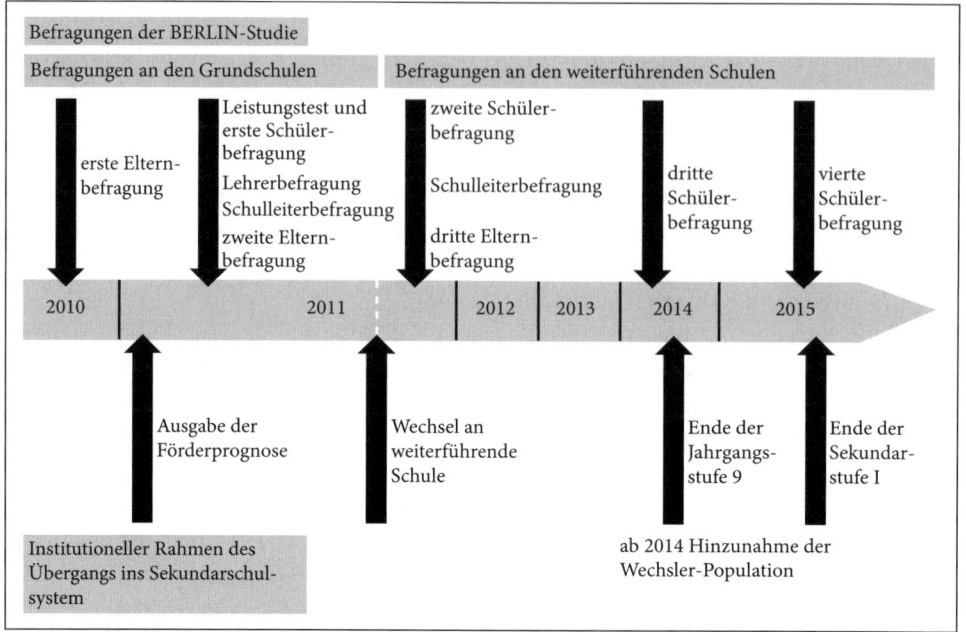

Abbildung 2.2: Detailliertes Untersuchungsdesign der Studienstufe 1 (Modul 1)

Sekundarstufe I wird untersucht, wie die Schülerinnen und Schüler den Übergang bewältigen und Eltern das neue Verfahren rückblickend beurteilen. Anschließend wird die formale Schullaufbahn der Jugendlichen bis zum Ende der 10. Jahrgangsstufe erfasst (vgl. Abb. 2.2). Im Einzelnen umfasst das Modul 1 folgende Untersuchungsschritte:

- Eine Elternbefragung zu den Bildungsaspirationen und der Vertrautheit mit dem neuen Übergangsverfahren im November 2010.
- Die Hauptuntersuchung in den Grundschulen am Ende der 6. Jahrgangsstufe im Zeitraum von April bis Juni 2011. Zur Hauptuntersuchung gehören:
  - Leistungstests in den Bereichen Lesen, Mathematik und Englisch und kognitive Grundfähigkeiten,
  - eine erste Schülerbefragung zu demografischen Merkmalen, zur Lernmotivation und zum Schul- und Arbeitsverhalten,
  - eine zweite Elternbefragung zu demografischen Merkmalen, den Bildungsaspirationen, den Determinanten der Übergangsentscheidung und zur Beurteilung des Übergangsverfahrens und der neuen Schulstruktur sowie
  - eine Lehrerbefragung zu schulbezogenen Einstellungen und zur Einschätzung der Schulstrukturreform sowie Individualeinschätzungen der Schülerinnen und Schüler,
  - eine Schulleiterbefragung zur Einschätzung der Schulstrukturreform.
- Eine zweite Schülerbefragung sowie eine dritte Befragung der Eltern im Oktober 2011 zur Bewältigung des Übergangs und zur rückblickenden Beurteilung des Übergangsverfahrens insgesamt sowie eine Befragung der Schulleitungen der weiterführenden Schulen zur Schulstrukturreform.

- Eine dritte Befragung der Schülerinnen und Schüler am Ende der 9. Jahrgangsstufe im Mai/Juni 2014 zur Schulkarriere, den weiteren Perspektiven der Schullaufbahn und zur Berufswahl und Berufsvorbereitung. Durch die Überführung der Kohorte von Modul 1 in Modul 2 ist diese Erhebung gleichzeitig die erste Schülerbefragung im Rahmen von Modul 2.
- Eine vierte Befragung der Schülerinnen und Schüler am Ende der 10. Jahrgangsstufe bzw. am Beginn der Berufsausbildung zur Schulkarriere, den Ausbildungsperspektiven und der Berufswahl im Mai/Juni 2015. Diese Befragung ist gleichzeitig die zweite Schülerbefragung im Rahmen von Modul 2.

Für Schülerinnen und Schüler, die nach der Grundschule das Gymnasium besuchen, gilt die 7. Klassenstufe als Probejahr, das mit der Versetzung in die 8. Jahrgangsstufe bestanden ist. Bei Nichtbestehen wechseln die Schülerinnen und Schüler auf eine Integrierte Sekundarschule. Über die Schullaufbahnen von Schülerinnen und Schülern, die ihre schulischen Karrieren nach dem Wechsel vom Gymnasium an einer anderen Schulform fortsetzen, ist bislang nur wenig bekannt. Aus diesem Grund werden diese Schülerinnen und Schüler ab der Befragung in der 9. Jahrgangsstufe als Vollerhebung in die Stichprobe von Modul 1 der BERLIN-Studie aufgenommen. Zentrale Angaben aus den Schülerakten dieser Schülerinnen und Schüler wurden bereits im März 2013 erhoben.

Zentrale Fragestellungen der ersten Studienstufe sind unter anderem:

- Wie beurteilen Schülerinnen und Schüler, Lehrkräfte und Eltern die aktuellen Neuerungen im Übergangsverfahren?
- In welchem Maße sind Veränderungen bei den elterlichen Aspirationen für den weiteren Bildungsweg der Kinder und bei der Vergabe der Förderprognose durch die Grundschulen vor und nach der Systemumstellung beobachtbar?
- Welche Muster im Einfluss der sozialen und ethnischen Herkunft auf den Übergang zeigen sich vor und nach der Systemumstellung?
- Nach welchen Kriterien treffen die Eltern die Schulwahl und in welchem Maß kann dem Elternwunsch für die weiterführende Schule (Einzelschule) entsprochen werden?
- Welche Entwicklungsverläufe zeigen sich bei Schülerinnen und Schülern, die ihre Schullaufbahn an einem Gymnasium beginnen und sie nach der 7. Klasse an einer Integrierten Sekundarschule fortsetzen?
- Wer profitiert von den Neuerungen am meisten, für wen bleiben die erhofften Wirkungen möglicherweise aus?

2.2.2 Beschreibung der zweiten Studienstufe der BERLIN-Studie (Module 2 und 3): Übergangsuntersuchung der zweiten Stichprobe der Experimentalkohorte

Die Module 2 und 3 der BERLIN-Studie untersuchen die Bildungserträge von 15-Jährigen bzw. Schülerinnen und Schülern am Ende der 9. Jahrgangsstufe sowie den Übergangsprozess in die gymnasiale Oberstufe, in eine Ausbildung oder in den Beruf. Dem Forschungsdesign der Stufe 2 liegt eine quasi-experimentelle Untersuchungsanordnung zugrunde, in der eine repräsentative Stichprobe aus dem zweiten Schülerjahrgang, der das reformierte Schulsystem durchlaufen hat (Experimentalkohorte, Modul 2, Start Frühjahr 2014), mit einer äquivalenten Kontrollgruppe, die durch das Reformprogramm noch nicht berührt wurde (Modul 3, Start Frühjahr 2011), verglichen wird. Das Design ist so angelegt, dass die Leistungsstände und motivationalen Merkmale der beiden Schülerkohorten querschnittlich verglichen und der Übergang der Neuntklässler in die 10. Jahrgangsstufe und anschließend in die berufliche Erstausbildung bzw. das Übergangssystem oder einen vorakademischen Bildungsgang längsschnittlich weiterverfolgt werden können.

Die Erhebungen der Module 2 und 3 beginnen mit der Untersuchung der Bildungserträge am Ende der 9. Jahrgangsstufe (vgl. Abb. 2.3). In die Ausgangsstichprobe der Untersuchung werden sowohl 15-Jährige als auch Neuntklässler einbezogen, um Auswirkungen der strukturellen Veränderungen der Schullaufbahn sowohl auf den Alters- als auch auf den Schuljahrgang erfassen zu können. Dies ist notwendig, da eventuelle Kohortenunterschiede im Ausmaß der Klassenwiederholungen hier zu Verschiebungen führen können, die es in den Auswertungen zu berücksichtigen gilt. Im Zentrum der Erstuntersuchung steht die Leistungserfassung in den Bereichen Leseverstehen, Mathematik, Naturwissenschaft und Englisch. Die Leistungsuntersuchung wird als Teil der Pilotierung der PISA-Studie durchgeführt, sodass für Leseverstehen, Mathematik und Naturwissenschaft PISA-Instrumente verwendet werden können. Durch den Einsatz von PISA-Instrumenten ist es möglich, die Berliner Stichproben des PISA-Ländervergleichs von 2006 als zusätzliche Kontrollgruppen querschnittlich zu nutzen (Prenzel et al., 2008) (vgl. Abb. 2.1). Die Nutzung der PISA-Kompetenzstufenmodelle ermöglicht zudem die Ermittlung des Anteils der 15-Jährigen und Neuntklässler, der zur Risikogruppe (auf und unter Kompetenzstufe I) zählt. Der Test in Englisch (Leseverständnis) wird aus dem Programm zur Überprüfung der nationalen Bildungsstandards zum mittleren Schulabschluss übernommen, sodass die Ergebnisse der BERLIN-Studie in ähnlicher Weise mit dem ersten Ländervergleich der Bildungsstandards verknüpft werden können (Köller et al., 2010) (vgl. Abb. 2.1). Die Leistungsuntersuchung wird durch eine Schülerbefragung zu demografischen Merkmalen, der Schulkarriere, den weiteren Perspektiven der Schullaufbahn und zur Vorbereitung der Berufswahl ergänzt.

Die längsschnittliche Weiterverfolgung erfolgt ausschließlich für die Schülerinnen und Schüler, die zur Erstbefragung die 9. Jahrgangsstufe besucht haben. Der Schwerpunkt der zweiten Erhebung der Module 2 und 3 in Jahrgangsstufe 10 liegt auf der Erfassung der Kompetenzen im Bereich Wirtschaft-Arbeit-Technik (WAT, vor der Systemumstellung „Arbeitslehre"). Das Unterrichtsfach WAT wurde im Rahmen der Reformierung des Sekundarschulsystems neu konzeptualisiert und ist für alle Schülerinnen und Schüler an den Integrierten Sekundarschulen verpflichtendes Unterrichtsfach. Bisher ist ungeklärt, inwieweit mit der Arbeitslehre/WAT tatsächlich generische berufsbezogene Kompetenzen vermittelt werden, die persönliche Ressourcen für Berufswahl und Ausbildung darstellen. Im Rahmen der BERLIN-Studie wurde ein Test entwickelt, der die zentralen Inhalte der Fächer Arbeitslehre/WAT curricular valide abbildet und es ermöglicht, einerseits die Kompetenzen in diesem Bereich für die Kontroll- und die Experimentalkohorte vergleichend zu analysieren, andererseits die Frage zu beantworten, inwieweit die im Referenzfach erworbenen Kompetenzen die Übergangsentscheidung am Ende der Sekundarstufe I vorher-

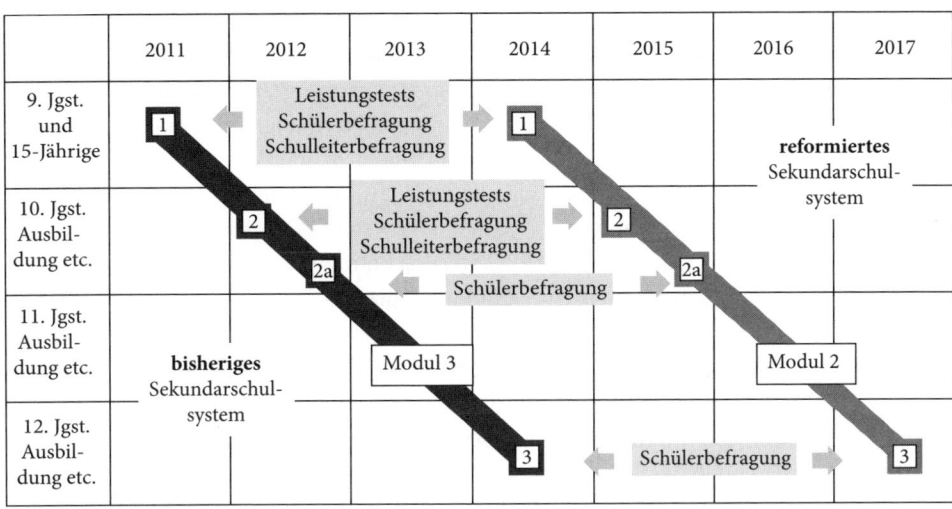

Abbildung 2.3: Detailliertes Untersuchungsdesign der Studienstufe 2 (Modul 2 und 3)

sagen und ob sie in differenzieller Weise für den Erfolg in einem dualen Ausbildungsberuf, einer schulberuflichen Ausbildung oder einem zur Hochschulreife führenden Bildungsgang prädiktiv sind. Neben der Testung wird in der 10. Jahrgangsstufe eine Befragung mittels Fragebogen durchgeführt. Diesen erhalten die Schülerinnen und Schüler, die die Schule nach der 9. Jahrgangsstufe bereits verlassen haben, in gekürzter Form auf postalischem Weg.

Etwa drei bis vier Monate nach dem Ende der 10. Jahrgangsstufe erhalten alle Schülerinnen und Schüler, die zum Zeitpunkt der Befragung in der 10. Jahrgangsstufe eine nichtgymnasiale allgemeinbildende Schule besucht haben, einen Kurzfragebogen auf postalischem Weg, der sie zu ihrer aktuellen Ausbildungssituation befragt. Weitere zwei Jahre später, zu einem Zeitpunkt, zu dem sich die Jugendlichen, die im allgemeinbildenden Schulwesen verblieben sind, in der 12. Jahrgangsstufe befinden, findet die Abschlussbefragung statt.

Zusammenfassend umfassen die Module 2 und 3 damit folgende Untersuchungsschritte (vgl. Abb. 2.3):

- Die Hauptuntersuchung in der 9. Jahrgangsstufe (Neuntklässler und 15-jährige Nichtneuntklässler, Modul 2 im April bis Juni 2014, Modul 3 im April bis Juni 2011). Zur Hauptuntersuchung gehören:
  - Leistungstests in den Bereichen Lesen, Naturwissenschaften, Mathematik und Englisch,
  - eine Schülerbefragung zu demografischen Merkmalen, zur Lernmotivation, zum Schul- und Arbeitsverhalten, zur Schulkarriere, zu den Perspektiven der Schullaufbahn und zur Vorbereitung der Berufswahl,
  - eine Schulleiterbefragung zur Einschätzung der Schulstrukturreform.
- Eine erste Folgeuntersuchung in Jahrgangsstufe 10 derjenigen Schülerinnen und Schüler, die zur Hauptuntersuchung die 9. Jahrgangsstufe besucht haben (Modul 2 im Mai/Juni 2015, Modul 3 im Mai/Juni 2012). Die Untersuchung umfasst:

– einen Leistungstest im Bereich Arbeitslehre/WAT,
– einen Schülerfragebogen zu Schulkarriere, Perspektiven der Schullaufbahn und der Vorbereitung der Berufswahl. Der Fragebogen wird für Schülerinnen und Schüler, die das allgemeinbildende Schulsystem bereits verlassen haben postalisch administriert,
– einen Schulleiterfragebogen zur Angebotsstruktur der Berufsorientierung und zur Einschätzung der Schulstrukturreform.
- Eine zweite, postalische Folgeuntersuchung etwa vier Monate nach Ende der 10. Jahrgangsstufe bezüglich der aktuellen Ausbildungs- und Bewerbungssituation (nur Schülerinnen und Schüler, die zu ersten Folgebefragung kein Gymnasium besucht haben, Modul 2 im Oktober bis Dezember 2015, Modul 3 im Oktober bis Dezember 2012).
- Eine Abschlussbefragung in Jahrgangsstufe 12 (Modul 2 im Mai/Juni 2017, Modul 3 im Mai/Juni 2014). Die Befragung der Jugendlichen bezieht sich auf den Bildungs- und Ausbildungsverlauf in der Sekundarstufe II, Abschlusserwartungen und Berufsperspektiven sowie die Berufs- oder Studienwahlen von Schülerinnen und Schülern, die einen zur Hochschulreife führenden Bildungsgang besuchen.

In der zweiten Studienstufe werden folgende Fragestellungen untersucht:
- Welche Veränderungen ergeben sich infolge der Systemumstellung für das mittlere Leistungsniveau und die Leistungsstreuung von Neuntklässlern bzw. 15-Jährigen?
- In welchem Maß gelingt es, die Gruppe der Schülerinnen und Schüler, die in den Basiskompetenzen Leistungen auf oder unter der Kompetenzstufe I erbringen, zu reduzieren? Ist ein Rückgang der Kopplung von Herkunftsmerkmalen und schulischem Leistungsniveau feststellbar?
- Kommt es zu einem Rückgang der Schulabbrecherquoten und zu einer Erhöhung des Anteils der Schülerinnen und Schüler mit mittlerem Schulabschluss und Hochschulzugangsberechtigung?
- Lässt sich ein Rückgang sozialer Disparitäten beim Übergang in die gymnasiale Oberstufe feststellen?
- Welche Veränderungen ergeben sich für die Abschlusserwartungen zum Ende der Sekundarstufe II, die weiteren Berufsperspektiven sowie die Berufs- oder Studienwahlen von Schülerinnen und Schülern, die einen zur Hochschulreife führenden Bildungsgang besuchen?
- Wie erfolgreich verläuft der Übergang in die Berufsausbildung und welche sozialen und ethnischen Disparitäten treten dabei auf?

2.3 Kernfragestellungen dieses Bandes

Im Mittelpunkt der BERLIN-Studie steht die Evaluation der Schulstrukturreform im Land Berlin. Mit der flächendeckenden und zeitgleichen Einführung dieses umfassenden Reformprogramms im Übergangsverfahren und in der Strukturierung des Sekundarschulsystems ergibt sich eine historisch einzigartige Möglichkeit, die Auswirkungen einer Schulreform, die in mehreren Bundesländern ansteht oder schon durchgeführt wurde, sowie der sie begleitenden curricularen und organisatorischen Unterstützungsmaßnahmen systematisch zu untersuchen. Dabei fokussiert der vorliegende Band auf das veränderte Übergangsverfahren und dessen Konsequenzen für den Wechsel von der Grundschule in die weiterführenden Schulen der neu strukturierten Sekundarstufe I.

Ausgehend von den in Kapitel 1 (vgl. Baumert et al., in diesem Band) geschilderten organisatorischen Veränderungen des Übergangsprozesses und der neuen Schulstruktur zielt der vorliegende erste Berichtsband zur BERLIN-Studie auf drei größere Fragekomplexe. Dies sind:

(1) Konsequenzen der Reform für die Wahl der Einzelschule,

(2) die Auswirkungen der Reform auf Muster sozialer Disparitäten im Übergangsprozess und

(3) die Wahrnehmung der Reform durch die unmittelbar betroffenen Akteure.

2.3.1 Konsequenzen der Reform für die Wahl der Einzelschule

Der Übergang in das Sekundarschulsystem erfordert eine Reihe von wichtigen und zum Teil schwierigen Entscheidungen. Eltern und Kinder entscheiden sich in aller Regel zunächst für eine Schulform. Mit der Verschlankung des Schulangebots in Form der Zweigliedrigkeit muss die Entscheidung im neuen Berliner Sekundarschulsystem lediglich zwischen dem Gymnasium und der Integrierten Sekundarschule getroffen werden. Neben der Wahl der Schulform erfolgt die Wahl der Einzelschule, wobei die Eltern grundsätzlich drei Wunschschulen angeben können. Ob dem Schulwunsch der Eltern entsprochen werden kann, richtet sich nach den an den jeweiligen Schulen zur Verfügung stehenden Plätzen. Bei Übernachfrage werden zunächst Kinder mit sonderpädagogischem Förderbedarf sowie besondere Härtefälle berücksichtigt. 60 Prozent der freien Plätze werden durch die Schule nach vorher festgelegten Auswahlkriterien vergeben, wobei die Wohnortnähe nicht mehr als Auswahlkriterium herangezogen werden darf. Über 30 Prozent der Plätze entscheidet das Los. Durch die Schulstrukturreform haben sich die Bedingungen für die Realisierung des Wunsches, eine bestimmte Schule zu besuchen, somit bedeutsam verändert.

Für die Untersuchung der Wahl der Einzelschule soll im vorliegenden Bericht zwischen den abgegebenen Schulwünschen und den umgesetzten Schulwünschen (also den tatsächlich besuchten Schulen) unterschieden werden. Dabei stehen bezogen auf die Schulwünsche folgende Fragen im Zentrum:

- Wie konsistent sind die drei abgegebenen Schulwünsche bezüglich der anvisierten Schulform und in welcher Hinsicht unterscheiden sich Schülergruppen mit verschiedenen Schulformkombinationen?
- Welche Motive spielen aufseiten der Eltern eine Rolle für die Wahl der weiterführenden Schule und in welchem Maß lassen sich diesbezüglich Unterschiede in Abhängigkeit der gewünschten Schulform ausmachen?
- Wie gestaltet sich die Angebots- und Nachfragesituation an den weiterführenden Schulen?

- Inwieweit gehen schulbezogene Unterschiede in der Nachfrage mit Unterschieden in den Schulleistungen und der familiären Herkunft der Schülerschaft einher (welche Schülerinnen und Schüler wünschen sich welche Schulen)?

Mit Blick auf die Umsetzung des Schulwunsches werden folgende Fragen betrachtet:
- In welchem Maße konnten die Schulwünsche umgesetzt werden?
- Welche Rolle spielen die Schulleistungen und der familiäre Hintergrund der Schülerinnen und Schüler bei der Realisierung des Schulwunsches?
- Welche Schülergruppen sind auf welche weiterführenden Schulen (stärker vs. schwächer nachgefragte Schulen) übergegangen?
- Wie zufrieden sind die Schülerinnen und Schüler und deren Eltern mit der nach dem Übergang besuchten Schule?

2.3.2 Auswirkungen auf Muster sozialer Disparitäten im Übergangsprozess

In der Bildungsforschung ist seit der Veröffentlichung der ersten PISA-Studie im Jahr 2001 der Zusammenhang zwischen Merkmalen der sozialen Herkunft und dem Bildungserfolg in zahlreichen Studien hinreichend dokumentiert. In der Folge wurde auch eine Reihe von Übergangsstudien insbesondere für den Übergang von der Grundschule in die weiterführenden Schulen initiiert (vgl. z. B. Maaz et al., 2010). Für die Analyse sozialer Ungleichheiten wurde dabei überwiegend auf das theoretische Modell von Boudon (1974) zurückgegriffen, das zwischen primären Herkunftseffekten, die die direkten Einflüsse der sozialen Herkunft auf die Kompetenzentwicklung der Schülerinnen und Schüler darstellen, und sekundären Herkunftseffekten, die unabhängig von der Kompetenzentwicklung und dem erreichten Kompetenzniveau, aus unterschiedlichen Bildungsaspirationen und einem unterschiedlichen Entscheidungsverhalten Angehöriger verschiedener Sozialschichten resultieren, unterscheidet. Während über die Wirkung unterschiedlicher sozialer und kultureller Herkunftsmerkmale als primäre und sekundäre Herkunftseffekte im Übergangsprozess zwar ein breites Wissen existiert, gibt es vergleichsweise wenige Studien, die sich mit dem Einfluss der institutionellen Ausgestaltung des Bildungssystems für den Übergang auseinandersetzen. Vorliegende Studien beschränken sich bisher lediglich auf den Verbindlichkeitscharakter der Empfehlungen der Grundschulen als institutionelles Kriterium und zeigen, dass sich die sozialen Herkunftseffekte in Ländern mit bindender Übergangsempfehlung von solchen, in denen der Elternwille freigegeben ist, unterscheiden (Dollmann, 2011; Gresch, Baumert & Maaz, 2010). Die Untersuchungen deuten darauf hin, dass in Ländern, in denen der Elternwille freigegeben ist, die Eltern also unabhängig von der Empfehlung der abgebenden Grundschule frei über die Schulform ihrer Kinder entscheiden können, sich der Effekt der familiären Herkunft auf die Übergangsentscheidung verstärkt (Ditton, 2007; Ditton, Krüsken & Schauenberg, 2005). Ursache für diesen Effekt ist die stärkere Bildungsorientierung von Eltern aus privilegierten Verhältnissen, die ihr Kind auch ohne Gymnasialempfehlung häufiger auf das Gymnasium schicken.

Mit der Schulstrukturreform haben sich weitaus umfassendere institutionelle Parameter substanziell verändert, die direkten Einfluss auf das Übergangsverhalten nehmen.

Hier sind neben der Stärkung des Entscheidungsrechts der Einzelschule bei der Auswahl der Schülerinnen und Schüler oder dem Wegfall des Wohnortprinzips als zentrale Aspekte als wichtigster Reformaspekt die Umsetzung eines Zwei-Säulen-Modells durch die Verschmelzung der Haupt-, Real- und Gesamtschule in eine neue Schulform, der Integrierten Sekundarschule, zu nennen. Dies bedeutet für den Übergangsprozess zunächst, dass die seitens der Grundschule ausgesprochene Empfehlung für den weiteren Bildungsweg nur noch zwei Schulformen beinhaltet. Auch die Erweiterungen der Wege, die zum Erwerb der Hochschulreife führen, wenn an den Integrierten Sekundarschulen der Erwerb des Abiturs prinzipiell nach 13 Schuljahren möglich ist, können das Entscheidungsverhalten der Eltern und deren Kinder für den Übergang nach der Grundschule beeinflussen. Es gilt demnach zu überprüfen, ob sich der Übergang von der Grundschule in die Sekundarstufe nach der Systemumstellung anders gestaltet als vorher.

Die zentralen Fragestellungen fokussieren auf den Einfluss der familiären Herkunft auf das Entscheidungsverhalten der Eltern bzw. deren Kinder und die Vergabe der Übergangsempfehlung durch die Grundschule. Dabei lassen sich drei Hauptfragestellungen formulieren, die sich sowohl auf das veränderte Übergangsverfahren als auch auf die neue Schulstruktur in der Sekundarstufe beziehen.

(1) Führt die Schulstrukturreform mit ihren unterschiedlichen Facetten zu einer veränderten Bildungsorientierung und -aspiration bei den Eltern und inwieweit sind dabei differenzielle Veränderungen in Abhängigkeit der familiären Herkunft feststellbar?

(2) Lassen sich Veränderungen in den Ungleichheitsmustern bei der Vergabe der Förderprognose (Übergangsempfehlung) durch die Grundschule identifizieren?

(3) Wie fallen Muster sozialer Ungleichheit beim realisierten Übergang vor und nach der Schulstrukturreform aus?

2.3.3 Die Wahrnehmung der Reform durch die unmittelbar betroffenen Akteure

An der Implementation und Umsetzung der Schulstrukturreform ist eine Reihe von Akteuren beteiligt. Auf der Ebene der Schule sind dies die Lehrkräfte und die Schulleiterinnen und Schulleiter. Während die Schulleitungen für die operative Umsetzung der Reform in den Schulen verantwortlich sind, werden die Lehrkräfte mit der aus der Reform resultierenden Zusammensetzung der Schülerschaft an den Schulen unmittelbar konfrontiert und sind für die Durchführung und Gestaltung des Unterrichts verantwortlich. Die Eltern der Schülerinnen und Schüler sind darüber hinaus zentrale Akteure. Sie haben zwar nur sehr begrenzte Möglichkeiten, das konkrete Reformgeschehen und dessen Implementation zu beeinflussen, für das Gelingen der Reform ist jedoch die Akzeptanz durch die Eltern und Schülerinnen und Schüler essenziell. Dies gilt sowohl für die neu gestaltete Schulstruktur als auch für die Änderungen im Übergangsverfahren.

Auf der Ebene der Bewertung der Schulstrukturreform interessiert die Einschätzung wesentlicher Ausgestaltungsmerkmale wie die Umsetzung der Zweigliedrigkeit durch die Zusammenlegung der Haupt-, Real- und Gesamtschulen, der Wegfall der Klassenwiederholung an den Integrierten Sekundarschulen, das Ganztagsschulkonzept oder das Duale

Lernen als flankierende curriculare und organisatorische Maßnahmen. Zum anderen werden Erwartungsaspekte gegenüber der Reform miteinbezogen, die zum Beispiel den Rückgang sozialer Ungleichheiten durch die Schulstrukturreform betreffen. Mit Blick auf die Schulstrukturreform lassen sich zwei übergreifende Fragestellungen formulieren:

(1) Welche Überzeugungen und Bewertungen vertreten die Akteure im Hinblick auf die neue Schulstruktur?

(2) Welche Erwartungen haben die Akteure bezüglich der Auswirkungen der neuen Schulstruktur?

Die Einschätzungen und Bewertungen der einzelnen Akteure sind für sich bereits interessant und geben wichtige Hinweise über das Gelingen bzw. über Probleme der Reformumsetzung. Darüber hinaus interessieren auch mögliche gruppenspezifische Unterschiede sowohl in der Einschätzung der Strukturreform als auch in Bezug auf die Erwartungen an die neue Schulstruktur. Dies betrifft zum einen Unterschiede zwischen den Akteuren in der Schule (Schulleiter und Lehrkräfte) und den Eltern der Schülerinnen und Schüler und zum anderen auch Unterschiede zwischen den Schulleiterinnen und Schulleitern sowie Eltern der unterschiedlichen Schulformen. Kommen Schulleiterinnen und Schulleiter sowie Eltern von Schülerinnen und Schülern an Gymnasien zu gleichen Einschätzungen der Reform wie die Schulleitungen und Eltern an den Integrierten Sekundarschulen? Gibt es Unterschiede in der Bewertung und Erwartungshaltung zwischen weiterführenden Schulen und Grundschulen?

Bezogen auf das Übergangsverfahren konnten sowohl die Eltern als auch die Schulleiterinnen und Schulleiter und Lehrkräfte bereits erste konkrete Erfahrungen machen. Die Akteure sollen die neuen Regularien im Detail und in der Gesamtschau einschätzen. Auf der Erwartungsebene stellt sich die Frage, inwieweit die neuen Übergangsregularien aus Sicht der beteiligten Akteure dazu beitragen, den Übergang leistungsgerechter zu gestalten und von der Wirkung sozialer Selektionsprozesse zu entkoppeln. Wie bei der Reform der Schulstruktur lassen sich auch hier zwei übergeordnete Fragen formulieren:

(1) Welche Überzeugungen und Bewertungen vertreten die Akteure im Hinblick auf die Neugestaltung des Übergangsverfahrens?

(2) Welche Erwartungen haben die Akteure bezogen auf die Auswirkungen der Neugestaltung des Übergangsverfahrens?

Neben der generellen Einschätzung der Akteure interessieren auch hier subgruppenspezifische Betrachtungen. Besonders interessant sind hier zum einen Vergleiche zwischen Eltern, deren Kinder eine Integrierte Sekundarschule besuchen und jenen, deren Kinder auf ein Gymnasium gewechselt sind und zum anderen zwischen Schulleiterinnen und Schulleitern an Integrierten Sekundarschulen und an Gymnasien.

2.4 Ausblick

Die Untersuchung der voranstehend skizzierten Fragestellungen wird in zentralen Teilaspekten erste Aussagen ermöglichen, inwieweit die mit der Schulstrukturreform intendierten Ziele erreicht werden. Dennoch ist zu berücksichtigen, dass eine abschließende Beantwortung aller potenziell wichtigen Fragen zu den Auswirkungen der Schulstrukturreform nicht Anliegen des vorliegenden Bandes ist. So wird sich beispielsweise mit Blick auf die Integierte Sekundarschule erst in den kommenden Jahren zeigen, welche Abschlüsse die untersuchten Schülerinnen und Schüler tatsächlich erwerben und wie ihre weitere Bildungslaufbahn aussieht. Selbiges gilt auch für die Schülerinnen und Schüler, die nach Ablauf des Probejahres am Gymnasium auf die Integrierte Sekundarschule gewechselt sind. Auch bezüglich der Auswirkungen der Schulstrukturreform auf das Leistungsniveau der Schülerinnen und Schüler am Ende der Sekundarstufe I lassen sich auf Basis der vorliegenden Befunde noch keine Aussagen treffen. Hier werden die kommenden Erhebungswellen der BERLIN-Studie weitere Ergebnisse liefern, die mit in die Gesamtbewertung der Schulstrukturreform einfließen müssen. Gleichwohl bieten die Befunde des vorliegenden Berichtsbandes Anhaltspunkte für eine kritische Reflexion der Reform und ihrer Implementation.

2.5 Literatur

Boudon, R. (1974). *Education, opportunity, and social inequality: Changing prospects in Western society.* New York: Wiley.

Ditton, H. (2007). Schulübertritte, Geschlecht und soziale Herkunft. In H. Ditton (Hrsg.), *Kompetenzaufbau und Laufbahnen im Schulsystem: Ergebnisse einer Längsschnittuntersuchung an Grundschulen* (S. 63–87). Münster: Waxmann.

Ditton, H., Krüsken, J., & Schauenberg, M. (2005). Bildungsungleichheit – der Beitrag von Familie und Schule. *Zeitschrift für Erziehungswissenschaft, 8*(2), 285–304.

Dollmann, J. (2011). Verbindliche und unverbindliche Grundschulempfehlungen und soziale Ungleichheiten am ersten Bildungsübergang. *Kölner Zeitschrift für Soziologie und Sozialpsychologie, 63*(4), 431–457.

Gresch, C., Baumert, J., & Maaz, K. (2010). Empfehlungsstatus, Übergangsempfehlung und der Wechsel in die Sekundarstufe I: Bildungsentscheidungen und soziale Ungleichheit. In K. Maaz, J. Baumert, C. Gresch & N. McElvany (Hrsg.), *Der Übergang von der Grundschule in die weiterführende Schule: Leistungsgerechtigkeit und regionale, soziale und ethnisch-kulturelle Disparitäten* (S. 201–227). Bonn: BMBF.

Köller, O., Knigge, M., & Tesch B. (Hrsg.). (2010). *Sprachliche Kompetenzen im Ländervergleich.* Münster: Waxmann.

Lehmann, R., & Lenkeit, J. (2008). *ELEMENT: Erhebung zum Lese- und Mathematikverständnis: Entwicklung in den Jahrgangsstufen 4 bis 6 in Berlin. Abschlussbericht über die Untersuchungen 2003, 2004 und 2005 an Berliner Grundschulen und grundständigen Gymnasien.* Berlin: Humboldt-Universität zu Berlin.

Lehmann, R., & Nikolova, R. (2005). *Erhebung zum Lese- und Mathematikverständnis: Entwicklung in den Jahrgangsstufen 4 bis 6 in Berlin (ELEMENT): Bericht über die Untersuchung 2003 an Berliner Grundschulen und grundständigen Gymnasien.* Berlin: Senatsverwaltung für Bildung, Jugend und Sport.

Maaz, K., Baumert, J., Gresch, C., & McElvany, N. (Hrsg.). (2010). *Der Übergang von der Grundschule in die weiterführende Schule: Leistungsgerechtigkeit und regionale, soziale und ethnisch-kulturelle Disparitäten.* Bonn: BMBF.

Prenzel, M., Artelt, C., Baumert, J., Blum, W., Hammann, M., Klieme, E., & Pekrun, R. (Hrsg.). (2008). *PISA 2006 in Deutschland: Die Kompetenzen der Jugendlichen im dritten Ländervergleich.* Münster: Waxmann.

Kapitel 3
Durchführung, Datengrundlage, Erhebungsinstrumente und statistische Methoden

Michael Becker, Marko Neumann, Michaela Kropf, Kai Maaz, Jürgen Baumert, Hanna Dumont, Susanne Böse, Julia Tetzner & Henrike Knoppick

3.1 Einleitung

In diesem Kapitel wird die im vorliegenden Berichtsband verwendete Datengrundlage für die Analyse des Übergangs von der Grundschule in das Berliner Sekundarschulsystem in ihren Grundzügen vorgestellt. Die zentrale Referenzgruppe sind Schülerinnen und Schüler der 6. Jahrgangsstufe der Grundschule am Ende des Schuljahres 2010/11, die in eine Integrierte Sekundarschule oder ein Gymnasium übergegangen sind (BERLIN-Studie Untersuchungsmodul 1, vgl. Maaz et al., Kap. 2 in diesem Band). Die Vergleichsgruppe bilden Schülerinnen und Schüler der Studie *Erhebung zum Lese- und Mathematikverständnis – Entwicklungen in den Jahrgangsstufen 4 bis 6 in Berlin* (ELEMENT), die von der Berliner Schulstrukturreform noch nicht betroffen waren. Die Studie wurde in den Jahren 2003 bis 2005 in Berlin durchgeführt (Lehmann & Lenkeit, 2008; Lehmann & Nikolova, 2005). Als Orientierung für die Instrumentierung der BERLIN-Studie wurde ferner die TIMSS-Übergangs-Studie genutzt, die das Max-Planck-Institut für Bildungsforschung von 2006 bis 2008 in denjenigen Ländern der Bundesrepublik durchgeführt hatte, in denen der Übergang in die weiterführenden Schulen nach der 4. Jahrgangsstufe erfolgte (Maaz, Baumert, Gresch & McElvany, 2010).

Im vorliegenden Kapitel wird dargestellt, wie die BERLIN-Studie (Untersuchungsmodul 1) methodisch umgesetzt wurde. In einem ersten Schritt werden Anlage und Design sowie die praktische Umsetzung einschließlich der Beschreibungen der Populationsdefinition und Stichprobenziehung sowie der Instrumentierung vorgestellt. Hieran schließt sich die Darstellung der realisierten Stichproben und des Umgangs mit fehlenden Werten an. Abschließend werden die grundlegenden Aspekte der statistischen Modellierung erläutert, was die Skalierung der Leistungstests, die Modellierung der hierarchischen Datenstruktur sowie die Darstellung der Ergebnisse mittels Effektstärken umfasst.

3.2   Anlage der BERLIN-Studie – Untersuchungsmodul 1

3.2.1   Anlage und Durchführung der Studie

3.2.1.1   Studiendesign und zeitlicher Verlauf

Abbildung 3.1 gibt den Verlauf der zum Analysezeitpunkt zur Verfügung stehenden Erhebungswellen 1 bis 3 und parallel die Phasen der schulischen Karriere der Schülerinnen und Schüler des Moduls 1 der BERLIN-Studie wieder. Oberhalb des Zeitstrahls sind die einzelnen Erhebungen der Studie abgetragen, unterhalb des Zeitstrahls sind die mit der Erhebung korrespondierenden Phasen des Übergangsprozesses dargestellt.

Die Datenerhebung begann im November und Dezember 2010 mit einer Elternbefragung (vgl. Abb. 3.1), also zu einem Zeitpunkt, als sich die Schülerinnen und Schüler erst wenige Monate in der 6. Klasse befanden und somit auch vor Ausstellung der Halbjahreszeugnisse und Förderprognosen.

Die zweite Datenerhebung (W2) wurde Ende des 6. Schuljahres, im Mai 2011, durchgeführt. Sie umfasste eine zweite Befragung der Eltern sowie zusätzlich eine Befragung und Leistungstestung der Schülerinnen und Schüler. Darüber hinaus wurden die Lehrkräfte und die Schulleiterinnen und Schulleiter der Grundschulen befragt. Diese zweite Erhebungswelle entspricht der Datenerhebung in den 6. Klassen der ELEMENT-Untersuchung und ist die zentrale Datenquelle für den Kohortenvergleich.

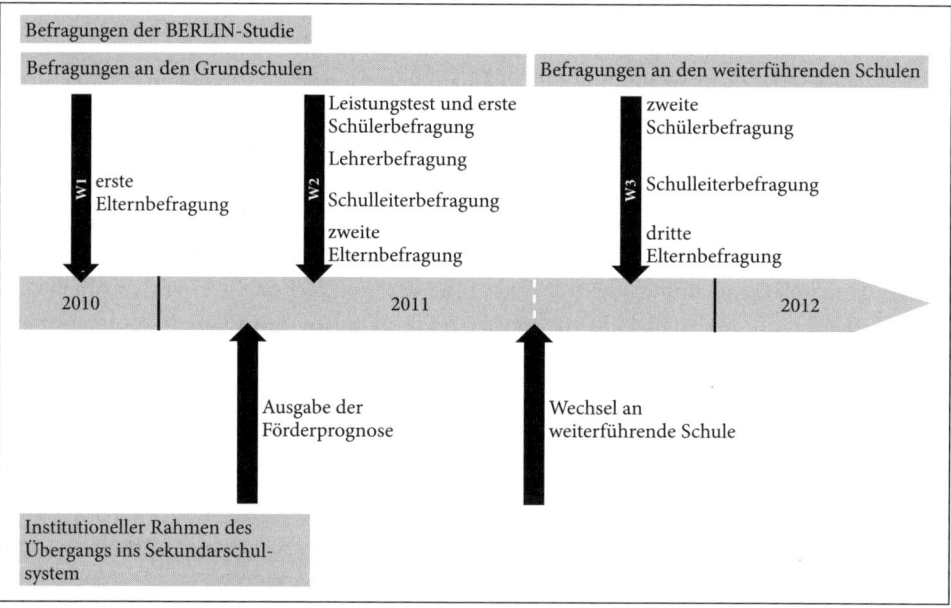

Abbildung 3.1: Studienverlauf der ersten drei Erhebungen der BERLIN-Studie; Datenerhebungen und zeitlicher Verlauf der untersuchten schulischen Karriere

Eine dritte Erhebung (W3) wurde zu Beginn des 7. Schuljahres, nach dem Übertritt in die weiterführenden Schulen im Oktober/November 2011 durchgeführt und beinhaltete eine zweite Befragung der Schülerinnen und Schüler, eine dritte Befragung der Eltern sowie eine Befragung der Schulleiterinnen und Schulleiter der weiterführenden Schulen (vgl. auch Maaz et al., Kap. 2 in diesem Band).

Zusätzlich zu den in Abbildung 3.1 aufgeführten Leistungstests und Fragebögen wurden weitere Informationen über die Schülerinnen und Schüler erhoben. Zentrale Hintergrundinformationen wie etwa Noten, Geschlecht, Alter und die erstellte Förderprognose für den Übertritt in das Sekundarschulsystem wurden den offiziellen Angaben zu den Schülerinnen und Schülern aus den Schulakten in den Grundschulen und den weiterführenden Schulen entnommen.

3.2.1.2 Organisation der Erhebung

Mit der Datenerhebung wurde das *Data Processing and Research Center* (DPC) der *International Association for the Evaluation of Educational Achievement* (IEA) in Hamburg beauftragt. Im Zusammenhang mit der technischen Durchführung der Studie waren die Mitarbeiterinnen und Mitarbeiter des DPC mit der Stichprobenziehung, der Kommunikation mit den beteiligten Schulen, der Rekrutierung und Schulung der Testleiterinnen und Testleiter sowie der Datenerfassung und Kodierung offener Angaben betraut.

An den jeweiligen befragten Schulen (Grundschulen zu W1 und W2 sowie weiterführende Schulen zu W3) wurden Schulkoordinatoren als Ansprechpartner des DPC bestimmt. Diese übermittelten für die erste Erhebung W1 (nur Elternbefragung) die jeweiligen Anschreiben und Fragebögen an die Eltern der entsprechenden Schülerinnen und Schüler und waren für den Rückversand der ausgefüllten Fragebögen verantwortlich. Die Schülerinnen und Schüler wurden im Klassenverband (in W2, Grundschule) bzw. in Testgruppen (in W3, weiterführende Schule) durch geschulte Testleiterinnen und Testleiter getestet. Hierfür ging jeweils eine Testleiterin oder ein Testleiter pro Klasse bzw. pro Testgruppe an die entsprechenden Schulen und übernahm die Durchführung der Erhebung der Leistungstests und der weiteren Befragungen. Fehlten in einer Testgruppe mehr als drei Schülerinnen und Schüler, wurde zeitnah (innerhalb von maximal drei Wochen) eine Nachtestung durchgeführt.

Die Datenerfassung und die Kodierung offener Antworten erfolgte ebenfalls am DPC in Hamburg. Anschließend wurden die pseudonymisierten Daten für die weitere Verarbeitung an die Universität Potsdam weitergegeben, wo auch die Aufbereitung des Gesamtdatensatzes erfolgte.

3.2.1.3 Testdurchführung

Die Testdurchführung für die Schülerinnen und Schüler wurde in der zweiten Erhebung (W2) analog zu ELEMENT an einem Testtag durchgeführt. Alle Testleiterinnen und Test-

Informationskasten: ELEMENT-Studie

Die Studie *Erhebung zum Lese- und Mathematikverständnis – Entwicklungen in den Jahrgangsstufen 4 bis 6 in Berlin* (ELEMENT) ist eine längsschnittlich angelegte Studie mit drei Messzeitpunkten. Gegenstand ist die Untersuchung der Leistungs- und Motivationsentwicklung von Schülerinnen und Schülern der 4. bis 6. Jahrgangsstufen an Berliner Grundschulen und grundständigen Gymnasien zwischen den Schuljahren 2002/03 bis 2004/05. Die Studie wurde von der Arbeitsgruppe um Rainer Lehmann an der Humboldt-Universität zu Berlin und der Senatsverwaltung für Bildung, Wissenschaft und Forschung in Berlin umgesetzt (vgl. Lehmann & Lenkeit, 2008; Lehmann & Nikolova, 2005a, 2005b).

Die erste Erhebung am Ende der 4. Klasse wurde im Mai/Juni 2003 durchgeführt. An der Erhebung nahmen N = 3.293 Schülerinnen und Schüler aus 140 zufällig gewählten 4. Klassen in 71 Berliner Grundschulen teil. Neben der Stichprobe von Grundschülerinnen und Grundschülern wurden auch Schülerinnen und Schüler, die nach der 4. Jahrgangsstufe auf ein grundständiges Gymnasium wechselten, untersucht (Vollerhebung mit N = 1.729 aus 59 5. Klassen der 31 Berliner grundständigen Gymnasien; erster Messzeitpunkt für die Gymnasiastinnen und Gymnasiasten zu Beginn des Schuljahres 2003/04). Zum ersten Messzeitpunkt wurden neben Leistungstests in den Bereichen Leseverständnis, Rechtschreibung, Mathematik und kognitive Grundfähigkeit auch ein Schüler- und Elternfragebogen zur Erfassung psychosozialer Merkmale und des sozialen Hintergrunds administriert. Zudem wurden schulische Hintergrundinformationen aus den Schülerakten der Schülerinnen und Schüler erhoben.

Die zweite Erhebung fand für alle Schülerinnen und Schüler an Grundschulen und Gymnasien im Mai 2004 zum Ende der 5. Jahrgangsstufe statt und umfasste Tests für das Leseverständnis und Mathematik und einen Schülerfragebogen. Die abschließende dritte Erhebung wurde im Mai/Juni 2005 durchgeführt, die Schülerinnen und Schüler besuchten inzwischen die 6. Jahrgangsstufe. Sie umfasste Leistungstests in Leseverständnis, Mathematik und Englisch sowie einen Schülerfragebogen. Zusätzlich wurden die Eltern mittels Fragebogen befragt. Neben allgemeinen psychosozialen Aspekten wurden in dieser Erhebungswelle auch Fragen zur weiteren Erwartung und Planung der schulischen Karrieren der Kinder gestellt. Diese dritte Erhebungswelle der ELEMENT-Studie ist mit dem Fokus auf die Gruppe der Grundschülerinnen und Grundschüler (N_{W3} = 2.964) die Vergleichsuntersuchung zur BERLIN-Studie (Schuljahr 2010/11), um das Übergangsverhalten von den Grundschulen in die Sekundarstufe nach den 6. Klassen zu untersuchen. Da die ELEMENT-Untersuchung zeitlich vor der Berliner Schulstrukturreform angesiedelt war, können die Schülerinnen und Schüler dieser Untersuchung als Kontrollgruppe für die in der BERLIN-Studie untersuchten Schülerinnen und Schüler herangezogen werden.

Tabelle 3.1:   Ablauf des Testtages in der BERLIN-Studie

Beginn der Testsitzung: Verteilung des Materials, Einweisung	5 min
Bearbeitung **Testheft 1:** *Leseverständnis I*	40 min
PAUSE	5 min
Bearbeitung **Testheft 1 (Fortsetzung):** *Mathematik I*	45 min
PAUSE Einsammeln Testheft 1 und Austeilen Testheft 2	15 min
Bearbeitung **Testheft 2:** *Leseverständnis II und Mathematik II*	40 min
PAUSE	10 min
Bearbeitung **Testheft 2 (Fortsetzung 1):** *Englisch*	40 min
PAUSE Austeilen des Elternfragebogens	20 min
Bearbeitung **Testheft 2 (Fortsetzung 2):** *Kognitiver Fähigkeitstest*	25 min
Einsammeln Testheft 2 und Austeilen Zusatzheft zum Schülerfragebogen 1 und Schülerfragebogen	5 min
Bearbeitung **Zusatzheft zum Schülerfragebogen 1** und **Schülerfragebogen 1**	ca. 40 min
Gesamtzeit:	**ca. 290 min**

leiter gingen nach Testleiterskripten vor, die während der Testsitzung zur standardisierten Administration benutzt wurden. Die Testleiterinnen und Testleiter erhielten im Vorfeld eine Testleiterschulung und ein Testleitermanual, das alle Details zur Testvorbereitung und -durchführung sowie zum Testpaketerhalt und -rückversand beinhaltete. Die Mitarbeiter des DPC fungierten als Ansprechpartner für Testleiterinnen und Testleiter. Für jede Erhebungssitzung war ein standardisiertes Protokoll zu erstellen, um den Testverlauf zu dokumentieren. Dieses Protokoll wurde den Erhebungsunterlagen (Schülerteilnahmeliste, Materialbegleitbogen, Erhebungsleiterskripte) beigelegt.

Die Testung der Schülerinnen und Schüler wurde analog zu ELEMENT im Mai des betreffenden Schuljahres (in BERLIN: 2011, in ELEMENT: 2005) durchgeführt und sah mehrere Testblöcke vor (vgl. Tab. 3.1): 40 Minuten Leseverständnis, 45 Minuten Mathematik, ein Block aus je 20 Minuten Leseverstehen und Mathematik und ein Block von 40 Minuten Englisch. Im Anschluss hieran wurden in BERLIN zusätzlich 20 Minuten kognitive Grundfähigkeiten getestet, was in ELEMENT bereits in der 4. Jahrgangsstufe erfolgte. Den Testblöcken schloss sich in beiden Studien ein Schülerfragebogen an, der in ELEMENT 20 Minuten und in BERLIN 40 Minuten umfasste. Der Schülerfragebogen in BERLIN bestand aus zwei Fragebogenheften, einem Heft zu schulbezogenen Einstellungen und motivationalen Aspekten und einem Heft, das die Informationen zum soziodemografischen Hintergrund der Schülerinnen und Schüler enthielt (Zusatzheft). Zwischen den Testblöcken waren jeweils Pausen vorgesehen, um den Schülerinnen und Schülern Gelegenheit zur Erholung zu geben.

3.2.2 Untersuchungspopulation und Stichprobe

3.2.2.1 Definition der Untersuchungspopulation

Die Untersuchungspopulation der BERLIN-Studie ist deckungsgleich mit der Grundschulpopulation aus ELEMENT 6. Klasse: Als Grundgesamtheit wurden diejenigen Schülerinnen und Schüler betrachtet, die im Schuljahr 2010/11 eine öffentliche Grundschule in Berlin am Ende der 6. Jahrgangsstufe besuchten (in ELEMENT 6 im Schuljahr 2004/05). Im Schuljahr 2010/11 umfasste dies auch die Schülerinnen und Schüler an Gemeinschaftsschulen, die sich von regulären Grundschulen dahingehend unterscheiden, dass sie sowohl eine Primar- als auch eine Sekundarstufe führen und entsprechend im Primarschulbereich in den 6. Klassen als Grundschulen einzuordnen sind (in der Sekundarstufe sind sie zu den Integrierten Sekundarschulen zu zählen). Schülerinnen und Schüler an Schulen in freier Trägerschaft sowie an Förderschulen wurden analog zu ELEMENT nicht in die Grundgesamtheit aufgenommen.

3.2.2.2 Stichprobenziehung

Die Stichprobenziehung erfolgte im Rahmen der Elternbefragung im Herbst 2010 (W1, vgl. Abb. 3.1). Für die BERLIN-Studie wurde eine Zufallsstichprobe in einem zweistufigen stratifizierten Clusterdesign gezogen. In einem ersten Schritt wurden $N = 89$ Schulen aus einer Liste aller Berliner Grundschulen (inkl. der Gemeinschaftsschulen), stratifiziert nach den alten Berliner Schulbezirken ($N = 23$), gezogen (innerhalb eines Schulbezirks als *simple random sample*). In einem zweiten Schritt wurden an Grundschulen – sofern vorhanden – jeweils zwei Klassen gezogen (bei mehr als zwei Klassen *simple random sampling* der Klassen). Innerhalb einer Klasse wurden jeweils alle Schülerinnen und Schüler vollständig in die Stichprobe einbezogen. An Schulen mit Klassen, in denen in Form des jahrgangsübergreifenden Lernens (JüL) mehrere Jahrgangsstufen gleichzeitig unterrichtet wurden, wurden prinzipiell alle in JüL-Klassen unterrichteten Schülerinnen und Schüler, die der 6. Jahrgangsstufe zuzuordnen waren, in die Stichprobe aufgenommen. Für den Fall, dass eine Schule sowohl JüL- als auch reguläre Klassen führte, wurden zusätzlich zu den vollständig untersuchten Sechstklässlerinnen und -klässlern der JüL-Klassen zwei reguläre Klassen gezogen.

Die hieraus resultierende Stichprobe umfasste $N = 89$ Schulen, wobei zwei Schulen von der Teilnahme an der BERLIN-Studie aufgrund technischer Umstände befreit wurden, sodass insgesamt $N = 87$ Schulen die finale Stichprobe bildeten. Auf Ebene der Klassen resultierten daraus entsprechend der Stichprobenziehung $N = 191$ Klassen. Hierbei waren 169 Klassen aus 82 Grundschulen mit ausschließlich regulärem Klassenverband und $N = 22$ Klassen aus 5 Schulen mit JüL (mit $N = 3$ Schulen mit JüL- und gleichzeitig regulären Klassen sowie $N = 2$ Schulen mit ausschließlich JüL-Klassen). Auf Ebene der Schülerinnen und Schüler wurden $N = 3.981$ Personen gezogen. Durch die Definition der Untersuchungspopulation, das heißt Schülerinnen und Schüler *am Ende* der 6. Klassen an öffentlichen

Grundschulen (W2), reduzierte sich die finale Zielstichprobe auf $N = 3.935$ Schülerinnen und Schüler, da von den zu W1 gezogenen Schülerinnen und Schülern $N = 46$ im Laufe des Schuljahres aus den 6. Klassen ausschieden und somit nicht mehr zur Untersuchungspopulation gehörten.

Für die Erhebung W3 nach dem Übergang in die Sekundarstufe wurden die Schülerinnen und Schüler auf Individualebene im Übergangsprozess verfolgt. Technisch wurde dies realisiert, indem die abgebenden Grundschulen die aufnehmenden Schulen nannten. Die aufnehmenden Schulen wurden nach den Sommerferien kontaktiert, um die Aufnahme der Schülerinnen und Schüler in ihren neuen Schulen zu bestätigen, wobei Schulen in freier Trägerschaft und außerhalb Berlins a priori ausgeschlossen wurden. Falls Schülerinnen und Schüler nicht an der durch die Grundschule genannten weiterführenden Schule angekommen waren, wurden die Grundschulen erneut kontaktiert, um den Verbleib des Kindes zu klären. Im Falle erneuter Nennung wurde die genannte Alternativschule kontaktiert. Dieses Vorgehen wurde so lange durchgeführt, bis die Schülerinnen und Schüler ausfindig gemacht wurden, jedoch nur bis zu einem Stichtag (30.09.2011). Letztlich konnten $N = 3.641$ Schülerinnen und Schüler in der gesetzten Frist identifiziert und weiterhin in W3 einbezogen werden (vgl. weiterführend im Abschnitt 3.2.4.1). Innerhalb des öffentlichen Berliner Schulsystems verteilten sich die $N = 3.641$ Schülerinnen und Schüler auf insgesamt 211 weiterführende Schulen. Hiervon gingen $N = 2.014$ Schüler in $N = 116$ Integrierte Sekundarschulen (davon $N = 195$ Schüler in $N = 17$ Gemeinschaftsschulen), $N = 1.584$ Schüler in $N = 85$ Gymnasien, $N = 8$ Schüler in $N = 6$ Förderschulen und $N = 35$ Schüler in $N = 4$ Sportschulen über.

3.2.2.3 Stichprobengewichtung

Aufgrund der Stichprobenziehung ergaben sich für die einzelnen Schülerinnen und Schüler unterschiedliche Wahrscheinlichkeiten, in die Stichprobe gezogen zu werden. So variierte die Wahrscheinlichkeit beispielsweise in Abhängigkeit der Schulgröße: Sofern eine Schule nur einen oder zwei Züge in der 6. Jahrgangsstufe führte oder in den Schulen, in denen ausschließlich in JüL-Klassen unterrichtet wurde, wurden alle Schülerinnen und Schüler in die Stichprobe gezogen, und die Ziehungswahrscheinlichkeit eines Schülers oder einer Schülerin lag somit bei 100 Prozent innerhalb einer Schule. Anders hingegen wurden Schülerinnen und Schüler großer Schulen (mit drei oder mehr 6. Klassen) mit einer geringeren Wahrscheinlichkeit gezogen. So lag die Ziehungswahrscheinlichkeit eines Schülers bzw. einer Schülerin in einer vierzügigen Schule bei lediglich 50 Prozent oder in einer achtzügigen Grundschule bei lediglich 25 Prozent, da in beiden Fällen ebenfalls lediglich zwei Klassen (vollständig) in die Stichprobe gezogen wurden.

Diese jeweils unterschiedlichen Ziehungswahrscheinlichkeiten (variierend nach Anzahl der Schulen in den Schulbezirken und Klassen-/Schülerstärke der Schulen) wurden verwendet, um einen Gewichtungsfaktor für die Stichprobe zu ermitteln, der die Proportion in der Population wiedergibt. Die jeweiligen Gewichte wurden so berechnet, dass die unterschiedlichen Ziehungswahrscheinlichkeiten der Schulen in den Schulbezirken und der Klassen innerhalb der Schulen gemäß der Anteile der tatsächlichen Schülerpopulation ausgeglichen werden. Dies impliziert auch, dass die Gewichte klassenweise konstant sind, da alle Schülerinnen und Schüler einer Klasse untersucht wurden und somit stets die gleiche Ziehungswahrscheinlichkeit aufwiesen.

Für ELEMENT lagen Populationsgewichte für die 4. Klassen, aber keine Gewichte für die Stichprobe der 6. Klassen vor. Entsprechend wurden die vorliegenden Populationsgewichte der 4. Klassen genutzt, um Populationsgewichte für die 6. Klassen zu berechnen. Die Gewichte für die Population der 4. Klassen wurden für die neu hinzugekommenen Schülerinnen und Schüler angepasst, um so die Population in den 6. Klassen zu approximieren. Diesen neu hinzugekommenen Schülerinnen und Schülern, die nicht über ein Gewicht für die jeweiligen 4. Klassen verfügten, da sie sich zu diesem Messzeitpunkt noch nicht in den jeweiligen Klassen befanden, wurde das Gewicht ihrer Klassenkameradinnen und -kameraden vergeben. Schülerinnen und Schüler, die aus der ursprünglichen Stichprobe der 4. Klasse ausschieden und nicht mehr in der 6. Klasse zu finden waren, wurden mit einem Null-Gewicht versehen, da sie keinen Teil der Stichprobe mehr darstellten.

Um die korrekten Standardfehler zu schätzen, wurde in den nachfolgenden Auswertungen die Gewichtung dergestalt eingesetzt, dass sie die Stichprobengröße und nicht die Population der Schülerinnen und Schüler reproduziert. Hierdurch bildet die gewichtete Stichprobe die Proportionen der Population korrekt ab, gibt aber nicht vor, die Population insgesamt zu erfassen, was bei einer Gewichtung auf Populationsgröße der Fall wäre und zu einer Unterschätzung der Standardfehler führen würde.

3.2.2.4 Untersuchungsinstrumente

Schülerteilnahmeliste, Förderprognose, Schulanmeldungen
Eine zentrale Datenquelle stellen die sogenannten Schülerteilnahmelisten dar, die durch die Schulkoordinatorinnen und -koordinatoren der Grundschulen und weiterführenden Schulen ausgefüllt wurden und die Angaben zu allen Schülerinnen und Schülern erfassten, unabhängig von der individuellen Teilnahme (Schülerinnen und Schüler konnten z.B. durch Krankheit an der Teilnahme in einer der beiden Wellen verhindert sein). Die Schülerteilnahmelisten in den Grundschulen beinhalteten grundlegende Angaben aus der Schülerakte wie etwa Geschlecht, Alter, Einschulungsalter, Fremdsprachenbelegung in der Schule, Klassenwiederholung/-überspringen und Migrationsstatus der Schülerinnen und Schüler. Darüber hinaus wurde eine zweite Schülerteilnahmeliste an den weiterführenden Schulen der Sekundarstufe I eingesetzt, um weitere Angaben zum jeweiligen Kind zu erfassen. Dies war insofern zentral, da hierdurch auch die richtige Zuordnung der Schülerinnen und Schüler von der Grundschul- zur Sekundarschulerhebung überprüft und sichergestellt werden konnte, da nach der Erhebung im Prozess der Datenverarbeitung die Angaben der Schülerinnen und Schüler nur noch pseudonymisiert vorlagen und die Zuordnung lediglich auf Basis einer Schüler-Identifikationsnummer (ID) erfolgen konnte.

Ergänzend zu den Schülerteilnahmelisten wurden auch die Förderprognosen (vor der Berliner Schulstrukturreform als „Bildungsgangempfehlung" bezeichnet) für alle Schülerinnen und Schüler erhoben. Diese beinhalten unter anderem die vorangehenden Halbjahresnoten (Mitte 6. Klasse), die Endjahresnoten der 5. Klasse (die Bildungsgangempfehlung führte zusätzlich die Halbjahresnoten der 5. Klasse auf), die gewichtete Durchschnittsnote sowie die Übergangsempfehlung für die weiterführende Schulform selbst.

Da die Eltern im Übergangsverfahren die Möglichkeit haben, drei Schulwünsche für die weiterführende Schule ihres Kindes anzugeben (vgl. Maaz et al., Kap. 1, sowie Neumann et al., Kap. 5 in diesem Band), wurden in der BERLIN-Studie diese Schulwünsche zusätzlich mit erfasst.

Leistungstests

Um die Vergleichbarkeit mit der ELEMENT-Untersuchung zu gewährleisten, wurden die Leistungstests vollständig aus ELEMENT übernommen. Somit handelt es sich um identische Tests in beiden Studien. Leistungstests wurden in den Domänen Deutsch, Mathematik und Englisch administriert. Eine Testung kognitiver Grundfähigkeiten erfolgte ebenfalls in beiden Studien, jedoch in unterschiedlichen Jahrgangsstufen (in ELEMENT in Klasse 4 und in BERLIN in Klasse 6), sodass die Testwerte nicht vergleichend zwischen den Studien interpretierbar sind. Die Leistungstests werden in den nachfolgenden Absätzen in ihrem grundlegenden Aufbau beschrieben. Eine Zusammenfassung der Skalierung der Leistungstests findet sich in Abschnitt 3.2.4.2 bzw. ausführlicher im Anhang dieses Bandes (vgl. Becker, Neumann & Nagy, Anhang 1 in diesem Band).

Der Leistungstest in Deutsch fokussierte in der 6. Klasse auf Leseverständnis und umfasste insgesamt fünf breit validierte Texte, davon vier Prosatexte und einen Gebrauchstext. Einer der Prosatexte stammte aus der internationalen Vergleichsuntersuchung PIRLS/IGLU (Bos et al., 2003) mit zugehörigen 13 Aufgaben (Items). Die anderen drei Prosatexte sowie der Gebrauchstext entstammten der Hamburger *Lernausgangslage Untersuchung* (LAU; Lehmann, Gänsfuß & Peek, 1999) für die 6. und 7. Klassen (vgl. Lehmann & Lenkeit, 2008). Die Prosatexte aus LAU umfassten insgesamt 24 Items (5–7 Items pro Text). Zum Gebrauchstext wurden sechs Aufgaben gestellt. 31 Aufgaben wurden als Multiple-Choice-Items vorgegeben, bei sechs Items wurden die Antworten offen erfasst. Für vier dieser sechs offenen Antwortformate wurden die Antwortkategorien abgestuft, also neben richtig oder falsch wurden auch teilweise richtige Lösungen gewertet (sog. *Partial-Credit-Items;* Masters, 1982). Für alle anderen Aufgaben gab es lediglich richtige oder falsche Antworten (dichotomes Antwortformat). Die Reliabilität des Gesamttests gemessen an der internen Konsistenz fiel für die Gesamtstichprobe aus ELEMENT und BERLIN zusammen mit Cronbachs α = .85 (KR-20 Formel) gut aus. Die WLE-Reliabilität war ebenfalls gut und mit r_{WLE} = .85 vergleichbar. Auch in den Substichproben, also BERLIN und ELEMENT separat betrachtet, entsprachen sich die Reliabilitäten auf zufriedenstellendem Niveau (BERLIN: r_{WLE} = .84, ELEMENT: r_{WLE} = .85).

Der Test in Mathematik beinhaltete insgesamt 54 Items. 25 dieser Aufgaben entstammten der Hamburger LAU-Untersuchung. Darüber hinaus wurden 14 Aufgaben aus PIRLS/IGLU (Bos et al., 2003) und weitere 15 Aufgaben aus der Brandenburgischen Mathematikuntersuchung QuaSUM (vgl. Lehmann et al., 2000) übernommen (vgl. Lehmann & Lenkeit, 2008). 50 Aufgaben wurden als Multiple-Choice-Items dargeboten, vier Aufgaben hatten ein offenes Antwortformat. Alle Antworten wurden jeweils nur auf entweder richtig oder falsch kodiert. Die Reliabilität für die Gesamtstichprobe war sehr gut mit Cronbachs $\alpha = .91$ (KR-20 Formel) bzw. einer WLE-Reliabilität $r_{WLE} = .90$. In den jeweiligen Substichproben fanden sich vergleichbare Reliabilitäten (in BERLIN und ELEMENT jeweils $r_{WLE} = .91$).

Der Englischtest stammte aus der LAU-Untersuchung und umfasste vier Lückentexte, das heißt, es wurden Texte dargeboten, in deren Sätze Lücken eingefügt waren, die die Schülerinnen und Schüler ergänzen mussten (ein sog. C-Test; vgl. z. B. Grotjahn, 2002; Harsch & Schröder, 2007). Der Englischtest ist als ein Omnibustest zu verstehen und prüft sowohl Leseverständnis, Wortschatz und grammatische als auch orthografische Kompetenzen (vgl. auch Lehmann & Lenkeit, 2008). Insgesamt mussten 91 Wortergänzungen vorgenommen werden (die vier Texte waren mit 21/22/24/24 Items annähernd gleich umfangreich). Die in den Lücken erfassten Antworten wurden als richtig oder falsch bewertet. Der Gesamttest wies eine sehr hohe interne Konsistenz auf (Cronbachs $\alpha = .96$) und ebenso eine sehr hohe WLE-Reliabilität ($r_{WLE} = .95$), und auch in den Stichproben, jeweils getrennt geschätzt, unterschieden sich die Reliabilitäten nicht (BERLIN und ELEMENT: $r_{WLE} = .95$). Aufgrund der großen Anzahl von Items sind hohe Reliabilitäten zu erwarten, aber auch die einzelnen Subtests in Form der vier Texte wiesen gute Reliablitäten auf (WLE-Reliabilität in B/E: $r_{WLE,Text\,1} = .80/.80$, $r_{WLE,Text\,2} = .85/.85$, $r_{WLE,Text\,3} = .81/.84$, $r_{WLE,Text\,4} = .78/.82$).

Fragebögen

Zur Erfassung relevanter familiärer Hintergrundmerkmale sowie schulbezogener und psychosozialer Einstellungen und Überzeugungen wurden für Schülerinnen und Schüler, für Eltern sowie Lehrkräfte und Schulleiterinnen und Schulleiter Fragebögen verwendet. Die Fragebögen wurden prinzipiell in deutscher Sprache vorgegeben. Zusätzlich wurden in der ersten Erhebung W1 den Eltern bei Bedarf Fragebögen in den Sprachen Russisch und Türkisch zur Verfügung gestellt, um für die zwei größten Migrationsgruppen die Teilnahme zu erleichtern, falls das Ausfüllen des Fragebogens in deutscher Sprache für die jeweiligen Eltern ein Hindernis darstellte. Aufgrund der sehr geringen Rückläufe russischer Fragebögen bei der ersten Erhebung W1 wurden die Fragebögen der Erhebung in W2 lediglich in türkischer Übersetzung angeboten, was ebenfalls nur sehr geringe Rückläufe erzielte, sodass in der Erhebung W3 auf Übersetzungen verzichtet wurde.

Die Inhalte der Schüler- und Elternfragebögen lehnten sich in weiten Teilen an die Studien ELEMENT und TIMSS-Übergang an. Im Schülerfragebogen wurden die Schülerinnen und Schüler um Auskunft über ihre eigenen Einstellungen zu Schule und insbesondere zum Übergangsgeschehen sowie zu ihrer familiären Situation gebeten. Im Elternfragebogen wurden neben übergangsrelevanten Angaben der Eltern zu ihrem Kind weitere Merkmale wie etwa Ansichten und Einstellungen zur Schule und der demografische Hintergrund erfasst. Zudem umfasste der Elternfragebogen allgemeine Einschätzungen zur neuen Übergangsregelung und zur neuen Struktur der Sekundarstufe. Zwar wurden die demografischen Daten der Eltern schon in der ersten Welle erfasst, jedoch wurden in der zweiten Befragungswelle grundlegende demografische Angaben zu Ausbildung, Beruf und Migrationsstatus erneut von denjenigen Eltern erhoben, die sich erst zur zweiten Welle zu einer Teilnahme entschlossen.

Der Lehrer- und Schulleiterfragebogen erfasste schließlich Angaben zur Demografie und zu individuellen Einstellungen der Lehrerschaft und Schulleitung zur jeweiligen Schule und zur Berliner Strukturreform. Zudem wurden von den Grundschullehrkräften individuelle Einschätzungen der einzelnen Schülerinnen und Schüler erfragt. Auch diese Fragebögen lehnten sich in weiten Teilen an die Studien ELEMENT und TIMSS-Übergang an.

3.2.3 Realisierte Stichprobe

Analog zu den international und national vergleichenden Untersuchungen wie etwa PISA, TIMSS oder den Ländervergleichen zur Überprüfung der nationalen Bildungsstandards (BISTA) wurden in der BERLIN-Studie für alle Beteiligten (außer für die Eltern) strenge Auflagen zur Teilnahme erteilt, um eine hohe Qualität der Daten sicherzustellen. So war die Teilnahme für die Schülerinnen und Schüler, die Lehrkräfte sowie die Schulleiterinnen und Schulleiter verpflichtend. Angaben der Schülerinnen und Schüler zu ihren Eltern mussten im Vorfeld durch die Eltern genehmigt werden. Die Teilnahme an der Elternbefragung war freiwillig.

Auf Ebene der Schülerinnen und Schüler wurde eine Teilnahmequote von $N = 3.677$ am Leistungstest (93.4 %) und $N = 3.658$ am Schülerfragebogen W2 (93.0 %) erreicht. Ähnliche Teilnahmequoten fanden sich auch in ELEMENT, wo analoge Auflagen für die Teilnahme der Schülerinnen und Schüler galten. In ELEMENT umfasste die Zielstichprobe in der 6. Klassenstufe $N = 2.964$ Schülerinnen und Schüler, von denen $N = 2.823$ am Leistungstest teilgenommen hatten, was einer Ausschöpfungsquote von 95.2 Prozent entsprach. Den Schülerfragebogen bearbeiteten $N = 2.821$ Kinder (95.2 %). Die beiden Studien weisen also grundlegend einen ähnlich geringen Anteil fehlender Werte auf und können in dieser Hinsicht als eine sehr gute Ausgangsbasis für einen validen Vergleich zwischen den beiden Kohorten betrachtet werden (weiterführende Angaben zu spezifischem Datenausfall, vgl. nachfolgenden Abschnitt 3.2.4.1). Diese insgesamt als sehr gut zu bewertenden Teilnahmequoten entsprechen hierbei auch den Teilnahmequoten anderer *Large-Scale*-Untersuchungen wie etwa IGLU, TIMSS oder den jüngsten Ländervergleichen (vgl. Becker et al., 2010; Böhme et al., 2010; Bonsen, Lintorf, Bos & Frey, 2008; Hornberg, Bos, Buddeberg, Potthoff & Stubbe, 2007; Lintorf, 2012; Richter et al., 2012).

3.2.4 Analysestrategie: Vergleichende Analysen und längsschnittliche Daten

3.2.4.1 Anteile von und Umgang mit fehlenden Werten

Anteile fehlender Werte
Entsprechend der Zielstellung der BERLIN-Studie (vgl. Maaz et al., Kap. 2 in diesem Band) wurden einerseits vergleichende querschnittliche Analysen vorgenommen, die die Veränderungen zwischen den Schuljahren 2004/05 und 2010/11, den entsprechenden Jahrgängen der ELEMENT- und BERLIN-Studie, abbilden sollen. Hierzu werden die quer-

schnittlichen Daten, die in vergleichbarer Weise jeweils am Ende der 6. Klasse erhoben wurden, herangezogen (ELEMENT 6, in der BERLIN-Studie Erhebung W2). Andererseits soll die BERLIN-Studie aber auch Auskunft über den Übergangsprozess selbst sowie die Wahrnehmung und Beurteilung der Berliner Strukturreform geben, wofür neben den querschnittlichen Vergleichsdaten auch die darüber hinaus zur Verfügung stehenden Erhebungszeitpunkte W1 (erste Hälfte des 6. Schuljahres) und W3 (Beginn des 7. Schuljahres, nach dem Übergang der Schülerinnen und Schüler in die weiterführenden Schulen) mit einzubeziehen sind.

Insofern kommt in der BERLIN-Studie sowohl dem querschnittlichen als auch dem längsschnittlichen Datenausfall zentrale Bedeutung zu. Je höher die Teilnahme ist und je geringer die Unterschiede zwischen den Studien und über die Erhebungswellen hinweg ausfallen, desto aussagekräftiger sind die Stichprobenkennwerte im Hinblick auf Effizienz und Konsistenz für die Schätzung der Populationsparameter. Wie oben erwähnt, stehen für die BERLIN-Studie verschiedene Hintergrundinformationen (z. B. Geschlecht, Noten oder die Übergangsempfehlung) nahezu vollständig zur Verfügung, da sie von den Schulkoordinatoren und Klassenleitern, unabhängig von der Teilnahme der Schülerinnen und Schüler oder Eltern, über die Schülerteilnahmeliste bzw. die Förderprognose mitgeteilt wurden. Sie ermöglichen eine Überprüfung, inwiefern es möglicherweise zu systematischem Datenausfall kam und somit statistische Verfahren indiziert sind, die einem solchen Problem und der gleichzeitig resultierenden Herabsetzung der Teststärke Rechnung tragen und möglichst unverzerrte Parameterschätzungen ermöglichen können (Ähnliches gilt auch für ELEMENT; vgl. Lehmann & Lenkeit, 2008; Lehmann & Nikolova, 2005). Dies soll im Folgenden näher dargestellt werden.

Die vorangehend genannten vergleichenden Angaben zur Teilnahme in der BERLIN- und ELEMENT-Studie an der Haupttestung im Mai 2011 (BERLIN) bzw. im Mai 2005 (ELEMENT, jeweils am Ende der 6. Klassenstufe) geben einen Überblick über die Ausfallquoten wichtiger Datenquellen für den vorliegenden Bericht. In den Tabellen 3.2 bis 3.5 sind die spezifischen Teilnahmequoten und Hintergrundmerkmale der erreichten Stichproben dargestellt. Ausgewiesen sind jeweils die zentralen Merkmale, die für fast alle Schülerinnen und Schüler vorlagen, also Angaben aus den Schülerteilnahmelisten bzw. den Förderprognosen.

Wie oben erwähnt und in Tabelle 3.2 ausgewiesen, fand sich in der BERLIN-Studie nur ein kleiner Teil der Schülerinnen und Schüler, die nicht an der Haupterhebung W2 (Leistungstest bzw. Schülerfragebogen) teilnahmen. Von den 3.935 Personen nahmen 3.677 (93.4%) am Leistungstest und 3.658 am Schülerfragebogen (93.0%) teil. Vergleicht man diese Schülerinnen und Schüler mit der Gesamtstichprobe, so finden sich infolge des geringen Datenausfalls kaum Unterschiede in den Hintergrundmerkmalen.

Ähnliches gilt auch für die Teilnahmequoten der Erhebung W3. Grundsätzlich war die Teilnahme auch an dieser Erhebung mit 3.505 (89.1%) relativ hoch. Wie oben erwähnt, ist zudem ein Teil der fehlenden Werte zu W3 weniger darauf zurückzuführen, dass die Schülerinnen und Schüler an der Befragung nicht teilnahmen, sondern dass ein Teil der Personen zum Stichtag nicht ermittelt werden konnte ($N = 94$) und ein anderer Teil in eine andere Population überging (Übergang in ein anderes Bundesland $N = 81$, in den privaten

Tabelle 3.2: Angaben zu Schülerinnen und Schülern nach Teilnahmestatus an der Haupterhebung (W2) und der Erhebung nach dem Übergang (W3) für die BERLIN-Stichprobe

	W2			W3	
	Gesamtstich-probe	Teilnahme Leistungstest	Teilnahme SFB	Gesamtstich-probe	Teilnahme SFB
Anteil Mädchen	48.4%	48.8%	48.9%	48.2%	48.2%
Alter zum Testzeitpunkt, M *(SD)*	12.2 (0.57)	12.2 (0.56)	12.2 (0.56)	12.2 (0.57)	12.2 (0.56)
Sprache zu Hause ist Deutsch	70.1%	71.4%	71.4%	70.3%	71.0%
Empfohlene Schulform GYM	44.7%	45.3%	45.4%	44.8%	45.7%
Halbjahresnote 6. Klasse					
Deutsch, M *(SD)*	2.69 (0.94)	2.67 (0.93)	2.67 (0.93)	2.70 (0.94)	2.67 (0.93)
Mathematik, M *(SD)*	2.86 (1.08)	2.84 (1.07)	2.84 (1.07)	2.87 (1.09)	2.84 (1.08)
Gesamt N	3.935	3.677	3.658	3.641	3.505
Anteil an Gesamtstichprobe W2	100%	93.4%	93.0%	92.5%	89.1% (96.3%)[1]

M = Mittelwert, SD = Standardabweichung, GYM = Gymnasium, SFB = Schülerfragebogen; W2: Haupttest = zweite Datenerhebungswelle, W3: dritte Datenerhebungswelle.

Angaben jeweils für valide Fälle auf den jeweiligen Variablen.

[1] Prozentangabe in Klammern: Anteil an Gesamtstichprobe zu W3 (N = 3.641).

Schulsektor N = 108 oder etwa Klassenwiederholungen N = 11). Diese Substichprobe stellt eine relativ heterogene Gruppe dar, mit etwas günstigeren Charakteristika für die Schülerinnen und Schüler, die in ein anderes Bundesland oder auf eine Privatschule wechselten, und, erwartungsgemäß, ungünstigeren Merkmalen derjenigen, die eine Klasse wiederholten (ohne Tab.). Legt man entsprechend die Teilnahmequote in Relation zu den Schülerinnen und Schülern, die de facto erreichbar bzw. Teil der Untersuchungspopulation blieben, ist die Teilnahmequote zu W3 mit 96.3 Prozent als sehr hoch zu bewerten.

Die Beteiligung der Eltern an den einzelnen Wellen ist in Tabelle 3.3 wiedergegeben. Insgesamt beteiligten sich 80.5 Prozent der Eltern mindestens einmal an der Untersuchung. In den einzelnen Wellen lag die Teilnahmequote zwischen 66.8 und 37.9 Prozent (bzw. 40.6% für W3, wenn der Anteil derjenigen Eltern, die kontaktiert werden konnten, zugrunde gelegt wird; vgl. Tab. 3.3). Wie in anderen Längsschnittstudien waren auch in der BERLIN-Studie die Teilnahmequoten der Eltern an den früheren Wellen höher als gegen Ende der Studie. Bei der Teilnahme der Eltern an der ersten Welle finden sich nur geringe Unterschiede zur Zielstichprobe in den Hintergrundmerkmalen. Die Unterschiede werden jedoch zur dritten Erhebungswelle hin akzentuierter. So nehmen beispielsweise die Unterschiede in den Noten tendenziell zu: Kinder, deren Eltern an der zweiten Erhebungswelle teilnahmen, unterschieden sich in der Durchschnittsnote um eine Effektstärke von d = 0.18, zur dritten Erhebungswelle um d = 0.32 im Vergleich zur Basisstichprobe. Betrachtet man die Gruppe derjenigen Eltern, die an mindestens einer Erhebung teilnahmen, fallen die Unterschiede ähnlich bzw. tendenziell noch etwas geringer aus, als wenn nur diejenigen Eltern, die an der ersten Erhebungswelle teilnahmen, mit der Gesamtstichprobe verglichen werden. Somit ist

Tabelle 3.3: Angaben zu Schülerinnen und Schülern nach Teilnahmestatus der Eltern (jeweils an W1–W3 bzw. mindestens einmal teilgenommen) für die BERLIN-Studie

	Gesamt-stichprobe (W2)	An W1 teilgenom-men	An W2 teilgenom-men	An W3 teilgenom-men	Mindestens einmal teil-genommen
Anteil Mädchen	48.4%	51.2%	51.1%	50.3%	50.0%
Alter zum Testzeitpunkt, *M (SD)*	12.2 (0.57)	12.2 (0.56)	12.2 (0.54)	12.2 (0.53)	12.2 (0.56)
Sprache zu Hause ist Deutsch	70.1%	69.1%	75.3%	81.7%	70.9%
Empfohlene Schulform GYM	44.7%	48.1%	52.0%	59.4%	48.0%
Halbjahresnote 6. Klasse					
Deutsch, *M (SD)*	2.69 (0.94)	2.62 (0.93)	2.54 (0.90)	2.41 (0.87)	2.63 (0.93)
Mathematik, *M (SD)*	2.86 (1.08)	2.78 (1.07)	2.69 (1.05)	2.57 (1.03)	2.79 (1.07)
Gesamt *N*	3.935	2.629	2.003	1.490	3.167
Anteil an Gesamtstichprobe	100%	66.8%	50.9%	37.9% (40.9%)[1]	80.5%

M = Mittelwert, *SD* = Standardabweichung, GYM = Gymnasium; W1: Datenerhebungswelle, W2: Haupttest = zweite Datenerhebungswelle, W3: dritte Datenerhebungswelle. Angaben jeweils für valide Fälle auf den jeweiligen Variablen.

[1] Prozentangabe in Klammern: Anteil an Gesamtstichprobe zu W3 (*N* = 3.641; vgl. Tab. 3.2).

die Teilnahme der Eltern zwar partiell (mit Blick auf die einzelnen Erhebungszeitpunkte) niedrig, insgesamt jedoch liegen für einen Großteil der Eltern Angaben vor, die hierbei weitgehend vergleichbar zur Gesamtstichprobe sind.

Die wellenübergreifende Partizipationsrate der Eltern entsprach auch denjenigen anderer *Large-Scale*-Studien, die in der Regel zwischen etwa 75 und 85 Prozent variieren (vgl. z. B. Becker et al., 2010; Hornberg et al., 2007; Lintorf, 2012; Richter et al., 2012). Entsprechend der Möglichkeit, dass Eltern mehrmals befragt und hierbei demografische Angaben in gleicher Weise in unterschiedlichen Wellen erfasst wurden (vgl. vorangehender Abschnitt zu Fragebögen), wurden, sofern inhaltlich sinnvoll, wellenübergreifende Variablen für die Eltern gebildet. Für ein solches Vorgehen standen die elterlichen Angaben bezüglich der sozioökonomischen Situation, der schulischen und beruflichen Ausbildung sowie dem Geburtsland zur Verfügung und wurden entsprechend in der weiteren Datenverarbeitung als kombinierte Variablen behandelt.

Vergleicht man die Teilnahmequoten der Schülerinnen und Schüler und Eltern der BERLIN-Studie mit denjenigen der ELEMENT-Untersuchung, so zeigten sich ähnliche Partizipationsmuster. Wie vorangehend im Abschnitt 3.2.3 erwähnt wurde, war die Teilnahme der Schülerinnen und Schüler an den Leistungstests in ELEMENT ähnlich hoch wie in BERLIN. In Tabelle 3.4 kann man erkennen, dass entsprechend auch hier die Unterschiede zwischen den teilnehmenden und nichtteilnehmenden Schülerinnen und Schülern gering waren. Im Wesentlichen sind die Verteilungen auf den Hintergrundmerkmalen identisch. Bei den Elternangaben zeigten sich ähnlich wie in der BERLIN-Studie etwas akzentuiertere Unterschiede zur Gesamtstichprobe. Zum Beispiel erhielten die Kinder teilnehmender Eltern häufiger Gymnasialempfehlungen und bessere Noten. Dies weist darauf hin, dass auch

Tabelle 3.4: Angaben zu Schülerinnen und Schülern nach Teilnahmestatus für den Leistungstest und die Elternbefragung für die ELEMENT-Studie

	Gesamt[1]	Teilnahme Leistungstest[1]	Elternteilnahme		
			EFB 1 (4. Klasse)	EFB 2 (6. Klasse)	Mindestens einmal teilgenommen
Anteil Mädchen	48.5 %	48.8 %	49.6 %	49.5 %	49.0 %
Alter zum Testzeitpunkt, *M (SD)*	12.6 (0.58)	12.6 (0.57)	12.5 (0.54)	12.5 (0.56)	12.5 (0.56)
Empfohlene Schulform GYM	38.1 %	38.8 %	42.5 %	39.9 %	39.5 %
Halbjahresnote 6. Klasse					
Deutsch, *M (SD)*	2.81 (0.90)	2.80 (0.89)	2.72 (0.88)	2.77 (0.88)	2.78 (0.89)
Mathematik, *M (SD)*	2.96 (1.05)	2.94 (1.04)	2.86 (1.01)	2.91 (1.02)	2.93 (1.03)
Gesamt *N*	2.964	2.823	2.241	2.490	2.779
Anteil an Gesamtstichprobe	100 %	95.2 %	75.6 %	84.0 %	93.8 %

M = Mittelwert, SD = Standardabweichung, GYM = Gymnasium, EFB = Elternfragebogen. Angaben jeweils für valide Fälle auf den jeweiligen Variablen.

[1] Bezogen auf Stichprobe ELEMENT 6. Klasse.

in ELEMENT die teilnehmenden Eltern ein sozioökonomisch und soziokulturell tendenziell privilegiertes Sample darstellten. Wenn man die Teilnahme der Eltern wellenübergreifend betrachtet (mindestens einmal teilgenommen), wurden in ELEMENT 93.8 Prozent der Eltern erreicht. Entsprechend der hohen Teilnahme fielen die Unterschiede zur Gesamtstichprobe noch geringer aus. Zusammenfassend zeigten sich die Antwortmuster und die zugehörigen Unterschiede in den Hintergrunddaten sowohl hinsichtlich der Schülerstichprobe als auch der Elternstichprobe zwischen BERLIN und ELEMENT weitgehend ähnlich. Die Elternteilnahme in ELEMENT ist hierbei auch im Vergleich zur Elternbeteiligung in anderen *Large-Scale*-Untersuchungen als sehr gut zu bewerten (vgl. Becker et al., 2010; Hornberg et al., 2007; Lintorf, 2012; Richter et al., 2012).

Betrachtet man die Struktur fehlender Werte nach dem Antwortmuster der Lehrkräfte sowie der Schulleiterinnen und Schulleiter, finden sich hier analog zur verpflichtenden Befragung und Testung der Schülerinnen und Schüler zum einen kaum fehlende Werte, zum anderen erscheint dies gänzlich unsystematisch zu den Hintergrundmerkmalen der Schülerinnen und Schüler (vgl. Tab. 3.5). Für 92.1 Prozent der Lehrkräfte (Grundschulen) waren Angaben aus dem Lehrerfragebogen verfügbar. Für 95.8 Prozent der Schulleiterinnen und Schulleiter der Grundschulen (W2) und für 92.8 Prozent der Schulleiterinnen und Schulleiter der weiterführenden Schulen (W3) lagen die Schulleiterfragebögen vor. Betrachtet man dies nach den Hintergrundmerkmalen der Schülerinnen und Schüler, so finden sich nur geringe Unterschiede, zum Beispiel auf den Noten ein Unterschied von maximal $d = 0.04$ im Vergleich zur Basisstichprobe. Auf den dichotomen Variablen finden sich ebenfalls kaum Unterschiede, lediglich für die Schulleiterinnen und Schulleiter zu W3 finden sich 2.2 Prozent mehr Schülerinnen und Schüler mit Gymnasialempfehlung im Vergleich zur Basisstichprobe.

Tabelle 3.5: Angaben zu Schülerinnen und Schülern nach Teilnahmestatus der Lehrkräfte (Grundschulen, W2) bzw. Schulleiterinnen und Schulleiter (Grundschulen, W2, und weiterführende Schulen, W3; BERLIN-Stichprobe)

	Gesamtstich-probe (W2)	LFB (W2)	SLFB (W2)	SLFB (W3)
Anteil Mädchen	48.4%	48.5%	48.3%	48.5%
Alter zum Testzeitpunkt, M (SD)	12.2 (0.57)	12.3 (0.57)	12.3 (0.57)	12.2 (0.56)
Sprache zu Hause ist Deutsch	70.1%	70.3%	69.7%	70.1%
Empfohlene Schulform GYM	44.7%	43.6%	44.9%	46.9%
Halbjahresnote 6. Klasse				
Deutsch, M (SD)	2.69 (0.94)	2.71 (0.94)	2.69 (0.94)	2.67 (0.94)
Mathematik, M (SD)	2.86 (1.08)	2.88 (1.09)	2.86 (1.09)	2.84 (1.09)
Gesamt $N/N_{(Schule)}/N_{(Klasse)}$	3.935/87/191	3.708/87/176	3.765/83/183	3.378/196/k.E.
Anteil an Gesamtstichprobe	100%/100%/	94.2%/100%/	95.7%/95.4%/	92.1%[1]/
(Schüler/Schulen/Klassen)	100%	92.1%	95.8%	92.9%[1]/k.E.

M = Mittelwert, SD = Standardabweichung, GYM = Gymnasium, LFB = Lehrerfragebogen, SLFB = Schulleiter-fragebogen, k.E. = keine Erhebung in Klassenverband, sondern Verfolgung und Erhebung von Einzelpersonen; W2: Haupttest = zweite Datenerhebungswelle, W3: dritte Datenerhebungswelle. Angaben jeweils für valide Fälle auf den jeweiligen Variablen.

[1] Angaben bezogen auf N der Gesamtstichprobe der Schüler/Schulen zu W3 (N = 3.641; vgl. Tab. 3.2).

Umgang mit fehlenden Werten

Wie vorangehend dargestellt wurde, findet sich sowohl in BERLIN als auch in ELEMENT ein partieller Stichprobenausfall (sog. *Unit-Nonresponse* bzw. *Item-Nonresponse*), ein Problem, dass diese Untersuchungen mit anderen, vor allem längsschnittlichen, Untersuchungen teilen. Unter *Unit-Nonresponse* wird die Situation verstanden, dass eine Person vollständig die Antwort verweigert bzw. gar keine Informationen zu ihr vorliegen, und unter *Item-Nonresponse,* dass Personen keine Auskünfte auf einzelne Antworten oder Antwortblöcke geben. Betrachtet über alle Datenquellen, also Test- und Fragebogendaten der Schülerinnen und Schüler, Fragebogendaten der Eltern und Lehrkräfte sowie Angaben aus den Schüler-akten, trat in beiden Studien für keine Person ein vollständiger Datenausfall (also Ausfall aller Datenquellen) auf; zumindest durch die Informationen über die Schulen hinweg liegen zu jeder Schülerin und jedem Schüler zumindest grundlegende Hintergrundinformationen vor. Insofern ist der Datenausfall für jeden anvisierten Schüler bzw. jede anvisierte Schülerin als lediglich partieller Ausfall und somit als *Item-Nonresponse* zu interpretieren.

Eine (früher gängige) Art, mit fehlenden Werten umzugehen, besteht darin, die Fälle mit fehlenden Angaben aus den Analysen zu entfernen. Dies ist unter anderem deswegen methodisch kritisch zu sehen, da unterstellt wird, dass die fehlenden Werte eine reine Zu-fallsstichprobe aus den Antworten darstellen (sog. *Missing Completely at Random*, MCAR). Ist dies nicht der Fall, sind die Parameterschätzungen aufgrund nicht vollständig zufälliger Antwortverweigerung verzerrt (Graham, 2009; Little & Rubin, 2002). Im vorliegenden Fall ist nicht von MCAR auszugehen. Zum Beispiel ist in Tabelle 3.3 zu erkennen, dass die Teil-nahmebereitschaft der Eltern nicht vollständig gleich über die Schülerinnen und Schüler verteilt, sondern positiv mit den Merkmalen der Kinder bzw. der Familien korreliert ist und insofern eine (schulisch bezogen) positiv ausgewählte Gruppe repräsentiert.

Ist der Datenausfall darüber hinaus nicht als gering zu erachten (> 5 %), so wird prinzipiell empfohlen, von einfachen Verfahren wie dem Entfernen von Fällen abzusehen. Eine Möglichkeit, diesem Problem zu begegnen und systematische Datenausfälle in den Stichproben zu korrigieren, besteht darin, fehlende Werte durch multiple Imputationen (MI) zu schätzen (Graham, 2009; Graham, Cumsille & Elek-Fisk, 2003; Lüdtke, Robitzsch, Trautwein & Köller, 2007). MI sieht vor, dass fehlende Werte auf Grundlage vorhandener Hintergrundinformation geschätzt werden, wodurch weniger restriktive Annahmen über den Ausfallprozess gemacht werden müssen und lediglich ein bedingt zufälliges Fehlen der Daten gegeben sein muss (sog. *Missing at Random,* MAR; zur näheren Erläuterung dieser Annahmen vgl. insbesondere Lüdtke & Robitzsch, 2010). Zwar kann auch diese weniger restriktive Annahme verletzt sein, jedoch sind Verfahren wie MI als relativ robust anzusehen, selbst wenn diese Annahmen nicht zutreffen (Schafer & Graham, 2002); zusätzlich lässt sich das Risiko der Verletzung der Voraussetzung durch Nutzung möglichst vieler (Hilfs-)Variablen reduzieren (Collins, Schafer & Kam, 2001). Für die Analysen in ELEMENT und BERLIN sind die Voraussetzungen, fehlende Daten zu schätzen, insofern sehr gut, da durch die verpflichtende Teilnahme und die Informationen aus den Schulakten über alle Schülerinnen und Schüler eine Reihe von grundlegenden Hintergrundvariablen zur Verfügung stehen.

Technisch wird MI umgesetzt, indem aufgrund von Hintergrund- bzw. Hilfsvariablen die fehlenden Werte geschätzt werden, und dies nicht nur einmal, sondern in Form multipler Werte ($m > 1$), damit auch die Unsicherheit, mit der diese Schätzungen behaftet sind, in den Parameterschätzungen statistisch modelliert werden kann. Dies ist notwendig, da die „wahren" Ausprägungen auf den Variablen unbekannt bleiben und die geschätzten Werte lediglich wahrscheinliche Werte (sog. *Plausible Values*) darstellen (gegeben die einbezogenen Hintergrundvariablen).[1] Für die vorliegende Arbeit wurde MI mit dem Ansatz der *Multivariate Imputation by Chained Equations* (MICE; van Buuren & Groothuis-Oudshoorn, 2011), der im Programm R implementiert ist, umgesetzt.

Im Rahmen der vorliegenden Studie wurden zwei Imputationen durchgeführt, eine querschnittliche und eine längsschnittliche Imputation. Datengrundlage der querschnittlichen Imputation bildeten alle Schülerinnen und Schüler, die zur Basisstichprobe der Population der Schülerschaft der Berliner Grundschulen am Ende der 6. Klasse zu rechnen sind. In BERLIN waren dies $N = 3.935$ und in ELEMENT $N = 2.964$ Schülerinnen und Schüler. Es wurden in die Modelle jeweils alle Variablen mit aufgenommen, die in die vergleichenden Analysen eingingen, also Angaben von Schülerinnen und Schülern und deren Eltern sowie Angaben der Lehrkräfte aus der Trackingliste bzw. den Schulakten. Zusätzlich wurden weitere Angaben, die in beiden Studien parallel vorlagen, einbezogen, um im Sinne

---

1 Graham fasst dieses Vorgehen folgendermaßen prägnant zusammen: „The point of this process is not to obtain the individual values themselves. Rather, the point is to plug in these values (multiple times) in order to preserve important characteristics of the data set as a whole. By ‚preserve‘, I mean that parameter estimates should be unbiased." (Graham, 2009, S. 559)

von Hilfsvariablen die Schätzungen zu stabilisieren und die Gültigkeit der Annahme von MAR möglichst wahrscheinlich zu machen (Collins et al., 2001). Um der hierarchischen Datenstruktur Rechnung zu tragen (vgl. Abschnitt 3.2.2.2) wurden Kontextinformation in das Imputationsmodell aufgenommen, was über Klassenmittelwerte der Leistung und des sozialen Hintergrunds realisiert wurde (zum Vorgehen vgl. Lüdtke & Robitzsch, 2010). Insgesamt wurden für die querschnittlichen Analysen $N = 130$ Variablen einbezogen. Die jeweiligen Imputationen wurden für beide Stichproben getrennt durchgeführt, damit differenzielle Zusammenhänge in den jeweiligen Stichproben in die Modelle einfließen können, ohne hierfür einzelne Interaktionsterme spezifizieren zu müssen (vgl. Graham, 2009). Das querschnittliche Modell diente im nächsten Schritt als Ausgangspunkt und als Hintergrundmodell für die Imputation der längsschnittlichen, BERLIN-spezifischen Variablen, die sich nicht in ELEMENT fanden.

Es wurden jeweils zehn Datensätze imputiert, die nach den Formeln von Rubin (1987) integriert wurden, um die *between-* und *within-*Imputationvarianz in den Analysen angemessen zu berücksichtigen. In Mplus 6.11 (Muthén & Muthén, 1998–2011) ist dies standardmäßig implementiert und kann automatisiert vorgenommen werden (Analyseoption *type = imputation*).

3.2.4.2 Skalierung der Leistungstests

Im folgenden Abschnitt wird das Vorgehen für die Skalierung der Testleistungen für die vergleichenden Analysen zwischen ELEMENT und BERLIN kurz skizziert (für eine detailliertere Beschreibung vgl. Becker et al., Anhang 1 in diesem Band). Die Skalierungsbeschreibung bezieht sich auf die Leistungsdomänen in Leseverstehen, Mathematik und Englisch.

Wie oben im Abschnitt zur Beschreibung der Untersuchungsinstrumente erwähnt, wurden in beiden Stichproben identische Leistungstests vorgelegt. Zur Skalierung der Leistung wurden *Item-Response-*theoretische Modelle (IRT; für eine Übersicht vgl. z. B. Embretson & Reise, 2000; Rost, 2004) herangezogen. Das hier verwendete IRT-Modell ist pro Domäne ein eindimensionales Rasch-Modell (Rasch, 1960) und wurde in zwei Varianten verwendet: für Mathematik und Englisch als ein einfaches Rasch-Modell für dichotome Daten und für Leseverstehen als eine erweiterte Variante des Rasch-Modells in Form eines *Partial-Credit-*Modells (PCM; Masters, 1982), da in dieser Domäne nicht nur dichotome Antworten (falsch/richtig) möglich waren, sondern auch teilrichtige (bis zu vier Lösungsstufen). Diese Modelle sind weitgehend geläufig in den international wie national vergleichenden *Large-Scale-*Untersuchungen (vgl. z. B. OECD, 2012; Weirich, Haag & Roppelt, 2012).

Die Modelle und die Passung der Aufgaben wurden in verschiedener Hinsicht überprüft: Einerseits wurde geprüft, inwiefern die Items dem Modell hinreichend genügen (Prüfung der Rasch-Homogenität). Dies wurde sowohl für gemeinsam als auch für getrennt (d. h. für BERLIN und ELEMENT separat) geschätzte Modelle durchgeführt. Andererseits wurde die Messäquivalenz zwischen den Kohorten, ob sich also die Messungen in beiden Stichproben ähnlich darstellten und somit von einer Vergleichbarkeit über die beiden Stichproben hinweg ausgegangen werden kann, untersucht. Dies umfasste Prüfungen itemspezifischer

Abweichungen (Analysen zum *Differential Item Functioning,* DIF) und für Leseverstehen und Mathematik auch die Art der Administration (mit oder ohne Messwiederholung in ELEMENT; für weiterführende Angaben vgl. Becker et al., Anhang 1 in diesem Band).

Erst nach Bestimmung modellkonformer und Messäquivalenz gewährleistender Aufgaben wurde das finale Kompetenz- und Linkingmodell geschätzt. In die finalen Modelle der Itemparameterschätzungen gingen für Leseverstehen alle 37 Items, in Mathematik 52 (BERLIN) bzw. 50 (ELEMENT) von 54 Items und für Englisch 85 (BERLIN) bzw. 86 (ELEMENT) von 91 Aufgaben ein. Von diesen Items wurden für die unterschiedlichen Domänen 22 (Leseverstehen), 40 (Mathematik) bzw. 73 (Englisch) Parameter zur Verankerung zwischen den Stichproben verwendet, um eine einheitliche Metrik zu etablieren. Die Itemparameter der Ankeritems wurden in der gepoolten Stichprobe geschätzt (*Concurrent Calibration;* Hanson & Beguin, 2002). Testaufgaben, die sich nicht als messäquivalent, aber mit guter Passung an das Rasch-Modell zeigten, wurden prinzipiell in die Schätzungen der Personenparameter aufgenommen, jedoch frei geschätzt, um die vorliegende Information über die Personen möglichst effizient auszuschöpfen, ohne gleichzeitig die gemeinsame Metrik zu beeinflussen und gegebenenfalls zu verzerren (Modelle mit partieller Messinvarianz).

Personenparameter wurden als *Warms Weighted Maximum Likelihood Estimators* (WLE; Warm, 1989) geschätzt. Auf die Schätzung von sogenannten *Plausible Values* (Mislevy, Beaton, Kaplan & Sheehan, 1992) wurde verzichtet, da kein Multi-Matrix-Design vorlag und die Zahl der Items über dem Kriterium lag, ab dem sich Unterschiede in den Varianzschätzungen zwischen diesen Schätzalgorithmen in der Regel bemerkbar machen (vgl. Wu, Adams & Wilson, 2007). In einer zusätzlichen Prüfung konnten für die vorliegenden Schätzungen keine bedeutsamen Unterschiede festgestellt werden, weshalb den sparsameren WLE-Parameterschätzungen der Vorzug geben wurde (zur Prüfung vgl. Becker et al., Anhang 1 in diesem Band). Die Schätzungen der Item- und Personenparameter wurden im Programm ConQuest (Wu, Adams, Wilson & Haldane, 2007) vorgenommen.

3.2.4.3 Mehrebenenstruktur

Konventionellen Teststatistiken wie etwa klassischen *t*-Tests oder linearen Regressionen liegt die Annahme zugrunde, dass die einzelnen untersuchten Personen eine reine Zufallsstichprobe aus der Population darstellen (vgl. z. B. Bortz & Schuster, 2010; Eid, Gollwitzer & Schmitt, 2010). Statistisch ausgedrückt bedeutet dies, dass jede Person die gleiche Ziehungswahrscheinlichkeit aufweisen müsste, um in die Stichprobe zu gelangen. Für keine der vorliegenden Untersuchungen, weder für ELEMENT noch für BERLIN, trifft dies zu. Schülerinnen und Schüler sind, wie oben erwähnt, in einem mehrstufigen Prozess gezogen worden. Die Stichprobenziehung erfolgte zunächst auf der Ebene der Schulen; in einem zweiten Schritt wurden innerhalb der Schulen ganze Klassen gezogen. Somit resultiert eine probabilistische geschichtete Klumpenstichprobe. Schülerinnen und Schüler sind insofern innerhalb von Schulen bzw. Klassen geschachtelt, was in der Forschung auch als Mehrebenen- oder hierarchische Struktur beschrieben wird (vgl. z. B. Hox, 2010; Muthén, 1994; Raudenbush & Bryk, 2002). Dies gilt es in der statistischen Modellierung zu berücksichtigen, um insbesondere der Tatsache Rechnung zu tragen, dass sich durch die Art der Stichprobenziehung Schülerinnen und Schüler innerhalb einer Klasse (potenziell) ähnlicher im Vergleich zu anderen Schülerinnen und Schülern (anderer Klassen) sind, was wiederum zu systematischen Unterschieden zwischen Klassen führt bzw. führen kann. Dieser Aspekt drückt sich statistisch in der sogenannten Intraklassenkorrelation (ICC) aus, die dazu führt, dass die Standardfehler unterschätzt werden (je nach Stärke der ICC) und unter Umständen auch die Parameterschätzungen verzerrt sein können, falls diese bei der Auswertung ignoriert wird (z. B. Muthén & Satorra, 1995; Raudenbush & Bryk, 2002).

Es wurden verschiedene Herangehensweisen vorgeschlagen, derlei Daten zu modellieren. Einerseits ist es möglich, die Mehrebenenstruktur im Rahmen klassischer Auswertungsstrategien für die Schätzungen der Standardfehler zu berücksichtigen, das heißt, die ICC wird für die Schätzungen modelliert (Muthén & Satora, 1995). Andererseits kann die Mehrebenenstruktur direkt genutzt werden, um Fragestellungen auf mehreren Ebenen (Aggregat- und Individualebene) zu analysieren, wenn etwa Prozesse auf Aggregats- und Individualebene gleichzeitig untersucht werden sollen (z. B. individuelle Leistung in Abhängigkeit eines Aggregatmerkmals wie etwa des Unterrichtstils).

Im Rahmen der hier im Zentrum stehenden Auswertungen steht der erstgenannte Ansatz im Vordergrund. Es werden im Wesentlichen klassische Auswertungsstrategien verwendet (Mittelwert- und Varianzvergleiche, lineare und logistische Regressionsanalysen), die angesichts der Stichprobenziehung erfordern, dass die hierarchische Datenstruktur für die Schätzung der Parametervarianz berücksichtigt wird. Für die vorliegenden Analysen wurde dies im Programm Mplus 6.11 (Muthén & Muthén, 1998–2011) durch die Analyseoption *type = complex* umgesetzt. Parameterschätzungen und Schätzungen der Standardfehler sind hierbei unter Berücksichtigung der hierarchischen Datenstruktur und (gegebenenfalls) auftretender ICCs realisiert.

3.2.4.4 Effektstärken

Um die Bedeutsamkeit empirischer Befunde zu überprüfen und zu quantifizieren, wird in der quantitativen Forschung einerseits auf signifikanzstatistische Prüfungsverfahren zurückgegriffen. Hierbei ist das Ziel zu untersuchen, inwiefern sich Ergebnismuster in der Stichprobe rein zufällig ergeben haben könnten (durch die Stichprobenziehung). Hierdurch soll das Risiko minimiert werden, dass rein zufällig entstandene Effekte inhaltlich interpretiert werden (vgl. z. B. Bortz & Schuster, 2010; Eid et al., 2010). Diese Statistiken sind jedoch weniger informativ, will man Aussagen über Höhe oder gar inhaltliche Bedeutsamkeit von Unterschieden treffen. Dies ist der Tatsache geschuldet, dass statistische Signifikanztests auch von der Stichprobengröße und nicht nur von der eigentlichen Größe eines Effekts abhängig sind. Deshalb wird andererseits empfohlen, zusätzlich zur signifikanzstatistischen Absicherung auf weitere Maße der Quantifizierung von Unterschieden zurückzugreifen (z. B. Eid et al., 2010).

Eine Möglichkeit hierbei ist die Bestimmung von Effektstärken, wie sie unter anderem durch Cohen (1988) vorgeschlagen wurde. Hierbei werden zur Quantifizierung von Gruppenunterschieden die Mittelwertdifferenzen zur Streuung des interessierenden Merkmals in Beziehung gesetzt. Das Effektstärkemaß d bestimmt sich entsprechend als

$$d = \frac{M_1 - M_2}{SD_{pooled}}$$

wobei M_1 den Mittelwert der ersten Gruppen und M_2 den Mittelwert der zweiten Gruppe repräsentiert. Die gepoolte Standardabweichung SD_{pooled} wird ermittelt aus

$$SD_{pooled} = \sqrt{\frac{SD_1^2 + SD_2^2}{2}}$$

mit SD_1^2 als Varianz der ersten und SD_2^2 als Varianz der zweiten Gruppe. Diese Effektstärke d ist im Unterschied zu signifkanzstatistischen Größen nicht sensitiv für die Stichprobengrößen, sondern gibt einen direkten Eindruck von der Größenordnung der Mittelwertdifferenzen.

Ein in der sozialwissenschaftlichen Forschung gängiges Schema, derlei Effekte zu kategorisieren, geht auf Cohen (1988) zurück. Er hat unter anderem vorgeschlagen, dass Unterschiede anhand der Überlappungen der Verteilungen der zu vergleichenden Gruppen beurteilt werden können. Hierbei werden die Unterschiede zwischen Gruppen anhand der gemeinsamen Fläche, die die jeweiligen Verteilungen der zu vergleichenden Gruppen teilen, mit der Fläche, die sich nicht zwischen beiden Gruppen überlappen, zueinander in Beziehung gesetzt. In Abbildung 3.2 (linker Abbildungsteil) ist dies für normalverteilte Merkmale zweier Vergleichsgruppen (simulierte Daten) veranschaulicht, die sich mit einer Effektstärke von $d = 0.20$ unterscheiden. In der Abbildung lässt sich erkennen, dass die gemeinsame Verteilung beider Gruppen relativ groß ist, in Prozent ausgedrückt sind dies 85.3 Prozent. Ein größerer Gruppenunterschied mit einer Effektstärke $d = 0.80$ (vgl. Abb. 3.2, rechter Abbildungsteil) hingegen führt analog zu einer geringeren Überlappung. Der gemeinsame Verteilungsbereich beträgt hier mit 52.6 Prozent lediglich etwas mehr als die Hälfte der Verteilung.

Anhand dieses Kriteriums der Verteilungsüberlappungen hat Cohen (1988) eine Klassifizierung von Unterschieden vorgenommen, die in den Sozialwissenschaften häufig herangezogen wird. Mittelwertunterschiede bis $d = 0.20$ wurden von ihm als klein, $d = 0.50$ als mittel und $d = 0.80$ als groß eingestuft. Entsprechende Quantifizierungen liegen auch für andere Kennwerte wie etwa für Korrelationen r oder Regressionsgewichte b vor. Bei Korrelationen etwa entsprechen diese Einteilungen $r = .1$ als klein, $r = .3$ als mittel und $r = .5$ als groß.

Obwohl diese Unterteilung Unterschiede sehr gut veranschaulichen kann, gilt für die pädagogische Forschung auch zu beachten, dass dies eine rein verteilungstheoretische Betrachtung der Unterschiede darstellt und noch als weitgehend inhaltsfrei zu bewerten ist (vgl. auch Cohen, 1988). In der pädagogischen Forschung wurde diese Problematik zumindest für Lernzuwächse und Veränderungen von Schulleistungen von Schülerinnen und Schülern an verschiedener Stelle untersucht. Um Größenunterschiede in ihrer Bedeutsamkeit zu quantifizieren, wurde unter anderem die Veränderung der Schülerleistungen in standardi-

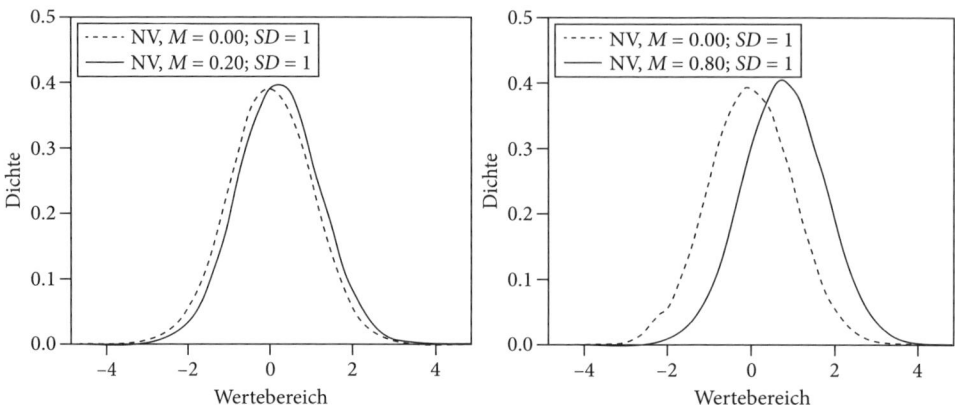

Abbildung 3.2: Verteilungsüberlappungen zweier Vergleichsgruppen (normal verteiltes Merkmal) mit einem Mittelwertunterschied von $d = 0.20$ (linker Abbildungsteil) und einem Mittelwertunterschied von $d = 0.80$ (rechter Abbildungsteil)

sierten Leistungstests über einen bestimmten Zeitraum (meist über ein Schuljahr) geschätzt und in Effektstärken ausgedrückt (vgl. u. a. Bloom, Hill, Black & Lipsey, 2008; Lanahan, McGrath, McLaughlin, Burian-Fitzgerald & Salganik, 2005). Schätzungen von Bloom et al. (2008) ergaben etwa für den US-amerikanischen Kontext, dass die mittleren Effektstärken für Leistungsveränderungen innerhalb eines Schuljahres en gros zwischen $d = 0.20$ und 0.40 lagen, was jedoch je nach Domäne, Altersstufe und Zielpopulation (regional oder national) deutlich variierte. Für die Domäne Lesen zeigten sich zum Beispiel zwischen rund einer Standardabweichung ($d = 1.00$) für die ersten Schuljahre und für die höheren Klassenstufen (Sekundarstufe II) deutlich kleinere Effektstärken zwischen $d = 0.10$ und 0.20. Für die hier besonders bedeutsamen Veränderungen von Schülerinnen und Schülern zwischen der 5. und 7. Jahrgangsstufe berichteten Bloom et al. (2008) Effektstärken von $d = 0.25$ und $d = 0.60$. Ähnliche Ergebnisse ergaben sich auch für den deutschen Sprachraum (vgl. u. a. Baumert & Artelt, 2002; Baumert et al., 1997; Bos et al., 2010; Lehmann & Lenkeit, 2008).

Insofern gilt es bei der Interpretation der Effektstärken im pädagogischen Bereich zu beachten, dass abweichend von der weitgehend gängigen Klassifikation von Cohen (1988) als klein ($d = 0.20$) oder mittel ($d = 0.50$) eingestufte Unterschiede mitunter bedeutsame Differenzen und Lernentwicklungen repräsentieren können. Insofern stellt dieses, an differenziellen Leistungsveränderungen und Leistungsunterschieden (über ein Schuljahr, zwischen Schulen, zwischen Subgruppen; vgl. Bloom et al., 2008) orientierte Beurteilungsschema eine sehr anschauliche Heuristik dar, die dazu dienen kann, eine Orientierung über Ausmaß und Größenordnungen von Unterschieden zu geben. Andererseits unterliegen auch diese Unterschiede einer mitunter substanziellen Variabilität, je nach Domäne und Altersstufe sowie Skalierungs- und Schätzmethode (vgl. hierzu auch kritisch Briggs & Weeks, 2009) und sollten entsprechend ebenso wenig als ein zu verabsolutierender Bewertungsmaßstab verwendet werden.

3.3 Literatur

Baumert, J., & Artelt, C. (2002). Bereichsübergreifende Perspektiven. In J. Baumert, C. Artelt, E. Klieme, M. Neubrand, M. Prenzel, U. Schiefele, W. Schneider, K.-J. Tillmann & M. Weiß (Hrsg.), *PISA 2000 – Die Länder der Bundesrepublik Deutschland im Vergleich* (S. 219–235). Opladen: Leske + Budrich.

Baumert, J., Lehmann, W., Lehrke, M., Schmitz, B., Clausen, M., Hosenfeld, I., Köller, O., & Neubrand, J. (Hrsg.). (1997). *TIMSS – Mathematisch-naturwissenschaftlicher Unterricht im internationalen Vergleich: Deskriptive Befunde.* Opladen: Leske + Budrich.

Becker, M., Gresch, C., Baumert, J., Watermann, R., Schnitger, D., & Maaz, K. (2010). Durchführung, Daten und Methoden. In K. Maaz, J. Baumert, C. Gresch & N. McElvany (Hrsg.), *Der Übergang von der Grundschule in die weiterführende Schule: Leistungsgerechtigkeit und regionale, soziale und ethnisch-kulturelle Disparitäten* (S. 107–121). Bonn: BMBF.

Bloom, H., Hill, C. J., Black, A. R., & Lipsey, M. W. (2008). Performance trajectories and performance gaps as achievement effect-size benchmarks for educational interventions. *Journal of Research on Educational Effectiveness, 1,* 289–328.

Böhme, K., Leucht, M., Schipolowski, S., Porsch, R., Knigge, M., & Köller, O. (2010). Anlage und Durchführung des Ländervergleichs. In O. Köller, M. Knigge & B. Tesch (Hrsg.), *Sprachliche Kompetenzen im Ländervergleich* (S. 65–86). Münster: Waxmann.

Bonsen, M., Lintorf, K., Bos, W., & Frey, K. A. (2008). TIMSS 2007 Grundschule – Eine Einführung in die Studie. In W. Bos, M. Bonsen, J. Baumert, M. Prenzel, C. Selter & G. Walther (Hrsg.), *TIMSS 2007: Mathematische und naturwissenschaftliche Kompetenzen von Grundschulkindern in Deutschland im internationalen Vergleich* (S. 19–48). Münster: Waxmann.

Bortz, J., & Schuster, C. (2010). *Statistik für Human- und Sozialwissenschaftler* (7. aktual. und verb. Aufl.). Berlin: Springer.

Bos, W., Bonsen, M., Baumert, J., Prenzel, M., Selter, C., & Walther, G. (Hrsg.). (2008). *TIMSS 2007: Mathematische und naturwissenschaftliche Kompetenzen von Grundschulkindern in Deutschland im internationalen Vergleich.* Münster: Waxmann.

Bos, W., Gröhlich, C., Guill, K., Ivanov, S., May, P., Nikolova, R., Scharenberg, K., & Wendt, H. (Hrsg.). (2010). *Kompetenzen und Einstellungen von Schülerinnen und Schülerin – Jahrgangsstufe 8: KESS 8* (S. 41–59). Hamburg: Behörde für Schule und Berufsbildung.

Bos, W., Lankes E. M., Prenzel, M., Schwippert, K., Walther, G., & Valtin, R. (Hrsg.). (2003). *Erste Ergebnisse aus IGLU: Schülerleistungen am Ende der vierten Jahrgangsstufe im internationalen Vergleich.* Münster: Waxmann.

Bos, W., Tarelli, I., Bremerich-Vos, A., & Schwippert, K. (Hrsg.). (2012). *IGLU 2011: Lesekomptenzen von Grundschulkindern in Deutschland im internationalen Vergleich.* Münster: Waxmann.

Briggs, D. C., & Weeks, J. P. (2009). Impact of vertical scaling decisions on growth interpretation. *Educational Measurement: Issues and Practice, 28,* 3–14.

Buuren, S. van, & Groothuis-Oudshoorn, K. (2011). mice: Multivariate imputation by chained equation in R. *Journal of Statistical Software, 45,* 1–67.

Buuren, S. van, & Oudshoorn, K. (1999). *Flexible multivariate imputation by MICE* (Report No. PG/VGZ/99.054). Leiden: TNO Prevention and Health.

Cohen, J. (1988). *Statistical power analysis for the behavioral sciences.* Hillsdale, NJ: Erlbaum.

Collins, L. M., Schafer, J. L., & Kam, C.-M. (2001). A comparison of inclusive and restrictive strategies in modern missing data procedures. *Psychological Methods, 6,* 330–351.

Eid, M., Gollwitzer, M., & Schmitt, M. (2010). *Statistik und Forschungsmethoden.* Weinheim: Beltz.

Embretson, S. E., & Reise, S. P. (2000). *Item response theory for psychologists.* Mahwah, NJ: Erlbaum.

Graham, J. W. (2009). Missing data analysis: Making it work in the real world. *Annual Review of Psychology, 60,* 549–576.

Graham, J. W., Cumsille, P. E., & Elek-Fisk, E. (2003). Methods for handling missing data. In J. A. Schinka & W. F. Velicer (Eds.), *Handbook of psychology: Vol. 2. Research methods in psychology* (pp. 87–114). New York: Wiley.

Grotjahn, R. (2002). Konstruktion und Einsatz von C-Test: Ein Leitfaden für die Praxis. In R. Grotjahn (Hrsg.), *Der C-Test: Theoretische Grundlagen und Praktische Anwendungen* (Bd. 4, S. 211–225). Bochum: AKS.

Hanson, B. A., & Beguin, A. A. (2002). Obtaining a common scale for IRT parameters using separate versus concurrent estimation in the common item nonequivalent groups equating design. *Applied Psychological Measurement, 26,* 3–24.

Harsch, C., & Schröder, K. (2007). Textrekonstruktion: C-Test. In B. Beck & E. Klieme (Hrsg.), *Sprachliche Kompetenzen. Konzepte und Messung. DESI-Studie (Deutsch Englisch Schülerleistungen International)* (S. 212–225). Weinheim: Beltz.

Heller, K. A., & Perleth, C. (2000). *Kognitiver Fähigkeitstest für 4.–12. Klassen, Revision (KFT 4–12+R).* Göttingen: Hogrefe.

Hornberg, S., Bos, W., Buddeberg, I., Potthoff, B., & Stubbe, T. C. (2007). Anlage und Durchführung von IGLU 2006. In W. Bos, S. Hornberg, K.-H. Arnold, G. Faust, L. Fried, E.-M. Lankes, K. Schwippert & R. Valtin (Hrsg.), *IGLU 2006: Lesekompetenzen von Grundschulkindern in Deutschland im internationalen Vergleich* (S. 21–79). Münster: Waxmann.

Hox, J. J. (2010). *Multilevel analysis: Techniques and applications* (2nd ed.). Hove, UK: Routledge.

Lanahan, L., McGrath, D. J., McLaughlin, M., Burian-Fitzgerald, M., & Salganik, L. (2005). *Fundamental problems in the measurement of instructional processes: Estimating reasonable effect sizes and conceptualizing what is important to measure.* Washington: American Institutes for Research.

Lehmann, R. H., Gänsfuß, R., & Peek, R. (1999). *Aspekte der Lernausgangslage und der Lernentwicklung von Schülerinnen und Schülern an Hamburger Schulen: Klassenstufe 7.* Hamburg: Behörde für Schule, Jugend und Berufsbildung, Amt für Schule.

Lehmann, R., & Lenkeit, J. (2008). *ELEMENT: Erhebung zum Lese- und Mathematikverständnis: Entwicklung in den Jahrgangsstufen 4 bis 6 in Berlin. Abschlussbericht über die Untersuchungen 2003, 2004 und 2005 an Berliner Grundschulen und grundständigen Gymnasien.* Berlin: Humboldt-Universität zu Berlin.

Lehmann, R., & Nikolova, R. (2005). *Erhebung zum Lese- und Mathematikverständnis: Entwicklung in den Jahrgangsstufen 4 bis 6 in Berlin (ELEMENT): Bericht über die Untersuchung 2003 an Berliner Grundschulen und grundständigen Gymnasien.* Berlin: Senatsverwaltung für Bildung, Jugend und Sport.

Lehmann, R. H., Peek, R., Gänsfuß, R., Lutkat, S., Mücke, S., & Barth, I. (2000). *QuaSUM. Qualitätsuntersuchung an Schulen zum Unterricht in Mathematik: Ergebnisse einer repräsentativen Untersuchung im Land Brandenburg.* Potsdam: Ministerium für Bildung, Jugend und Sport des Landes Brandenburg.

Lintorf, K. (2012). *Wie vorhersagbar sind Grundschulnoten? Prädiktionskraft individueller und kontextspezifischer Merkmale.* Wiesbaden: VS Verlag für Sozialwissenschaften.

Little, R. J. A., & Rubin, D. B. (2002). *Statistical analysis with missing data* (2nd ed.). New York: Wiley.

Lüdtke, O., & Robitzsch, A. (2010). Umgang mit fehlenden Daten in der empirischen Bildungsforschung. In S. Maschke & L. Stecher (Hrsg.), *Enzyklopädie Erziehungswissenschaft Online: Fachgebiet Methoden der empirischen erziehungswissenschaftlichen Forschung, Quantitative Forschungsmethoden.* Weinheim: Juventa.

Lüdtke, O., Robitzsch, A., Trautwein, U., & Köller, O. (2007). Umgang mit fehlenden Werten in der psychologischen Forschung: Probleme und Lösungen. *Psychologische Rundschau, 58,* 103–117.

Maaz, K., Baumert, J., Gresch, C., & McElvany, N. (Hrsg.). (2010). *Der Übergang von der Grundschule in die weiterführende Schule: Leistungsgerechtigkeit und regionale, soziale und ethnisch-kulturelle Disparitäten.* Bonn: BMBF.

Masters, G. N. (1982). A Rasch model for partial credit scoring. *Psychometrika, 47,* 149–174.

Mislevy, R. J., Beaton, A. E., Kaplan, B., & Sheehan, K. M. (1992). Estimating population characteristics from sparse matrix samples of item responses. *Journal of Educational Measurement, 29,* 133–161.

Muthén, B. O. (1994). Multilevel covariance structure analysis. *Sociological Methods and Research, 22,* 376–398.

Muthén, B. O., & Muthén, L. K. (1998–2011). Mplus (Version 6.1) [Computer software]. Los Angeles.

Muthén, B. O., & Satorra, A. (1995). Complex sample data in structural equation modeling. *Sociological Methodology, 25,* 267–316.

OECD – Organisation for Economic Co-operation and Development. (2012). PISA 2009 Technical Report. PISA, OECD Publishing. doi: 10.1787/9789264167872-en (11.02.2013)

Rasch, G. (1960). *Probabilistic models for some intelligence and attainment tests.* Copenhagen: Danmarks Paedogogiske Intitut (Reprint: Chicago: University of Chicago Press, 1980).

Raudenbush, S. W., & Bryk, A. S. (2002). *Hierarchical linear models* (2nd ed.). Thousand Oaks, CA: Sage.

Richter, D., Engelbert, M., Böhme, K., Haag, N., Hannighofer, J., Reimers, H., Roppelt, A., Weirich, S., Pant, H. A., & Stanat, P. (2012). Anlage und Durchführung des Ländervergleichs. In P. Stanat, H. A. Pant, K. Böhme & D. Richter (Hrsg.), *Kompetenzen von Schülerinnen und Schülern am Ende der vierten Jahrgangsstufe in den Fächern Deutsch und Mathematik: Ergebnisse des IQB-Ländervergleichs 2011* (S. 85–102). Münster: Waxmann.

Rost, J. (2004). *Lehrbuch Testtheorie – Testkonstruktion.* Bern: Huber

Rubin, D. B. (1987). *Multiple imputation for nonresponse in surveys.* New York: Wiley.

Schafer, J. L., & Graham, J. W. (2002). Missing data: Our view of the state of the art. *Psychological Methods, 7,* 147–177.

Warm, T. A. (1989). Weighted likelihood estimation of ability in item response theory. *Psychometrika, 54,* 427–450.

Weirich, S., Haag, N., & Roppelt, A. (2012). Testdesign und Auswertung des Ländervergleichs: Technische Grundlagen. In P. Stanat, H. A. Pant, K. Böhme & D. Richter (Hrsg.), *Kompetenzen von Schülerinnen und Schülern am Ende der vierten Jahrgangsstufe in den Fächern Deutsch und Mathematik: Ergebnisse des IQB-Ländervergleichs 2011* (S. 277–290). Münster: Waxmann.

Wu, M. L., Adams, R. J., & Wilson, M. R. (2007). ACER ConQuest Version 2.0: Generalized item response modeling software [Manual]. Camberwell, VIC: ACER Press.

Wu, M. L., Adams, R. J., Wilson, M. R., & Haldane, S. (2007). ConQuest (Version 2.0) [Computersoftware]. Camberwell, VIC: Australian Council for Educational Research (ACER).

Kapitel 4
Kohortenvergleich zwischen den Jahrgängen 2004/05 und 2010/11 in Berlin

Michael Becker, Marko Neumann, Jürgen Baumert & Kai Maaz

Für den Vergleich und die Interpretation des Übergangsverhaltens zwischen den Schuljahrgängen 2004/05 (ELEMENT; vgl. Lehmann & Lenkeit, 2008) und 2010/11 (BERLIN), der in Kapitel 6 (Dumont et al., in diesem Band) dieses Ergebnisbandes dargestellt wird, ist relevant, inwiefern sich die Population der Schülerinnen und Schüler zwischen den beiden Kohorten, aus denen die Stichproben für ELEMENT und BERLIN gezogen wurden, verändert haben. Lassen sich zum Beispiel stete Entwicklungstrends in den Übergangsquoten auf die Gymnasien feststellen oder findet sich, etwa zur Umstellung des Übergangssystems, ein abrupter Unterschied? Aspekte dieser Art sind insofern bedeutsam, da zwischen ELEMENT und BERLIN differenziell ausfallende Ergebnismuster im Kontext allgemeiner Entwicklungen entstanden sein könnten und nicht etwa direkt oder indirekt auf die Schulstrukturreform selbst zurückgehen müssten. Einzubeziehen sind auch demografische Entwicklungen, zum Beispiel die Zusammensetzung der Schülerschaft im Hinblick auf den sozioökonomischen und ethnisch-kulturellen Hintergrund, da derlei Merkmale auch für das Übergangsverhalten eine Rolle spielen und Veränderungen im Übergangsverhalten ebenso mitbedingen könnten.

Im Folgenden wird entsprechend einerseits die amtliche Schulstatistik herangezogen, um einen Einblick in die allgemeinen Entwicklungstrends auf Populationsebene zu gewinnen. Dies wird andererseits durch Informationen über den Hintergrund der Schülerinnen und Schüler aus den Studien ELEMENT und BERLIN ergänzt, da in diesen beiden Studien Angaben vorliegen, die über die Schulstatistik nicht oder nur bedingt zugänglich sind (z. B. sozioökonomischer Hintergrund der Familie).

4.1 Entwicklung der Schülerschaft von 2004/05 bis 2010/11: Populationsvergleiche auf Basis der amtlichen Schulstatistiken

In Abbildung 4.1 sind zunächst die absoluten Schülerzahlen in Klasse 6 für die Jahrgänge zwischen 2004/05 und 2010/11 dargestellt. An den Populationszahlen ist zunächst bemerkenswert, dass die Schülerzahl über die Jahre hinweg relativ konstant blieb, vom Schuljahr 2009/10 zum Schuljahr 2010/11 indes ein sprunghafter Anstieg zu erkennen ist: Die Zahl der Schülerinnen und Schüler in 6. Klassen stieg zwischen diesen beiden Schuljahren um knapp 17 Prozent an. Zurückzuführen ist dies auf eine Veränderung der Einschulungsregelung im Schuljahr 2005/06. Die Einschulungsregelung wurde dahingehend verändert, dass der Stichtag, der entscheidet, ob ein Kind im betreffenden Schuljahr eingeschult werden soll, um

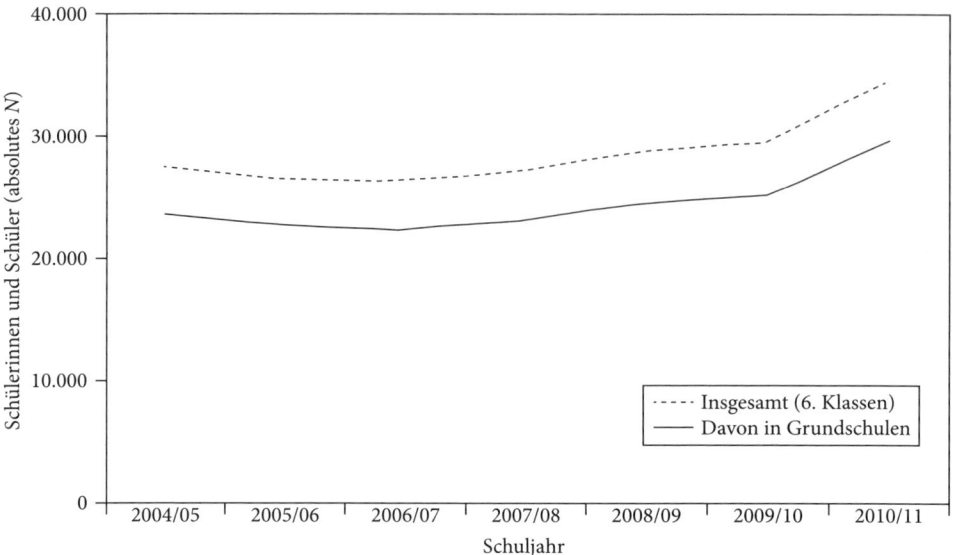

Quelle: Statistisches Landesamt Berlin (2005, 2006); Amt für Statistik Berlin-Brandenburg (2007, 2009a, 2009b, 2011a, 2011b).

Abbildung 4.1: Absolute Zahlen von Schülerinnen und Schülern in 6. Klassen aller Berliner Schulen: Gesamtstichprobe und allgemeinbildende Grundschulen (Populationsdaten)

sechs Monate vorverlegt wurde.[1] Diese Regelung trat für die Schülerinnen und Schüler der BERLIN-Studie (Kohorte 2010/11) erstmals in Kraft und führte zu dem in der Abbildung 4.1 erkennbaren Anstieg der Schülerzahlen, und sie bewirkte gleichzeitig, dass ein Teil dieses Jahrgangs etwas jünger eingeschult wurde als die Kinder vorangehender Jahrgänge (vgl. zur Altersstruktur der Kohorten: Abschnitt 4.2).

Für die vorliegende Studie ist in Hinblick auf die Entwicklung der Schülerzahlen von zentraler Bedeutung, dass trotz der Änderungen in den absoluten Zahlen der Schülerinnen und Schüler der 6. Klassen die Aufteilung der Schülerschaft in unterschiedliche Schulformen über die Jahre hinweg vergleichbar blieb. In Abbildung 4.1 ist neben der absoluten Zahl aller Kinder der 6. Klassen allgemeinbildender Schulen auch die Anzahl der Schülerinnen und Schüler an Berliner Grundschulen abgetragen. Die Kurve der Grundschülerinnen und Grundschüler ähnelt hierbei der Kurve aller Sechstklässlerinnen und -klässler: Der relative

---

1 Kinder wurden nach der alten Regelung (vor 2004/05) im betreffenden Schuljahr eingeschult, wenn sie nach dem 1. Juli des vorangehenden Jahres bzw. vor dem 1. Juli des betreffenden Einschulungsjahres (also für ELEMENT: zwischen dem 1. Juli 1999 und dem 30. Juni 2000) ihren sechsten Geburtstag hatten. In der BERLIN-Kohorte trat eine neue Regelung in Kraft, mit der alle Kinder, die im Einschulungsjahr ihren sechsten Geburtstag feierten, eingeschult wurden (also im Jahr 2004). Aufgrund der Überlappung in diesem Schuljahr zwischen alter und neuer Regelung wurden für diesen Jahrgang diejenigen Schülerinnen und Schüler eingeschult, die zwischen dem 1. Juli 2004 und dem 31. Dezember 2005 sechs Jahre alt wurden.

Tabelle 4.1: Schülerinnen und Schüler nach rechtlichem Status: öffentliche und private Schulen (5. und 6. Klasse gemeinsam; Populationsdaten)

	2004/05		2010/11	
	Absolut	In Prozent	Absolut	In Prozent
Öffentliche Schulen	47.813	93.6	53.684	90.8
Private Schulen	3.260	6.4	5.425	9.2
Insgesamt	51.073	100.0	59.073	100.0

Quelle: Statistisches Landesamt Berlin (2005); Amt für Statistik Berlin-Brandenburg (2011b).

Anteil der Erstgenannten entspricht jeweils rund 85 Prozent im betrachteten Zeitraum. In absoluten Zahlen ausgedrückt heißt dies für die Grundschülerinnen und Grundschüler, dass im Schuljahr 2004/05 insgesamt $N = 23.698$ Schülerinnen und Schüler eine von 1.059 6. Klassen an 447 Grundschulen besuchten. Im Schuljahr 2010/11 verteilten sich die $N = 29.603$ Schülerinnen und Schüler der 6. Klassenstufe auf 1.322 Klassen an 434 Grundschulen (öffentliche und private Grundschulen zusammen).

Ähnlich war die Aufteilung der jeweils verbleibenden 15 Prozent der Schülerinnen und Schüler, die keine Grundschule, sondern andere Schulformen besuchten, über die Jahre hinweg annähernd gleich: Die grundständigen Gymnasien, in die in Berlin leistungsstärkere Schülerinnen und Schüler bereits nach der 4. Klasse übergehen können, machten in diesen Jahren einen Anteil von ungefähr 7 bis 8 Prozent aus, Schulen mit sonderpädagogischem Schwerpunkt 3 bis 4 Prozent (bei ähnlichen Anteilen inklusiv unterrichteter Schülerinnen und Schüler), Freie Waldorfschulen knapp 1 Prozent und Integrierte Gesamtschulen bzw. Gemeinschaftsschulen 1 bis 3 Prozent. Konstant blieb an den jeweiligen Schulformen auch der Anteil von Mädchen in dieser Zeit, an den Grundschulen rund 48 bis 49 Prozent und an den grundständigen Gymnasien 51 bis 52 Prozent. Insofern waren für die Verteilung der Schülerinnen und Schüler auf die Schulformen in Klasse 6 keine wesentlichen Veränderungen feststellbar.

Ähnlich gilt dies auch für die Aufteilung der Schülerschaft in private und öffentliche Schulen. Mit einem Blick auf Tabelle 4.1 kann man erkennen, dass der Anteil der öffentlichen Schulen grundlegend hoch blieb zwischen den Jahrgängen (ELEMENT: 93.6 %, BERLIN: 90.8 %). Allerdings lässt sich auch eine Verschiebung zugunsten der Privatschulen konstatieren. Zwischen dem Schuljahr 2004/05 stieg der Anteil der Schülerinnen und Schüler auf Privatschulen um 2.8 Prozentpunkte von ursprünglichen 6.4 auf 9.2 Prozent an (vgl. Tab. 4.1), was einer Erhöhung des Anteils der Privatschulen um knapp die Hälfte (43.8 %) entspricht. Die Veränderung zwischen den Kohorten 2004/05 und 2010/11 vollzog sich hierbei in einer kontinuierlichen Entwicklung mit einer jährlichen Zunahme zugunsten der Privatschulen von rund 0.4 Prozentpunkten (ohne Tab.); eine deutlichere Veränderung in den Beteiligungen, wie sie durch die Reform des Übergangsverfahrens bzw. der Struktur des Sekundarschulsystems denkbar wäre, deutete sich in dieser Statistik hierbei nicht an.

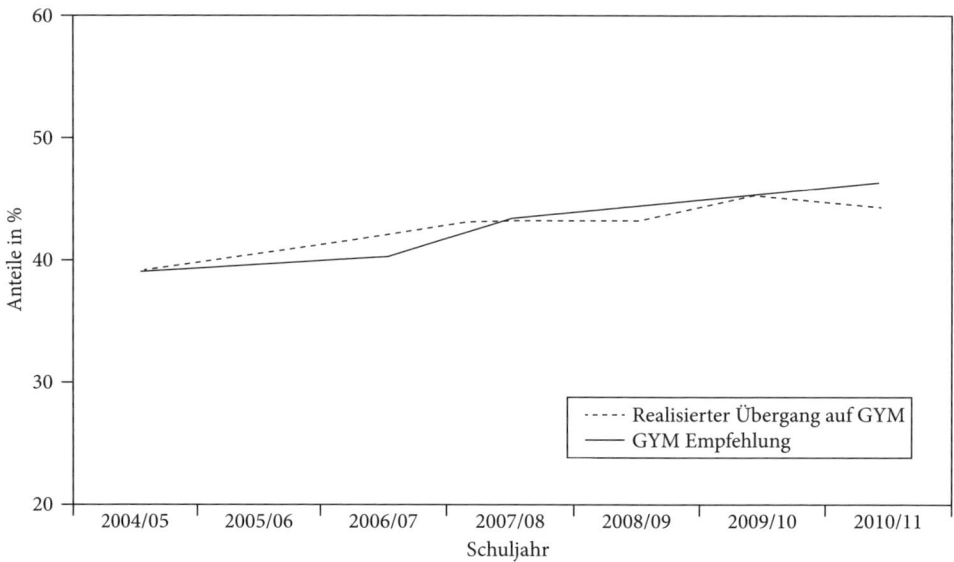

Realisierter Übergang auf GYM = Übergang auf ein Gymnasium erfolgte zum Anfang der 7. Klasse., GYM Empfehlung = Empfehlung an ein Gymnasium überzugehen.

Quelle: Statistisches Landesamt Berlin (2005, 2006); Amt für Statistik Berlin-Brandenburg (2007, 2009a, 2009b, 2011a, 2011b).

Abbildung 4.2: Anteil der Übergangsempfehlung und des realisierten Übergangs in Gymnasien in Schuljahren 2004/05 bis 2010/11 (Populationsdaten; Anteile in %)

In diesem Kontext ist auch die Entwicklung der Übergangsquoten von der Primarstufe in die Sekundarstufe zu erwähnen. Im Rahmen der im vorliegenden Bericht im Fokus stehenden Analysen zur Reform des Übergangsverfahrens (im Kontext der Schulstrukturreform) sind die grundlegenden Statistiken einerseits die Übergangsempfehlungen und andererseits die nach dem Übergang tatsächlich besuchten Schulformen. Beide Aspekte, sowohl die erteilten Übergangsempfehlungen als auch die realisierten Übergänge, unterlagen einem nicht unerheblichen Wandel: In der Schülerkohorte der ELEMENT-Studie erhielten 38.0 Prozent der Schülerinnen und Schüler eine Gymnasialempfehlung und 63.1 Prozent eine Haupt- oder Realschulempfehlung. In der Kohorte der BERLIN-Studie waren es hingegen 45 Prozent, die eine Gymnasialempfehlung bekamen, und 55 Prozent, die eine Empfehlung für die Integrierte Sekundarschulen (ISS) erhielten. In ähnlicher Weise veränderten sich die Anteile des tatsächlichen Übergangs zugunsten des Gymnasiums: Im Jahrgang der ELEMENT-Studie 2004/05 gingen aus den Grundschulen 38.1 Prozent nach der 6. Klasse auf ein Gymnasium und 63.3 Prozent auf nichtgymnasiale Schulformen über. Im Schuljahr 2010/11, zum Zeitpunkt der BERLIN-Studie, besuchten hingegen 43.0 Prozent der Schülerinnen und Schüler ein Gymnasium und 56.8 Prozent eine Integrierte Sekundarschule. Die Anteile der Empfehlungen für ein Gymnasium und des realisierten Übergangs an ein Gymnasium stimmen weitgehend mit den Stichprobendaten der ELEMENT- und BERLIN-Studie überein (vgl.

Abschnitt 4.2, Tab. 4.2; für die weitere Differenzierung der Empfehlungsvergabe bzw. Übergänge für nichtgymnasiale Schulformen vgl. auch Dumont et al., in diesem Band).

Sowohl der Anstieg des Anteils an Gymnasialempfehlungen als auch des tatsächlichen Übergangs zwischen der ELEMENT- und der BERLIN-Kohorte muss allerdings vor dem Hintergrund eines generellen Trends hin zum gymnasialen Bildungsweg betrachtet werden: Wie aus Abbildung 4.2 zu entnehmen ist, sind die Veränderungen der Anteile in beiden Indikatoren relativ stetig. Von Jahrgang zu Jahrgang nahmen die Anteile jeweils zwischen 1 und 2 Prozent zu. Insofern ist der Unterschied zwischen der ELEMENT- und der BERLIN-Studie hinsichtlich der erhaltenen Übergangsempfehlungen und realisierten Übergänge einerseits als Ergebnis einer kontinuierlichen Entwicklung über die Jahre hinweg zu betrachten (hin zur stärkeren Nachfrage gymnasialer Bildung). Andererseits deutet sich auch im Jahr der Umstellung der Schulstruktur (2009/10) ein etwas stärkerer Anstieg hin zu häufigeren Übergängen in das Gymnasium an. Umgekehrt zeigte sich eine etwas geringere Nachfrage des Gymnasiums im Vergleich zum Vorjahr im Jahr der Umstellung des Übergangsverfahrens (2010/11). Ob dies den Beginn einer längerfristigen Konsolidierung der Nachfrage des Gymnasiums markiert oder einer eher situativen Veränderung entspricht, kann mit bislang verfügbaren Daten noch nicht beantwortet werden.

4.2 Kohortenvergleich auf Basis der ELEMENT- und BERLIN-Stichprobendaten

Mit den Stichprobendaten aus der ELEMENT- und BERLIN-Studie lassen sich weiterführend Ähnlichkeiten und Unterschiede zwischen den Kohorten in für die Bildungsbeteiligung und Bildungsprozesse zentralen Aspekten darstellen. In Tabelle 4.2 sind zentrale Variablen, wie sie im Rahmen beider Studien aus den Schulakten bzw. durch die Lehrkraft erhoben wurden, vergleichend gegenübergestellt. In der Zusammensetzung der Schülerschaft hinsichtlich des Geschlechts der Kinder zeigten sich wie in den Populationsdaten keine statistisch bedeutsamen Unterschiede (jeweils rd. 48 % Mädchen). Wie man erkennen kann, finden sich Unterschiede hinsichtlich des Alters der Kinder zwischen den beiden Stichproben: Die Schülerinnen und Schüler der BERLIN-Studie waren zum Untersuchungszeitpunkt mit rund 12 Jahren und 2 Monaten ($M = 12.2$) im Mittel statistisch signifikant jünger als die Schülerinnen und Schüler der ELEMENT-Stichprobe mit rund 12 Jahren und 7 Monate ($M = 12.6$). Dies ist zu einem Teil auf die eingangs erwähnte Veränderung der Einschulungsregelung im Jahrgang der BERLIN-Studie zurückzuführen. Zum anderen vollzog sich diese Veränderung kontinuierlich und ist dadurch mitbedingt, dass über die Jahre mehr Kinder vorzeitig eingeschult und weniger Kinder zurückgestellt wurden (ohne Tab./Abb.). Zugleich ging dies auch einher mit jeweils etwas niedrigeren Quoten des Wiederholens und Überspringens von Jahrgangsstufen in der BERLIN-Kohorte: In ELEMENT sind die Quoten (Klasse wiederholt: 10.2 %, Klasse übersprungen: 3.1 %) höher als in der BERLIN-Stichprobe (Klasse wiederholt: 5.8 %, Klasse übersprungen: 0.5 %; vgl. Tab. 4.2), was ebenso einer eher kontinuierlichen Entwicklung über die Jahre hinweg entsprach. Zudem erhielten in der BERLIN-Stichprobe mit 95.0 Prozent etwas weniger Kinder Englisch in der Grundschule vor der 4. Klasse als in der historisch älteren ELEMENT-Stichprobe (97.8 %).

Tabelle 4.2: Kohortenvergleich der Schülermerkmale ELEMENT- und BERLIN-Stichprobe (Stichprobendaten)

	ELEMENT	BERLIN	p^1
Alter *(M, SD, SE(M))*	12.6 0.6 0.02	12.2 0.6 0.01	<.01
Geschlecht (1 = Mädchen)	48.2	48.3	.88
Fremdsprachenwahl (1 = E/E & andere)^2	97.8	95.0	.02
Klasse wiederholt	10.2	5.8	<.01
Klasse übersprungen	3.1	0.5	<.01
Empfehlung Gymnasium^3	36.9	45.0	<.01
Realisierter Übergang zum Gymnasium	36.4	43.0	<.01
N	2.964	3.935	

1 p-Werte für Dummy-Variable zur Kodierung der Studien (1 = BERLIN, 0 = ELEMENT) aus Regressionsanalysen (lineare Regression für kontinuierliche Variablen, logistische für kategoriale Variablen; Schätzungen in Mplus für imputierte und hierarchisch strukturierte Daten).

2 1 = E/E & andere: Kind belegte mindestens ab der 4. Klasse Englisch oder Englisch und zugleich eine andere Fremdsprache.

3 Die in Tabelle 4.2 ausgewiesenen Anteile für den realisierten Übergang auf ein Gymnasium in ELEMENT und BERLIN weichen leicht von den in Kapitel 6 (Dumont et al., in diesem Band) berichteten Übergangsquoten ab, da die Ergebnisse in Kapitel 6 auf einer leicht reduzierten Strichprobe (z. B. Ausschluss von Förderschülern) basieren.

Mithilfe der Stichprobendaten lassen sich auch weiterführende Informationen über die Entwicklung der Schülerschaft in Hinblick auf den Migrationshintergrund der Schülerinnen und Schüler gewinnen. Betrachtet man Indikatoren wie das Geburtsland der Kinder und ihrer Eltern, Indikatoren also, die nicht veränderbare Aspekte der Migrationsgeschichten von Familien abbilden, so finden sich Anzeichen vor allem für Veränderungen in der Struktur der Migrationsgeschichte der Kinder und ihrer Familien (vgl. Tab. 4.3). Zwar ist der Anteil derjenigen Kinder, deren Eltern beide in Deutschland geboren wurden, in beiden Stichproben mit rund 54.4 (ELEMENT) und 54.6 Prozent (BERLIN) ähnlich hoch, jedoch haben sich die Anteile der Kinder mit Migrationshintergrund nach Generationsstatus verändert. Es fanden sich in der Stichprobe der BERLIN-Studie statistisch bedeutsam mehr Kinder, die lediglich einen Elternteil haben, der im Ausland geboren wurde (ELEMENT: 13.0 %, BERLIN: 19.1 %); die Anteile der Kinder der zweiten Generation (Kind selbst in Deutschland, beide Eltern im Ausland geboren) unterschieden sich nicht statistisch signifikant zwischen beiden Studien (ELEMENT: 24.8 %, BERLIN: 22.6 %). Umgekehrt fanden sich weniger Kinder, die selbst mit ihren Eltern nach Deutschland zugezogen sind und als Migranten der ersten Generation mit eigener Migrationsgeschichte zu betrachten sind (ELEMENT: 7.9 %, BERLIN: 3.6 %). Betrachtet man den Migrationsstatus zusätzlich differenziert nach dem Geburtsland der Großeltern, so fanden sich tendenziell mehr Kinder, die mindestens einen im Ausland geborenen Großelternteil hatten (ELEMENT: 51.7 %, BERLIN: 56.0 %), wobei dieser Unterschied statistische Signifikanz verfehlte. Diejenigen Kinder, die sowohl väterlicher- als auch mütterlicherseits mindestens einen Großelternteil haben, der im Ausland geboren wurde, blieben anteilig an der Gesamtgruppe mit 37.2 Prozent Kinder in ELEMENT und 37.5 Prozent in BERLIN in beiden Kohorten ähnlich stark vertreten. Als eine Subgruppe hieraus können Kinder mit Migrationshintergrund der drit-

Tabelle 4.3: Anteil von Kindern mit Migrationshintergrund in Prozent an der Gesamtstichprobe in ELEMENT- und BERLIN-Kohorte (Stichprobendaten; in %)

	ELEMENT	BERLIN	p^1
Geburtsland des Kindes (1 = nicht Deutschland)	9.5	5.3	<.01
Geburtsland Eltern			
Beide Eltern in Deutschland geboren	54.4	54.6	.95
Ein Elternteil im Ausland geboren	13.0	19.1	<.01
Beide Eltern im Ausland, Kind in Deutschland geboren (2. Gen.)	24.8	22.6	.43
Eltern und Kind im Ausland geboren (1. Gen.)	7.9	3.6	<.01
Geburtsland Großeltern			
Väterl. u./o. mütterl. Großeltern im Ausland geboren^2	51.7	56.0	.18
Väterl. und mütterl. Großeltern im Ausland geboren^3	37.2	37.5	.93
Dritte Generation^4	2.6	4.4	.05
Ethnische Herkunft^5			
Türkei	16.5	15.4	.62
Nachfolgestaaten des ehemaligen Jugoslawiens	2.4	3.7	.03
Nachfolgestaaten der ehemaligen Sowjetunion (UdSSR)	1.2	2.7	<.01
Polen	3.1	3.1	.98
Anderes Land/heterogen^6	22.4	20.5	.29

1 p-Werte für Dummy-Variable zur Kodierung der Studien (1 = BERLIN, 0 = ELEMENT) aus Regressionsanalysen (logistische Regression für kategoriale Variablen; Schätzungen in Mplus für imputierte und hierarchisch strukturierte Daten).

2 Väterlicher- und/oder mütterlicherseits wurde mindestens ein Großelternteil im Ausland geboren.

3 Sowohl väterlicher- als auch mütterlicherseits wurde mindestens ein Großelternteil im Ausland geboren.

4 Dritte Generation: Eltern des Kindes sind Migranten 2. oder 2.5 Generation, das heißt, sowohl väterlicher- als auch mütterlicherseits wurde mindestens ein Großelternteil im Ausland geboren, Eltern selbst jedoch in Deutschland geboren.

5 Ethnische Herkunft: ein Elternteil oder beide in genanntem Land geboren.

6 Anderes Land/heterogen: ein Elternteil oder beide Elternteile in anderem Land als den oben genannten geboren oder beide Eltern im Ausland, aber in unterschiedlichen Ländern, geboren.

ten Generation betrachtet werden, das heißt als Kinder, deren Großeltern im Ausland, aber deren Eltern in Deutschland geboren wurden. Deren Anteil an der Gesamtstichprobe hat zwischen ELEMENT und BERLIN statistisch signifikant von 2.6 auf 4.4 Prozent leicht zugenommen.

Auf Basis der Angaben zum Geburtsland der Familienangehörigen lässt sich auch die regionale Herkunft der Kinder mit Migrationshintergrund anhand der Stichprobendaten weiterführend differenzieren (Kriterium im Folgenden: mindestens ein Elternteil im spezifisch genannten Herkunftsland geboren). Es zeigte sich hierbei kein statistisch bedeutsamer Unterschied in den Anteilen türkischstämmiger Kinder in Berlin; dieser blieb in etwa konstant bei rund 16 Prozent (ELEMENT: 16.5 %, BERLIN: 15.4 %). Ähnliches gilt für die Schülerinnen und Schüler polnischer Herkunft, deren Anteil an der Schülerschaft knapp 3 Prozent ausmachte und auf diesem Niveau stabil blieb. Hingegen stieg der Anteil von Kindern aus Nachfolgestaaten der ehemaligen Sowjetunion (ELEMENT: 1.2 %, BERLIN: 2.7 %) und des ehemaligen Jugoslawiens (ELEMENT: 2.4 %, BERLIN: 3.7 %) leicht an. Kinder aus anderen Ländern als den vorangehend genannten blieben bei

Tabelle 4.4: Kohortenvergleich des soziokulturellen und sozioökonomischen Hintergrunds zwischen ELEMENT- und BERLIN-Kohorte (Stichprobendaten)

	ELEMENT	BERLIN	p^1
Höchster schulischer Abschluss Mutter (1 = Abitur) (in %)	22.3	30.2	<.01
Höchster schulischer Abschluss Vater (1 = Abitur) (in %)	26.2	32.4	.01
Höchste berufliche Ausbildung Mutter (1 = mind. Hochschulabschl.) (in %)	11.9	17.1	.01
Höchste berufliche Ausbildung Vater (1 = mind. Hochschulabschluss) (in %)	14.5	20.6	<.01
HISEI *(M, SE, SD)*	46.5 0.8 15.6	49.3 0.9 21.3	.02
Häuslicher Bücherbesitz deutschsprachige Bücher (1 = mehr als 100 Bücher) (in %)	38.9	41.9	.34

HISEI = Höchster ISEI-Wert in der Familie.

[1] p-Werte für Dummy-Variable zur Kodierung der Studien (1 = BERLIN, 0 = ELEMENT) aus Regressionsanalysen (lineare Regression für kontinuierliche Variablen, logistische für kategoriale Variablen; Schätzungen in Mplus für imputierte und hierarchisch strukturierte Daten).

knapp 22.4 (ELEMENT) bzw. 20.5 Prozent (BERLIN) ähnlich stark in der Schülerschaft repräsentiert.

Die Stichprobendaten geben darüber hinaus auch Aufschluss auf weitere zentrale Merkmale der familiären Herkunft der Kinder (vgl. Tab. 4.4). Betrachtet man die schulische Ausbildung der Eltern, so fanden sich in der BERLIN-Stichprobe mehr Eltern mit Hochschulreife (z. B. Abschluss der Mütter: ELEMENT: 22.3 %, BERLIN: 30.2 %). Ähnlich gilt dies für die berufliche Ausbildung zum Beispiel für die Anteile von Eltern mit einem Hochschulabschluss (Mütter: ELEMENT: 11.9 %, BERLIN: 17.1 %). Keine eindeutige Tendenz fand sich hinsichtlich des Bücherbesitzes, einem Indikator für das kulturelle Kapital der Familien. Hierfür zeigten sich in den höheren Kategorien (mehr als 100 Bücher im Haushalt) tendenziell höhere Werte für die BERLIN-Studie (41.9 %) als in der ELEMENT-Studie (38.9 %), jedoch verfehlte dieser Unterschied knapp statistische Bedeutsamkeit.

Hinsichtlich eines zentralen Indikators für den sozioökonomischen Status einer Person bzw. der Herkunftsfamilie, dem *International Socio-Economic Index of Occupational Status* (ISEI; Ganzeboom, de Graaf, Treiman & de Leeuw, 1992), fiel der höchste ISEI-Wert der Familie (HISEI) mit $M = 49.3$ in BERLIN gegenüber einem Mittelwert von $M = 46.5$ in ELEMENT statistisch bedeutsam höher aus (vgl. Tab. 4.4). Hierbei ist jedoch zu beachten, dass die Werte des ISEI in ELEMENT und BERLIN nicht nach den gleichen Schemata kodiert wurden, denn zwischen 2005 und 2011 wurde die *International Standards Classification of Occupations* (ISCO), auf der der ISEI basiert, verändert und für die gegenwärtige Sozialstruktur aktualisiert (ILO, 2012). In ELEMENT wurde entsprechend der damaligen Möglichkeiten die ISCO-Kodierung von 1988 (ISCO-88) eingesetzt, für BERLIN hingegen wurde die aktualisierte Version aus dem Jahr 2008 (ISCO-08, entsprechend aktualisierte

Tabelle 4.5: Kohortenvergleich für die Schulnoten im Halbjahr Klasse 6 und die standardisierten Schulleistungen zwischen der ELEMENT- und BERLIN-Kohorte (Stichprobendaten)

	ELEMENT			BERLIN			p^1
	M	*SE*	*SD*	*M*	*SE*	*SD*	
Noten							
Deutsch	2.8	0.04	0.9	2.7	0.04	1.0	<.01
Mathematik	3.0	0.04	1.1	2.8	0.04	1.1	.01
Erste Fremdsprache	3.0	0.03	1.1	2.8	0.04	1.1	<.01
Durchschnittsnote der Förderprognose	2.7	0.03	0.7	2.6	0.03	0.8	.02
Testleistungen							
Deutsch	50.0	0.50	10.0	52.8	0.47	10.3	<.01
Mathematik	50.0	0.52	10.0	49.8	0.46	9.8	.80
Englisch[2]	50.0	0.50	10.0	48.3	0.46	11.2	.02
Kombinierte Testleistung (D, M, E)	50.0	0.46	8.7	50.3	0.43	9.0	.62

D = Deutsch, M = Mathematik, E = Englisch.

[1] p-Werte für Dummy-Variable zur Kodierung der Studien (1 = BERLIN, 0 = ELEMENT) aus Regressionsanalysen (lineare Regression für kontinuierliche Variablen, logistische für kategoriale Variablen; Schätzungen in Mplus für imputierte und hierarchisch strukturierte Daten).

[2] Nur Schülerinnen und Schüler, die Englisch bzw. Englisch und eine andere Fremdsprache mindestens ab der 4. Klasse belegt haben (vgl. Tab. 4.2).

Rekodierungen in den ISEI) verwendet. Dies impliziert, dass in ELEMENT eine historisch gesehen weniger aktuelle Kodierung (15 Jahre vor Untersuchungszeitpunkt) verwendet wurde als in BERLIN (drei Jahre vor Untersuchungszeitpunkt). Explorativ wurden die ISCO-08-Werte für BERLIN in die ISCO-88-Kodierung überführt. Dies ist prinzipiell möglich, aber auch mit Problemen behaftet, zum Beispiel dass modernere Berufe nicht angemessen abgebildet werden. Mit dieser Kodierung fand sich in der Tendenz auch ein etwas höherer HISEI-Wert für die BERLIN-Stichprobe, allerdings unterschied sich der Mittelwert der BERLIN-Stichprobe ($M = 47.8$, SE = 0.72) nicht mehr statistisch bedeutsam vom Mittelwert der ELEMENT-Stichprobe (mit $t = 1.26$, $p = .21$, n.s.). Für die Stichprobe im vorliegenden Bericht ist hierbei als besonders bedeutsam anzumerken, dass weiterführende vergleichende Analysen für ISEI-08 und ISEI-88 ergaben, dass sich keine substanziellen Unterschiede in den Zusammenhangsmustern zu anderen Variablen fanden. Insofern wurde für die in den nachfolgenden Kapiteln berichteten Zusammenhangsanalysen die Strategie verfolgt, auf die zum jeweiligen Zeitpunkt aktuellsten verfügbaren Indikatoren, das heißt ISCO-88 für ELEMENT und ISCO-08 für BERLIN, zurückzugreifen.

Neben diesen vorangehend erläuterten Unterschieden in Hinblick auf familiäre Hintergrundmerkmale liegen auf Stichprobenebene auch Vergleichsmaße für die Schulleistungen der Schülerinnen und Schüler vor. Diese umfassen einerseits die Schulnoten und andererseits standardisierte Schulleistungstests als Indikatoren für die Leistung. Mit Blick auf die Halbjahresnoten der 6. Klasse in Deutsch, Mathematik und der ersten Fremdsprache lassen sich leichte Veränderungen zugunsten der BERLIN-Studie feststellen (vgl. Tab. 4.5). Die historisch jüngere Kohorte erhielt tendenziell bessere Noten, die in

Deutsch Veränderungen von rund einer sechstel ($d = 0.16$), in Mathematik einer achtel ($d = 0.13$) und in der ersten Fremdsprache einer fünftel Standardabweichung ($d = 0.20$) entsprachen (alle statistisch signifikant $p < .01$, vgl. Tab. 4.5). Die Durchschnittsnote der Förderprognose fiel in BERLIN um $d = 0.13$ Standardabweichungen günstiger aus als in ELEMENT ($p = .02$).

Auf Ebene der standardisierten Leistungstests korrespondierte dies für das Fach Deutsch mit der Veränderung der Leistung im Leseverstehen: Diese fiel in BERLIN mit $M = 52.3$ um etwas mehr als eine viertel Standardabweichung höher aus als in ELEMENT mit $M = 50.0$ ($d = 0.28$). In Mathematik hingegen zeigten sich im standardisierten Leistungstest dagegen keine statistisch und inhaltlich bedeutsamen Veränderungen (ELEMENT: $M = 50.0$, BERLIN: $M = 49.8$, $d = -0.02$). In Englisch fand sich eine Tendenz mit $d = -0.16$ zugunsten der Schülerinnen und Schüler in ELEMENT ($M = 50.0$) im Vergleich zu den Schülerinnen und Schülern in BERLIN ($M = 48.3$; Berechnung jeweils nur mit Schülerinnen und Schülern, die Englisch mindestens ab der 4. Klasse belegten, vgl. Tab. 4.2). Für die kombinierte Testleistung aus Deutsch, Mathematik und Englisch, die in den nachfolgenden Kapiteln als eine zusammenfassende, globale Variable zur Approximierung des Leistungstands analog zur Durchschnittsnote verwendet wurde (vgl. Dumont et al., in diesem Band; Neumann et al., in diesem Band), zeigten sich im Mittel keine substanziellen Veränderungen ($d = 0.04$, $p = .62$) zwischen den beiden Jahrgängen.

Die Schülerinnen und Schüler der BERLIN-Stichprobe erhielten also einerseits leicht bessere Noten, was auf der Ebene des Leseverstehens auch direkt den gestiegenen Leistungen entsprach. In Mathematik, wo sich keine Veränderungen fanden, und Englisch, wo sich etwas niedrigere Leistungen fanden, ließen sich hingegen Hinweise für eine etwas günstigere Bewertung in der BERLIN-Stichprobe ausmachen. Welche Ursachen diese differenziellen Befunde für die Veränderung der Noten und der Testleistungen haben, ob diese zum Beispiel auf eine inhaltlich begründete Veränderung der Notenvergabepraxis (z. B. in Englisch stärker auf mündliche Beteiligung bezogen) oder auf einen domänenspezifisch anders ausgerichtetem Unterricht (z. B. unterschiedlich starke Veränderungen hin zu eher kompetenzorientiertem Unterricht) zurückzuführen sind, muss im Rahmen der vorliegenden Untersuchung offenbleiben.

Die differenziellen Befundmuster zwischen den Domänen blieben auch bestehen, wenn die Mittelwertunterschiede zwischen den Kohorten unter Kontrolle der einzelnen Hintergrundindikatoren, wie sie vorangehend beschrieben wurden, in die Vergleiche einbezogen wurden (Geschlecht, Alter, Englisch ab 4. Klasse, Wiederholung/Überspringen einer Klasse, Migrationshintergrund, elterlicher soziokultureller und -ökonomischer Status). Unter Kontrolle der zentralen Kovariaten fand sich weiterhin ein höherer Wert im Leseverstehen zugunsten der Schülerinnen und Schüler der BERLIN-Stichprobe ($d = 0.16$, $p < .01$) und umgekehrt blieb in Englisch der Unterschied zugunsten der ELEMENT-Stichprobe erhalten ($d = -0.30$, $p < .01$). Allerdings fand sich in der Mathematik im Unterschied zu den Analysen ohne Kontrolle der Hintergrundvariablen ein statistisch signifikant höherer Wert zugunsten der ELEMENT-Stichprobe ($d = -0.15$, $p < .01$), und auch in der gemittelten Gesamttestleistung konnte eine etwas höhere Leistung zugunsten der ELEMENT-Stichprobe ($d = -0.12$, $p < .01$) festgestellt werden.

4.2.1 Zusammenfassung zum Kohortenvergleich

Zusammengefasst machen die vorangehenden Vergleiche auf Basis der Populationsstatistiken und der Stichprobendaten folgende Punkte deutlich:

(1) Wie sich Schülerinnen und Schüler in den 6. Klassen auf die unterschiedlichen Schulformen (Fokus: Grundschule vs. grundständige Gymnasien, Förderschulen) und Schulsektoren aufteilen (Fokus: öffentliche allgemeinbildende Grundschulen), blieb über die Jahre hinweg relativ konstant und ist in beiden Kohorten ähnlich, was eine grundlegende Vergleichbarkeit der Populationen indiziert.

(2) Empfehlungen und Übergangsquoten in das Gymnasium nach der 6. Klasse stiegen an. Es kann ein genereller Trend zum Gymnasium festgestellt werden, sowohl in der Vergabepraxis für eine Empfehlung an ein Gymnasium als auch im tatsächlichen Übergangsverhalten. Dies gestaltete sich jedoch als kontinuierlicher Prozess. Ein mit der Schulstrukturreform zusammenhängender Bruch zeichnete sich in den betrachteten Statistiken nicht ab.

(3) Für den individuellen und sozialen Hintergrund der Kinder zeigten sich in Teilen leichte Veränderungen zwischen den Kohorten. Dies betrifft individuelle Merkmale der Kinder (Alter, Klassenwiederholung und -überspringen) ebenso wie auch Merkmale des familiären Hintergrunds (Migrationsgeschichte, soziokultureller Hintergrund).

(4) Für die Leistungen sind die Ergebnisse heterogen: Die Schulnoten in den Kernfächern fielen in BERLIN etwas besser aus. Legt man hingegen standardisierte Maße zugrunde, so fanden sich sowohl bessere (Leseverstehen), gleich bleibende (Mathematik) und etwas ungünstigere (Englisch) Leistungsunterschiede im Vergleich von BERLIN zu ELEMENT. Keine Veränderungen ergaben sich dagegen im mittleren Leistungsniveau der Schülerinnen und Schüler und in den Gütemaßstäben, die Grundschulen bei der Vergabe von Übergangsempfehlungen anwenden.

Die vorangehend dargestellten Indikatoren sind hierbei auch diejenigen, die im vorliegenden Bericht im Wesentlichen in die Analysen als die maßgeblichen Prädiktoren im Übergangsprozess einbezogen werden. Die Ergebnisse weisen darauf hin, dass zwar gewisse Veränderungen vorzufinden sind, jedoch keine in einer Größenordnung, die einen Vergleich grundsätzlich infrage stellten. Vielmehr erscheint es, dass die beiden Kohorten trotz einiger Änderungen, die sich identifizieren lassen, in ihren grundlegenden Eigenschaften als ähnlich zu erachten sind, und die zugehörigen Stichprobendaten eine gute Grundlage bilden können, um eine Evaluation der grundlegenden Zusammenhangsmuster im Übergangsverhalten vergleichend zwischen diesen beiden Kohorten vorzunehmen.

4.3 Literatur

Amt für Statistik Berlin-Brandenburg. (2007). *Statistischer Bericht B I 1 – j 2006*. Potsdam: Amt für Statistik Berlin-Brandenburg.

Amt für Statistik Berlin-Brandenburg. (2009a). *Statistischer Bericht B I 1 – j 2007*. Potsdam: Amt für Statistik Berlin-Brandenburg.

Amt für Statistik Berlin-Brandenburg. (2009b). *Statistischer Bericht B I 1 – j 2008*. Potsdam: Amt für Statistik Berlin-Brandenburg.

Amt für Statistik Berlin-Brandenburg. (2011a). *Statistischer Bericht B I 1 – j 2009*. Potsdam: Amt für Statistik Berlin-Brandenburg.

Amt für Statistik Berlin-Brandenburg. (2011b). *Statistischer Bericht B I 1 – j 2010*. Potsdam: Amt für Statistik Berlin-Brandenburg.

Ganzeboom, H. B. G., de Graaf, P. M., Treiman, D. J., & de Leeuw, J. (1992). A standard international socio-economic index of occupational status. *Social Science Research, 21*(1), 1–56.

ILO – International Labor Organization. (2012). *International Standard Classification of Occupations: ISCO-08: Vol. 1. Structure, Group Definitions and Corresponcence Tables.* Geneva: International Labour Office. <http://www.ilo.org/wcmsp5/groups/public/---dgreports/---dcomm/---publ/documents/publication/wcms_172572.pdf> (12.02.2013).

Lehmann, R., & Lenkeit, J. (2008). *ELEMENT: Erhebung zum Lese- und Mathematikverständnis: Entwicklung in den Jahrgangsstufen 4 bis 6 in Berlin. Abschlussbericht über die Untersuchungen 2003, 2004 und 2005 an Berliner Grundschulen und grundständigen Gymnasien.* Berlin: Humboldt-Universität zu Berlin.

Müller, W. (1998). Erwartete und unerwartete Folgen der Bildungsexpansion. *Kölner Zeitschrift für Soziologie und Sozialpsychologie* (Sonderheft 38), 81–112.

Statistisches Landesamt Berlin. (2005). *Statistischer Bericht B I 1 / B V 8 – j 2004*. Berlin: Statistisches Landesamt.

Statistisches Landesamt Berlin. (2006). *Statistischer Bericht B I 1 – j 2005*. Berlin: Statistisches Landesamt.

Kapitel 5
Die Wahl der weiterführenden Schule
im neu geordneten Berliner Übergangsverfahren

*Marko Neumann, Michaela Kropf, Michael Becker, Ricarda Albrecht, Kai Maaz
& Jürgen Baumert*

5.1   Einleitung

Der Wechsel von der Grundschule in die weiterführende Schule markiert eine zentrale Gelenkstelle in den Bildungsbiografien von Schülerinnen und Schülern. Zum einen geht mit der Wahl der weiterführenden Schule in Deutschland und einer Reihe anderer Länder auch die Wahl einer bestimmten Schulform (z. B. Gymnasium, Realschule, Hauptschule usw.) einher, mit denen wiederum der Erwerb bestimmter Abschlussqualifikationen (Abitur, mittlere Reife, Hauptschulabschluss bzw. Berufsbildungsreife) assoziiert ist. Zum anderen stellt die besuchte weiterführende Schule das konkrete Lern- und Entwicklungsmilieu der Schülerinnen und Schüler über mehrere Jahre hinweg dar, das die Entwicklung schulischer Kompetenzen sowie motivationaler und sozialer Merkmale maßgeblich mitbestimmt (Becker, Lüdtke, Trautwein, Köller & Baumert, 2012; Scheerens & Bosker, 1997).

Im Gegensatz zur Grundschule, deren Besuch sich in Deutschland von wenigen Ausnahmen abgesehen (etwa im Fall der Entscheidung zwischen privaten und öffentlichen Schulen) direkt aus der Zugehörigkeit zu einem bestimmten Wohnbezirk ergibt (sog. „Sprengelprinzip"), sind die Wahlmöglichkeiten der Eltern und ihrer Kinder bei der Wahl der weiterführenden Schulen deutlich weiter gefasst. Dies betrifft dabei keineswegs nur die Entscheidung für eine bestimmte Schulform (z. B. Gymnasium oder Realschule), sondern auch die Wahl der Einzelschule innerhalb einer Schulform. Hier wird in vielen Bundesländern von der Festlegung von Schuleinzugsgebieten abgesehen und den Eltern steht – zumindest in großen Städten – eine größere Anzahl von Entscheidungsalternativen zur Auswahl (für einen Überblick über die diesbezüglichen Regelungen in den Bundesländern vgl. Clausen, 2007). Die ausgeweiteten Entscheidungsmöglichkeiten führen dazu, dass Eltern bzw. Schülerinnen und Schüler als Bildungsnachfragende und Schulen als Bildungsanbieter aufeinandertreffen und die Wahl der weiterführenden Schule damit in einer quasi-marktähnlichen Situation erfolgt (Bellmann & Weiß, 2009; Clausen, 2007; Weiß, 2001).

Mit der erstmals für die Aufnahme an den weiterführenden Schulen im Schuljahr 2011/12 zur Anwendung gekommenen Neuordnung des Übergangsverfahrens in Berlin wurden sowohl die vorhandenen Entscheidungsspielräume der Eltern bei der Wahl der weiterführenden Schule als auch die Möglichkeiten der Schulen bei der Auswahl ihrer Schülerinnen und Schüler nochmals vergrößert. Im vorliegenden Kapitel sollen erste Befunde zu den Auswirkungen des neu geordneten Übergangsverfahrens vorgestellt werden. Dazu werden im Folgenden zunächst theoretische Bezugspunkte dargestellt, und es wird auf ausgewählte Forschungsbefunde zur Wahl der Einzelschule eingegangen. Danach werden die Neuerungen und die damit verbundenen Zielsetzungen im veränderten Übergangsverfahren in Berlin beschrieben. Hieran schließen sich die Ableitung der Fragestellung, die Beschreibung des methodischen Vorgehens und die Darstellung der Ergebnisse an. Das Kapitel schließt mit einer zusammenfassenden Diskussion und einem Ausblick.

5.2 Theoretische Bezugspunkte und empirische Forschungsbefunde zur Wahl der Einzelschule

5.2.1 Die Wahl der Einzelschule als rationale Wahlentscheidung

Die Wahl der weiterführenden Schule wird in vielen Arbeiten aus der Perspektive *rational-choice*-basierter Ansätze betrachtet (vgl. z. B. Clausen, 2006, 2007; Riedel, Schneider, Schuchart & Weishaupt, 2010; Schuchart, Schneider, Weishaupt & Riedel, 2011). Danach treffen die Eltern (bzw. die Schülerinnen und Schüler) die Wahlentscheidung unter Einbezug und Abwägung der ihnen zur Verfügung stehenden Informationen so, dass mit der getroffenen Entscheidung der subjektiv erwartete Nutzen maximiert und die erwarteten Kosten minimiert werden. Der Nutzen kann dabei im Erreichen eines möglichst hohen Bildungsabschlusses, der Vermittlung bestimmter Kompetenzen (etwa dem Erwerb bestimmter Fremdsprachen wie z. B. Latein) oder der Bereitstellung günstiger Lernbedingungen (etwa bezogen auf das Leistungsniveau der Schülerschaft oder den Ruf und die Ausstattung der Schule) gesehen werden. Mögliche Kostenfaktoren können die Zahlung von Schulgeld (etwa bei Privatschulen), ein langer Schulweg oder die Trennung von bisherigen Mitschülerinnen und Mitschülern sein. Insbesondere in Regionen und Städten mit einem hohen Anteil von Schülerinnen und Schülern mit Migrationshintergrund kann auch die Zusammensetzung der Schülerschaft (hoher vs. niedriger Migrationsanteil) als Kosten- bzw. Nutzenfaktor angesehen werden, je nachdem ob man einer ethnisch-kulturellen Minorität angehört oder nicht (vgl. Schuchart et al., 2011). In den vorhandenen empirischen Untersuchungen zu den individuellen Determinanten der Einzelschulwahl haben sich die aufgeführten Merkmale mehrheitlich als bedeutsam erwiesen, wenngleich unterschiedliche Personengruppen den einzelnen Aspekten unterschiedliches Gewicht beimaßen. So zeigte sich beispielsweise mehrfach, dass die Nähe der neuen Schule zum Wohnort von sozial privilegierten Elternhäusern und Eltern ohne eigene Migrationserfahrung als weniger wichtig eingeschätzt wurde als von Eltern mit niedrigerem sozioökonomischen Status und mit Migrationserfahrung (vgl. z. B. Bifulco, Ladd & Ross, 2009; Clausen, 2007; Ditton, 2007; Riedel et al., 2010; Schuchart et al., 2011).

Zur Informationsgewinnung über die spezifischen inhaltlich-curricularen, pädagogischen und organisatorischen Merkmale der zur Auswahl stehenden Schulen stehen den Eltern mittlerweile vielfältige Informationsquellen zur Verfügung. Insbesondere über das Internet sind durch von den Schul- und Bildungsverwaltungen zur Verfügung gestellte Schulverzeichnisse bzw. Schulwegweiser und die Internetauftritte der Schulen zahlreiche Informationen abrufbar, die die Eltern bei ihrer Entscheidung mit berücksichtigen können.

Als weitere Anhaltspunkte dienen unter anderem Empfehlungen der Grundschullehrkräfte, Informationsveranstaltungen an den weiterführenden Schulen (z. B. Tag der offenen Tür), Erfahrungswerte aus dem Bekanntenkreis sowie eigene Erfahrungen durch den Schulbesuch älterer Geschwister. Gleichwohl ist herauszustellen, dass die Entscheidung für die neue Schule immer unter einem gewissen Maß an Unsicherheit getroffen wird, da die vorhandenen Informationen nur selten voll ausgeschöpft und angemessen verarbeitet werden können. Insofern unterliegt der *rational-choice*-Ansatz hier gewissen Einschränkungen (vgl. dazu auch Clausen, 2007).

5.2.2 Bildungsmarkt, Wettbewerb und Profilierung aufseiten der Schulen

Die uneingeschränkt freie Wahl der Schule liegt faktisch nur vor, wenn den Schulwünschen aller Eltern auch entsprochen werden kann. Sobald an einer weiterführenden Schule mehr Anmeldungen eingehen als Plätze vorhanden sind, ist die Schule gezwungen, eine Auswahl der Schülerinnen und Schüler zu treffen. Insofern weist Clausen (2007) zu Recht darauf hin, dass es sich bei der Wahlfreiheit der Eltern lediglich um eine „Präferenzfreiheit" (S. 76) handelt. Eltern konkurrieren somit also um die nur begrenzt vorhandenen Plätze an den Schulen. Auf der anderen Seite führt die Wahlfreiheit aber auch dazu, dass die Schulen um die ihrer Meinung nach geeignetsten Schülerinnen und Schüler konkurrieren, etwa um diejenigen Schülerinnen und Schüler, die am besten zum inhaltlichen Profil der Schule passen. Damit liegt also ein Bildungsmarkt in Form eines „Quasi-Marktes" vor, auf dem sich Bildungsnachfragende (Eltern/Schüler) und Bildungsanbieter (Schulen) begegnen. Nach Weiß (2001, S. 71 f.) sind folgende Merkmale konstitutiv für einen funktionierenden Quasi-Markt: (1) Für die Bildungsnachfragenden müssen Wahlmöglichkeiten zwischen verschiedenen Bildungsanbietern vorhanden sein. (2) Für die Bildungsanbieter müssen Belohnungs- bzw. Sanktionssysteme greifen (z. B. erhöhte bzw. reduzierte Mittelzuweisung, im Extremfall Schulschließung). (3) Die Bildungsanbieter müssen über ein hinreichendes Maß an Autonomie verfügen (etwa mit Blick auf die Ausgestaltung des Schulprofils und die Auswahl der Schülerinnen und Schüler). (4) Es bedarf eines Informationssystems zur Gewährleistung der Markttransparenz, eines Evaluationssystems zur Qualitätssicherung sowie eines leistungsfähigen Transportsystems für die Erreichbarkeit der verschiedenen Schulen. Die aufgeführten Aspekte machen deutlich, dass insbesondere in Großstädten mit einem breiten und weit gefächerten Schulangebot und einer gut ausgebauten Verkehrsinfrastruktur mit gewissen Einschränkungen durchaus von Quasi-Märkten bei der Wahl der weiterführenden Schule gesprochen werden kann (Clausen, 2006).

Der Intention nach soll durch die freie Schulwahl also einerseits den Eltern die Möglichkeit gegeben werden, die nach ihrem Ermessen geeignetste Schule für ihr Kind zu wählen. Gleichzeitig wird aufseiten der Schulen eine Wettbewerbssituation um die nachfragenden Schülerinnen und Schüler (bzw. deren Eltern) geschaffen. Dieser Wettbewerbsgedanke soll die Qualität der schulischen Arbeit erhöhen (z. B. über die Förderung schulischer Innovationen und den effizienteren Umgang mit vorhandenen Ressourcen) und die Schulen zudem zu einer stärkeren inhaltlichen Profilierung bewegen (Bagley, 2006;

Bellmann & Weiß, 2009; Clausen, 2006; Hoxby, 2003; Riedel et al., 2010). Entsprechend rücken hier die besonderen Stärken und Ausstattungsmerkmale der Schulen (etwa ein besonderes Fächerangebot oder das Vorhandensein eines attraktiven Ganztagsangebots) in den Vordergrund. Kritische Beobachter weisen in diesem Zusammenhang allerdings auch auf ungewünschte Entwicklungen, wie etwa das nur oberflächliche Zur-Schau-Stellen der Schulen (*window dressing;* vgl. z. B. Bellmann & Weiß, 2009), und die damit einhergehende Vernachlässigung des schulischen Kerngeschäfts hin. Zudem finden sich in der Forschung Hinweise darauf, dass Schulen der mehr oder weniger expliziten Aufforderung zur Schärfung des eigenen Profils nur begrenzt nachkommen und sogar gegenläufige Entwicklungen anzutreffen sind, sodass sich das Angebot der Schulen eher homogenisiere, da die Schulen überwiegend versuchten, eine breite Schülerschaft anzusprechen und sich entsprechend darauf konzentrierten, ein gutes Standardangebot vorzuhalten und etablierte Modelle zu übernehmen (vgl. Bellmann & Weiß, 2009; Clausen, 2007; Gewirtz, Ball & Bowe, 1995; Glatter, 2004).

5.2.3   Auswirkungen der freien Schulwahl auf die Zusammensetzung der Schülerschaft

Zum Teil verbindet sich mit der freien Schulwahl auch die Hoffnung, der insbesondere in Großstädten anzutreffenden Ballung bestimmter sozialer und ethnisch-kultureller Herkunftsgruppen entgegenzuwirken (Stichwort „Desegregation"; vgl. Hastings & Weinstein, 2008). Vor allem Schülerinnen und Schülern aus sozial schwächer gestellten Personengruppen und Heranwachsenden mit Migrationshintergrund soll damit die Möglichkeit gegeben werden, Schulen außerhalb des näheren Einzugsbereichs des eigenen Wohnbezirks zu besuchen, um so von einer günstigeren Schülerkomposition und den damit verbundenen besseren Lernbedingungen an den oftmals prestigereicheren Schulen zu profitieren. Auf der anderen Seite wird jedoch argumentiert, dass es gerade aufgrund der freien Schulwahl zu höheren Segregationstendenzen käme, da es in erster Linie sozial bessergestellte und bildungsnahe Familien seien, die überhaupt eine aktive Wahlentscheidung treffen, während weniger bildungsorientierte Eltern einen geringeren Aufwand bei der Schulwahl betrieben und anstelle von schulbezogenen Merkmalen in stärkerem Maße pragmatische Gründe (z. B. die Wohnortnähe) heranzögen (Riedel et al., 2010; Schuchart et al., 2011). Dies führe in der Konsequenz dazu, dass bildungsnahe Eltern aus höheren sozialen Schichten ihre Kinder auf andere Schulen schicken als Eltern aus sozial weniger privilegierten Familien. Die vorhandenen Forschungsbefunde scheinen diese Annahme zu bestätigen. So deuten die Ergebnisse einer Reihe von Studien darauf hin, dass die im Rahmen der freien Schulwahl vorhandenen Möglichkeiten in stärkerem Maß von ökonomisch und sozial bessergestellten Eltern ausgeschöpft werden (Carroll & Walford, 1997; Gewirtz et al., 1995; Willms & Echols, 1992) und dass das differenzielle Wahlverhalten der Eltern in der Tat Segregationseffekte nach sich ziehen kann (Bifulco et al., 2009; Burgess, McConnel, Propper & Wilson, 2004; Burgess, Wilson & Lupton, 2005; Söderström & Uusitalo, 2010; Willms, 1996). In den meisten der Arbeiten wird darüber hinaus die besondere Rolle der konkreten Ausgestaltung des

Schulwahlprozesses deutlich. Im Folgenden sollen daher die zentralen Neuerungen und Ausgestaltungsmerkmale bei der Wahl der weiterführenden Schulen im neu geordneten Übergangsverfahren in Berlin beschrieben werden.

5.3 Das neu geordnete Übergangsverfahren in Berlin

Die Neuordnung des Übergangsverfahrens von der Grundschule in die weiterführenden Schulen wurde vom Berliner Abgeordnetenhaus in seinem Beschluss zur Weiterentwicklung der Berliner Schulstruktur vom 25.06.2009 verabschiedet (siehe Anhang 2 in diesem Band). Die neuen Regelungen (vgl. insbesondere § 56 Berliner Schulgesetz [SchulG], §§ 5–8 der Sekundarstufe I-Verordnung [Sek I-VO] sowie § 24 der Grundschulverordnung [GsVO]) kamen erstmals für die Schülerinnen und Schüler der 6. Klassen zur Anwendung, die im Schuljahr 2011/12 in die weiterführenden Schulen übergegangen sind. Dies ist zugleich der Schülerjahrgang der BERLIN-Studie. Die zentralen Neuerungen im Übergangsverfahren betreffen zum einen die Reduzierung der zur Auswahl stehenden Schulformen in der Sekundarstufe I auf das Gymnasium und die neu eingeführte Integrierte Sekundarschule, die die bisherigen nichtgymnasialen Schulformen (Haupt-, Real- und Gesamtschule) in sich vereint und alle allgemeinbildenden Schulabschlüsse anbietet. Zum anderen ergeben sich Neuerungen bezüglich der Auswahl der Schülerinnen und Schüler durch die weiterführenden Schulen, sofern die Anzahl der Anmeldungen die Zahl der zur Verfügung stehenden Plätze übersteigt. Um die konkreten Neuerungen des Übergangsverfahrens zu verdeutlichen, soll zunächst kurz das bisherige Verfahren skizziert werden.

Bereits vor der Neuordnung des Übergangsverfahrens stand es den Eltern prinzipiell frei, ihr Kind an einer beliebigen weiterführenden Schule im gesamten Stadtgebiet anzumelden. Dazu gaben die Eltern drei Wunschschulen in absteigender Priorität an. Allerdings handelte es sich nur um eine Präferenzfreiheit, denn nur wenn ausreichend Plätze an der Schule vorhanden waren, ließ sich der Schulwunsch ohne Einschränkungen umsetzen. Die Entscheidung über die besuchte Schul*form* lag hingegen allein bei den Eltern. Seitens der Grundschule wurde zwar eine Bildungsgangempfehlung (Hauptschule/ Gesamtschule, Realschule/Gesamtschule, Gymnasium/Gesamtschule) abgegeben, diese war für die Eltern jedoch nicht bindend. Die Bildungsgangempfehlung enthielt darüber hinaus eine Durchschnittsnote, die sich nach einem vorgegebenen Gewichtungsschlüssel aus den Halb- und Endjahresnoten der 5. Klasse und den Halbjahresnoten der 6. Klasse ergab und maßgeblich für die Vergabe der Bildungsgangempfehlung war (Notendurchschnitt 2.2 oder besser: Gymnasialempfehlung; 2.8 bis 3.2: Realschulempfehlung; 3.8 oder schlechter: Hauptschulempfehlung). Ferner umfasste die Bildungsgangempfehlung Lernkompetenzeinschätzungen durch die Lehrkräfte zu den kognitiven und motivationalen Lernvoraussetzungen der Schülerinnen und Schüler, die ebenfalls mit zur Vergabe der Übergangsempfehlung herangezogen werden konnten (sofern durch die Notendurchschnittsvorgaben keine eindeutige Entscheidung getroffen werden konnte, vgl. für nähere Einzelheiten Maaz et al., 2008). Sofern an der Erstwunschschule ausreichend Plätze vorhanden waren, erfolgte die Aufnahme an der Schule. Bei Übernachfrage kamen nach Berücksichtigung von Kindern mit sonderpädagogischem Förderbedarf (Integrationskinder) und sogenannten Härtefällen (z. B. Kinder mit gesundheitlichen Einschränkungen) folgende Kriterien in abgestufter Rangfolge zur Anwendung: (1) Fremdsprachenfolge, (2) Fortsetzung von bereits in der Grundschule begonnenen sport- oder musikbezogenen Zügen, (3) Wahlpflichtangebot, (4) Bildungsgangempfehlung und (5) die Wohnortnähe. In den übrigen Fällen entschied das Los, allerdings ohne dass eine bestimmte Quote vorgegeben war (vgl. § 56 (4) Berliner Schulgesetz, 2004). Für die nicht zugelassenen Schülerinnen und Schüler wiederholte sich dieses Prozedere an der zweiten und dritten Wunschschule. Für Schulen mit besonderer pädagogischer Prägung (z. B. sport- und musikbetonte Schulen oder bilinguale Schulen) waren darüber hinaus spezifische Aufnahmeregelungen festgelegt, auf deren Einzelheiten jedoch an dieser Stelle nicht weiter eingegangen werden soll (vgl. dazu Verordnung über die Aufnahme in Schulen besonderer pädagogischer Prägung, AufnahmeVO-SbP, 2006).

In seinen Grundzügen (z. B. der Angabe von drei Wunschschulen und der Entscheidungshoheit der Eltern über die besuchte Schulform) ähnelt das neue Übergangsverfahren dem bisherigen Verfahren. In einzelnen Aspekten finden sich jedoch deutliche Unterschiede. Die zentrale Neuerung stellen die veränderten Aufnahmeregularien bei Übernachfrage dar. Sie sehen vor, dass die zu vergebenen Plätze wie bisher auch zuerst an Schülerinnen und Schüler mit sonderpädagogischem Förderbedarf zu vergeben sind. Die verbleibenden Plätze werden bis zu 10 Prozent an Härtefälle,[1] zu 60 Prozent durch von der Schule festgelegte Aufnahmekriterien und zu 30 Prozent durch Losentscheid vergeben. Kann das Kontingent der Härtefälle nicht ausgeschöpft werden, fallen die verbleibenden Plätze dem Kontingent der Auswahl über die schulspezifischen Aufnahmekriterien zu. Die Wohnortnähe wird *nicht* mehr als Auswahlkriterium herangezogen.

Die konkreten Aufnahmekriterien der einzelnen Schulen werden von der Schulkonferenz beschlossen, sind durch die Schulaufsichtsbehörde zu genehmigen und werden anschließend auf den Schulportraitseiten im Internet sowie in anderer geeigneter Form den interessierten Eltern zur Verfügung gestellt. Die Sekundarstufe I-Verordnung gibt den Schulen zur Festlegung der Aufnahmekriterien unter Berücksichtigung der Wahl der zweiten Fremdsprache folgende Kriterien vor (§ 6 Abs. 3):

(1) Die Durchschnittsnote der Förderprognose (die die bisherige Bildungsgangempfehlung ersetzt, siehe dazu weiter unten),

(2) die Notensumme von bis zu vier Fächern der beiden letzten Halbjahreszeugnisse, die die fachspezifischen Ausprägungen des Schulprogramms (Profil) der Schule oder der jeweiligen Klasse kennzeichnen,

---

1 Härtefallregelung: „Dies ist insbesondere dann der Fall, wenn durch besondere familiäre oder soziale Situationen außergewöhnliche, das Übliche bei weitem überschreitende Belastungen entstehen würden oder entstanden sind, die den Besuch einer anderen als der gewünschten Schule im jeweiligen Einzelfall unzumutbar erscheinen lassen. Über die jeweilige Aufnahme eines besonderen Härtefalls ist von der Schulleiterin oder dem Schulleiter zuvor das Einvernehmen mit der Schulbehörde herzustellen." (Verordnung über die Schularten und Bildungsgänge der Sekundarstufe I, 2010, § 6 Abs. 2)

(3) Kompetenzen der Schülerin oder des Schülers, die auch außerhalb der Schule erworben sein können und den Ausprägungen des Schulprogramms der Schule oder der jeweiligen Klasse entsprechen,

(4) das Ergebnis eines profilbezogenen einheitlichen Tests in schriftlicher oder mündlicher Form oder in Form einer praktischen Übung.

Es obliegt der Verantwortung der Schulen, ein oder mehrere Kriterien heranzuziehen, wobei bei einer Wahl mehrerer Kriterien die Rangfolge der einzelnen Kriterien festzulegen ist. Der Schule ist es ebenfalls möglich, für einen Teil der Schülerinnen und Schüler unterschiedliche Aufnahmekriterien anzulegen (z. B. für Profilklassen), wobei der Anteil dieser Plätze ebenfalls vorab festzulegen ist. Für Schulen mit besonderer pädagogischer Prägung und Gemeinschaftsschulen[2] gelten zum Teil abweichende Regelungen. Eine bevorzugte Aufnahme von Schülerinnen und Schülern, die bereits ältere Geschwister auf der angegebenen Erstwunschschule hatten, war für den Jahrgang der BERLIN-Studie nicht vorgesehen.[3]

Kann dem Schulwunsch an der Erstwunschschule nicht entsprochen werden, werden die Wunschschulnennungen und Förderprognosen der betreffenden Schülerinnen und Schüler an die für die Zweitwunschschule zuständige Schulbehörde weitergeleitet. Die Behörde prüft dann die Aufnahmekapazität der Zweitwunschschule. Liegt auch an dieser Schule eine Übernachfrage vor, werden die nach Berücksichtigung der dort vorliegenden Erstwünsche freigebliebenen Plätze nach dem Kriterium der Rangfolge der Förderprognose der Zweitwunschschüler vergeben. Kann auch dem Zweitwunsch nicht entsprochen werden, wiederholt sich das beschriebene Verfahren für die Drittwunschschule. Ist die Aufnahme auch an der Drittwunschschule nicht möglich, teilt die Schulbehörde den Eltern eine noch aufnahmefähige Schule der im Erstwunsch genannten Schulform im Wohnort mit. Sollte das Kind nach Ablauf einer gesetzten Frist weder an dieser noch an einer anderen Schule angemeldet sein, weist die Behörde der Schülerin bzw. dem Schüler eine in der Schulform dem Erstwunsch entsprechende Schule zu. Der Gesamtverlauf des Aufnahmeverfahrens für den Schülerjahrgang der BERLIN-Studie ist in Abbildung 5.1 noch einmal schematisch dargestellt.

---

2 An den Gemeinschaftsschulen rücken die Schülerinnen und Schüler der eigenen Grundstufe automatisch in die Sekundarstufe auf, ohne dass weitere Aufnahmebedingungen gestellt werden – es sei denn, Eltern wünschen sich eine andere weiterführende Schule für ihr Kind. Verbleibende Plätze können an Schülerinnen und Schüler anderer Gemeinschaftsschulen oder Schulen mit dementsprechender schulaufsichtlicher Genehmigung vergeben werden (Berliner Schulgesetz § 17a). Verbleiben weiterhin Plätze, können diese an Schülerinnen und Schüler anderer Grundschulen vergeben werden. Bei einer Übernachfrage auf diese verbleibenden Plätze findet die 10-60-30-Regel unter vorheriger Berücksichtigung der Schülerinnen und Schüler mit sonderpädagogischen Förderbedarf Anwendung.

3 Allerdings ist in der Koalitionsvereinbarung der Berliner Landesregierung für die Legislaturperiode 2011 bis 2016 festgehalten worden, zukünftig wieder eine rechtssichere Geschwisterkindregelung zu implementieren. Ferner soll auch eine Weiterentwicklung des Übergangsverfahrens hinsichtlich der wohnortnahen Versorgung der Schülerinnen und Schüler erfolgen.

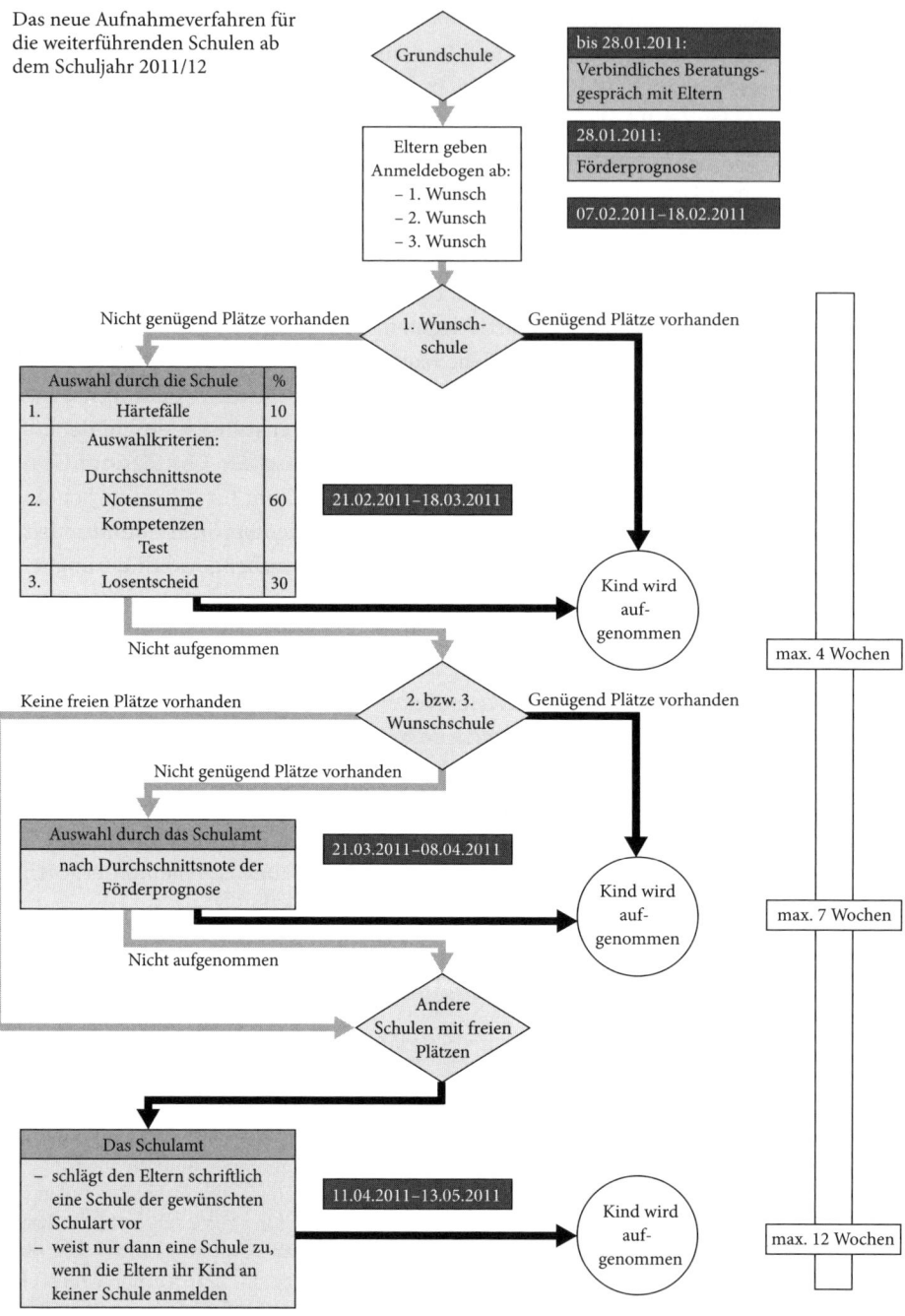

Quelle: Senatsverwaltung für Bildung, Wissenschaft und Forschung, Berlin (2010).

Abbildung 5.1: Ablauf des neu geordneten Übergangsverfahrens von der Grundschule in die weiterführenden Schulen in Berlin für die Aufnahme im Schuljahr 2011/12

Aus Abbildung 5.1 gehen auch zwei weitere Neuerungen im Übergangsverfahren hervor. So ist ein Beratungsgespräch der Eltern mit der Grundschule über den weiteren Bildungsweg verpflichtend.[4] Im Beschluss des Berliner Abgeordnetenhauses zur Schulstrukturreform (vgl. Anhang 2 in diesem Band) heißt es dazu unter Abschnitt A2.1.6:

> Die Eltern sowie die Schüler/innen haben Anspruch auf eine frühzeitige und individuelle Beratung durch die Grundschule, die schriftlich zu dokumentieren ist, in welcher weiterführenden Schule/Schulart die Schülerin oder der Schüler voraussichtlich die optimale Förderung entsprechend ihrer/seiner Lernentwicklung, Kompetenzen, Leistungen, Begabungen und Neigungen erhalten wird.

Die schriftliche Dokumentation manifestiert sich in erster Linie in der seitens der Grundschule ausgestellten Förderprognose, die die bisherige Bildungsgangempfehlung ersetzt. Wurde mit der Bildungsgangempfehlung eine Empfehlung desjenigen Bildungsgangs ausgesprochen, an dem sich eine erfolgreiche Teilnahme erwarten ließ (d. h. abschlussbezogen mit Blick auf Hauptschule/Gesamtschule, Realschule/Gesamtschule, Gymnasium/Gesamtschule), wird mit der neuen Förderprognose eine Empfehlung für diejenige Schulform (Gymnasium oder Integrierte Gesamtschule) gegeben, an der aus Sicht der Grundschule die optimale Förderung der Schülerinnen und Schüler entsprechend ihrer Leistungen und Neigungen zu erwarten ist, ohne dass dabei bereits eine bestimmte Abschlusserwartung vorweggenommen wird. Die Förderprognose enthält ebenfalls eine Durchschnittsnote, die für die Empfehlung der Schulform maßgebend ist. Bis zu einer Durchschnittsnote von einschließlich 2.2 wird neben der Integrierten Sekundarschule auch das Gymnasium empfohlen. Darüber kann bei entsprechend starker Ausprägung der Merkmale, die die ebenfalls in der Förderprognose einzuschätzende Lernkompetenz kennzeichnen, bis zu einer Durchschnittsnote von höchstens 2.7 auch eine Prognose für das Gymnasium erteilt werden. Abweichend von der bisherigen Bildungsgangempfehlung fließen in die Durchschnittsnote der Förderprognose nur noch die Endjahresnoten der 5. und die Halbjahresnoten der 6. Klasse ein.

Eine weitere Neuerung betrifft schließlich die Regelung der Probezeit für die Schülerinnen und Schüler, die auf ein Gymnasium übergehen. War bislang ein halbes Jahr Probezeit vorgesehen, beträgt die Probezeit am Gymnasium nun ein ganzes Schuljahr. Zudem ist für Schülerinnen und Schüler, bei denen sich zum Halbjahr der Klasse 7 abzeichnet, dass sie die Ziele der Jahrgangsstufe voraussichtlich nicht erreichen werden, eine Bildungs- und Erziehungsvereinbarung zwischen Schule, Eltern und Schülerin oder Schüler zu schließen.

Die aufgeführten Punkte machen in ihrer Gesamtheit deutlich, dass das Übergangsverfahren in wesentlichen Aspekten Neuerungen erfahren hat. Insbesondere die bei Übernachfrage ausgeweiteten Freiräume der Schulen für die Auswahl ihrer Schülerinnen und Schüler und das neu geregelte Losverfahren markieren die deutlichsten Veränderungen. Die damit verbundenen Zielsetzungen beziehen sich auf zwei zentrale Aspekte. Zum einen erhofft man sich durch die Stärkung der Einflussnahme der Schulen auf die Auswahl der Schülerinnen und Schüler (zumindest im Rahmen der vorgegebenen 60-Prozent-Quote) eine bessere Pas-

---

4   Ferner haben die Eltern Anspruch auf ein Beratungsgespräch an der Schule, an der sie ihr Kind anmelden wollen.

sung zwischen der inhaltlich-curricularen Profilierung der Schulen und der Schülerschaft. Damit verbindet sich gleichsam die Erwartung einer stärkeren Profilierung der Schulen und der Qualitätssteigerung der schulischen Arbeit infolge eines gestärkten Wettbewerbs um die Schülerinnen und Schüler. Auf der anderen Seite soll insbesondere das ausgeweitete Losverfahren für ein Mindestmaß an Heterogenität an den Schulen sorgen und vor allem auch leistungsschwächeren Schülerinnen und Schülern aus weniger privilegierten Familien die Möglichkeit eröffnen, stärker nachgefragte und gemeinhin als prestigereicher empfundene weiterführende Schulen besuchen zu können. Dabei wird jedoch auch deutlich, dass beide Zielsetzungen – Profilierung und Passung von Schulprogramm und Schülerschaft auf der einen und die Sicherung hinreichender Heterogenität in der Schülerschaft auf der anderen Seite – durchaus in Spannung zueinander stehen können.

5.4 Fragestellungen der vorliegenden Untersuchung

Die im vorigen Abschnitt beschriebenen Veränderungen im Übergangsverfahren ziehen eine Reihe wichtiger Fragen bezüglich der Auswirkungen der Neuerungen nach sich. Wie gestaltet sich das Schulwahlverhalten aufseiten der Eltern, welche Aspekte spielen für die Eltern eine Rolle bei der Schulwahl und welche Schulen werden von Schülerinnen und Schülern mit unterschiedlichem Leistungsniveau und familiärer Herkunft präferiert? In welchem Maß kann den Schulwünschen der Eltern entsprochen werden und welche Rolle spielen dabei die Schulleistungen und der familiäre Hintergrund der Schülerinnen und Schüler? Welche Schülergruppen sind auf welche weiterführenden Schulen übergegangen? Wie zufrieden sind die Schülerinnen und Schüler und deren Eltern mit der nach dem Übergang besuchten Schule? In welchem Ausmaß profitieren leistungsschwächere Schülerinnen und Schüler aus weniger privilegierten Elternhäusern vom neuen Losverfahren? Finden sich Hinweise auf unerwünschte Segregationstendenzen infolge der Schulwahl? Wie wirken sich die Neuerungen auf die Profilierung der Schulen und den Wettbewerb zwischen den Schulen aus? Eine Beantwortung aller Fragen ist im vorliegenden Beitrag nicht möglich. Stattdessen erfolgt eine Konzentration auf wichtige Einzelaspekte, die im Folgenden näher erläutert werden.

5.4.1 Schulwünsche, Schulwahlmotive und Nachfrageunterschiede an den weiterführenden Schulen

In einem ersten Schritt sollen die *Schulwünsche* der Eltern betrachtet werden. Hier geht es zunächst um die Frage, wie konsistent die von den Eltern angegebenen drei Wunschschulen mit Blick auf die anvisierte Schulform (Gymnasium, Integrierte Sekundarschule, andere [Gemeinschafts-, Sport- und Förderschule]) ausfallen. Zum einen interessieren dabei die prozentualen Anteile der Schülerinnen und Schüler, die ein konsistentes Schulwunschmuster (z. B. GYM, GYM, GYM) bzw. eine Kombination unterschiedlicher Schulformen (z. B. ISS, GYM, GYM) aufweisen. Zum anderen soll der Frage nachgegangen werden, in welcher Hinsicht sich Gruppen mit verschiedenen Schulformkombinationen mit Blick auf die Schulleistungen, die soziale Herkunft und den angestrebten Schulabschluss unterscheiden.

Ein weiterer Fragenkomplex widmet sich den Schulwahlmotiven der Eltern. Welche Aspekte (z. B. Wohnortnähe, inhaltliches Profil, Vorhandensein eines Ganztagsangebots usw.) spielen aufseiten der Eltern eine Rolle für die Wahl der weiterführenden Schule und in welchem Maß lassen sich diesbezüglich Unterschiede in Abhängigkeit der gewünschten Schulform (Gymnasium, Integrierte Sekundarschule) ausmachen, die wiederum mit Unterschieden in familiären Hintergrundmerkmalen assoziiert ist (vgl. Dumont et al., Kap. 6 in diesem Band).

Da davon auszugehen ist, dass sich die Schulwünsche der Eltern (insbesondere die Erstschulwünsche) nicht gleichmäßig über die weiterführenden Berliner Schulen verteilen, soll in einem weiteren Schritt ein Überblick über die Angebots-Nachfrage-Situation an den weiterführenden Schulen gegeben werden, wobei auf Angaben der Berliner Schulverwaltung zu den an den einzelnen Schulen vorhandenen Plätzen und den eingegangenen Erstschulwünschen zurückgegriffen werden kann. Dabei soll auch der Frage nachgegangen werden, inwieweit schulstrukturelle bzw. schulorganisatorische Merkmale der weiterführenden Schulen mit Unterschieden in der Schulnachfrage einhergehen. Insbesondere mit Blick auf die Integrierten Sekundarschulen ist hierbei von Interesse, inwieweit sich das direkte Vorhandensein einer gymnasialen Oberstufe am Schulstandort und die bisherige Schulform der Schule vor der Systemumstellung (Haupt-, Real- und Gesamtschule) in Unterschieden in der Schulnachfrage manifestieren.

Mithilfe der Datengrundlage der BERLIN-Studie sollen diese schulbezogenen Nachfrageangaben anschließend mit individuellen leistungsbezogenen und familiären Hintergrundmerkmalen der Schülerinnen und Schüler in Beziehung gebracht werden. Damit soll der Frage nachgegangen werden, inwieweit stärker und schwächer nachgefragte Schulen von einer unterschiedlichen Schülerschaft als Erstwunsch präferiert werden. Hier ließe sich einerseits erwarten, dass leistungsschwächere Schülerinnen und Schüler (bzw. deren Eltern) im Mittel eher geringer nachgefragte Schulen ansteuern, da sie hier unter Umständen höhere Erfolgschancen für die Umsetzung des Schulwunsches sehen. Auf der anderen Seite ergibt sich durch die neue Regelung des Losverfahrens (30-Prozent-Quote) auch für leistungsschwächere Schülerinnen und Schüler die Möglichkeit, an nahezu jeder weiterführenden Schule angenommen zu werden, was den möglichen Zusammenhang zwischen individuellen Schülermerkmalen und nachfragebezogenen Schulmerkmalen reduzieren könnte.

5.4.2 Realisierung der Schulwünsche und Zufriedenheit mit der besuchten weiterführenden Schule

Im Anschluss an die Untersuchung der Schulwünsche soll die *Realisierung der Schulwünsche* betrachtet werden. Hier steht zunächst im Vordergrund, in welchem Maße die abgegebenen Schulwünsche umgesetzt werden konnten und inwieweit sich hier Unterschiede zwischen den Schulformen (Gymnasium und Integrierte Sekundarschule) zeigten. Darüber hinaus wird der Frage nachgegangen, welche Rolle die Schulleistungen und der familiäre Hintergrund der Schülerinnen und Schüler für die Umsetzung des Schulwunsches spielten. Hier lassen sich aufgrund der schuleigenen Auswahlkriterien deutliche Zusammenhänge mit dem Leistungsniveau der Schülerinnen und Schüler (insbesondere den Durchschnittsnoten aus der Förderprognose) erwarten. Inwieweit darüber hinaus von zusätzlichen Einflüssen des familiären Hintergrunds auf die Realisierung des Schulwunsches auszugehen ist, ist eine offene Frage.

In analoger Weise zu den abgegebenen Schulwünschen soll in einem nächsten Schritt für den realisierten Übergang untersucht werden, in welchem Maß individuelle Schülermerkmale (Schulleistung und familiärer Hintergrund) mit nachfragebezogenen Merkmalen der tatsächlich besuchten weiterführenden Schulen korrespondieren. Finden sich beispielsweise leistungsschwächere Schülerinnen und Schüler in verstärktem Maß an weniger stark nachgefragten Schulen wieder? Für die Integrierten Sekundarschulen wird zudem untersucht, inwieweit die von den unterschiedlichen Schülergruppen besuchten Sekundarschulen über eine eigene gymnasiale Oberstufe verfügen und in welchem Ausmaß es sich bei den jeweiligen Schulen um bisherige Haupt-, Real- und Gesamtschulen handelte. Die Analysen geben damit Hinweise auf die Frage, welche Schülerinnen und Schüler auf welche weiterführenden Schulen wechselten.

In einem letzten Schritt soll schließlich untersucht werden, wie zufrieden die Schülerinnen und Schüler und deren Eltern mit der nach dem Übergang besuchten Schule sind. Ein Schwerpunkt liegt dabei auf Unterschieden in der Schulzufriedenheit in Abhängigkeit der Realisierung des Erstschulwunsches. Hier wird insbesondere aufseiten der Eltern ein höheres Maß an Zufriedenheit erwartet, wenn der Erstwunsch umgesetzt werden konnte.

5.5 Methodisches Vorgehen

5.5.1 Datengrundlage

Die im vorliegenden Beitrag verwendeten Daten entstammen den ersten drei Erhebungswellen von Modul 1 der BERLIN-Studie (für nähere Angaben zum Design und den Erhebungsabläufen der BERLIN-Studie vgl. Maaz et al., Kap. 2, sowie Becker et al., Kap. 3 in diesem Band). Die Schülerstichprobe für die Grundschulerhebung am Ende der 6. Klasse umfasste $N = 3.935$ Schülerinnen und Schüler aus $N = 87$ Grundschulen, von denen in Klasse 7 nach dem Wechsel an die weiterführenden Schulen $N = 3.641$ Schülerinnen und Schüler einbezogen werden konnten, die sich auf $N = 211$ Schulen verteilten. $N = 1.819$ Schülerinnen und Schüler gingen nach Klasse 6 in $N = 99$ Integrierte Sekundarschulen, $N = 1.584$ Schülerinnen und Schüler in $N = 85$ Gymnasien, $N = 195$ Schülerinnen und Schüler in $N = 17$ Gemeinschaftsschulen, $N = 8$ Schülerinnen und Schüler in $N = 6$ Förderschulen und $N = 35$ Schülerinnen und Schüler in $N = 4$ Sportschulen über (vgl. Becker et al., Kap. 3 in diesem Band). Für alle schulformspezifischen Analysen auf Schülerebene wird – sofern nicht anders ausgewiesen – ausschließlich eine Unterscheidung in Gymnasien und Integrierte Sekundarschulen (unter Ausschluss der Gemeinschafts-, Sport- und Förderschulen) vorgenommen. Schülerinnen und Schüler, die nach der Grundschule in eine Gemeinschafts-, Sport- oder

Förderschule übergegangen sind, werden aufgrund der geringen Fallzahlen nicht separat betrachtet. Für die Gemeinschaftsschulen kommt hinzu, dass Schülerinnen und Schüler dieser Schulen hier nach Klasse 6 zum überwiegenden Teil keinen Schulwechsel vornehmen, da sie bereits die Grundstufe an der betreffenden Schule besucht haben. Insofern ist für die Gemeinschaftsschulen generell von einer geringeren Relevanz des neu gestalteten Übergangsverfahrens auszugehen.

5.5.2 Erhebungsinstrumente

Im Folgenden sollen die für die nachfolgenden Analysen herangezogenen Erhebungsinstrumente beschrieben werden.

Wunschschulen und Umsetzung des Schulwunsches
Die drei seitens der Eltern angegebenen Wunschschulen wurden den offiziellen Schulanmeldebögen entnommen, die den Schülerakten der Schülerinnen und Schüler in den weiterführenden Schulen beilagen. Entspricht die Wunschschule der tatsächlich besuchten Schule, liegt ein umgesetzter Schulwunsch vor (Dummy-Kodierung: 0 = *Schulwunsch nicht umgesetzt,* 1 = *Schulwunsch umgesetzt*).

Schulwahlmotive
Die Schulwahlmotive der Eltern wurden in der ersten Erhebungswelle im November 2010, etwa drei Monate vor Vergabe der Förderprognose für die weiterführende Schule, erfasst. Die Items orientierten sich an Maaz, Baumert, Gresch und McElvany (2010) sowie Clausen (2006). Die Eltern wurden gefragt „Was ist Ihnen bei der Wahl der weiterführenden Schule wichtig?". Die Einschätzung der acht herangezogenen Aspekte (z. B. guter Ruf der Schule, Wohnortnähe, Ganztagsangebot) erfolgte auf einer vierstufigen Skala mit den Ausprägungen 1 = *kaum wichtig,* 2 = *weniger wichtig,* 3 = *eher wichtig,* 4 = *sehr wichtig.*

Familiärer Hintergrund
Der sozioökonomische Hintergrund wurde durch den *International Socio-Economic Index of Occupational Status* (ISEI; Ganzeboom, de Graaf, Treiman & de Leeuw, 1992) operationalisiert, wobei jeweils der höhere Wert der beiden Elternteile (HISEI) zugrunde gelegt wurde (vgl. zur ISEI-Kodierung auch Becker et al., Kap. 4 in diesem Band). Zudem wurde der höchste schulische Abschluss im Elternhaus erhoben, wobei in den Analysen zwischen den Kategorien 1 = *maximal Hauptschulabschluss,* 2 = *mittlere Reife* und 3 = *Abitur (einschließlich Fachhochschulreife)* unterschieden wurde. Der Migrationshintergrund ging in dichotomer Form (0 = *beide Eltern in Deutschland geboren,* 1 = *mindestens ein Elternteil im Ausland geboren*) in die Analysen ein.

Schulische Leistung (Noten und Testleistung)
Als Indikatoren des schulischen Leistungsvermögens dienten zum einen die am Ende der 6. Klasse erfassten Testleistungen in Deutsch, Mathematik und Englisch, die zu einem Ge-

samtindikator „Durchschnittstestleistung" kombiniert wurden (für nähere Informationen zu den verwendeten Leistungstests vgl. Becker et al., Kap. 3 in diesem Band). Zum anderen liegen die Durchschnittsnoten der Förderprognose der Schülerinnen und Schüler vor, die den Schulakten entnommen wurden.

Abschlussaspiration und Übergangsempfehlung

Weiterhin wurden die elterlichen Abschlussaspirationen und die Übergangsempfehlung (Förderprognose) für die weiterführende Schulform erfasst. Die Abschlussaspiration wurde im Rahmen der Elternbefragung in der zweiten Erhebungswelle mit folgenden Ausprägungen erfragt: 1 = *Berufsbildungsreife (bisher Hauptschulabschluss)*, 2 = *erweiterte Berufsbildungsreife (bisher erweiterter Hauptschulabschluss)*, 3 = *mittlere Reife*, 4 = *Abitur*, 5 = *noch unklar*. Für die Auswertungen wurden die beiden Kategorien der herkömmlichen und erweiterten Berufsbildungsreife zu einer Kategorie zusammengefasst.

Geschlecht

Die Angabe zum Geschlecht basiert auf den Angaben der Schulkoordinatoren aus den Grundschulen.

Schulzufriedenheit

Die Zufriedenheit der Eltern sowie der Schülerinnen und Schüler mit der nach dem Übergang besuchten Schule wurde mit zwei Einzelitems erfasst. Die Zufriedenheit der Schülerinnen und Schüler wurde mit dem Item „Wie zufrieden bist du, auf deine jetzige Schule zu gehen?" erfragt, das die Ausprägungen 1 = *sehr unzufrieden*, 2 = *eher unzufrieden*, 3 = *eher zufrieden*, 4 = *sehr zufrieden* umfasste. Das entsprechende Item für die Eltern lautete: „Wir sind sehr zufrieden mit der Wahl der weiterführenden Schule für unser Kind" und umfasste die Ausprägungen 1 = *stimme nicht zu*, 2 = *stimme eher nicht zu*, 3 = *stimme eher zu*, 4 = *stimme voll zu*.

Informationen zur Anzahl der Erstschulwünsche und den verfügbaren Plätzen an den weiterführenden Schulen

Die zur Charakterisierung der Angebots-Nachfrage-Situation an den weiterführenden Schulen erforderlichen Informationen zur Anzahl der verfügbaren Plätze und zu den eingegangenen Erstschulwünschen für den Schülerjahrgang der BERLIN-Studie wurden von der Berliner Senatsverwaltung für Bildung, Jugend und Wissenschaft zur Verfügung gestellt.

5.5.3 Statistische Analysen

Mit Ausnahme der drei Wunschschulangaben wurden für die Analysevariablen fehlende Werte mithilfe des von Becker et al. (Kap. 3 in diesem Band) beschriebenen *Multiple-Imputation*-Verfahrens geschätzt. Alle Analysen basieren auf den kombinierten Ergebnissen aus zehn imputierten Datensätzen unter Berücksichtigung der geclusterten Datenstruktur bei Einsatz der Stichprobengewichte. Die Schätzung von Mittelwerten, Standardabweichungen,

Standardfehlern und Korrelationen sowie die Durchführung logistischer Regressionsanalysen zur Vorhersage der Umsetzung des Schulwunsches erfolgten mit dem Programmpaket Mplus (Version 6.1; Analyseoption *type = imputation*). Schätzungen prozentualer Häufigkeiten wurden mit SPSS umgesetzt. Beide Analyseoptionen entsprechen den von Rubin (1987) vorgeschlagenen Formeln zur Kombination imputierter Werte.

5.6 Ergebnisse

Entsprechend der in Abschnitt 5.4 beschriebenen Fragestellungen gliedert sich die Ergebnisdarstellung in zwei größere Teile. Im ersten Teil (vgl. Abschnitt 5.6.1) werden die *Schulwünsche* betrachtet. Im Zentrum stehen hier die Befunde zur Konsistenz der drei abgegebenen Schulwünsche mit Blick auf die damit verbundene Schulform, die Schulwahlmotive der Eltern sowie Unterschiede in der Angebots-Nachfrage-Situation an den weiterführenden Schulen. Die Ergebnisse bezüglich der *Realisierung* der Schulwünsche und der Zufriedenheit der Eltern und der Schülerinnen und Schüler mit der nach dem Übergang besuchten Schule finden sich in Abschnitt 5.6.2.

5.6.1 Befunde zu den Schulwünschen

5.6.1.1 Anzahl der Schulwünsche und Konsistenz der Schulwünsche mit Blick auf die anvisierte Schulform

Für die Wahl der weiterführenden Schule konnten die Eltern im zweiten Halbjahr der 6. Klasse drei Wunschschulen nach absteigender Priorität angeben. Tabelle 5.1 gibt zunächst Auskunft darüber, in welchem Maß von dieser Möglichkeit Gebrauch gemacht wurde. Grundlage der Darstellung sind die Angaben aus den offiziellen Anmeldebögen für die weiterführenden Schulen, die im Rahmen der Datenerhebung in Klasse 7 an den weiterführenden Schulen erfasst wurden.

Wie aus Tabelle 5.1 hervorgeht, lagen für 93.9 Prozent der Schülerinnen und Schüler valide Angaben zu mindestens einem Schulwunsch vor. Allerdings schöpften nur etwas mehr als zwei Drittel der Eltern die Möglichkeit zur Angabe von drei Wunschschulen voll aus. 14.6 Prozent gaben nur zwei Wunschschulen, 11.1 Prozent nur eine Wunschschule an. Die in Tabelle 5.1 ausgewiesenen Durchschnittsnoten, Testleistungen sowie die Angaben zum sozioökonomischen Status zeigen auf, dass die Gruppe der Schülerinnen und Schüler mit drei Schulwünschen in diesen Merkmalen etwas günstigere Werte aufwies als die übrigen Gruppen (die Effektstärken bewegten sich im Bereich zwischen $d = 0.17$ und $d = 0.43$ Standardabweichungen). Allerdings ließ sich dieser Befund mittels Mehrgruppenvergleichen durchgehend nur für die Durchschnittsnoten und die Durchschnittstestleistungen statistisch absichern. Bezogen auf den sozioökonomischen Status fiel nur der Unterschied zwischen der Gruppe mit drei Erstschulwünschen und der Gruppe ohne Wunschschulangaben statistisch signifikant aus.

Tabelle 5.1: Anzahl der abgegebenen Schulwünsche, Durchschnittsnote der Förderprognose, Durchschnittstestleistung und höchster sozioökonomischer Status in der Familie (HISEI)

	Durchschnittsnote *(M/SE/SD)*	Durchschnitts- testleistung *(M/SE/SD)*	HISEI *(M/SE/SD)*
Drei Wunschschulen (68.2 %)	2.50 (0.033/0.76)	51.21 (0.441/8.83)	50.39 (0.982/21.32)
Nur zwei Wunschschulen (14.6 %)	2.68 (0.053/0.83)	48.59 (0.664/9.29)	46.71 (1.569/21.72)
Nur eine Wunschschule (11.1%)	2.71 (0.061/0.79)	48.23 (0.757/9.37)	46.79 (1.525/20.66)
Kein Schulwunsch bzw. nicht plausible Angaben (6.1 %)	2.84 (0.072/0.81)	47.57 (0.734/8.58)	44.01 (1.731/20.63)

M = Mittelwert, SE = Standardfehler des Mittelwerts, SD = Standardabweichung.

Im nächsten Schritt wurden die abgegebenen Schulwünsche hinsichtlich der Konsistenz der damit verbundenen weiterführenden Schulformen betrachtet. Dazu wurden die Schulformen zu den drei Gruppen Integrierte Sekundarschule, Gymnasium und „Andere" zusammengefasst, wobei in der letzten Kategorie Gemeinschafts-, Sport- und Förderschulen enthalten waren. Tabelle 5.2 gibt einen Überblick über die am häufigsten aufgetretenen Kombinationen und zentrale Schülermerkmale der einzelnen Gruppen. Betrachtet werden ausschließlich Schülerinnen und Schüler mit drei validen Wunschschulangaben.

Am häufigsten traten die beiden Gruppen mit durchgängigem Gymnasial- bzw. Sekundarschulwunsch auf. Gut zwei Drittel der Schülerinnen und Schüler entfielen auf diese beiden Gruppen, die sich hinsichtlich der in Tabelle 5.2 aufgeführten Merkmale in erwartbarer Weise deutlich unterschieden. So zeigten sich deutlich bessere Noten (d = 2.31) und Testleistungen (d = 1.62) sowie ein höherer sozioökonomischer Status (d = 0.84) in der Gruppe mit konsistentem Gymnasialschulwunsch (GYM, GYM, GYM). Mit Blick auf die Abschlussaspiration gaben die Eltern der GYM-GYM-GYM-Gruppe nahezu vollständig das Abitur an. In der Gruppe mit konsistentem Integriertem Sekundarschulwunsch (ISS, ISS, ISS) strebten 41.9 Prozent der Eltern für ihre Kinder das Abitur an, gefolgt vom mittleren Abschluss mit 37.4 Prozent und der Berufsbildungsreife (einschließlich erweiterte Berufsbildungsreife) mit 8 Prozent. Mehr als 12 Prozent der Eltern gaben am Ende der 6. Klasse an, dass der Abschlusswunsch noch unklar ist, was mit der diesbezüglichen Offenheit an der Integrierten Sekundarschule korrespondiert. Verfügten in der Gruppe mit konsistentem Gymnasialschulwunsch über 92 Prozent der Schülerinnen und Schüler über eine Gymnasialempfehlung, war dies in der Gruppe mit konsistentem Integriertem Sekundarschulwunsch nur für 7.9 Prozent der Fall.

In den drei Gruppen, in denen zwei der Wünsche auf ein Gymnasium und einer auf eine Integrierte Sekundarschule entfielen, strebten 88.3 (ISS, GYM, GYM), 92.5 (GYM, GYM, ISS) und 96.2 Prozent (GYM, ISS, GYM) der Eltern das Abitur an, mehr als 70 Prozent der Schülerinnen und Schüler verfügten hier über eine Gymnasialempfehlung. Die

Tabelle 5.2: Durchschnittsnote, Durchschnittstestleistung, höchster sozioökonomischer Status in der Familie (HISEI), Anteil Förderprognose Gymnasium und Abschlussaspiration nach Schulformkombination der abgegebenen Schulwünsche für Personen mit drei validen Schulwunschangaben ($N = 2.481$)

Schulform-kombination	N/Anteil %	Durchschnittsnote $(M/SE/SD)$	Durchschnittstest-leistung $(M/SE/SD)$	HISEI $(M/SE/SD)$	Förderprognose Gymnasium (in %)	Abschlussaspiration (in %)			
						BBR (einschl. erweiterte BBR)	Mittlere Reife	Abitur	Noch unklar
GYM, GYM, GYM	936/37.7	1.90 (0.022/0.43)	57.19 (0.417/7.06)	59.00 (1.113/20.39)	92.2	1.3	0.5	96.6	1.5
ISS, ISS, ISS	765/30.8	3.10 (0.032/0.61)	45.67 (0.443/7.15)	42.37 (1.092/19.27)	7.9	8.0	37.4	41.9	12.7
GYM, GYM, ISS	117/4.7	2.21 (0.057/0.50)	53.09 (0.760/6.65)	53.42 (2.720/21.82)	70.9	1.9	1.6	92.5	4.0
ISS, ISS, AND	92/3.7	3.06 (0.070/0.56)	45.79 (0.794/6.69)	44.70 (2.140/20.04)	8.2	11.9	35.9	43.8	10.8
ISS, GYM, GYM	68/2.8	2.06 (0.071/0.52)	54.38 (0.975/7.73)	55.55 (2.568/18.68)	76.4	1.5	6.3	88.3	3.9
AND, ISS, ISS	67/2.7	3.09 (0.078/0.62)	45.47 (1.117/6.91)	42.37 (3.370/19.97)	3.4	9.1	36.6	38.8	15.5
ISS, AND, ISS	67/2.7	3.18 (0.079/0.57)	44.88 (1.033/7.54)	40.59 (2.251/18.00)	12.2	11.0	41.8	34.7	12.4
ISS, ISS, GYM	61/2.5	2.58 (0.077/0.49)	52.00 (0.948/6.23)	50.39 (3.020/18.75)	40.3	2.7	18.6	72.3	6.4
GYM, ISS, ISS	62/2.5	2.53 (0.045/0.37)	50.29 (0.910/6.03)	44.97 (2.740/19.78)	46.4	1.4	0.9	92.0	5.7
ISS, GYM, ISS	42/1.7	2.50 (0.072/0.44)	51.46 (1.116/6.73)	49.42 (3.941/20.06)	47.2	6.2	9.2	82.1	2.5
GYM, ISS, GYM	41/1.6	2.11 (0.072/0.40)	53.89 (1.010/6.11)	57.88 (3.691/19.18)	75.7	2.7	0.2	96.2	0.8
AND, AND, ISS	34/1.4	3.05 (0.113/0.71)	43.91 (1.105/6.21)	35.46 (3.848/16.50)	9.2	2.5	36.8	47.6	13.1
GYM, GYM, AND	27/1.1	2.13 (0.140/0.66)	53.66 (1.647/7.65)	50.03 (5.008/21.79)	61.6	2.7	0.8	95.2	1.2
ISS, AND, AND	25/1.0	3.20 (0.146/0.60)	42.94 (1.445/7.30)	41.66 (4.259/20.72)	4.1	8.9	46.3	39.0	5.9
Sonstige	77/3.1	–	–	–	–	–	–	–	–

GYM = Gymnasium, ISS = Integrierte Sekundarschule, AND = Andere (Gemeinschafts-, Sport- und Förderschulen), BBR = Berufsbildungsreife, M = Mittelwert, SE = Standardfehler des Mittelwerts, SD = Standardabweichung.

Noten und Testleistungen in den drei Gruppen fielen auf deskriptiver Ebene etwas geringer aus als in der Gruppe mit konsistentem Gymnasialschulwunsch.[5] Selbiges galt für den sozioökonomischen Status. Interessant erscheint die Gruppe, die als ersten Schulwunsch eine Integrierte Sekundarschule und als zweiten und dritten Wunsch ein Gymnasium angab (ISS, GYM, GYM). In dieser Gruppe fanden sich auf deskriptiver Ebene leicht bessere Noten, etwas bessere Testleistungen, ein größerer Anteil an Gymnasialempfehlungen und ein etwas höherer sozioökonomischer Status als in der GYM-GYM-ISS-Gruppe. Dies legt die Vermutung nahe, dass es sich bei den von der ISS-GYM-GYM-Gruppe anvisierten Integrierten Sekundarschulen um vergleichsweise prestigereiche und stärker nachgefragte Sekundarschulen handeln dürfte. In vertiefenden Analysen ließ sich diese Vermutung bestätigen: An den betreffenden Integrierten Sekundarschulen der ISS-GYM-GYM-Gruppe kamen auf die zur Verfügung stehenden Plätze mehr Anmeldungen als an den Integrierten Sekundarschulen in der GYM-GYM-ISS-Gruppe. Aufgrund der vergleichsweise geringen Stichprobengröße der beiden Gruppen sollten diese Befunde jedoch nicht überinterpretiert werden.

In den drei Gruppen, in denen zwei der Schulwünsche auf eine Integrierte Sekundarschule und nur ein Schulwunsch auf das Gymnasium entfielen, waren deutlich höhere Abschlusswünsche für das Abitur als in der Gruppe mit konsistentem Integrierten Sekundarschulwunsch zu verzeichnen (ISS, ISS, GYM: 73.1 %; GYM, ISS, ISS: 90.2 %; ISS, GYM, ISS: 79.8 %). Allerdings verfügten nur zwischen 40.3 (ISS, ISS, GYM) und 47.2 Prozent (ISS, GYM, ISS) dieser Schülerinnen und Schüler über eine Gymnasialempfehlung.

Zusammenfassend kann somit festgehalten werden, dass die drei abgegebenen Schulwünsche bezüglich der anvisierten Schulform für den Großteil (etwa zwei Drittel) der Schülerinnen und Schüler konsistent ausfielen. Bei der Mehrheit der Schülerinnen und Schüler (bzw. deren Eltern) scheint somit eine klare Präferenz für die zu besuchende Schulform zu bestehen. Gleichzeitig fanden sich mit Blick auf die betrachteten Schülermerkmale zum Teil deutliche Unterschiede zwischen den verschiedenen Wunschkombinationsgruppen. Hervorzuheben ist hierbei sicherlich der Befund, dass über 40 Prozent der Schülerinnen und Schüler mit konsistenter Integrierten Sekundarschulpräferenz als Abschluss das Abitur anstrebten. Ähnliche Ergebnisse zeigten sich auch bei ausschließlicher Betrachtung der beiden zuerst angegebenen Wunschschulen (unter Einbezug der Schülerinnen und Schüler mit nur zwei validen Wunschschulangaben, ohne Tab.). Während die 41.5 Prozent umfassende GYM-GYM-Gruppe und die 38.5 Prozent umfassende ISS-ISS-Gruppe die stärksten Unterschiede in den betrachteten Merkmalen aufwiesen, fanden sich deutlich geringere Unterschiede zwischen der GYM-ISS-Gruppe und der ISS-GYM-Gruppe.

---

5   Auf eine signifikanzstatistische Überprüfung der vorhandenen Gruppenunterschiede mittels Mehrgruppenvergleichen wird hier aufgrund der großen Anzahl der Gruppen und der zum Teil sehr kleinen Gruppengrößen verzichtet. Die deskriptiv berichteten Gruppenunterschiede deuten somit zwar vorhandene Tendenzen an, sollten aber nur unter Vorbehalt interpretiert werden.

5.6.1.2 Schulwahlmotive der Eltern

Die Wahl der weiterführenden Schule wird aufseiten der Eltern durch verschiedene Faktoren beeinflusst, die die Schule und das Umfeld der Familien betreffen. Nachfolgend wird für die Eltern der BERLIN-Studie eine Auswahl an Motiven betrachtet, welche Relevanz sie für das Entscheidungsverhalten der Eltern besaßen und ob sich hinsichtlich der Schulform der ersten gewählten Wunschschule Differenzen ausmachen ließen. Hierfür wurden die Eltern gebeten, verschiedene Motive hinsichtlich ihrer persönlichen Bedeutung bei der Wahl der weiterführenden Schule einzuschätzen. Die vierstufige Antwortskala reichte dabei von *kaum wichtig* (1) bis *sehr wichtig* (4).

In der Gesamtbetrachtung über alle Eltern (vgl. Abb. 5.2) zeigte sich, dass der gute Ruf der Schule, eine gute Ausstattung und die Möglichkeit, dass die Kinder mit leistungsstarken Schülerinnen und Schülern zusammen lernen können, gefolgt von der Praxisorientierung der Schule, die größte Wichtigkeit bei der Schulwahl besaßen. Dahinter in der Rangfolge fanden sich ein spezifisches inhaltliches Profil der Schule und das Stellen hoher Leistungsansprüche. Etwas weniger Bedeutsamkeit wurde dem Vorhandensein eines Ganztagsangebots und der Nähe der Schule zum Wohnort beigemessen. Letzteres war vor dem Hintergrund, dass sich die Wohnortnähe in der bisherigen Forschung zur Thematik vielfach als sehr bedeutsamer Faktor bei der Entscheidung für eine Schule erwiesen hat (vgl. z. B. Clausen, 2006), etwas überraschend, ist aber sicherlich auch vor der besonderen Situation in einer Großstadt mit vergleichsweise hoher Schuldichte und gut ausgebauter Verkehrsinfrastruktur zu sehen.

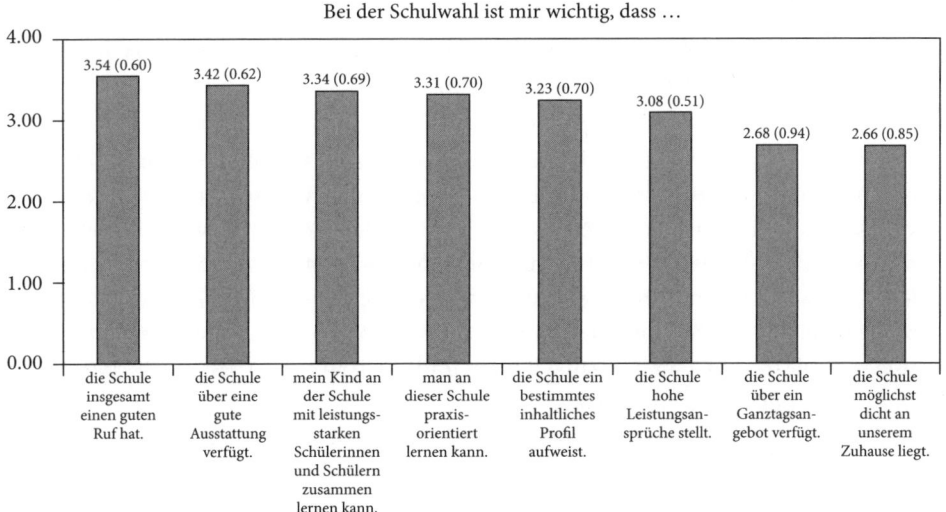

Abbildung 5.2: Einschätzung der Bedeutsamkeit der Schulwahlmotive durch die Eltern (Mittelwerte und Standardabweichungen, Skalierung 1 = kaum wichtig bis 4 = sehr wichtig)

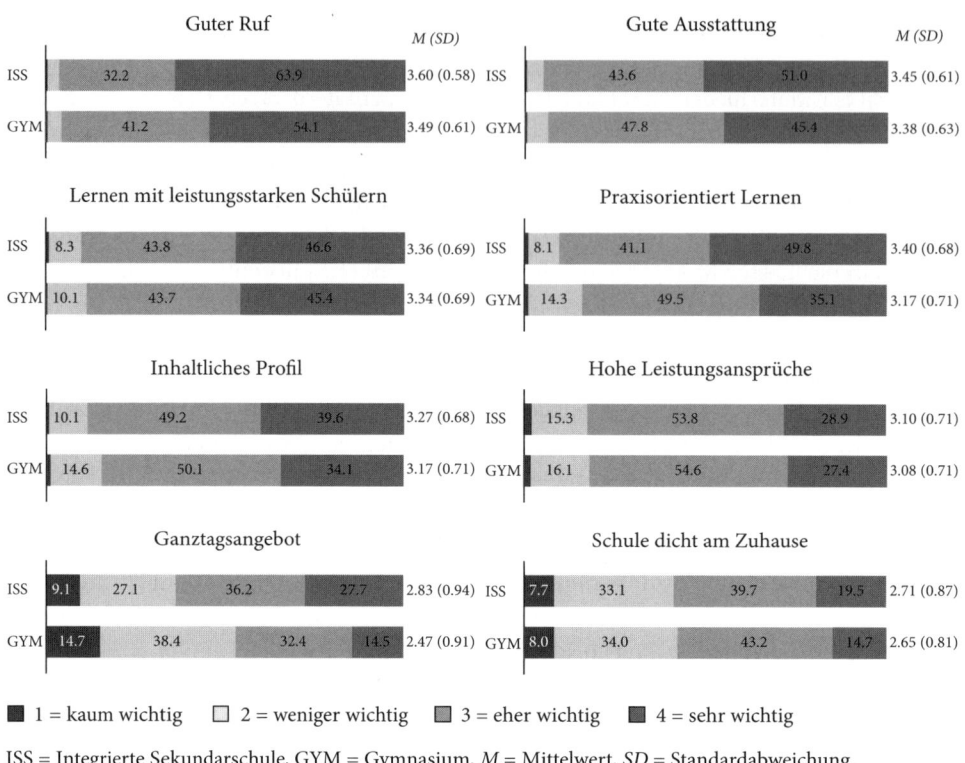

1 = kaum wichtig ▢ 2 = weniger wichtig ▢ 3 = eher wichtig ■ 4 = sehr wichtig

ISS = Integrierte Sekundarschule, GYM = Gymnasium, M = Mittelwert, SD = Standardabweichung.

Abbildung 5.3: Einschätzung der Bedeutsamkeit der Schulwahlmotive durch die Eltern nach Schulform der ersten Wunschschule (prozentuale Verteilung, Mittelwerte und Standardabweichungen, Skalierung 1 = kaum wichtig bis 4 = sehr wichtig)

In einem weiteren Schritt wurde die Wichtigkeit der verschiedenen Schulwahlmotive vergleichend nach der Schulform der ersten angegebenen Wunschschule betrachtet, da durchaus denkbar ist, dass einzelnen Aspekten – etwa dem an allen Integrieren Sekundarschulen fest implementierten Ganztagsangebot oder der Möglichkeit zum praxisorientierten Lernen – an den Schulformen eine unterschiedliche Bedeutung zukommt. Es wurden ausschließlich die Angaben der Eltern mit Erstschulwunsch Gymnasium oder Integrierter Sekundarschule (ohne Gemeinschafts-, Sport- und Förderschulen) berücksichtigt. Die Ergebnisse finden sich in Abbildung 5.3.

In Ergänzung zu den Befunden aus Abbildung 5.2 verdeutlicht Abbildung 5.3 zunächst noch einmal die insgesamt hohe Bedeutung der aufgeführten Schulwahlmotive. Nahezu alle Motive wurden von der Mehrheit der Eltern als *sehr wichtig* bzw. *eher wichtig* eingeschätzt. Lediglich bei den Motiven *Ganztagsangebot* und *Wohnortnähe* ließen sich auch in den beiden ablehnenden Kategorien vergleichsweise hohe Anteile ausmachen.

Im Schulformvergleich ließen sich für fünf Motive statistisch signifikant ($p < .05$) höhere Ausprägungen bei den Eltern feststellen, die als Erstwunschschule für ihr Kind eine

Integrierte Sekundarschule angegeben hatten. Beim *Ruf der Schule* ($d = 0.18$), der *guten Ausstattung* ($d = 0.11$) und dem *inhaltlichen Profil* ($d = 0.15$) handelte es sich um vergleichsweise kleine Unterschiede. Beim *praxisorientierten Lernen* ($d = 0.33$) und insbesondere beim *Ganztagsangebot* ($d = 0.39$) fielen die Unterschiede größer aus. Eltern mit dem Erstschulwunsch Integrierte Sekundarschule maßen dem Vorhandensein eines Ganztagsangebots und der Praxisorientierung ein deutlich größeres Gewicht bei der Schulwahl bei, als Eltern, deren Kinder vorzugsweise auf ein Gymnasium überwechseln sollten. Die Schulformunterschiede in der Einschätzung der Bedeutsamkeit der Schulwahlmotive gingen nicht mit größeren Unterschieden in der Rangreihe der Motive einher, die in beiden Gruppen recht ähnlich ausfiel.

Ergänzend ist an dieser Stelle darauf hinzuweisen, dass die berichteten Gruppenunterschiede nicht zwangsläufig auf spezifische Eigenarten der Schulformen zurückzuführen sind, sondern auch Unterschiede im Antwortverhalten der Personengruppen, die beide Schulformen anwählen, widerspiegeln können. So wiesen Eltern mit dem Schulwunsch Gymnasium im Mittel einen höheren sozioökonomischen Status und einen höheren Bildungshintergrund auf, während sie seltener über einen Migrationshintergrund verfügten (vgl. Dumont et al., Kap. 6 in diesem Band). Eine Analyse der Schulwahlmotive nach Merkmalen der familiären Herkunft (ohne Abb.) ergab für die meisten Schulwahlmotive höhere Ausprägungen für Eltern mit niedrigerem Bildungsstatus und für Eltern mit Migrationshintergrund. Inwieweit die berichteten Schulformunterschiede in der Gewichtung der Schulwahlmotive also auf bestimmte Charakteristika der Schulformen oder Merkmale der verschiedenen Personengruppen zurückzuführen sind, muss an dieser Stelle offenbleiben. Insbesondere mit Blick auf die beiden am stärksten zwischen den Schulformen differierenden Motive des praxisorientierten Lernens und des Ganztagsangebots liegen unmittelbare Bezüge zu den diesbezüglichen organisatorisch-curricularen Unterschieden zwischen den Schulformen jedoch nahe.

5.6.1.3 Unterschiede in der Nachfrage an den weiterführenden Schulen

In zu erwartender Weise variierte die Nachfrage nach den vorhandenen Plätzen in nicht unerheblichem Maß zwischen den verschiedenen weiterführenden Schulen. Neben demografischen Aspekten (z. B. Anzahl der Schülerinnen und Schüler im Wohnbezirk) kommen hier auch Informationen und Meinungen der Eltern über die Qualität und Eignung der jeweiligen Schule für ihr Kind zum Tragen. Insbesondere mit Blick auf die neu geschaffenen Integrierten Sekundarschulen könnten für die elterliche Sichtweise auf die Schulen neben konkreten inhaltlich-curricularen Schwerpunktsetzungen (vgl. Abschnitt 5.6.1.2) auch eher strukturelle Merkmale, wie das Vorhandensein einer gymnasialen Oberstufe oder die Schulform der Schule vor der Systemumstellung (Haupt-, Real- und Gesamtschule), von Bedeutung sein.

Im Folgenden soll zunächst ein kurzer Überblick über die unterschiedliche Angebots-Nachfrage-Situation an den weiterführenden Schulen gegeben werden. Anschließend werden die Informationen zur Nachfragesituation der einzelnen Schulen mit den Schülerangaben der Teilnehmer der BERLIN-Studie in Verbindung gebracht, um sich der Frage zu nähern, welche Schulen (stark bzw. schwach nachgefragt) von welcher Schülerschaft als Erstwunschschule präferiert wurden.

Die Informationen über die an den einzelnen Schulen zur Verfügung stehenden Plätze und die vorhandenen Anmeldungen werden von der Berliner Senatsverwaltung für Bildung, Jugend und Wissenschaft zentral zusammengetragen. Aus diesen Angaben kann für jede Schule die Nachfrage-Angebots-Relation (NAR) berechnet werden, indem man die Anzahl der Erstwunschanmeldungen zu den an der Schule zur Verfügung stehenden Plätzen ins Verhältnis setzt und den Quotienten anschließend mit 100 multipliziert. Die so berechnete NAR gibt an, wie viele Erstschulwünsche rechnerisch auf 100 freie Plätze kommen.[6] Stehen an einer Schule beispielsweise 120 Plätze zur Verfügung, resultiert bei 80 Erstwunschanmeldungen eine NAR von 66.7 (80 Anmeldungen/120 Plätze × 100). Auf 100 vorhandene Plätze kämen rechnerisch demnach 67 Anmeldungen. Es handelt sich also um eine unternachgefragte Schule. Liegen an derselben Schule hingegen 160 Erstwunschanmeldungen vor, ergibt sich eine NAR von 133.3 (160 Anmeldungen/ 120 Plätze × 100). Auf 100 vorhandene Plätze kämen rechnerisch 133 Anmeldungen. Es handelt sich somit um eine übernachgefragte Schule.

Die im Folgenden dargestellten Befunde zur Schulnachfrage basieren auf den Angaben von 200 der 214 im Schuljahr 2011/12 vorhandenen öffentlichen weiterführenden Berliner Schulen. Nicht mit einbezogen wurden vier grundständige Gymnasien, die ausschließlich Schülerinnen und Schüler in Klasse 5 aufnehmen sowie eine Schule, die Schülerinnen und Schüler erst in Klasse 11 aufnimmt. Hinzu kommt eine neu gegründete Gemeinschaftsschule, die zum Schuljahresbeginn 2011/12 noch keine Schülerinnen und Schüler in Klasse 7 aufnahm. Ferner wurden sieben Schulen mit Spezialprofilen und besonderen Aufnahmebedingungen ausgeschlossen (z. B. Staatliche Ballettschule, die Schulstandorte des Leistungssportzentrums Berlin sowie zwei vorrangig von Diplomatenkindern besuchte Schulen). Für eine weitere Schule lagen keine Angaben zu den Anmeldezahlen vor.

Für den Schülerjahrgang der BERLIN-Studie bewegte sich die NAR der 200 betrachteten Schulen in einer Bandbreite von 17.7 bis 252.6 (vgl. Tab. 5.3). An der am wenigsten nachgefragten Schule kamen auf 100 freie Plätze somit 18 Erstwunschanmeldungen, an der am stärksten nachgefragten Schule gingen pro 100 freien Plätzen 253 Erstwunschanmeldungen ein. Die mittlere NAR über alle Schulen betrug 97.7 bei einer Standardabweichung von 44.6. 81 der 200 Schulen (bzw. 40.5 %) wiesen eine Übernachfrage auf.

Tabelle 5.3 weist die Angaben zur NAR getrennt für die aktuelle Schulform und für die Integrierten Sekundarschulen zusätzlich getrennt für das Vorhandensein einer gymnasialen

---

6 Anders als bei der vom Bundesinstitut für Berufsbildung (BIBB) berichteten Angebots-Nachfrage-Relation (ANR), bei der das Angebot an vorhandenen Ausbildungsplätzen ins Verhältnis zu den Ausbildungsplatznachfragenden gesetzt wird (Wie viele Angebote kommen rechnerisch auf 100 Nachfragen?), werden bei der von uns berichteten Nachfrage-Angebots-Relation (NAR) die schulbezogenen Erstschulwünsche ins Verhältnis zu den vorhandenen Plätzen gesetzt (Wie viele Nachfragen kommen rechnerisch auf 100 Angebote?), was eine anschaulichere Darstellung der Schulnachfrage ermöglicht.

Tabelle 5.3: Nachfrage-Angebots-Relation (NAR) an den weiterführenden Schulen für die Aufnahme im Schuljahr 2011/12 nach aktueller Schulform, Vorhandensein einer gymnasialen Oberstufe sowie bisheriger Schulform vor der Systemumstellung

	N	Min	Max	M	SD	N über-nach-gefragt	in %
NAR nach aktueller Schulform							
NAR über alle Schulen	200	17.7	252.6	97.7	44.6	81	40.5
NAR ISS (inkl. GS)	114	17.7	252.6	96.3	53.7	45	39.5
NAR ISS (ohne GS)	96	17.7	252.6	94.5	55.2	38	39.6
NAR Gemeinschaftsschulen	18	20.5	219.2	105.8	45.3	7	38.9
NAR Gymnasium	86	34.2	216.5	99.6	28.8	36	41.9
NAR (Gymnasium nicht grundständig)	59	34.2	159.9	97.8	25.1	25	42.4
NAR (Gymnasium grundständig)	27	57.6	216.5	103.6	35.6	11	40.7
NAR ISS Oberstufe ja/nein							
NAR ISS (inkl. GS) mit Oberstufe	32	36.3	252.6	138.0	57.3	23	71.9
NAR ISS (ohne GS) mit Oberstufe	26	36.3	252.6	135.6	59.6	18	69.2
NAR Gemeinschaftsschulen mit Oberstufe	6	89.4	219.2	148.5	49.7	5	83.3
NAR ISS (inkl. GS) ohne Oberstufe	82	17.7	211.0	80.0	42.5	22	26.8
NAR ISS (ohne GS) ohne Oberstufe	70	17.7	211.0	79.2	45.0	20	28.6
NAR Gemeinschaftsschulen ohne Oberstufe	12	20.5	106.7	84.5	23.7	2	16.7
NAR ISS nach alter Schulform							
Hauptschule	16	17.7	114.4	52.9	28.4	1	6.3
Hauptschule + Realschule	18	17.7	211.0	60.0	44.3	2	11.1
Realschule	29	34.6	192.3	105.1	37.3	15	51.7
Gesamtschule	33	28.8	252.6	124.1	62.1	20	60.6
Gesamtschule mit Oberstufe	26	36.3	252.6	135.6	59.6	18	69.2
Gesamtschule ohne Oberstufe	7	28.8	162.5	81.2	55.5	2	28.6

GS = Gemeinschaftsschule, ISS = Integrierte Sekundarschule, M = Mittelwert, SD = Standardabweichung.

Quelle: Eigene Berechnungen auf Grundlage der von der Berliner Senatsverwaltung für Bildung, Jugend und Wissenschaft zur Verfügung gestellten Angaben zur Anzahl der vorhandenen Plätze und angegebenen Erstschulwünsche an den weiterführenden Schulen.

Oberstufe sowie die Schulform vor der Systemaufstellung aus, um der Frage des Einflusses schulstruktureller Aspekte für die Schulnachfrage nachzugehen. Bezogen auf die aktuelle Schulform fand sich an den Gymnasien mit 99.6 eine leicht höhere NAR als an den Integrierten Sekundarschulen (96.3 bzw. 94.5 unter Ausschluss der Gemeinschaftsschulen). Anhand der Standardabweichungen wird ferner deutlich, dass die Unterschiede in der NAR zwischen den Gymnasien (SD = 28.8) geringer ausfielen als zwischen den Integrierten Sekundarschulen (SD = 55.2). Die mittlere NAR an den Gemeinschaftsschulen fiel etwas höher aus als an den anderen Integrierten Sekundarschulen. Ähnliches gilt für die Gymnasien mit grundständigen (bereits in Klasse 5 einsetzenden) Profilzügen, die eine etwas höhere NAR aufwiesen als die Gymnasien ohne grundständige Züge.

Deutliche Unterschiede ergaben sich bezogen auf das Vorhandensein einer gymnasialen Oberstufe, die vor der Systemumstellung ausschließlich an Gesamtschulen implementiert war. 23 (bzw. 71.9 %) der 32 Integrierten Sekundarschulen (inkl. Gemeinschaftsschulen)

mit eigener gymnasialer Oberstufe waren übernachgefragt. Die mittlere NAR betrug 138.0 bei einer Standardabweichung von 57.3. Von den 82 Integrierten Sekundarschulen (inkl. Gemeinschaftsschulen) ohne eigene Oberstufe wiesen hingegen nur 22 (bzw. 26.8 %) eine Übernachfrage auf. Die mittlere NAR lag hier bei 80.0 bei einer Standardabweichung von 42.5. Ein ähnliches Befundmuster fand sich auch, wenn die Integrierten Sekundarschulen und die Gemeinschaftsschulen separat betrachtet wurden.

Klare Unterschiede in der Nachfrage nach den Integrierten Sekundarschulen zeigten sich auch, wenn die bisherige Schulform vor der Systemumstellung betrachtet wurde. Die niedrigste NAR fand sich für diejenigen Sekundarschulen, die vor der Umstellung eine Hauptschule waren (mittlere NAR 52.9 bei einer Standardabweichung von 28.4) bzw. die aus der Zusammenlegung von Haupt- und Realschule hervorgegangen sind (mittlere NAR 60.0 bei einer Standardabweichung von 44.3). Nur 3 dieser insgesamt 34 Integrierten Sekundarschulen waren übernachgefragt. Deutlich stärker nachgefragt waren Integrierte Sekundarschulen, die aus Realschulen hervorgegangen sind. Gut die Hälfte dieser Schulen waren übernachgefragt (mittlere NAR 105.1 bei einer Standardabweichung von 37.3). Am stärksten nachgefragt waren jedoch diejenigen Sekundarschulen, die vor der Systemumstellung Gesamtschulen waren. Bis auf 7 dieser 33 ehemaligen Gesamtschulen verfügten alle Schulen über eine eigene gymnasiale Oberstufe. Wie Tabelle 5.3 zu entnehmen ist, fanden sich auch bei den ehemaligen Gesamtschulen deutliche Unterschiede in der Nachfrage, je nachdem ob eine eigene Oberstufe angegliedert war (NAR 135.6) oder nicht (NAR 81.2). Insgesamt kann damit festgehalten werden, dass schulstrukturelle Aspekte (Schulform vor der Systemumstellung, Vorhandensein einer gymnasialen Oberstufe) eine bedeutsame Rolle bei der Wahl der weiterführenden Schule zu spielen scheinen und sich auch auf die Nachfragesituation auswirken.

5.6.1.4 Welche Schülerinnen und Schüler wünschen sich welche Schulen?

Um sich der Frage zu nähern, inwieweit die Unterschiede in der Nachfragesituation der Schulen mit Unterschieden in individuellen Schülermerkmalen einhergehen (Welche Schülerinnen und Schüler bzw. Eltern präferieren welche Schulen?), wurden die im vorigen Abschnitt dargelegten Informationen zur NAR für die einzelnen Schulen im nächsten Schritt zu den Leistungen und zum sozialen Hintergrund der Schülerinnen und Schüler der BERLIN-Studie in Beziehung gesetzt. Dazu wurde die Gesamtstichprobe der Schülerinnen und Schüler anhand ihrer Durchschnittsnote aus der Förderprognose der Grundschule, ihrer Durchschnittstestleistung in Lesen, Mathematik und Englisch und ihres sozioökonomischen Status jeweils in drei gleich große Gruppen (unteres, mittleres, oberes Drittel) eingeteilt. Anschließend wurde für jede der drei Noten-, Testleistungs- und HISEI-Gruppen die mittlere NAR der jeweils angegebenen Erstwunschschulen bestimmt. Auf diese Weise lassen sich Informationen darüber gewinnen, inwieweit beispielsweise die von den leistungsschwächeren Schülerinnen und Schülern präferierten Erstwunschschulen eine geringere Nachfrage aufwiesen als die angegebenen Erstwunschschulen der leistungsstarken Schülerinnen und Schüler. Für die Integrierte Sekundarschule wurde zusätzlich ermittelt,

Tabelle 5.4: Mittlere Nachfrage-Angebots-Relation (NAR) der Erstwunschschulen und Verteilung auf die alte Schulform vor Systemumstellung (nur für ISS) sowie das Vorhandensein einer gymnasialen Oberstufe (nur für ISS) nach Durchschnittsnote der Förderprognose, Durchschnittstestleistung und sozioökonomischem Status (HISEI)

	N		NAR der Erstwunsch- schule		Nur für ISS[1]				
					Nach alter Schulform in % der Erstwünsche			Nach GO in % der Erst- wünsche	
	GYM	ISS	GYM	ISS	HS/HS + RS	RS	GS	GO	Keine GO
Durchschnittsnote									
Unteres Drittel (schlechter als 2.90)	44	931	96.2	115.5	21.1	34.6	44.3	35.0	65.0
Mittleres Drittel (2.15 bis 2.90)	468	574	102.2	139.2	9.4	27.7	63.0	56.4	43.6
Oberes Drittel (besser als 2.15)	1.006	126	108.3	158.8	7.0	15.0	78.0	73.0	27.0
Durchschnittstestleistung									
Unteres Drittel (< 46.3)	154	835	102.5	115.0	19.4	35.7	44.9	34.3	65.7
Mittleres Drittel (46.3 bis 54.3)	472	554	106.7	133.7	13.6	28.6	57.8	51.7	48.3
Oberes Drittel (> 54.3)	893	242	106.4	154.2	9.0	18.0	73.0	69.9	30.1
Sozioökonomischer Status (HISEI)									
Unteres Drittel (< 31.1)	304	672	105.7	117.9	17.6	36.6	45.8	35.2	64.8
Mittleres Drittel (31.1 bis 61.2)	474	612	103.8	131.3	16.2	27.7	56.1	49.1	50.9
Oberes Drittel (> 61.2)	740	346	107.7	137.7	12.1	24.3	63.7	59.0	41.0

NAR = Nachfrage-Angebots-Relation, GYM = Gymnasium, ISS = Integrierte Sekundarschule, HS = Hauptschule, RS = Realschule, GS = Gesamtschule, GO = gymnasiale Oberstufe.

[1] Ohne Gemeinschafts-, Sport- und Förderschulen.

in welchem Maß es sich bei den von den Schülerinnen und Schülern der unterschiedlichen Schülergruppen gewünschten Erstwunschschulen um Schulen handelte, die vor der Systemumstellung Haupt-, Real- oder Gesamtschulen waren bzw. aus der Zusammenlegung von Haupt- und Realschule hervorgegangen sind und in welchem Umfang die präferierten Erstwunschschulen über eine eigene gymnasiale Oberstufe verfügten. Die Analysen basieren auf der Gruppe derjenigen Schülerinnen und Schüler, für die valide Angaben zum Erstschulwunsch vorlagen und die eine der 200 in Abschnitt 5.6.1.3 betrachteten weiterführenden Schulen besuchten, wobei Schülerinnen und Schüler, bei deren Erstschulwunsch es sich um eine Gemeinschafts-, Sport- oder Förderschule handelte, nicht mit einbezogen wurden. Die Ergebnisse finden sich in Tabelle 5.4.

Beginnt man mit den Schülerinnen und Schülern aus dem unteren Notendrittel (Durchschnittsnote der Förderprognose schlechter 2.90) wird zunächst deutlich, dass $N = 931$ und damit etwa 95 Prozent dieser leistungsschwächeren Schülerinnen und Schüler als Erstschulwunsch eine Integrierte Sekundarschule angaben, lediglich $N = 44$ (etwa 5 %) ein Gymnasium. Die NAR der von diesen Schülerinnen und Schülern präferierten Schulen betrug für die Gymnasien im Mittel 96.2, was auf ein relativ ausgeglichenes Verhältnis zwischen Erstschulwünschen und vorhandenen Plätzen hindeutet, und für die Integrierten Sekundarschulen im Mittel 115.5, was entsprechend eine Übernachfrage indiziert. Mit Blick auf die Integrierten Sekundarschulen kann Tabelle 5.4 darüber hinaus entnommen werden, dass es sich bei den von den Schülerinnen und Schülern aus dem unteren Notendrittel präferierten ISS-Erstwunschschulen zu 21.1 Prozent um Schulen handelte, die vor der Systemumstellung eine Hauptschule waren bzw. aus der Zusammenlegung von Haupt- und Realschule hervorgegangen sind, zu 34.6 Prozent um bisherige Realschulen und zu 44.3 Prozent um ehemalige Gesamtschulen. 35.0 Prozent der Schulen verfügten über eine eigene Oberstufe.

Ein entgegengesetztes Muster fand sich in der Gruppe der Schülerinnen und Schüler aus dem oberen Notendrittel (besser als 2.15). $N = 1.006$ bzw. 89 Prozent dieser Schülerinnen und Schüler strebten als Erstwunschschule ein Gymnasium an. Die NAR der von dieser Schülergruppe gewünschten Gymnasien fiel mit 108.3 etwa 12 Punkte höher aus als in der Gruppe aus dem unteren Notendrittel (96.2). Deutlichere Unterschiede fanden sich bei den mit $N = 126$ vergleichsweise wenigen Schülerinnen und Schülern aus dem oberen Notendrittel, die eine Integrierte Sekundarschule als Erstwunschschule angegeben hatten. Die mittlere NAR fiel hier mit 158.8 deutlich höher aus als im unteren Notendrittel (115.5). Bei nahezu 80 Prozent dieser Sekundarschulen handelte es sich um bisherige Gesamtschulen. 73 Prozent der Schulen verfügten über eine eigene Oberstufe. Damit wird deutlich, dass es sich bei den von diesen leistungsstarken Schülerinnen und Schülern favorisierten Integrierten Sekundarschulen um wesentlich stärker nachgefragte Schulen handelte, die in deutlich stärkerem Maß über eine eigene Oberstufe verfügten, als dies bei den von den leistungsschwächeren Schülerinnen und Schülern aus dem unteren Notendrittel gewünschten Schulen der Fall war. Die Schülerinnen und Schüler aus dem mittleren Notendrittel nehmen in dieser Hinsicht eine Zwischenposition ein, wobei herauszustellen ist, dass die von dieser Schülergruppe präferierten ISS-Erstwunschschulen im Mittel ebenfalls eine deutliche Übernachfrage aufwiesen (NAR 139.2) und zu 56.4 Prozent über eine eigene gymnasiale Oberstufe verfügten. Die Quantifizierung der Zusammenhänge zwischen dem individuellen Notenniveau und der NAR der präferierten Erstwunschschule mittels Korrelationsanalysen ergab für die Gymnasien eine Korrelation von $r = .15$ ($p < .001$) und für die Integrierten Sekundarschulen von $r = .26$ ($p < .001$).

Ein weitestgehend vergleichbares Befundmuster zeigte sich auch, wenn anstelle der Noten die Durchschnittstestleistungen der Schülerinnen und Schüler herangezogen wurden, wobei die NAR-Unterschiede zwischen den drei Testleistungsgruppen an den Gymnasien etwas niedriger ausgeprägt waren als zwischen den Notengruppen. Abweichend zu den Ergebnissen für die Noten fand sich für die Gymnasien kein statistisch signifikanter Zusammenhang mehr zwischen den Testleistungen und der NAR der gewünschten Schule ($r = .03$, $p = .503$, n.s.). Für die Integrierten Sekundarschulen lag die Korrelation mit $r = .26$ ($p < .001$) auf dem gleichen Niveau wie für die Noten. Aufgrund der bestehenden Zusammenhänge zwischen den Schulleistungen von Schülerinnen und Schülern und ihrem familiären Hintergrund erstaunt es nicht, dass sich ähnliche Ergebnisse auch für den sozioökonomischen Status fanden, wenngleich die NAR-Gruppenunterschiede nochmals geringer ausfielen als für die Durchschnittstestleistungen. Die korrelativen Zusammenhänge zwischen individuellem sozioökonomischen Status und NAR der Erstwunschschule betrugen $r = .15$ ($p < .001$) für die Integrierten Sekundarschulen und $r = .03$ ($p = .439$, n.s.) für die Gymnasien.

Die voranstehenden Ergebnisse lassen sich als Hinweis darauf interpretieren, dass die Schulleistungen der Schülerinnen und Schüler bei der Angabe der Erstwunschschulen insgesamt eine größere Rolle zu spielen scheinen als die soziale Herkunft. Insbesondere die Schulnoten der Schülerinnen und Schüler weisen klare Zusammenhänge mit der Nachfragesituation an der präferierten Erstwunschschule aus. Für Schülerinnen und Schüler, die als Erstwunsch eine Integrierte Sekundarschule anstreben, ist je nach Leistungsniveau zum Teil von strukturellen (Schulform vor der Systemumstellung) bzw. schulorganisatorischen (Vorhandensein einer gymnasialen Oberstufe am Schulstandort) Unterschieden bezüglich der von den jeweiligen Schülerinnen und Schülern anvisierten Schulen auszugehen. Wie die individuellen Schülermerkmale mit den Merkmalen der von den Schülerinnen und Schülern tatsächlich besuchten Schulen zusammenhängen, wird in Abschnitt 5.6.2.2 untersucht.

5.6.2 Realisierung der Schulwünsche

5.6.2.1 Umsetzung der Schulwahl

Eine zentrale Frage im neu gestalteten Berliner Übergangsverfahren gilt der Realisierung der Schulwünsche. Ob sich ein Schulwunsch realisieren lässt, hängt davon ab, ob an der betreffenden Schule ausreichend Plätze vorhanden sind. Nach den Angaben der Berliner Senatsverwaltung für Bildung, Jugend und Wissenschaft wiesen für die Aufnahme im Schuljahr 2011/12 85 der insgesamt 214 öffentlichen weiterführenden Schulen eine Übernachfrage auf, darunter 48 Integrierte Sekundarschulen (hier einschließlich Gemeinschaftsschulen) und 37 Gymnasien (Pressemitteilung der Berliner Senatsverwaltung für Bildung, Jugend und Wissenschaft vom 26.04.2012). Als Aufnahmekriterien zogen rund zwei Drittel der übernachgefragten Schulen ausschließlich die Durchschnittsnote der Förderprognose heran (Integrierte Sekundarschule einschließlich Gemeinschaftsschule 76 %, Gymnasium 53 %), die übrigen übernachgefragten Schulen legten profilbezogene Kriterien unter Einbezug weiterer Aufnahmevoraussetzungen (z. B. gewichtete Notensummen, Aufnahmetest) an.[7]

Die Angaben der Berliner Senatsverwaltung für die umgesetzten Erstschulwünsche im Schuljahr 2011/12 für die Gesamtpopulation finden sich in Tabelle 5.5. Es wird ersichtlich, dass insgesamt 84.3 Prozent aller Erstschulwünsche umgesetzt werden konnten. Dabei zeigten sich Unterschiede zwischen den Schulformen: Während am Gymnasium etwa neun von zehn Schülerinnen und Schülern ihren Erstwunsch realisieren konnten, ließ sich an den Integrierten Sekundarschulen (einschließlich der Gemeinschaftsschulen) jeder fünfte Erstwunsch nicht umsetzen. 3.7 Prozent der Schülerinnen und Schüler wurden über die Integrationsregelung für Schülerinnen und Schüler mit sonderpädagogischem Förderbedarf an ihrer Erstwunschschule aufgenommen, bei substanziellen Unterschieden zwischen den

---

7 Die Angaben beziehen sich auf Auswertungen einer von der Berliner Senatsverwaltung eingesetzten internen Arbeitsgruppe zur Weiterentwicklung des Aufnahmeverfahrens für die weiterführenden Schulen (Senatsverwaltung für Bildung, Jugend und Wissenschaft, 2012). Schulen besonderer pädagogischer Prägung wurden in den Analysen nicht mit berücksichtigt.

Tabelle 5.5: Realisierung der Erst-, Zweit- und Drittwünsche für die Aufnahme im Schuljahr 2011/12 (Anteile in %, Populationsangaben)

	Gesamt	Integrierte Sekundarschule[1]	Gymnasium
Erstwunsch	84.3	78.6	91.7
davon Integrationskinder	3.7	6.0	0.5
davon Härtefallregelung	0.6	0.5	0.8
übrige Erstwünsche	80.0	72.1	90.4
Zweitwunsch	6.1	7.8	4.0
Drittwunsch	2.8	3.5	1.9
Erst-, Zweit- oder Drittwunsch	93.2	88.9	97.6

[1] Inklusive Gemeinschaftsschulen.

Quelle: Berliner Senatsverwaltung für Bildung, Jugend und Wissenschaft, 2011.

Schulformen. Relativ gering fiel an beiden Schulformen der Anteil der Schülerinnen und Schüler aus, die über die Härtefallregelung an ihre Erstwunschschule gelangten (0.6 %). Bezieht man neben dem Erstwunsch auch die zweite und dritte angegebene Wunschschule mit ein, wurden insgesamt 93.2 Prozent der Schulwünsche realisiert, an der Integrierten Sekundarschule 88.9 und am Gymnasium 97.6 Prozent.

Die für die Populationsebene beschriebenen Ergebnisse fielen in der Schülerstichprobe der BERLIN-Studie nahezu identisch aus. Insgesamt konnten 84.6 Prozent der Schülerinnen und Schüler mit validen Erstwunschschulangaben ihren Erstwunsch realisieren, an den Integrierten Sekundarschulen (einschließlich Gemeinschaftsschulen) 78.0 Prozent und an den Gymnasien 92.8 Prozent. Bei getrennter Betrachtung von Integrierter Sekundarschule und Gemeinschaftsschule ergaben sich Anteile von 78.5 (ISS) und 74.8 Prozent (Gemeinschaftsschule).

Um ein differenzierteres Bild von der Realisierung der Schulwünsche zu erhalten, wurde die Angabe zur Umsetzung des Erstschulwunsches (Erstschulwunsch umgesetzt vs. Erstschulwunsch nicht umgesetzt) in einem nächsten Schritt mit zentralen Indikatoren der schulischen Leistungsfähigkeit (Durchschnittsnote der Förderprognose sowie Durchschnittstestleistung in Lesen, Mathematik und Englisch) und des familiären Hintergrunds (sozioökonomischer Status, höchster Schulabschluss der Eltern und Migrationsstatus) der Schülerinnen und Schüler in Beziehung gesetzt. Bezogen auf die Noten, die Testleistungen und den sozioökonomischen Status wurden die Schülerinnen und Schüler dazu erneut in jeweils drei Gruppen eingeteilt.

Tabelle 5.6 weist die Anteile der realisierten Erstschulwünsche in Abhängigkeit der individuellen Schülermerkmale getrennt für die Integrierten Sekundarschulen (ohne Gemeinschaftsschulen) und die Gymnasien aus. Die deutlichsten Unterschiede fanden sich für die Durchschnittsnote der Förderprognose. So betrug der Anteil der realisierten Erstwünsche der Schülerinnen und Schüler aus dem oberen Notendrittel an den Integrierten Sekundarschulen 93.1 Prozent, während von den Schülerinnen und Schülern aus dem unteren Notendrittel nur 72.6 Prozent ihren Erstschulwunsch umsetzen konnten. An den Gymnasien

Tabelle 5.6: Realisierung des Erstschulwunsches für die Aufnahme im Schuljahr 2011/12 nach Schülermerkmalen (Anteile in %)

	N Integrierte Sekundarschule[1]/ Gymnasium	Integrierte Sekundarschule[1]	Gymnasium
Durchschnittsnote Förderprognose			
Unteres Drittel (schlechter als 2.90)	935/44	72.6	85.1
Mittleres Drittel (2.15 bis 2.90)	589/464	84.4	88.2
Oberes Drittel (besser als 2.15)	134/996	93.1	95.3
Durchschnittstestleistung			
Unteres Drittel (< 46.3)	840/154	76.9	88.2
Mittleres Drittel (46.3 bis 54.3)	563/470	78.4	88.9
Oberes Drittel (> 54.3)	256/880	84.0	95.6
Sozioökonomischer Status (HISEI)			
Unteres Drittel (< 31.1)	681/301	77.5	89.8
Mittleres Drittel (31.1 bis 61.2)	624/470	78.9	93.7
Oberes Drittel (> 61.2)	354/734	79.6	93.4
Schulabschluss der Eltern			
Maximal Hauptschulabschluss	355/117	80.6	90.9
Mittlerer Schulabschluss	669/341	76.7	92.0
Abitur (einschließlich Fachhochschulreife)	635/1.047	79.2	93.3
Migrationsstatus			
Kein Migrationshintergrund	897/853	80.5	93.7
Mindestens ein Elternteil im Ausland geboren	762/651	76.2	91.6
Geschlecht			
Mädchen	747/788	80.0	92.2
Jungen	912/716	77.2	93.4

[1] Ohne Gemeinschafts-, Sport- und Förderschulen.

waren diese Gruppenunterschiede tendenziell schwächer ausgeprägt. Die punktbiseriale Korrelation zwischen der individuellen Durchschnittsnote der Förderprognose und der Realisierung des Erstschulwunsches betrug $r = .15$ ($p < .001$) an der Integrierten Sekundarschule und $r = .14$ ($p < .001$) am Gymnasium.

Für die Durchschnittstestleistungen fielen die Gruppenunterschiede im Ausmaß der realisierten Erstschulwünsche niedriger aus als für die Noten. An der Integrierten Sekundarschule waren zwischen dem unteren und mittleren Testleistungsdrittel praktisch keine Unterschiede im Anteil der realisierten Erstschulwünsche auszumachen. Die für die Integrierte Sekundarschule resultierende Korrelation zwischen der individuell gezeigten Testleistung und der Realisierung des Erstschulwunsches fiel nicht statistisch signifikant aus ($r = .03, p = .155$, n.s.). Für die Gymnasien resultierte eine Korrelation von $r = .13$ ($p < .001$).

Mit Blick auf die familiären Hintergrundmerkmale waren weder für den sozioökonomischen Status, den elterlichen Bildungshintergrund und den Migrationsstatus nennenswerte Unterschiede in der Realisierung des ersten Schulwunsches feststellbar. Auch die geschlechtsspezifische Betrachtung ergab keine Hinweise auf stärkere Unterschiede in der Umsetzung des Erstschulwunsches.

Zusammenfassend deuten die voranstehenden Befunde damit auf die bedeutsame Rolle der Durchschnittsnote der Förderprognose für die Umsetzung des Erstschulwunsches hin, die vom überwiegenden Anteil der übernachgefragten Schulen als zentrales Auswahlkriterium zugrunde gelegt wurde. Gleichwohl ist herauszustellen, dass es sich bei den berichteten Befunden lediglich um bivariate Betrachtungen handelt und sich aus den Ergebnissen somit nur begrenzt Aussagen zur spezifischen Bedeutung der einzelnen Schülermerkmale bei der Umsetzung der Schulwünsche ableiten lassen. Zu bedenken ist ferner, dass nicht zwangsläufig von einfachen linearen Zusammenhängen zwischen den Schülermerkmalen und der Realisierung der Schulwünsche ausgegangen werden darf, da bereits die Schulwünsche ihrerseits von diesen Merkmalen beeinflusst sein konnten. So gaben – wie in Abschnitt 5.6.1.4 ausgeführt – leistungsschwächere Schülerinnen und Schüler häufiger weniger stark nachgefragte Schulen als Schulwunsch an, wodurch sich die Chance auf die Realisierung des Schulwunsches erhöht. Zur Klärung dieses komplexen Zusammenhangsmusters sind vertiefende Analysen notwendig, die neben der simultanen Betrachtung der Schülermerkmale auch Unterschiede in der schulbezogenen Nachfrage-Angebots-Relation einbeziehen (vgl. dazu Abschnitt 5.6.2.3). Zuvor soll jedoch der Frage nachgegangen werden, welche Schülerinnen und Schüler auf welche Schulen übergegangen sind.

5.6.2.2 Welche Schülerinnen und Schüler gehen auf welche Schulen über?

In Abschnitt 5.6.1.4 wurde für die von den Schülerinnen und Schülern angegebenen Erstwunschschulen dargestellt, in welchem Zusammenhang die Nachfrage-Angebots-Relation (NAR) der präferierten Schulen mit dem individuellen Leistungsniveau und der sozialen Herkunft der Schülerinnen und Schüler steht. Es wurde deutlich, dass leistungsstärkere Schülerinnen und Schüler im Durchschnitt den Besuch stärker nachgefragter Erstwunschschulen anstrebten als leistungsschwächere Schülerinnen und Schüler. Im Folgenden soll nun für die tatsächlich besuchten weiterführenden Schulen analog zur Darstellung bei den Erstschulwünschen die NAR in Abhängigkeit der individuellen Schülermerkmale betrachtet werden. Die Analysen liefern damit zum einen Anhaltspunkte für die Frage, welche Schülerinnen und Schüler auf stärker und welche auf weniger stark nachgefragte weiterführende Schulen gewechselt sind. Mit Blick auf die Integrierten Sekundarschulen geben die Analysen zum anderen Auskunft darüber, inwieweit die von den unterschiedlichen Schülergruppen besuchten Sekundarschulen über eine eigene gymnasiale Oberstufe verfügen und um was für eine Schulform es sich bei diesen Schulen vor der Systemumstellung handelte. Ein besonderes Augenmerk gilt hierbei den Schülergruppen, von denen größere Anteile der Schülerinnen und Schüler ihren Erstschulwunsch *nicht* umsetzen konnten, da hier stärkere Unterschiede in der NAR der angegebenen Erstwunschschulen und der tatsächlich besuchten Schulen zu erwarten sind. Einbezogen werden ausschließlich Schülerinnen und Schüler, die auf ein Gymnasium oder eine Integrierte Sekundarschule (ohne Gemeinschafts-, Sport- und Förderschulen) übergegangen sind. Die Ergebnisse finden sich in Tabelle 5.7.

Beginnt man erneut mit den Schülerinnen und Schülern aus dem unteren Notendrittel der Gesamtverteilung der Grundschulstichprobe zeigt sich zunächst, dass $N = 1.035$

Tabelle 5.7: Mittlere Nachfrage-Angebots-Relation (NAR) der besuchten weiterführenden Schule und Verteilung auf die alte Schulform vor Systemumstellung (nur für ISS) sowie das Vorhandensein einer gymnasialen Oberstufe (nur für ISS) nach Durchschnittsnote der Förderprognose, durchschnittlicher Testleistung und sozioökonomischem Status (HISEI)

| | N | | NAR der besuchten Schule | | Nur für ISS[1] | | | | |
| | | | | | Nach alter Schulform in % der realisierten Übergänge | | | Nach GO in % der realisierten Übergänge | |
	GYM	ISS	GYM	ISS	HS/HS + RS	RS	GS	GO	Keine GO
Durchschnittsnote									
Unteres Drittel (schlechter als 2.90)	51	1.035	87.7	79.1	35.1	31.3	33.7	22.2	77.8
Mittleres Drittel (2.15 bis 2.90)	512	607	91.6	123.0	16.4	29.8	53.8	47.3	52.7
Oberes Drittel (besser als 2.15)	1.038	132	104.4	154.8	9.0	15.1	75.8	69.8	30.2
Durchschnittstestleistung									
Unteres Drittel (< 46.3)	166	937	91.9	85.8	31.1	32.6	36.2	24.6	75.4
Mittleres Drittel (46.3 bis 54.3)	512	586	97.1	105.1	25.4	28.8	45.9	38.0	62.0
Oberes Drittel (> 54.3)	924	251	102.7	139.5	13.5	20.1	66.4	62.0	38.0
Sozioökonomischer Status (HISEI)									
Unteres Drittel (< 31.1)	325	759	96.8	88.4	29.2	33.7	37.2	25.2	74.8
Mittleres Drittel (31.1 bis 61.2)	502	662	97.6	102.4	27.0	26.8	46.2	37.1	62.9
Oberes Drittel (> 61.2)	774	353	102.5	119.2	21.1	26.0	52.9	48.7	51.3

NAR = Nachfrage-Angebots-Relation, GYM = Gymnasium, ISS = Integrierte Sekundarschule, HS = Hauptschule, RS = Realschule, GS = Gesamtschule, GO = gymnasiale Oberstufe.

[1] Ohne Gemeinschafts-, Sport- und Förderschulen.

bzw. 95 Prozent dieser Schülergruppe auf eine Integrierte Sekundarschule gewechselt sind, nur $N = 51$ bzw. 5 Prozent auf ein Gymnasium. Die NAR der von diesen Schülerinnen und Schülern besuchten Schulen betrug für die Gymnasien im Mittel 87.7 und fiel damit etwa 8 Prozentpunkte niedriger aus als die mittlere NAR bei den von dieser Schülergruppe angegebenen Erstschulwünschen (NAR 96.2, vgl. Tab. 5.4). Deutlichere Verschiebungen ergaben sich für die Integrierten Sekundarschulen. Hier betrug die NAR der von den Schülerinnen und Schülern aus dem unteren Notendrittel besuchten Schulen im Mittel 79.1 und lag damit deutlich unter dem Niveau für die angegebenen Erstschulwünsche (NAR 115.5, vgl. Tab. 5.4). Die Unterschiede zwischen der NAR für die Erstschulwünsche und die der letztlich besuchten weiterführenden Schulen lassen sich auf den in dieser Schülergruppe mit 72.6 Prozent (vgl. Tab. 5.6) vergleichsweise geringen Anteil der umgesetzten Erstschulwünsche und die geringere NAR der angegebenen Zweit- und Drittwunschschulen bzw. zugewiesenen Schulen zurückführen. Hier sind also deutliche Umverteilungsprozesse infolge nicht umgesetzter Erstschulwünsche erkennbar. Abweichungen zeigten sich entsprechend auch mit Blick auf die alte Schulform vor der Systemumstellung und das Vorhandensein einer gymnasialen Oberstufe. Handelte es sich bei den von den Schülerinnen und Schülern aus dem unteren Notendrittel angegebenen Erstschulwünschen zu 21.1 Prozent um Integrierte Sekundarschulen, die aus einer Hauptschule bzw. dem Zusammenschluss aus Haupt- und Realschule hervorgegangen sind, fiel dieser Anteil bei den von den Schülerinnen und Schülern tatsächlich besuchten Schulen mit 35.1 Prozent deutlich höher aus. Der Anteil der ehemaligen Gesamtschulen reduzierte sich hingegen von 44.3 für die Erstwunschschulen auf 33.7 Prozent für die besuchten Schulen. Verfügten 35 Prozent der von dieser Schülergruppe angegebenen Erstwunschschulen über eine eigene Oberstufe, war dies bei den tatsächlich besuchten Schulen nur für etwas mehr als ein Fünftel (22.2 %) der Schulen der Fall.

Von den Schülerinnen und Schülern aus dem oberen Notendrittel wechselten $N = 1.038$ bzw. 89 Prozent auf ein Gymnasium, $N = 132$ bzw. 11 Prozent auf eine Integrierte Sekundarschule. Da an den Gymnasien über 95 Prozent und an den Integrierten Sekundarschulen über 93 Prozent der Schülerinnen und Schüler aus dem oberen Notendrittel ihren Erstwunsch umsetzen konnten (vgl. Tab. 5.6), finden sich für diese leistungsstarke Schülergruppe nur sehr geringe Abweichungen zwischen der mittleren NAR der angegebenen Erstwunschschulen (NAR GYM 108.3/NAR ISS 158.8, vgl. Tab. 5.4) und der NAR der tatsächlich besuchten weiterführenden Schulen (NAR GYM 104.4/NAR ISS 154.8, vgl. Tab. 5.7). Bei den von den Schülerinnen und Schülern aus dem oberen Notendrittel besuchten Integrierten Sekundarschulen handelte es sich zu 75.8 Prozent um ehemalige Gesamtschulen und nur zu 9 Prozent um ehemalige Hauptschulen bzw. Zusammenschlüsse aus Haupt- und Realschulen. 69.8 Prozent der Schulen verfügten über eine eigene Oberstufe.

Ein in der Grundtendenz ähnliches Befundmuster zeigte sich auch für die Durchschnittstestleistungen und den sozioökonomischen Status (vgl. Tab. 5.7). Allerdings fielen die NAR-Gruppenunterschiede zwischen unterem und oberem Testleistungs- bzw. HISEI-Drittel weniger prononciert aus als bei den Durchschnittsnoten. Dies spiegelt sich auch in den absteigenden Korrelationen zwischen den individuellen Schülermerkmalen und der NAR der besuchten Schule wider, die für die Integrierten Sekundarschulen $r = .43$ ($p < .001$) für die Durchschnittsnote, $r = .32$ ($p < .001$) für die Durchschnittstestleistung und $r = .22$ ($p < .001$) für den sozioökonomischen Status betrugen. Die Korrelationen an den Gymnasien fielen insgesamt niedriger aus, die Rangfolge der Korrelationen war jedoch mit $r = .27$ ($p < .001$) für die Durchschnittsnote, $r = .14$ ($p < .001$) für die Durchschnittstestleistung und $r = .09$ ($p = .004$) für den sozioökonomischen Status identisch zur Rangfolge bei den Integrierten Sekundarschulen. Sämtliche Korrelationen zwischen den Schülermerkmalen und der NAR der besuchten weiterführenden Schulen fielen zudem höher aus als die berichteten Korrelationen zwischen den Schülermerkmalen und der NAR der Erstwunschschule. Die NAR der besuchten Schule steht also in stärkerem Zusammenhang mit den individuellen Schülermerkmalen als die NAR der Erstwunschschule.

Insgesamt machen die Befunde damit deutlich, dass sich – in erwartbarer Weise – leistungsstärkere Schülerinnen und Schüler in verstärktem Maße an Schulen wiederfanden, die stärker nachgefragt waren und den Eltern mithin attraktiver zu sein schienen. Handelte es sich bei den von den leistungsschwächeren Schülerinnen und Schülern besuchten Integrierten Sekundarschulen in stärkerem Maß um ehemalige Hauptschulen (bzw. Haupt- und Realschulzusammenschlüsse) und Schulen, die keine eigene gymnasiale Oberstufe besaßen, war für die leistungsstarken ISS-Schülerinnen und -Schüler das Gegenteil der Fall. Sie wechselten überwiegend auf Schulen mit eigener Oberstufe. Ehemalige Hauptschulen bzw. Zusammenlegungen aus Haupt- und Realschulen waren in dieser Schülergruppe nur sehr selten anzutreffen. Vor allem für leistungsschwächere Schülerinnen und Schüler, die ihren Erstschulwunsch in stärkerem Maße nicht umsetzen konnten, zeigten sich deutliche Veränderungen in der Nachfragesituation der gewünschten Erstwunschschule und der tatsächlich besuchten Schule.

5.6.2.3 Multivariate Betrachtung der Umsetzung des Erstschulwunsches

In einem letzten Schritt soll die Umsetzung des Erstschulwunsches einer multivariaten Betrachtung unterzogen werden. Zu diesem Zweck wurden logistische Regressionsanalysen zur Vorhersage der Realisierung des Erstschulwunsches (0 = nicht realisiert, 1 = realisiert) durchgeführt, in denen neben den individuellen Leistungsindikatoren und den Merkmalen des familiären Hintergrunds als Vorhersagevariable auch die NAR der präferierten Erstwunschschule berücksichtigt wurde. Damit werden Unterschiede in der Nachfragesituation der einzelnen Schulen statistisch kontrolliert, und es lassen sich Aussagen darüber treffen, welche Rolle den verschiedenen leistungsbezogenen und familiären Merkmalen bei vergleichbarer Nachfrage-Angebots-Relation für die Realisierung des Schulwunsches zukommt. Die Analysen wurden jeweils getrennt für die Schülerinnen und Schüler mit Erstschulwunsch Integrierte Sekundarschule (ohne Gemeinschaftsschule) und Erstschulwunsch Gymnasium durchgeführt. Berücksichtigt wurden ausschließlich Schülerinnen und Schüler, bei deren Erstwunschschule es sich um eine übernachgefragte Schule handelte, da der Einfluss der Schülermerkmale bei den unternachgefragten Schulen ohne Einfluss auf die Umsetzung des Schulwunsches ist. Die Ergebnisse finden sich in den Tabellen 5.8 (Integrierte Sekundarschule) und 5.9 (Gymnasium). Die Interpretation der Befunde erfolgt auf der Grundlage der ausgewiesenen *odds ratios,* die die Chancenverhältnisse für die Realisierung des Schulwunsches repräsentieren und angeben, um das Wievielfache höher die Chance auf die Realisierung des Erstschulwunsches ausfällt, wenn die jeweils betrachtete Vorhersagevariable bei gleichen Ausprägungen auf allen anderen Variablen um eine Einheit ansteigt.

In den Modellen 0 der Tabellen 5.8 und 5.9 sind zunächst die bivariaten Zusammenhänge zwischen den einzelnen Prädiktorvariablen und der Umsetzung des Erstschulwunsches dargestellt. Es fanden sich positive und statistisch signifikante Effekte der Durchschnittsnote der Förderprognose, der Durchschnittstestleistung, des sozioökonomischen Status sowie ein negativer Effekt des Migrationshintergrunds (nur für die ISS) auf die Umsetzung des Erstschulwunsches. Zum anderen zeigte sich ein statistisch signifikanter Effekt für die Nachfrage-Angebots-Relation der Erstwunschschule. In erwartbarer Weise fiel dieser Effekt negativ aus: Je höher die NAR, desto niedriger war die Chance, an der betreffenden Schule einen Platz zu erhalten.[8]

---

8   Das für die Integrierten Sekundarschulen ausgewiesene *odds ratio* von 0.98 besagt, dass bei einem Anstieg der NAR um einen Punkt (von 130 auf 131) eine um das 0.98-fache niedrigere Chance besteht, seinen Schulwunsch zu realisieren. Würde die NAR um 10 Punkte steigen, würde dadurch ein logistischer Regressionskoeffizient von $b = -0.17$ (10×-0.017) resultieren, der einem *odds ratio* von 0.84 und damit einer um das 0.84-fach geringeren Chance entspricht. Entsprechend führt ein Anstieg der NAR um 20 Punkte zu einem logistischen Regressionskoeffizient von $b = -0.34$ (20×-0.017), der einem *odds ratio* von 0.71 entspricht usw.

Tabelle 5.8: Logistische Regression zur Vorhersage der Umsetzung des Erstschulwunsches für Integrierte Sekundarschulen durch individuelle Schülermerkmale und die Nachfrage-Angebots-Relation (NAR) der Erstwunschschule (nur für Schülerinnen und Schüler mit NAR der Erstwunschschule > 100)

	Modell 0 (bivariat)			Modell 1		
	b	OR	p	b	OR	p
Durchschnittsnote Förderprognose (rekodiert, z-Wert)	**1.106**	**3.02**	**<.001**	**1.538**	**4.66**	**<.001**
Durchschnittstestleistung (z-Wert)	**0.465**	**1.59**	**<.001**	−0.121	0.89	.398
Geschlecht (Ref. Jungen)	0.225	1.25	.103	0.088	1.09	.609
Sozioökonomischer Status (HISEI, z-Wert)	**0.255**	**1.29**	**.013**	0.014	1.01	.927
Schulische Ausbildung der Eltern (Ref. Abitur/FHSR)						
Maximal Hauptschulabschluss	−0.327	0.72	.182	0.235	1.26	.423
Maximal mittlerer Schulabschluss	−0.294	0.75	.162	−0.090	0.91	.728
Migrationsstatus (Ref. beide Eltern in Deutschland geb.)	**−0.674**	**0.55**	**<.001**	−0.315	0.73	.135
NAR der Erstwunschschule (zentriert an 130)	**−0.017**	**0.98**	**<.001**	**−0.025**	**0.98**	**<.001**
R^2					0.400	

OR = *odds ratio*, NAR = Nachfrage-Angebots-Relation, FHSR = Fachhochschulreife; auf dem $p < .05$-Niveau statistisch signifikante Parameter fett.

Die Modelle 1 enthalten die Ergebnisse der multivariaten Betrachtung. Wie den Tabellen 5.8 und 5.9 zu entnehmen ist, konnten bei simultaner Berücksichtigung der Vorhersagevariablen nur für zwei Prädiktoren statistisch signifikante Effekte festgestellt werden. Dabei handelte es sich zum einen um die Durchschnittsnote der Förderprognose. Lag die Durchschnittsnote eine Standardabweichung über dem Gesamtmittelwert, erhöhte dies die Chance für die Realisierung des Erstwunsches an der Integrierten Sekundarschule um das 4.66-fache und am Gymnasium um das 5.38-fache. Zum anderen zeigten sich erneut die bereits in den bivariaten Analysen deutlich gewordenen Effekte für die NAR der angegebenen Erstwunschschule. Für keinen der anderen Prädiktoren waren zusätzliche statistisch signifikante Effekte feststellbar. Dies ist ein deutlicher Beleg für die zentrale Rolle der Noten und der Nachfragesituation der präferierten Schule für die Realisierung des Schulwunsches. Hinweise auf zusätzlich wirkende Effekte des familiären Hintergrunds der Schülerinnen und Schüler ließen sich nicht ausmachen. Mit den in den Vorhersagemodellen berücksichtigten Variablen ließen sich 40 Prozent (ISS) bzw. 33.3 Prozent (Gymnasium) der Varianz in der Realisierung des Erstschulwunsches erklären. In Zusatzanalysen, in denen Schülerinnen und Schüler, die als Integrationskinder (sonderpädagogischer Förderbedarf) oder über die Härtefallregelung an die Schule gekommen sind, ausgeschlossen wurden, zeigten sich nur marginale Veränderungen in den Ergebnissen. Für die Umsetzung des Erstschulwunsches kann damit festgehalten werden, dass die Realisierung des Schulwunsches nach Berücksichtigung von Unterschieden in der Nachfrage-Angebots-Relation der Schulen in erster Linie vom Leistungsniveau (den Schulnoten) der Schülerinnen und Schüler abhängt. Anzeichen für darüber hinausgehende Einflüsse familiärer Herkunftsmerkmale für die Umsetzung des Schulwunsches zeigten sich nicht.

Tabelle 5.9: Logistische Regression zur Vorhersage der Umsetzung des Erstschulwunsches für Gymnasien durch individuelle Schülermerkmale und die Nachfrage-Angebots-Relation (NAR) der Erstwunschschule (nur für Schülerinnen und Schüler mit NAR der Erstwunschschule > 100)

	Modell 0 (bivariat)			Modell 1		
	b	OR	p	b	OR	p
Durchschnittsnote Förderprognose (rekodiert, z-Wert)	**1.691**	**5.42**	**<.001**	**1.682**	**5.38**	**<.001**
Durchschnittstestleistung (z-Wert)	**0.361**	**1.43**	**<.001**	0.179	1.20	.418
Geschlecht (Ref. Jungen)	−0.127	0.88	.595	−0.195	0.82	.472
Sozioökonomischer Status (HISEI, z-Wert)	**0.343**	**1.41**	**.006**	−0.004	1.00	.978
Schulische Ausbildung der Eltern (Ref. Abitur/FHSR)						
Maximal Hauptschulabschluss	−0.628	0.53	.227	0.010	1.01	.987
Maximal mittlerer Schulabschluss	−0.478	0.62	.157	−0.262	0.77	.529
Migrationsstatus (Ref. beide Eltern in Deutschland geb.)	−0.376	0.69	.146	0.266	1.30	.379
NAR der Erstwunschschule (zentriert an 130)	**−0.027**	**0.97**	**<.001**	**−0.026**	**0.97**	**<.001**
R^2					0.333	

OR = *odds ratio*, NAR = Nachfrage-Angebots-Relation, FHSR = Fachhochschulreife; auf dem $p < .05$-Niveau statistisch signifikante Parameter fett.

5.6.2.4 Zufriedenheit mit der besuchten weiterführenden Schule

Etwa zwei Monate nach dem Übergang an die weiterführenden Schulen wurden sowohl die Eltern als auch die Schülerinnen und Schüler zu ihrer Zufriedenheit mit der neuen Schule befragt. Bezüglich der Ergebnisse lassen sich Unterschiede in der Zufriedenheit erwarten, je nachdem ob der Erst-, Zweit- oder Drittwunsch realisiert werden konnte bzw. eine von den drei Schulwünschen abweichende Schulentscheidung getroffen wurde. Die Ergebnisse sind in Abbildung 5.4 dargestellt.

Wie Abbildung 5.4 entnommen werden kann, zeigten sich sowohl für die Einschätzungen der Eltern als auch der Schülerinnen und Schüler die höchsten Zufriedenheitswerte in der Gruppe mit realisiertem Erstschulwunsch. Hier ist zu berücksichtigen, dass es sich bei dieser großen Gruppe um etwa 85 Prozent aller Schülerinnen und Schüler handelt. 44.7 Prozent der Eltern mit realisierten Erstschulwunsch waren sehr zufrieden und 45.5 Prozent eher zufrieden, was insgesamt als sehr positives Ergebnis zu werten ist. Die mittlere Zufriedenheit in dieser Gruppe fiel statistisch signifikant höher aus als in den vergleichsweise kleinen Gruppen mit nicht realisiertem Erstschulwunsch. Die Gruppenunterschiede bezüglich der Zufriedenheit der Eltern mit der neuen Schule entsprachen einer Größenordnung von $d = 0.32$ bis $d = 0.56$ Standardabweichungen und können damit durchaus als substanziell eingestuft werden. Gleichwohl ist herauszustellen, dass auch in den Gruppen mit nicht realisiertem Erstschulwunsch der überwiegende Teil der Eltern sehr zufrieden bzw. eher zufrieden mit der Wahl der weiterführenden Schule für ihr Kind war.

Die selbst eingeschätzte Zufriedenheit der Schülerinnen und Schüler mit ihrer neuen Schule fiel nochmals positiver aus. 61 Prozent der Schülerinnen und Schüler mit realisier-

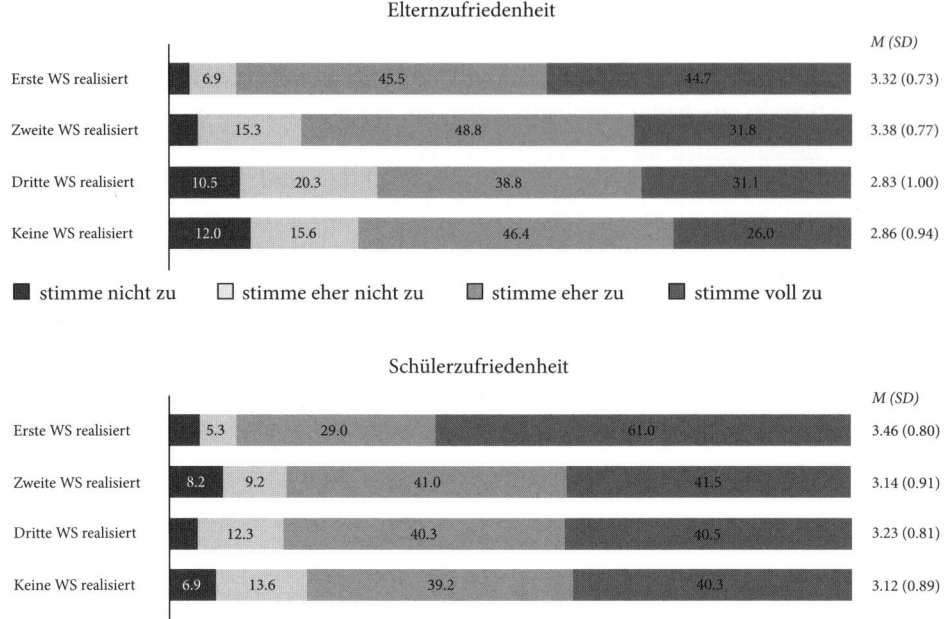

WS = Wunschschule, M = Mittelwert, SD = Standardabweichung. Schülerschätzung: „Wie zufrieden bist du, auf deine jetzige Schule zu gehen?" (1 = sehr unzufrieden, 2 = eher unzufrieden, 3 = eher zufrieden, 4 = sehr zufrieden); Zufriedenheit der Eltern mit der neuen Schule: „Wir sind sehr zufrieden mit der Wahl der weiterführenden Schule für unser Kind." (1 = stimme nicht zu, 2 = stimme eher nicht zu, 3 = stimme eher zu, 4 = stimme voll zu).

Abbildung 5.4: Schüler- und Elternzufriedenheit mit der besuchten weiterführenden Schule in Abhängigkeit der Realisierung des Schulwunsches (prozentuale Kategorienbelegung, Mittelwerte und Standardabweichungen für Schülerinnen und Schüler mit drei Wunschschulangaben)

tem Erstschulwunsch gaben an, „sehr zufrieden" mit ihrer neuen Schule zu sein, weitere 29 Prozent waren „eher zufrieden". Auch für die Schülereinschätzung fanden sich im Mittel die höchsten Zufriedenheitswerte für die Gruppe mit realisiertem Erstschulwunsch. Die Unterschiede zu den anderen Gruppen betrugen zwischen $d = 0.29$ und $d = 0.40$ Standardabweichungen und fielen allesamt statistisch signifikant aus. Auch hier gilt zu betonen, dass die Einschätzung der Zufriedenheit mit der neuen Schule auch bei den Schülerinnen und Schülern mit nicht realisiertem Erstschulwunsch überwiegend positiv ausfiel.

Um zu überprüfen, inwieweit die positivere Einschätzung der Eltern bzw. Schülerinnen und Schüler mit realisiertem Erstschulwunsch möglicherweise auf andere leistungsbezogene und familiäre Schülermerkmale zurückzuführen und weniger als Grund der Realisierung des Schulwunsches zu betrachten ist, wurden in vertiefenden Analysen Regressionsmodelle zur Vorhersage der Schulzufriedenheit durch Schülermerkmale und familiäre Hintergrundmerkmale sowie die besuchte Schulform (Gymnasium vs. Integrierte Sekundarschule) spezifiziert. Weiterhin wurde eine Dummy-Variable aufgenommen, die indizierte, ob der Erstschulwunsch realisiert werden konnte oder nicht. Auch nach Berücksichtigung der Schülermerkmale zeigten sich bedeutsame und statistisch signifikante Effekte der Realisierung des Erstschulwunsches auf die Schulzufriedenheit (ohne Tab.). Für die Elternzufriedenheit fand sich eine um $d = 0.40$ ($p < .001$) Standardabweichungen höhere Zufriedenheit, wenn der Erstschulwunsch realisiert werden konnte, für die Schülerzufriedenheit eine um $d = 0.29$ ($p < .001$) Standardabweichungen bessere Einschätzung. Zusätzliche Unterschiede in der Zufriedenheit mit Blick auf die besuchte Schulform konnten nicht festgestellt werden.

Die Befunde machen damit insgesamt deutlich, dass sowohl auf der Schüler- als auch der Elternseite von einem hohen Maß an Zufriedenheit mit der besuchten weiterführenden Schule auszugehen ist. Auch Eltern bzw. Schülerinnen und Schüler, die ihren Erstschulwunsch nicht umsetzen konnten, zeigten sich mit der Schulwahl überwiegend zufrieden.

5.7 Diskussion

5.7.1 Zusammenfassung zentraler Befunde

Gegenstand des vorliegenden Kapitels war die Untersuchung zentraler Aspekte des neu gestalteten Übergangsverfahrens von der Grundschule auf die weiterführenden Schulen in Berlin. Der Fokus lag dabei auf der Wahl der Einzelschule (vgl. für die schulformbezogene Betrachtung Dumont et al., Kap. 6 in diesem Band). Die wesentlichen Neuerungen im Übergangsverfahren betreffen die Reduzierung der zur Auswahl stehenden Schulformen in der Sekundarstufe I auf das Gymnasium und die Integrierte Sekundarschule sowie die ausgeweiteten Freiräume der Schulen für die Auswahl ihrer Schülerinnen und Schüler (bei Wegfall des Wohnortprinzips) und das neu geregelte Losverfahren (30-Prozent-Quote), wobei die beiden letztgenannten Aspekte nur im Falle einer Übernachfrage an den Schulen zum Tragen kommen. Ziel des neuen Verfahrens ist es, Profilbildung zu fördern, aber den dabei möglicherweise entstehenden Wettbewerb durch eine Zufallskomponente in der Zuweisung zu begrenzen. Im Folgenden sollen die zentralen Ergebnisse des vorliegenden Kapitels zusammengefasst und diskutiert werden.

In einem ersten Schritt wurden die *Schulwünsche* der Eltern (bzw. der Schülerinnen und Schüler) betrachtet. Hierbei zeigte sich, dass die drei abgegebenen Schulwünsche mit Blick auf die angestrebte Schulform (Gymnasium oder Integrierte Sekundarschule) für den Großteil der Schülerinnen und Schüler konsistent ausfielen. 37.7 Prozent der Schülerinnen und Schüler mit drei Wunschschulangaben strebten konsistent den Gymnasialbesuch an, 30.8 Prozent den Besuch der Integrierten Sekundarschule. Bei etwa zwei Dritteln der Schülerinnen und Schüler bzw. Eltern konnte somit eine klare und eindeutige Schulformpräferenz ausgemacht werden. Zwischen den beiden Gruppen fanden sich in erwartbarer Weise deutliche Unterschiede im mittleren Leistungsniveau (Schulnoten und Testleistungen), dem Anteil von Gymnasialempfehlungen, der sozialen Herkunft und den Abschlussaspirationen. Bezüglich Letzterer ist jedoch hervorzuheben, dass auch die Eltern der Schülerinnen und Schüler mit konsistentem ISS-Schulwunsch zu 41.9 Prozent das Abitur für ihr Kind anstrebten, was darauf hinweist, dass die Philosophie des Zwei-Säulen-Modells, in beiden Schulformen alle Abschlüsse anzubieten, von der Elternschaft angenommen wird. Besondere Aufmerksamkeit verdient darüber hinaus das Drittel der Eltern, die als Wunschschulen sowohl Gymnasien als auch Integrierte Sekundarschulen angaben. In diesen Fällen ist nicht mehr die Schulform das prioritäre Entscheidungskriterium, sondern die Passung und Qualität der Einzelschule. Dies ist ein Phänomen, das auf eine sich verändernde Schullandschaft, in der sich Sekundarschulen und Gymnasien ineinander schieben, hindeutet und für die Rationalität von Elternentscheidungen spricht.

Befragt nach ihren Motiven für die Schulwahl maßen die Eltern dem guten Ruf und der Ausstattung der Schule die größte Bedeutung zu, während die Wohnortnähe und das Vorhandensein eines Ganztagsangebots als weniger bedeutsam eingeschätzt wurden. Die im Unterschied zu einigen anderen Untersuchungen vergleichsweise gering eingeschätzte Bedeutsamkeit der Wohnortnähe dürfte vor allem auf die besondere Situation in einer Großstadt mit gut ausgebauter Schul- und Verkehrsinfrastruktur zurückzuführen sein. Die schulformspezifische Betrachtung ergab überwiegend eine größere Bedeutung der Schulwahlmotive für die Eltern mit ISS-Erstschulwunsch. Vor allem das Vorhandensein eines Ganztagsangebots und die Möglichkeit zum praxisorientierten Lernen wurden von den Eltern mit ISS-Erstschulwunsch als wichtiger eingestuft als von den Eltern mit gymnasialem Erstschulwunsch, was auch mit der diesbezüglichen inhaltlich-organisatorischen Ausrichtung der Integrierten Sekundarschule korrespondiert. Bedeutsame Unterschiede in der Rangreihe der Motive zwischen den Gruppen waren nicht feststellbar. Eine vertiefende Analyse der Schulwahlmotive unter zusätzlicher Berücksichtigung von Merkmalen des familiären Hintergrunds konnte im Rahmen des vorliegenden Beitrags nicht geleistet werden und muss zukünftigen Analysen vorbehalten bleiben.

Die Nachfrage nach den vorhandenen Plätzen variierte in nicht unerheblichem Maß zwischen den verschiedenen weiterführenden Schulen. Auswertungen unter Heranziehung der für nahezu alle Schulen vorhandenen Angaben zu den vorhandenen Plätzen und den eingegangenen Erstschulwünschen offenbarten zum Teil deutliche Unterschiede in der Schulnachfrage. Die Unterschiede fielen zwischen den Integrierten Sekundarschulen größer aus als zwischen den Gymnasien, wobei die Gymnasien im Mittel eine leicht höhere Nachfrage-Angebots-Relation aufwiesen als die Integrierten Sekundarschulen. Die Standardabweichung der Nachfrage-Angebots-Relation betrug im gymnasialen Bereich 25 und im Sekundarschulbereich 55 Prozent. Dies bedeutet, dass für die Mehrheit der Gymnasien Über- bzw. Unternachfrage eher gering ausfielen, während sie im Bereich der Integrierten Sekundarschule stärker ausgeprägt war. Dieser Befund legt den Schluss nahe, dass sich Gymnasien untereinander weit weniger in der von Eltern wahrgenommenen Qualität ihrer Arbeit und Ausstattung unterscheiden als dies bei Integrierten Sekundarschulen der Fall ist. Unter den Integrierten Sekundarschulen waren diejenigen Schulen am stärksten nachgefragt, die über eine eigene gymnasiale Oberstufe am Schulstandort verfügten. Dies waren allesamt Schulen, die vor der Schulstrukturreform Gesamtschulen waren. Deutlich weniger nachgefragt waren Integrierte Sekundarschulen, die vor der Systemumstellung Hauptschulen waren bzw. aus der Zusammenlegung von Haupt- und Realschulen hervorgegangen sind. Integrierte Sekundarschulen, die vor der Systemumstellung Realschulen waren, nahmen eine Mittelstellung ein. Die Befunde machen deutlich, dass schulstrukturelle (bisherige Schulform vor der Systemumstellung) bzw. schulorganisatorische Aspekte (Vorhandensein einer gymnasialen Oberstufe am Schulstandort) eine bedeutsame Rolle bei der Wahl der weiterführenden Schule zu spielen scheinen und sich auch auf die Nachfragesituation auswirken. Insbesondere diejenigen Integrierten Sekundarschulen, die vor der Systemumstellung Hauptschulen waren bzw. aus der Zusammenlegung von Haupt- und Realschulen hervorgegangen sind, müssen in den kommenden Jahren weitere Bemühungen darauf legen, ihre Attraktivität zu steigern. Dies könnte über die noch stärkere Betonung der direkten Anbindung an die gymnasialen Oberstufen der beruflichen Gymnasien (Oberstufenzentren) erfolgen, um vermehrt auch leistungsstarke Schülerinnen und Schüler anzuziehen. Des Weiteren könnten Chancen auch in der weiteren Stärkung der praxis- und berufsorientierenden Ausrichtung, insbesondere für leistungsschwächere Schülerinnen und Schüler liegen, denen durch entsprechende curriculare und organisatorische Angebote passende und geeignete Lernsettings und Unterstützungsmaßnahmen für den erfolgreichen Übergang in die berufliche Ausbildung zur Verfügung gestellt werden.

Bezogen auf die Frage, welche Schülerinnen und Schüler welche weiterführenden Schulen als Erstwunsch präferierten, zeigten sich vor allem für die Integrierten Sekundarschulen deutliche Unterschiede zwischen leistungsstärkeren und leistungsschwächeren Schülerinnen und Schülern. So handelte es sich bei den von den leistungsstärkeren Schülerinnen und Schülern gewünschten Erstwunschschulen im Mittel um deutlich stärker nachgefragte Sekundarschulen, die zum überwiegenden Teil über eine eigene gymnasiale Oberstufe am Schulstandort verfügten und vor der Systemumstellung größtenteils Gesamtschulen waren. Die angegebenen Erstwunschschulen der leistungsschwächeren Schülerinnen und Schüler waren im Mittel weniger nachgefragt. Sie verfügten in vergleichsweise geringem Maß über eine eigene gymnasiale Oberstufe und waren vor der Systemumstellung vor allem Haupt- und Realschulen. Die Befunde liefern entsprechend klare Hinweise auf den Zusammenhang von (insbesondere leistungsbezogenen) Schülermerkmalen und Merkmalen der Erstwunschschulen. Offenbar führt also bereits die Abgabe der Erstwunschpräferenzen zu einer ersten Kanalisierung von Schülerinnen und Schülern mit unterschiedlichen Leistungsvoraussetzungen. Dies ist insofern ein interessanter Befund, da infolge der eingeführten Losquote (30 % bei Übernachfrage) unter Umständen auch mit weniger deutlichen Zusammenhängen zwischen Schüler- und Schulmerkmalen in den Erstwunschpräferenzen zu rechnen gewesen wäre. Möglicherweise versuchen größere Anteile der Eltern leistungsschwächerer Schülerinnen und Schüler der mit dem Losverfahren verbundenen Unsicherheit bereits im Vorfeld aus dem Weg zu gehen und entscheiden sich für weniger stark nachgefragte Schulen, um die Wahrscheinlichkeit für die Realisierung des Schulwunsches zu erhöhen. Gleichwohl kann nicht ausgeschlossen werden, dass der Zusammenhang zwischen Schülermerkmalen und Merkmalen der Wunschschule bei fehlender Losquote möglicherweise noch stärker ausgefallen wäre; empirisch überprüfen lässt sich diese Frage im Rahmen der BERLIN-Studie jedoch nicht. Im Bereich der Gymnasien fiel der Zusammenhang zwischen Schülermerkmalen und den schulbezogenen Nachfrage-Angebots-Relationen niedriger aus als an den Integrierten Sekundarschulen.

Für die *Realisierung der Erstschulwünsche* ergab sich für die Aufnahme im Schuljahr 2011/12 insgesamt ein Anteil von 84.3 Prozent, wobei die Realisierungsquote an den Gymnasien mit 91.7 Prozent höher ausfiel als an den Integrierten Sekundarschulen (78.6 % unter Einschluss der Gemeinschaftsschulen). Betrachtet man Erst-, Zweit- und Drittwünsche zusammen, ergab sich insgesamt ein Anteil von 93.2 Prozent realisierter Schulwünsche (ISS einschließlich Gemeinschaftsschule 88.9 %, Gymnasium 97.6 %). Unter den Schülerinnen und Schülern mit realisiertem Erstschulwunsch gelangten 3.7 Prozent als Kinder mit besonderem pädagogischem Förderbedarf (Integrationskinder) und 0.6 Prozent über die Härtefallregelung an ihre Wunschschule. In diesem Zusammenhang ist darauf hinzuweisen, dass es sich bei dem in der BERLIN-Studie untersuchten Schülerjahrgang aufgrund der Verschiebung des Stichtags für die Einschulung (vgl. Becker et al., Kap. 4 in diesem Band) zahlenmäßig um einen etwa 17 Prozent stärkeren Jahrgang handelt, mit entsprechenden Auswirkungen auf die Nachfrage nach den weiterführenden Schulen. Die Angaben der Berliner Senatsverwaltung zu den realisierten Erstschulwünschen für den quantitativ (wieder) geringeren Folgejahrgang fielen entsprechend nochmals höher aus. So konnten für den Eintritt im Schuljahr 2012/13 insgesamt 87.2 Prozent aller Erstschulwünsche umgesetzt werden, was einem Anstieg um 2.9 Prozentpunkte entsprach (ISS 83.1 % [+4.5 %]; Gymnasium 93.1 % [+1.4 %], Pressemitteilung der Berliner Senatsverwaltung für Bildung, Jugend und Wissenschaft vom 26.04.2012). Insgesamt sind die hohen Anteile realisierter Erstschulwünsche damit sicherlich als positiv einzustufen. Weiterer Aufklärungsbedarf besteht unter Umständen bezüglich der Möglichkeiten im Rahmen der Härtefallregelung, die bislang nur zu einem kleinen Teil ausgeschöpft werden.

Der Großteil der 85 übernachgefragten von insgesamt 214 weiterführenden Schulen (darunter 48 Integrierte Sekundarschulen und 37 Gymnasien) legte als Auswahlkriterium ausschließlich die Durchschnittsnote der Förderprognose zugrunde, ein Teil der Schulen zog darüber hinaus weitere Auswahlkriterien (z. B. gewichtete Notensummen und Aufnahmetests) heran. Entsprechend kam den Noten der Schülerinnen und Schüler eine zentrale Rolle für die Realisierung der Schulwünsche zu. Für kein weiteres Schülermerkmal (einschließlich des familiären Hintergrunds) ließen sich darüber hinausgehende Effekte auf die Realisierung des Schulwunsches feststellen. Somit kann insgesamt von einer überwiegend leistungsbasierten Vergabe der an den übernachgefragten weiterführenden Schulen vorhandenen Plätze ausgegangen werden. Gleichzeitig ist im Ausbleiben zusätzlicher Effekte der familiären Herkunft möglicherweise auch ein Indiz für die Wirkung des Losverfahrens zu sehen, denn bei den Schülerinnen und Schülern, die über das Losverfahren an ihre neue Schule gelangt sind, dürfte es sich in nicht unerheblichem Maß um Schülerinnen und Schüler mit weniger privilegiertem familiärem Hintergrund handeln. Auch hier wäre letztlich nur ein Vergleich der Befunde mit den resultierenden Ergebnissen bei fehlendem Losverfahren (und kompletter Auswahl durch die seitens der Schule festgelegten Auswahlkriterien) aufschlussreich, ein derartiger experimenteller Vergleich ist jedoch unter den gegebenen Bedingungen nicht realisierbar.

Mit Blick auf die Frage, welche Schülerinnen und Schüler auf welche Schulen übergegangen sind, zeigen die Befunde klar auf, dass leistungsschwächere Schülerinnen und Schüler im Mittel auf deutlich weniger stark nachgefragte Schulen gewechselt sind. Am deutlichsten zeigte sich dies an den Integrierten Sekundarschulen. Während die leistungsstarken Schülerinnen und Schüler überwiegend Integrierte Sekundarschulen besuchen, die über eine eigne gymnasiale Oberstufe verfügen und vor der Systemumstellung Gesamtschulen waren, ist dies bei den leistungsschwachen Schülerinnen und Schülern deutlich seltener der Fall. Diese – bereits bei den Erstschulwünschen zu beobachtende – Tendenz hat sich infolge der leistungsbasierten Schülerauswahl bei der Realisierung der Schulwünsche nochmals verstärkt. Während die leistungsstarken Schülerinnen und Schüler ihren Erstschulwunsch zum größten Teil umsetzen konnten, war dies bei den leistungsschwachen Schülerinnen und Schülern für größere Schüleranteile nicht der Fall und sie mussten entsprechend auf die zweite oder dritte Wunschschule oder eine von der Schulverwaltung zugewiesene Schule ausweichen. Da diese Schulen im Mittel eine geringere Nachfrage aufwiesen, kam es bei den leistungsschwachen Schülerinnen und Schülern entsprechend zu größeren Diskrepanzen in den schulbezogenen Nachfragemerkmalen der gewünschten und der tatsächlich besuchten weiterführenden Schule. Auch hier ist zu vermuten, dass der Zusammenhang zwischen den Schülermerkmalen und den Merkmalen der besuchten weiterführenden Schulen ohne das Losverfahren noch größer ausgefallen wäre, ohne dass sich dies im Rahmen der vorliegenden Untersuchung genauer überprüfen lässt.

Sowohl Eltern als auch Schülerinnen und Schüler waren überwiegend zufrieden mit der Wahl der weiterführenden Schule. In der großen Gruppe der Schülerinnen und Schüler mit realisiertem Erstschulwunsch waren etwa 90 Prozent der Eltern „sehr" bzw. „eher zufrieden" mit der Wahl der weiterführenden Schule für ihr Kind. Das Urteil der Schülerinnen und Schüler fiel nochmals positiver aus. Über 60 Prozent der Schülerinnen und Schüler mit realisiertem Erstschulwunsch waren „sehr zufrieden" mit ihrer Schule, knapp 30 Prozent „eher zufrieden". Die Zufriedenheitseinschätzungen fielen bei nicht realisiertem Erstschulwunsch (auch bei Kontrolle weiterer Hintergrundmerkmale) zwar insgesamt etwas niedriger, aber dennoch überwiegend positiv aus. Zusätzliche Unterschiede in der Zufriedenheit zwischen dem Gymnasium und der Integrierten Sekundarschule waren nicht feststellbar. Insgesamt kann somit sowohl auf Eltern- als auch auf Schülerseite von einem hohen Maß an Zufriedenheit mit der besuchten weiterführenden Schule ausgegangen werden.

5.7.2 Gesamtfazit, Grenzen und Ausblick

Insgesamt betrachtet lässt sich damit für das neu gestaltete Übergangsverfahren ein in weiten Teilen positives Fazit ziehen. Vor allem die hohen Anteile realisierter Erstschulwünsche und die hohe Zufriedenheit der Schülerinnen und Schüler sowie der Eltern mit der besuchten weiterführenden Schule sind dabei als positive Ergebnisse hervorzuheben. Positiv ist auch zu werten, dass sich in den Analysen keine Hinweise für den Einfluss leistungsfremder Merkmale für die Realisierung des Schulwunsches zeigten.

Kritischer sind hingegen die zum Teil großen Unterschiede in der Nachfrage nach den verschiedenen weiterführenden Schulen zu sehen. Dies gilt in erster Linie für die Integrierten Sekundarschulen. Hier liefern die Ergebnisse klare Hinweise darauf, dass die unterschiedliche Nachfrage auch mit nicht unerheblichen Unterschieden in der Zusammensetzung der Schülerschaft an den jeweiligen Schulen einhergeht. Um stärkeren Segregationstendenzen entgegenzuwirken, gilt es hier – wie bereits erwähnt – geeignete Maßnahmen zu ergreifen, um die Attraktivität der bislang weniger stark nachgefragten Sekundarschulen zu steigern. Einen zentralen Ansatzpunkt dazu stellt der weitere Ausbau und die Stärkung der Kooperation mit den beruflichen Schulen und Oberstufenzentren dar, wie dies als wesentlicher Bestandteil der Berliner Schulstrukturreform zwar vorgesehen ist, jedoch seitens der Schulen auch entsprechend umgesetzt werden muss:

> Nur wenn Kooperationen zwischen den beiden Schularten in einer Weise mit Leben gefüllt sind, dass die Vielfalt der Anschlussperspektiven zwischen beruflicher Orientierung und gymnasialer Oberstufe für die Schülerinnen und Schüler sowie die Eltern ersichtlich wird, kann sich die Integrierte Sekundarschule glaubhaft als eine der zwei zentralen und gleichwertigen Säulen der weiterführenden Schulen profilieren. (Senatsverwaltung für Bildung, Jugend und Wissenschaft, 2012, S. 3)

Die Auswertungen des vorliegenden Beitrags liefern wichtige Befunde zur Neugestaltung des Übergangsverfahrens, können aber nicht alle wichtigen Fragen beantworten. So ist in zukünftigen Analysen unter anderem der Frage nachzugehen, welche Schülerinnen und Schüler bei der Schulwahl längere Schulwege bzw. einen größeren Aufwand in Kauf nahmen. Insbesondere bei diesen Schülerinnen und Schülern ist von einer größeren Bedeutung inhaltlicher bzw. profilbezogener Aspekte bei der Schulwahl auszugehen. Auch die Frage nach den Schulwahlentscheidungen von Schülerinnen und Schülern mit Migrationshintergrund bedarf einer genaueren Betrachtung. Lassen sich hier unter Umständen Hinweise auf migrationsspezifische Segregationstendenzen in der Form ausmachen, dass Schülerinnen und Schüler mit Migrationshintergrund bei Berücksichtigung der individuellen Eingangsvoraussetzungen und des Migrationsanteils im Wohnbezirk überdurchschnittlich häufig auf weiterführende Schulen mit höherem Migrationsanteil übergehen? In welchem Maß sind gegenläufige Tendenzen bei Schülerinnen und Schülern ohne Migrationshintergrund feststellbar? Auch mit Blick auf das Losverfahren sind auf Basis der vorliegenden Befunde keine direkten Aussagen möglich, womit gleichsam Grenzen der vorliegenden Untersuchung sichtbar werden. Hier bedürfte es eines Untersuchungsdesigns, in welchem die leistungsbezogenen und familiären Schülermerkmale aller sich an den einzelnen übernachgefragten Schule bewerbenden Schülerinnen und Schüler vorliegen, um beispielsweise Aussagen darüber machen zu können, in welchem Maß sich die durch das Losverfahren aufgenommenen Schülerinnen und Schüler von den über die schulinternen Aufnahmekriterien zugelassenen Schülerinnen und Schülern unterscheiden.

Letztlich ist schließlich auch darauf hinzuweisen, dass sich die Frage nach der „richtigen" Schulwahlentscheidung in weiten Teilen erst im weiteren Voranschreiten der Bildungslaufbahn der Schülerinnen und Schüler zeigen wird. Dies gilt auch für diejenigen Schülerinnen und Schüler, die nach dem Ablauf des Probejahres vom Gymnasium auf eine Integrierte Sekundarschule gewechselt sind. Diesen und weiteren Fragen soll im Rahmen der längsschnittlichen Weiterverfolgung der Schülerinnen und Schüler in den kommenden Erhebungswellen der BERLIN-Studie nachgegangen werden.

5.8 Literatur

Bagley, C. (2006). School choice and competition: A public-market in education revisited. *Oxford Review of Education, 32*(3), 347–362.

Becker, M., Lüdtke, O., Trautwein, U., Köller, O., & Baumert, J. (2012). The differential effects of school tracking on psychometric intelligence: Do academic-track schools make students smarter? *Journal of Educational Psychology, 104,* 682–699.

Bellmann, J., & Weiß, M. (2009). Risiken und Nebenwirkungen Neuer Steuerung im Schulsystem: Theoretische Konzeptualisierung und Erklärungsmodelle. *Zeitschrift für Pädagogik, 55*(2), 286–308.

Bifulco, R., Ladd, H. F., & Ross, S. (2009). The effects of public school choice on those left behind: Evidence from Durham, North. *Peabody Journal of Education, 84*(2), 130–149.

Burgess, S., McConnell, B., Propper, C., & Wilson, D. (2004). *Sorting and choice in English secondary schools* (Working Paper 04/111). Centre for Market and Public Organisation, Bristol Institute of Public Affairs, University of Bristol.

Burgess, S., Wilson, D., & Lupton, R. (2005). Parallel lives? Ethnic segregation in England's schools and neighborhoods. *Urban Studies, 42*(7), 1027–1056.

Carroll, S., & Walford, G. (1997). Parents' responses to the school quasi-market. *Research Papers in Education: Policy and Practice, 12*(1), 3–26.

Clausen, M. (2006). Warum wählen Sie genau diese Schule? Eine inhaltsanalytische Untersuchung elterlicher Begründungen der Wahl der Einzelschule innerhalb eines Bildungsgangs. *Zeitschrift für Pädagogik, 52*(1), 69–90.

Clausen, M. (2007). *Einzelschulwahl: Zur Wahl der konkreten weiterführenden Einzelschule aus der Sicht von Bildungsnachfragenden und Bildungsanbietern.* Habilitationsschrift, Universität Mannheim, Fakultät für Sozialwissenschaften.

Ditton, H. (2007). Kosten, Nutzen und Erfolgswahrscheinlichkeit. In H. Ditton (Hrsg.), *Kompetenzaufbau und Laufbahnen im Schulsystem: Ergebnisse einer Längsschnittuntersuchung an Grundschulen* (S. 89–115). Münster: Waxmann.

Ganzeboom, H. B. G., de Graaf, P. M., Treiman, D. J., & de Leeuw, J. (1992). A standard international socio-economic index of occupational status. *Social Science Research, 21*(1), 1–56.

Gewirtz, S., Ball, S. J., & Bowe, R. (1995). *Markets, choice, and equity in education.* Philadelphia: Open University Press.

Glatter, R. (2004). Choice and diversity of schooling provision: Issues and evidence. In House of Commons (Ed.), *Choice, voice and public services* (Ev 4). London: The Stationery Office Limited.

Hastings, J., & Weinstein, J. M. (2008). Information, school choice, and academic achievement: Evidence from two experiments. *Quarterly Journal of Economics, 123*(4), 1373–1414.

Hoxby, C. (2003). School choice and productivity: Should school choice be a tide that lifts all boats? In C. Hoxby (Ed.), *The economics of school choice* (pp. 287–341). Chicago, IL: University of Chicago Press.

Maaz, K., Baumert, J., Gresch, C., & McElvany, N. (Hrsg.). (2010). *Der Übergang von der Grundschule in die weiterführende Schule: Leistungsgerechtigkeit und regionale, soziale und ethnisch-kulturelle Disparitäten.* Bonn: BMBF.

Maaz, K., Neumann, M., Trautwein, U., Wendt, W., Lehmann, R., & Baumert, J. (2008). Der Übergang von der Grundschule in die weiterführende Schule: Die Rolle von Schüler- und Klassenmerkmalen beim Einschätzen der individuellen Lernkompetenz durch die Lehrkräfte. *Schweizerische Zeitschrift für Bildungswissenschaften, 30*(3), 519–548.

Riedel, A., Schneider, K., Schuchart, C., & Weishaupt, H. (2010). School choice in German primary schools: How binding are school districts? *Journal for Educational Research Online, 2*(1), 94–120.

Rubin, D. B. (1987). *Multiple imputation for nonresponse in surveys.* New York: Wiley.

Scheerens, J., & Bosker, R. J. (1997). *The foundation of educational effectiveness.* Oxford: Pergamon.

Schuchart, C., Schneider, K., Weishaupt, H., & Riedel, A. (2011). *Welchen Einfluss hat die Wohnumgebung auf die Grundschulwahl der Eltern? – Analysen zur Bedeutung von kontextuellen und familiären Merkmalen auf das Wahlverhalten* (Schumpeter Discussion Papers 2011-009). Bergische Universität Wuppertal.

Senatsverwaltung für Bildung, Wissenschaft und Forschung, Berlin (Hrsg.). Schulgesetz für das Land Berlin (Schulgesetz – SchulG) vom 26. Januar 2004 (GVBl. S. 26), zuletzt geändert durch Gesetz vom 15. Dezember 2010 (GVBl. S. 549, 560).

Senatsverwaltung für Bildung, Jugend und Wissenschaft, Berlin. (2010). Weiterentwicklung des Aufnahmeverfahrens für die weiterführenden Schulen Abschlussbericht der verwaltungsinternen Arbeitsgruppe vom 19.10.2012. <http://www.berlin.de/imperia/md/content/sen-bildung/bildungspolitik/abschlussbericht_aufnahmeverfahren.pdf?start&ts=1350645470&file=abschlussbericht_aufnahmeverfahren.pdf> (15.01.2013)

Senatsverwaltung für Bildung, Wissenschaft und Forschung, Berlin. (2010). Pressemitteilung. Die neuen Aufnahmekriterien bei Übernachfrage ab 2011/12: Profilbildung statt Wohnortprinzip.

Senatsverwaltung für Bildung, Jugend und Wissenschaft. (2012). Berliner Eckpunkte für nachhaltige Kooperationen zwischen Integrierten Sekundarschulen und beruflichen Schulen. <http://www.berlin.de/imperia/md/content/sen-bildung/bildungspolitik/schulreform/eckpunkte_iss_osz.pdf?start&ts=1361435048&file=eckpunkte_iss_osz.pdf> (15.04.2013)

Söderström, M., & Uusitalito, R. (2010). School choice and segregation. *The Scandinavian Journal of Economics, 112*(1), 55–76.

Verordnung über den Bildungsgang der Grundschule (Grundschulverordnung – GsVO) Vom 19. Januar 2005 (GVBl. S. 16) in der Fassung vom 9. September 2010 (GVBl. S. 440).

Verordnung über die Aufnahme in Schulen besonderer pädagogischer Prägung (AufnahmeVO-SbP) vom 23. März 2006, geändert durch Verordnung vom 11. Dezember 2007 und vom 26. Januar 2011.

Verordnung über die Schularten und Bildungsgänge der Sekundarstufe I (Sekundarstufe I-Verordnung – Sek I-VO) vom 31. März 2010 (GVBl. S. 175), geändert durch Verordnung vom 17. September 2010 (GVBl. S. 448), Artikel II der Verordnung vom 14. Dezember 2010 (GVBl. S. 574) und Artikel II der Verordnung vom 26. Januar 2011 (GVBl. S. 22).

Weiß, M. (2001). Quasi-Märkte im Schulbereich: Eine ökonomische Analyse. In J. Oelkers (Hrsg.). *Zukunftsfragen der Bildung* (Zeitschrift für Pädagogik, Beiheft 43) (S. 69–85). Weinheim: Beltz.

Willms, J. D. (1996). Schools choice and community segregation: Findings from Scotland. In A. Kerckhoff (Ed.), *Generating social stratification: Towards a new research agenda* (pp. 133–151). Oxford: Westview Press.

Willms, J. D., & Echols, F. (1992). Alert and inert clients: The Scottish experience of parental choice of schools. *Economics of Education Review, 11*(4), 339–350.

Kapitel 6
Der Übergangsprozess von der Grundschule in die Sekundarstufe I vor und nach der Schulstrukturreform in Berlin: Die Rolle primärer und sekundärer Herkunftseffekte

Hanna Dumont, Marko Neumann, Michael Becker, Kai Maaz & Jürgen Baumert

6.1 Einleitung

Eines der zentralen Charakteristika des deutschen Schulsystems ist die Verteilung von Schülerinnen und Schülern unterschiedlicher Leistungsniveaus auf verschiedene Schulformen der Sekundarstufe I am Ende der Grundschulzeit. Der damit einhergehenden Homogenisierung von Schülergruppen liegt die Annahme zugrunde, dass Schülerinnen und Schüler in leistungshomogenen Lerngruppen besser gefördert werden können als in leistungsheterogenen Lerngruppen (Hattie, 2002). Da jedoch Schulleistungen mit der familiären Herkunft der Schülerinnen und Schüler assoziiert sind (siehe z. B. Ehmke & Jude, 2010; Wendt, Stubbe & Schwippert, 2012), werden durch die Verteilung der Schülerschaft auf verschiedene Schulformen immer auch soziale Disparitäten im Schulformbesuch sichtbar. Entsprechend konnten Baumert, Stanat und Watermann (2006) auf der Basis der PISA-2000-Studie zeigen, dass 70 Prozent der Varianz zwischen Schulen in den Fähigkeitsniveaus von Schülerinnen und Schülern durch das mittlere soziale Niveau der Schülerschaft der Schulen erklärt werden können. Insbesondere Hauptschulen und Gymnasien unterscheiden sich deutlich in der Zusammensetzung ihrer Schülerschaft: Während Hauptschulen vor allem von Schülerinnen und Schülern aus sozial weniger begünstigten Schichten besucht werden, finden sich an Gymnasien vorwiegend Schülerinnen und Schüler der oberen sozialen Schichten, wenngleich sich hier in den letzten Jahrzehnten eine deutliche Öffnung für eine breitere Bevölkerungsschicht vollzogen hat (Trautwein & Neumann, 2008). Problematisch ist, dass diese Unterschiede im Besuch unterschiedlicher Schulformen nicht allein auf die Schulleistungen von Schülerinnen und Schülern zurückgeführt werden können. Es gibt eine Reihe von Befunden, die zeigen, dass die Wahrscheinlichkeit, das Gymnasium zu besuchen, selbst bei gleichen Schulleistungen für Kinder aus sozial privilegierten Familien höher ist als für Kinder aus sozial weniger begünstigten Familien (vgl. Abschnitt 6.2.2). Entsprechend herrscht in der Bildungs- und Sozialforschung mittlerweile Einigkeit darüber, dass der Übergang von der Grundschule in die verschiedenen Schulformen der Sekundarstufe I eine zentrale Rolle bei der Entstehung der im deutschen Bildungssystem existierenden sozialen Ungleichheiten spielt (Baumert & Schümer, 2001; Bellenberg & Klemm, 1998; Maaz, Baumert & Trautwein, 2009; Schnabel, Alfeld, Eccles, Köller & Baumert, 2002).

Die Berliner Schulstrukturreform hat in zweierlei Hinsicht Veränderungen für den Übergang von der Grundschule in die weiterführende Schule mit sich gebracht: Zum einen stehen nach der Grundschule durch die Neugestaltung des Sekundarschulsystems anstelle von sechs Schulformen nur noch zwei Schulformen zur Auswahl: das Gymnasium und die Integrierte Sekundarschule (ISS). Zum anderen gab es eine Neuordnung des Übergangsverfahrens selbst: Während früher bei Übernachfrage einer Schule das Wohnortprinzip galt, haben nun die Schulen die Möglichkeit, 60 Prozent der freien Plätze eigenständig auf der Basis der Leistungen der Schülerinnen und Schüler und ihrer Passung zum Profil der Schule zu vergeben. Vor dem Hintergrund dieser Veränderungen wird im vorliegenden Kapitel untersucht, ob sich der Übergangsprozess nach der Berliner Schulstrukturreform anders gestaltet als vor der Reform. Im besonderen Fokus steht dabei die Frage, ob es nach der Reform Veränderungen in den sozialen Disparitäten bei dieser entscheidenden Gelenkstelle für die Bildungslaufbahnen von Schülerinnen und Schülern gegeben hat. Dazu wird zunächst der theoretische Hintergrund und empirische Forschungsstand zum Einfluss der familiären Herkunft auf den Übergang von der Grundschule in die Sekundarstufe I dargestellt. Nach der Ableitung der Fragestellung und Beschreibung des methodischen Vorgehens werden die Befunde zum Übergangsprozess vor und nach der Reform dargestellt. Schließlich erfolgt eine zusammenfassende Diskussion der Befunde.

6.2 Theoretischer Hintergrund und empirischer Forschungstand

6.2.1 Der Einfluss der familiären Herkunft auf den Übergang: Primäre und sekundäre Effekte

Als zentrales Erklärungskonzept für die in Abhängigkeit der familiären Herkunft variierenden Übergangsquoten auf die verschiedenen Schulformen der Sekundarstufe I hat sich die Theorie von Boudon (1974) etabliert. Nach Boudon lassen sich soziale Ungleichheiten in der Bildungsbeteiligung als Ergebnis individueller Entscheidungen, die in einem institutionellen Kontext des Bildungssystems getroffen werden, verstehen (vgl. auch Becker & Lauterbach, 2008). Solche Bildungsentscheidungen sind in der Regel multifaktoriell bedingt. Hinsichtlich der hier im Fokus stehenden Entscheidungen bezüglich des Übergangs von der Grundschule in die Sekundarstufe I stellen neben den institutionellen Rahmenbedingungen des Bildungssystems (einschließlich der spezifischen Übergangsregelungen) die schulischen Leistungen der Kinder sowie das familiäre Entscheidungsverhalten die zentralen Bedingungsfaktoren dar. Für die beiden letzteren führte Boudon die Unterscheidung in primäre und sekundäre Effekte der familiären Herkunft ein. So werden Einflüsse der familiären Herkunft, die sich direkt auf die Kompetenzentwicklung von Schülerinnen und Schülern auswirken und sich in unterschiedlichen Schulleistungen manifestieren, als *primäre* Herkunftseffekte bezeichnet. Von *sekundären* Herkunftseffekten spricht Boudon, wenn soziale Disparitäten in der Bildungsbeteiligung nicht auf Unterschiede in den schulischen Leistungen zurückgeführt werden können, sondern aus unterschiedlichen Bildungsaspirationen und einem unterschiedlichen Entscheidungsverhalten der Familien resultieren.

Bezüglich der Entstehung von sekundären Herkunftseffekten wird davon ausgegangen, dass dem in Abhängigkeit der sozialen Schicht variierenden Entscheidungsverhalten von

Eltern unterschiedliche Kosten-Nutzen-Kalkulationen zugrunde liegen: Das heißt, Eltern wägen ab, welcher Nutzen sich aus dem Besuch einer bestimmten Schulform ergibt, welche Kosten damit verbunden sind und wählen dann diejenige Schulform, die den größten Nutzen verspricht und die höchste Erfolgswahrscheinlichkeit aufweist. Damit folgt die Theorie von Boudon bezüglich sekundärer Herkunftseffekte den Grundannahmen der *Erwartungs-Wert-Theorien* – auch *Rational-Choice-Theorien* genannt –, die in Psychologie und Soziologie weit verbreitet sind und in jüngerer Zeit auch zur Analyse von Bildungsentscheidungen und -übergängen herangezogen werden (siehe zusammenfassend Maaz, Hausen, McElvany & Baumert, 2006). Die empirische Gültigkeit der theoretischen Annahmen der Erwartungs-Wert-Modelle zur elterlichen Übergangsentscheidung wurde bereits in mehreren Studien nachgewiesen (Becker, 2000; Paulus & Blossfeld, 2007; Stocké, 2007). So konnte beispielsweise gezeigt werden, dass Eltern aus höheren sozialen Schichten ihr Kind häufiger an einem Gymnasium anmelden als Eltern aus sozial schwächeren Schichten, da der Erwerb des Abiturs vor dem Hintergrund des eigenen Statuserhalts einen höheren Wert für sie hat (vgl. Trautwein & Neumann, 2008). Der sekundäre Herkunftseffekt kann demnach auch als kumulativer Effekt der verinnerlichten Sozialschichtzugehörigkeit verstanden werden.

Auf der Basis der Theorie von Boudon zu primären und sekundären Herkunfseffekten ist der Einfluss der familiären Herkunft auf den Übergangsprozess von der Grundschule in die Sekundarstufe I in Abbildung 6.1 zusammenfassend dargestellt. Dabei wird davon ausgegangen, dass eine adäquate Rekonstruktion des Einflusses der familiären Herkunft auf den Sekundarschulübergang nicht ohne Berücksichtigung der vergebenen Übergangsempfehlungen, die wiederum auf den Noten basieren, erfolgen kann. Daher enthält das hier verwendete theoretische Modell neben den von Boudon postulierten Größen – der familiären Herkunft, den Leistungen der Schülerinnen und Schüler, den Bildungsaspirationen der Eltern und dem tatsächlichen Übergangsverhalten – auch die Übergangsempfehlung und die Noten. In diesem Zusammenhang ist es wichtig, zwischen objektiven Testleistungen und Noten zu differenzieren. Während Schulleistungen, die im Rahmen von standardisierten Leistungstests erhoben worden sind, als das Ergebnis von primären Herkunftseffekten betrachtet werden können, sind Noten häufig nicht nur von primären Herkunftseffekten, sondern auch von sekundären Herkuftseffekten betroffen. Entsprechend wird der Begriff der sekundären Herkunftseffekte sensu Boudon, der streng genommen nur Effekte der familiären Herkunft auf das tatsächliche Übergangsverhalten umfasst, auch für Effekte der familiären Herkunft auf die Übergangsempfehlung und die Noten, die unabhängig der Schulleistungen der Schülerinnen und Schüler zustande kommen, verwendet. Die durchgezogenen Pfade im Modell stehen für primäre Herkunftseffekte, die gestrichelten Pfade beziehen sich auf sekundäre Herkunftseffekte. Es wird deutlich, dass primäre Herkunftseffekte immer indirekt, das heißt vermittelt über die Leistungen der Schülerinnen und Schüler, Einfluss auf den Übergang nehmen, indem sie sowohl die Bildungsaspirationen der Eltern, die Noten als auch die Übergangsempfehlungen beeinflussen. Sekundäre Herkunftseffekte können hingegen sowohl indirekt, das heißt vermittelt über Noten, Bildungsaspirationen und Empfehlung, als auch direkt auf den Übergang wirken.

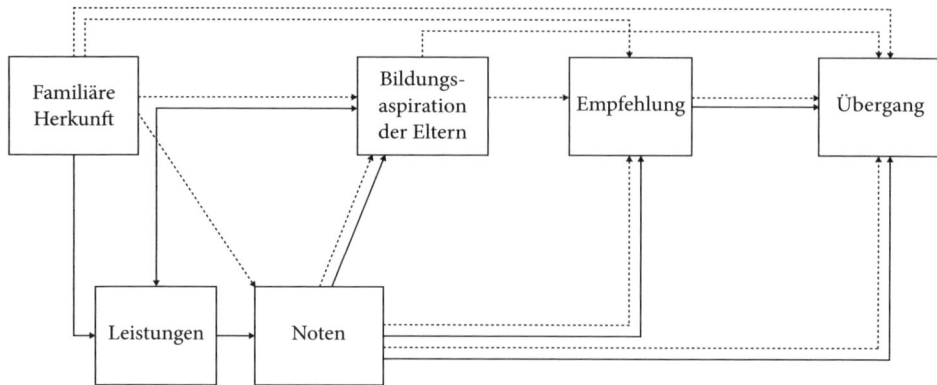

Durchgezogene Pfade stellen primäre Herkunftseffekte dar.
Gestrichelte Pfade stellen sekundäre Herkunftseffekte dar.
Doppelpfeile stellen reziproke Zusammenhänge dar.

Quelle: In Anlehnung an Maaz und Nagy (2009, S. 162) und Ditton (2007, S. 16).

Abbildung 6.1: Theoretisches Modell zum Einfluss der familiären Herkunft auf den Übergangsprozess

6.2.2 Der empirische Forschungsstand zu primären und sekundären Herkunftseffekten beim Übergang von der Grundschule in die Sekundarstufe I

Die Bedeutsamkeit der familiären Herkunft für die Kompetenzentwicklung von Kindern und Jugendlichen, also die Existenz primärer Herkunftseffekte, ist seit langem bekannt und empirisch gut belegt (Coleman et al., 1966; McLoyd, 1998; Sirin, 2005; White, 1982). Die Existenz ausgeprägter sozialer Disparitäten im Kompetenzerwerb ist für das deutsche Schulsystem in den letzten Jahren im Rahmen der internationalen Schulleistungsstudien mehrfach nachgewiesen worden (Ehmke & Jude, 2010; Stubbe, Tarelli & Wendt, 2012; Wendt et al., 2012). So entspricht beispielsweise der Unterschied in der Lesekompetenz zwischen Schülerinnen und Schülern aus Familien der Dienstklasse und Schülerinnen und Schülern aus Arbeiterhaushalten am Ende der Grundschule ungefähr den mittleren Lernzuwächsen eines Schuljahres (Wendt et al., 2012). Ähnliche Befunde finden sich auf der Basis von TIMSS 2011 für die Mathematikkompetenz und die Naturwissenschaftskompetenz (Stubbe, Tarelli et al., 2012). Bereits zu Beginn der Schulzeit unterscheiden sich Kinder in Abhängigkeit ihres Elternhauses hinsichtlich ihrer kognitiven, motivationalen und sozialen Fähigkeiten und bringen auf diese Weise unterschiedliche Voraussetzungen für das schulische Lernen mit (Dubowy, Ebert, von Maurice & Weinert, 2008; Heckman, 2008). Neben unterschiedlichen individuellen Anlagen liegt dies vor allem darin begründet, dass sich Eltern unterschiedlicher sozialer Schichten hinsichtlich ihres ökonomischen, sozialen und kulturellen Kapitals bzw. ihres Erziehungs- und Sozialisationsverhalten voneinander unterscheiden (Bornstein & Bradley, 2010; Bourdieu, 1983; Engel & Hurrelmann, 1987; Fuligni & Stevenson, 1997). Insbesondere das Bereitstellen einer stimulierenden häuslichen

Umgebung, zum Beispiel im Hinblick auf die Sprachkultur der Familie, hat sich wiederholt bedeutsam für die schulische Entwicklung von Kindern und Jugendlichen erwiesen (siehe z. B. Cooper, Crosnoe, Suizzo & Pituch, 2010; Raviv, Kessenich & Morrison, 2004; Yeung, Linver & Brooks-Gunn, 2002).

Insofern die in Abhängigkeit der familiären Herkunft disproportionalen Schulformbesuche auf unterschiedlichen Schulleistungen beruhen, handelt es sich um primäre Herkunftseffekte. In der Tat können primäre Herkunftseffekte einen großen Teil des Einflusses der familiären Herkunft auf den Übergang in die Sekundarstufe I erklären (Maaz & Nagy, 2009). Generell lässt sich auf der Basis bisheriger Studien zum Übergangsprozess feststellen, dass die Schulleistungen der Schülerinnen und Schüler – vermittelt über die Schulnoten und die Übergangsempfehlung – in einem beträchtlichen Maß den Übergang auf eine weiterführende Schule determinieren (Arnold, Bos, Richert & Stubbe, 2007; Bos et al., 2004; Gröhlich & Guill, 2009; Lehmann, Peek & Gänsfuß, 1997; Stubbe, Bos & Euen, 2012; Wagner, Helmke & Schrader, 2009). Trotz ihrer großen Bedeutung lassen sich die schichtspezifischen Übergangsquoten jedoch nicht allein durch unterschiedliche Schulleistungen der Kinder erklären. So konnte beispielsweise im Rahmen der IGLU-Studie gezeigt werden, dass innerhalb der Gruppe von Schülerinnen und Schülern mit einer Empfehlung für eine nichtgymnasiale Schulform eine nicht zu vernachlässigende Anzahl eine vergleichbare Lesekompetenz wie Schülerinnen und Schüler mit einer Gymnasialempfehlung aufwiesen, wobei gleichzeitig ein Drittel der Schülerinnen und Schüler mit einer Gymnasialempfehlung über keine entsprechende Lesekompetenz verfügten (Arnold et al., 2007). Solche Befunde können das Ergebnis von sekundären Herkunftseffekten darstellen.

Bereits die Noten sind durch sekundäre Herkunftseffekte betroffen. So gibt es inzwischen einige empirische Belege dafür, dass Kinder aus sozioökonomisch starken Familien bei gleichen Testleistungen im Vergleich zu Kindern aus sozioökonomisch schwachen Familien besser benotet werden (Arnold et al., 2007; Hochweber, 2010; Maaz, Baeriswyl & Trautwein, 2011; Maaz & Nagy, 2009; Stubbe & Bos, 2008). Auch lassen sich in einer Vielzahl von Studien starke Evidenzen für sekundäre Effekte auf die Übergangsempfehlung finden: Kinder aus sozial weniger begünstigten Familien haben selbst bei gleichen Testleistungen und Noten eine geringere Chance, eine Gymnasialempfehlung zu erhalten als Kinder aus sozial besser gestellten Familien (Arnold et al., 2007; Baeriswyl, Wandeler, Trautwein & Oswald, 2006; Bos et al., 2004; Ditton & Krüsken, 2006; Gröhlich & Guill, 2009; Merkens & Wessel, 2002; Schneider, 2011; Wagner et al., 2009). Der Einfluss der familiären Herkunft wird dabei teilweise über die Bildungsaspirationen der Eltern vermittelt. So berichteten Lehrkräfte in einer Interviewstudie von Pohlmann-Rother (2010), dass manche Eltern versuchten, über die vergebene Übergangsempfehlung – zum Teil erfolgreich – zu verhandeln. Obwohl sich Eltern auch an den Schulleistungen ihrer Kinder orientieren (Ditton, 2007; Kurz & Paulus, 2008), sind ihre Bildungsaspirationen in stärkerem Maße von ihrer sozialen Herkunft abhängig als die Übergangsempfehlungen der Lehrkräfte (Ditton, Krüsken & Schauenberg, 2005; Merkens, Wessel, Dohle & Classen, 1997; Paulus & Blossfeld, 2007). Vor dem Hintergrund dieser Unterschiede in den Bildungsaspirationen lässt sich auch der sekundäre Herkunftseffekt auf den tatsächlichen Übergang, das heißt der Befund, dass sozial schwächere Eltern ihr Kind selbst bei gleichen Schulleistungen seltener auf ein Gymnasium schicken als sozial privilegierte

Eltern (Ditton & Krüsken, 2006; Maaz & Nagy, 2009; Pietsch, 2007; Stocké, 2007), erklären. Solche für Deutschland mehrfach belegten sekundären Herkunftseffekte, also Effekte der familiären Herkunft, die nicht durch unterschiedliche Schulleistungen der Kinder erklärt werden können, verletzen dabei in besonderem Maße das Gerechtigkeitsempfinden.

6.2.3 Zur Existenz primärer und sekundärer Herkunftseffekte in Berlin

Da der Übergangsprozess von der Grundschule in die Sekundarstufe I vor dem Hintergrund der institutionellen Rahmenbedingungen eines jeweiligen Bildungssystems betrachtet werden muss, ist davon auszugehen, dass die im vorangegangenen Abschnitt dargestellten Befunde für Deutschland je nach Bundesland variieren. Daher sollen im Folgenden die empirischen Befunde zur Existenz primärer und sekundärer Herkunftseffekte für Berlin in den Fokus genommen werden. Dies erfolgt auf der Basis von Schulleistungsstudien der letzten Jahre, in denen bundeslandspezifische Vergleiche primärer und sekundärer Disparitäten durchgeführt wurden. Auch wenn der Übergang von der Grundschule in die Sekundarstufe I nur im Rahmen der IGLU-Studie explizit untersucht wurde, ist es möglich, auf der Basis der anderen Studien Schlüsse über die Existenz primärer und sekundärer Herkunftseffekte in Berlin zu ziehen.

Hinsichtlich des Vorhandenseins primärer Herkunftseffekte zeichnen alle bisherigen Studien für Berlin ein sehr einheitliches Bild. Betrachtet man den Zusammenhang zwischen dem sozioökonomischen Status (gemessen über den höchsten ISEI der Familie) und dem Kompetenzerwerb über den sogenannten sozialen Gradienten, lässt sich über verschiedene Domänen und für verschiedene Jahrgangsstufen beobachten, dass es in Berlin einen besonders hohen Zusammenhang zwischen der sozialen Herkunft der Schülerinnen und Schüler und ihren erreichten Kompetenzen gibt. So zeigte sich beispielsweise in dem vom Institut für Qualitätsentwicklung im Bildungswesen (IQB) durchgeführten Ländervergleich 2011 in der 4. Jahrgangsstufe in der Domäne Deutsch-Zuhören ein signifikant steilerer sozialer Gradient für Berlin als für den deutschen Mittelwert. Auch in den Domänen Lesen und Mathematik gehörte Berlin, gemeinsam mit den anderen beiden Stadtstaaten, zu den Bundesländern mit dem steilsten sozialen Gradienten, wenngleich hier keine signifikante Abweichung vom Gesamtmittelwert vorlag (Richter, Kuhl & Pant, 2012). Ein ähnliches Bild zeigte sich für Berliner Schülerinnen und Schüler der 9. Jahrgangsstufe. Während in PISA 2003 mit dem Fokus auf Mathematik der soziale Gradient in Berlin im deutschen Mittelfeld lag (Ehmke, Siegle & Hohensee, 2005), hatte Berlin in PISA 2006 mit dem Fokus auf den Naturwissenschaften den steilsten sozialen Gradienten in Deutschland, der sich signifikant vom deutschen Mittelwert unterschied (Ehmke & Baumert, 2008). Auch der IQB-Ländervergleich aus dem Jahr 2009 bestätigt diese Befunde, auch hier zeigten sich für Berlin die stärksten sozialen Disparitäten. So war Berlin das einzige Bundesland, in dem der soziale Gradient für die Bereiche Lesen und Zuhören im Fach Deutsch als auch Leseverstehen und Hörverstehen im Fach Englisch vom Gesamtmittelwert signifikant nach oben abwich (Knigge & Leucht, 2010). Für Deutsch-Orthografie lag Berlin im oberen Bereich, unterschied sich jedoch nicht signifikant vom deutschen Mittelwert. Zu vergleichbaren

Ergebnissen hinsichtlich der stark ausgeprägten primären Herkunftseffekte in Berlin kommen die genannten Studien auch bei der Betrachtung eines anderen Indikators der sozialen Herkunft, dem Vergleich von EGP-Klassen.

Bezüglich der Existenz sekundärer Herkunftseffekte in Berlin zeigt sich ein gänzlich anderes Bild. So konnten im Rahmen der IGLU-Studie aus dem Jahr 2006 nach Kontrolle der kognitiven Grundfähigkeiten und der Lesekompetenz der Schülerinnen und Schüler für Berlin keine Effekte der sozialen Herkunft auf die Übergangsempfehlung der Lehrkräfte gefunden werden (Arnold, Bos, Richert & Stubbe, 2010). Dies ist nicht nur in Anbetracht der großen primären Herkunftseffekte bemerkenswert, sondern auch vor dem Hintergrund, dass in der Mehrzahl der anderen Bundesländer sekundäre Herkunftseffekte auf die Übergangsempfehlung existierten. Im Einklang mit diesen Befunden wurde für Berlin die höchste Korrelation zwischen der Lesekompetenz der Schülerinnen und Schüler und der Übergangsempfehlung der Lehrkräfte beobachtet. Auch wenn man die Bildungsbeteiligung in Berlin in der 9. Jahrgangsstufe betrachtet, kommt man zu dem Ergebnis, dass sekundäre Herkunftseffekte in Berlin geringer ausgeprägt sind als im bundesweiten Vergleich. So fanden sich sowohl in PISA 2003 (Ehmke et al., 2005) als auch im Ländervergleich des IQB aus dem Jahr 2009 in Berlin geringere Disparitäten bezüglich des Gymnasialbesuchs als in anderen Bundesländern (Knigge & Leucht, 2010). Im IQB-Ländervergleich war Berlin sogar das einzige Bundesland, in dem nach Kontrolle der Lesekompetenz kein signifikanter Effekt der sozialen Herkunft auf den Gymnasialbesuch gefunden werden konnte.

Entsprechend kann für Berlin ein äußerst differenziertes Bild hinsichtlich der Existenz primärer und sekundärer Herkunftseffekte gezeichnet werden: Während primäre Herkunftseffekte in Berlin im Vergleich zu anderen Bundesländern stark ausgeprägt sind, gibt es auf der Basis der bisherigen national vergleichenden Studien nur geringe Hinweise auf sekundäre Herkunftseffekte.

6.3 Fragestellung

Der Übergang von der Grundschule in die verschiedenen Schulformen der Sekundarstufe I wird nicht nur durch die beteiligten Akteure – die Schülerinnen und Schüler, ihre Eltern und Lehrer –, sondern auch maßgeblich durch den vorliegenden institutionellen Kontext bestimmt. Insbesondere die Übergangsregelungen und die Struktur des Sekundarschulsystems spielen hier eine große Rolle und moderieren den Einfluss der familiären Herkunft auf den Übergang. Hinsichtlich der Übergangsregelungen konnte beispielsweise gezeigt werden, dass sich der Übergangsprozess in Bundesländern mit bindender Übergangsempfehlung von solchen, in denen der Elternwille freigegeben ist, voneinander unterscheidet (Dollmann, 2011; Gresch, Baumert & Maaz, 2010). In Ländern, in denen die Eltern frei über die Schulform ihrer Kinder entscheiden können, verstärkt sich der Effekt der familiären Herkunft auf die Übergangsentscheidung, da Eltern aus privilegierten Verhältnissen ihr Kind auch ohne Gymnasialempfehlung häufiger auf das Gymnasium schicken. Gleichzeitig fällt insgesamt der Anteil der Schülerinnen und Schüler, die auf ein Gymnasium übergehen, in Bundesländern mit bindender Empfehlung geringer aus (Gresch et al., 2010).

Die Berliner Schulstrukturreform hat in zweierlei Hinsicht Veränderungen der institutionellen Rahmenbedingungen für den Übergang hervorgebracht. Zum einen betrifft dies die neue Schulstruktur, die ehemalige Hauptschulen, verbundene Haupt- und Realschulen, Real- und Gesamtschulen zur Integrierten Sekundarschule (ISS) zusammenfasst. Während es früher drei Übergangsempfehlungen (Hauptschul-, Realschul- und Gymnasialempfehlung) gab und sich Eltern zwischen fünf verschiedenen Schulformen entscheiden mussten (Hauptschule, verbundene Haupt- und Realschule, Realschule, Gesamtschule und Gymnasium), gibt es seit der Reform nur noch die Empfehlung bzw. Entscheidung für die Integrierte Sekundarschule oder das Gymnasium. Darüber hinaus besteht nun an der Integrierten Sekundarschule generell die Möglichkeit, das Abitur zu erwerben – was vor der Reform nur an Gesamtschulen und Gymnasien möglich war. Dazu haben die Sekundarschulen entweder eine eigene gymnasiale Oberstufe oder gehen eine verbindliche Kooperation mit den beruflichen Gymnasien an den Oberstufenzentren ein. Die zweite große Veränderung, die durch die Berliner Schulstrukturreform stattgefunden hat, betrifft das Übergangsverfahren selbst. Während an der grundlegenden Wahlfreiheit einer weiterführenden Schule durch die Eltern nichts geändert wurde, besteht die zentrale Neuerung in den veränderten Aufnahmeregelungen bei Übernachfrage einer Schule. In diesem Fall haben die Schulen die Möglichkeit, nach Berücksichtigung der Kinder mit sonderpädagogischem Förderbedarf, 60 Prozent der freien Plätze auf der Basis von schulspezifischen Aufnahmekriterien, die in der Regel die Leistungen der Schülerinnen und Schüler und ihre Passung zum Profil der Schule beinhalten, zu vergeben. Bis zu 10 Prozent der Plätze werden an Härtefälle, weitere 30 Prozent per Losentscheid vergeben. Anders als im bisherigen Verfahren wird die Wohnortnähe nicht mehr als Auswahlkriterium herangezogen.

Ausgehend von diesen neuen institutionellen Rahmenbedingungen stellt sich die Frage, ob sich der Übergangsprozess von der Grundschule in die Sekundarstufe seit der Reform verändert hat. Insbesondere der Einfluss der familiären Herkunft ist hierbei von zentralem Interesse. Zum einen lassen sich dadurch die bisherigen Befunde aus den nationalen Schulleistungsstudien zur Existenz primärer und sekundärer Herkunftseffekte in Berlin im Hinblick auf den Übergang von der Grundschule in die weiterführende Schule vertiefend analysieren. Zum anderen ist die Frage nach der Bedeutung der Herkunftseffekte auch aus bildungsadiministrativer bzw. -politischer Sicht bedeutsam, da mit der Reform nicht zuletzt das Ziel verknüpft ist, die Bildungschancen aller Schülerinnen und Schüler unabhängig ihrer sozialen Herkunft zu verbessern.

6.4 Methodisches Vorgehen

6.4.1 Datengrundlage

Zur Untersuchung der Fragestellung wurden Schülerinnen und Schüler der 6. Jahrgangsstufe aus der BERLIN-Studie, die im Jahr 2011 befragt und getestet wurden und bereits von den Neuerungen im Sekundarschulsystem betroffen sind, mit Schülerinnen und Schülern aus der ELEMENT-Studie (Lehmann & Lenkeit, 2008), die im Jahr 2005 im alten System durchgeführt wurde, miteinander verglichen. Die Stichprobe, die für die vorliegenden Analysen herangezogen wurde, umfasste $N = 3.935$ Schülerinnen und Schüler aus der BERLIN-Studie und $N = 2.964$ Schülerinnen und Schüler aus der ELEMENT-Studie (für nähere Angaben zur Stichprobe vgl. Becker et al., Kap. 3 in diesem Band).

6.4.2 Erhebungsinstrumente und Analysevariablen

An dieser Stelle soll ein kurzer Überblick über die verwendeten Erhebungsinstrumente und die daraus erstellten Analysevariablen erfolgen. Sofern nicht anders ausgewiesen, wurden die Variablen in der ELEMENT- und der BERLIN-Studie in gleicher Weise erhoben, sodass die folgenden Ausführungen für beide Studien gelten.

Familiäre Herkunft
Während früher unter der familiären Herkunft vor allem der berufliche Status verstanden wurde, herrscht mittlerweile große Einigkeit darüber, dass die familiäre Herkunft ein multidimensionales Konstrukt darstellt und entsprechend anhand von verschiedenen Dimensionen erfasst werden sollte (Baumert & Maaz, 2006; Bornstein & Bradley, 2010; Conger & Donnellan, 2007; Entwisle & Astone, 1994; Hauser, 1994; Murdock, 2000). Nur durch die Verwendung separater Dimensionen lassen sich die spezifischen Zusammenhänge mit Zielvariablen wie Schulleistungen identifizieren und die relative Bedeutung der einzelnen Dimensionen abschätzen. Die separate Erfassung des Migrationshintergrunds von Kindern und Jugendlichen spielt dabei bei der Analyse des Übergangsprozesses eine besondere Rolle. So konnten beispielsweise positive sekundäre Herkunftseffekte für Schülerinnen und Schüler türkischer Abstammung gefunden werden: Bei Kontrolle von Schulleistungen und sozialer Herkunft hatten Schülerinnen und Schüler mit Migrationshintergrund höhere Chancen, das Gymnasium zu besuchen als Kinder ohne Migrationshintergrund (Gresch & Becker, 2010; Kristen & Dollmann, 2009).

Für die vorliegenden Analysen wurden daher drei verschiedene Indikatoren der familiären Herkunft verwendet, die sich in bisherigen Studien als bedeutsam für die Bildungsbeteiligung und den Kompetenzerwerb von Schülerinnen und Schülern erwiesen haben: der sozioökonomische Status, das Bildungsniveau und der Migrationshintergrund (vgl. Baumert, Watermann & Schümer, 2003).

Der sozioökonomische Status der Eltern wurde anhand des *International Socio-Economic Index of Occupational Status* (ISEI; Ganzeboom, de Graaf, Treiman & de Leeuw, 1992) erfasst. Dazu wurden die Angaben der Eltern über den von ihnen ausgeübten Beruf zuerst nach dem *International Standard Classification of Occupations* (ISCO) klassifiziert. Es gilt zu beachten, dass die Kodierung der Berufe im Rahmen der ELEMENT-Studie anhand ISCO-88 (ILO, 1990), im Rahmen der BERLIN-Studie anhand ISCO-08 erfolgte (für nähere Informationen vgl. Becker et al., Kap. 4 in diesem Band). Nach der ISCO-Kodierung wurden die Werte in die ISEI-Skala transformiert. In den Fällen, wo sowohl Informationen hinsichtlich des Berufs der Mutter als auch des Vaters vorlagen, wurde der jeweils höhere Wert genommen. Der Wertebereich des ISEI liegt zwischen 16 und 90 Punkten, wobei höhere Werte einem höheren sozioökonomischen Status entsprechen. Für die multivariaten Analysen wurden die ISEI-Werte z-standardisiert.

Neben dem sozioökonomischen Status diente das schulische Bildungsniveau der Eltern als weiterer Indikator der familiären Herkunft der Schülerinnen und Schüler. Diese wurde anhand von Elternangaben zu ihrem höchsten schulischen Abschluss über folgende Kategorien erfasst: kein Abschluss oder Abgangszeugnis, Abschluss einer Sonderschule/Förderschule, Abschluss der Polytechnischen Oberschule nach der 8. Klasse, Hauptschulabschluss/Volksschulabschluss, Realschulabschluss/mittlere Reife/Abschluss der Polytechnischen Oberschule nach der 10. Klasse, Fachhochschulreife und Hochschulreife. Anschließend wurden diese Angaben für die vorliegenden Analysen zu folgenden drei Kategorien zusammengefasst: (1) maximal Hauptschulabschluss, (2) mittlere Reife, (3) (Fach-)Abitur.

Schließlich wurde der Migrationshintergrund der Schülerinnen und Schüler auf der Basis von Schüler-, Eltern- und Schulangaben über das Geburtsland des Kindes, der Mutter und des Vaters erfasst. In Anlehnung an Ramm, Walter, Heidemeier und Prenzel (2005) wurden für die Analysen vier Kategorien gebildet: (1) Jugendliche ohne Migrationshintergrund, (2) Jugendliche mit einem im Ausland geborenen Elternteil, (3) Jugendliche, bei denen beide Elternteile im Ausland geboren sind (zweite Generation), (4) Jugendliche, bei denen beide Elternteile und sie selber im Ausland geboren sind (erste Generation). Für die Regressionsanalysen wurden die Kategorien 2, 3 und 4 zu einer Kategorie zusammengefasst.

Testleistungen

Die Erfassung der Schulleistungen erfolgte über standardisierte Schulleistungstests in den Fächern Mathematik, Deutsch und Englisch (für nähere Informationen vgl. Becker et al., Kap. 3 in diesem Band). Für die vorliegenden Analysen wurden die Leistungsvariablen so standardisiert, dass sie jeweils in der ELEMENT-Studie einen Mittelwert von $M = 50$ und eine Standardabweichung von $SD = 10$ aufwiesen. Anschließend wurde aus den drei Domänen eine Variable für die Durchschnittstestleistung der Schülerinnen und Schüler gebildet. Für die multivariaten Analysen wurde die Durchschnittstestleistung innerhalb der beiden Studien am Gruppenmittelwert zentriert.

Noten

Für die vorliegenden Analysen wurden zum einen die Halbjahresnoten der 6. Jahrgangsstufe in Mathematik, Deutsch und der ersten Fremdsprache als auch die Durchschnittsnote der Förderprognose, die für jede Schülerin und jeden Schüler in Berlin als Grundlage der Übergangsempfehlung berechnet wird, herangezogen. Die Notenangaben stammen sowohl in der ELEMENT- als auch in der BERLIN-Studie aus der offiziellen Schülerakte der Schülerinnen und Schüler. Es gilt zu beachten, dass sich die Berechnung der Durchschnittsnote der Förderprognose vom Zeitpunkt der ELEMENT-Studie zum Zeitpunkt der BERLIN-Studie leicht verändert hat. Für die multivariaten Analysen wurden die Noten der Schülerinnen und Schüler zur besseren Interpretierbarkeit und besseren Vergleichbarkeit mit den Testleistungen umkodiert und am Gruppenmittelwert innerhalb der jeweiligen

Studie zentriert. Darüber hinaus wurden die Werte so transformiert, dass eine Einheit einer Zehntelnote entspricht.

Bildungsaspiration der Eltern

Der von den Eltern gewünschte Schulabschluss für ihr Kind („Welchen Schulabschluss soll Ihre Tochter/Ihr Sohn möglichst erreichen?") diente als Indikator für ihre Bildungsaspiration. Für die bi- und multivariaten Analysen wurden der Hauptschulabschluss und der erweiterte Hauptschulabschluss[1] zusammengefasst und die Eltern, die noch keine Abschlussaspiration für ihr Kind hatten (ELEMENT: 10.2 %, BERLIN: 7.5 %), von den Analysen ausgeschlossen.

Übergangsempfehlung

Die Übergangsempfehlung für die Sekundarstufe I wurde sowohl in der ELEMENT- als auch in der BERLIN-Studie über die Schule mitgeteilt. Entsprechend der zu dem Zeitpunkt existierenden Schulstruktur war die Empfehlung in der ELEMENT-Studie dreistufig (Hauptschule, Realschule und Gymnasium), in der BERLIN-Studie hingegen zweistufig (Integrierte Sekundarschule und Gymnasium). Aus Gründen der Vergleichbarkeit zwischen den beiden Studien wurden Haupt- und Realschulempfehlungen in ELEMENT zu einer neuen Kategorie „nichtgymnasiale Schulformen" zusammengefasst.

Hinsichtlich der Empfehlungsvergabe galten folgende Richtlinien: Eine Empfehlung für das Gymnasium erfolgte zu beiden Zeitpunkten für einen Notendurchschnitt bis 2.2. Im Notenbereich zwischen 2.3 und 2.7 konnten sowohl eine Gymnasialempfehlung als auch eine Empfehlung an eine Realschule bzw. Integrierte Sekundarschule vergeben werden; ausschlaggebend ist hier die Lernkompetenzeinschätzung des Kindes durch die Lehrkraft. Ab einem Notendurchschnitt von 2.8 wurde zum Zeitpunkt der ELEMENT-Studie eine Realschulempfehlung, zum Zeitpunkt der BERLIN-Studie eine Empfehlung für die Integrierte Sekundarschule vergeben. Entsprechend der Schulstruktur im alten System erfolgte ab einem Notendurchschnitt von 3.8 eine Hauptschulempfehlung, wobei bei einem Notenbereich zwischen 3.3 und 3.7 erneut ein Entscheidungsspielraum für die Lehrkraft vorlag.

Realisierter Übergang

Wie bei der Übergangsempfehlung unterschied sich auch die Variable zum realisierten Übergang aufgrund der unterschiedlichen Schulstruktur zwischen der ELEMENT- und der BERLIN-Studie. So wurde im Rahmen der ELEMENT-Studie die Schulform anhand von folgenden Kategorien erfasst: Hauptschule, Realschule, Gymnasium, Gesamtschule, verbundene Haupt- und Realschule und Andere. In der BERLIN-Studie wurde zwischen Integrierter Sekundarschule, Gymnasium, Gemeinschaftsschule, Sportschule und Förderschule unterschieden. Für die Analysen wurden alle Schulformen in Gymnasien und nichtgymnasiale Schulformen eingeteilt, wobei die Kategorie „Andere" in der ELEMENT-Studie und die Förderschulen in der BERLIN-Studie ausgeschlossen wurde.

---

1   Zwischen der ELEMENT- und der BERLIN-Studie wurde der Hauptschulabschluss in die Bezeichnung „Berufsbildungsreife" umbenannt.

6.4.3 Statistische Analysen

In Anlehnung an das in Abbildung 6.1 dargestellte Modell zum Einfluss der familiären Herkunft auf den Übergangsprozess wurden für die Beantwortung der Fragestellung nach Unterschieden vor und nach der Berliner Schulstrukturreform drei zentrale Variablen des Übergangsprozesses in den Blick genommen: die elterlichen Bildungs- bzw. Abschlussaspirationen, die Übergangsempfehlung und der realisierte Übergang. Nach einer Darstellung der deskriptiven Verteilung dieser Variablen zu den beiden Studienzeitpunkten wurde für jede dieser Variablen untersucht, inwiefern sie mit Merkmalen der familiären Herkunft, den (anhand von standardisierten Leistungstests gemessenen) Schulleistungen als auch den Noten der Schülerinnen und Schüler in den beiden Studien kovariierten. Dabei werden zunächst bivariate Zusammenhänge dargestellt, um im Sinne eines deskriptiven Überblicks einen ersten Eindruck über das Zusammenhangsmuster der untersuchten Variablen zu geben. Anschließend wird das Zusammenspiel dieser Variablen in multivariaten Analysen untersucht, um ein ganzheitlicheres Bild des Übergangsprozesses zu erhalten. Dabei werden die elterlichen Abschlussaspirationen, die Übergangsempfehlung und der realisierte Übergang durch die zentralen Variablen des theoretischen Modells – dem familiären Hintergrund, den Testleistungen und Noten der Schülerinnen und Schüler – mittels logistischer und multinomialer Regressionen vorhergesagt. Das Geschlecht der Kinder fungierte in allen Analysen als Kontrollvariable.

6.5 Empirische Befunde zum Übergangsprozess

6.5.1 Empirische Befunde zur elterlichen Abschlussaspiration

6.5.1.1 Deskriptive Befunde

Wie vorangehend erläutert und in Abbildung 6.1 erkennbar, wird die Abschlussaspiration von Eltern als eine zentrale vermittelnde Variable der familiären Herkunft auf den tatsächlichen Übergang des Kindes angesehen und ist damit eine wichtige Größe im Übergangsprozess. Daher wird im Folgenden untersucht, inwiefern die elterlichen Aspirationen in Abhängigkeit der familiären Herkunft, der Schulleistungen sowie der Noten variieren und ob sich in den Zusammenhangsmustern Unterschiede zwischen der ELEMENT- und der BERLIN-Studie finden lassen. Betrachtet man zunächst die Verteilung der elterlichen Abschlussaspirationen zu den beiden Befragungszeitpunkten, zeigt sich, dass in der BERLIN-Studie mehr Eltern das Abitur für ihr Kind anstrebten als in ELEMENT (68.3 % gegenüber 57.7 %). Damit einhergehend wünschten sich in der BERLIN-Studie ein Fünftel der Eltern (18.8 %) einen Mittleren Schulabschluss, während dies in ELEMENT noch ein Viertel der Eltern (26.2 %) waren. Der Anteil der Eltern, die sich einen Hauptschulabschluss oder einen erweiterten Hauptschulabschluss wünschten, war in ELEMENT und BERLIN mit 1.9 bzw. 2.0 Prozent (Hauptschulabschluss) und 3.6 bzw. 3.9 Prozent (erweiterter Hauptschulabschluss) ähnlich niedrig. 10.2 Prozent der Eltern in ELEMENT und 7.5 Prozent der Eltern in BERLIN wussten zum Zeitpunkt der Befragung noch nicht, welchen Schulabschluss sie sich für ihr Kind wünschten. Die Unterschiede, die sich zwischen den Schülerkohorten der beiden Studien im Hinblick auf den Mittleren Schulabschluss und das Abitur feststellen lassen, spiegeln den allgemein beobachtbaren stetigen Trend der gestiegenen Bildungsaspirationen in den letzten Jahrzehnten wider (vgl. Baumert, Cortina & Leschinsky, 2008) und sollten demnach nicht als Resultat der Schulstrukturreform betrachtet werden.

Elterliche Abschlussaspiration in Abhängigkeit der familiären Herkunft

Wie eingangs erläutert, variieren die Abschlussaspirationen der Eltern in Abhängigkeit ihrer familiären Herkunft. Auf der Basis von drei Indikatoren der familiären Herkunft – dem sozioökonomischen Status, dem Schulabschluss der Eltern sowie dem Migrationshintergrund – wird im Folgenden dargestellt, inwiefern dies auch auf die im Rahmen der ELEMENT- und BERLIN-Studie untersuchten Eltern zutraf. Die Ergebnisse für den sozioökonomischen Status finden sich in den Tabellen 6.1a und 6.1b. Es lässt sich erkennen, dass Eltern, die sich für ihr Kind einen Hauptschulabschluss wünschten, in ELEMENT im Mittel einen ISEI-Wert von 38 und in BERLIN von 39 aufwiesen. Eltern, die sich einen Mittleren Schulabschluss wünschten, hatten in beiden Studien einen leicht höheren (wenngleich nicht

Tabelle 6.1a: Mittelwerte, Standardabweichungen und standardisierte Mittelwertdifferenzen (Effektstärken) im sozioökonomischen Status (HISEI) nach elterlicher Abschlussaspiration – ELEMENT

Abschlussaspiration	M	SD	Effektstärke HSA	Effektstärke MSA
Hauptschulabschluss (HSA)	38.27	12.58		
Mittlerer Schulabschluss (MSA)	42.70	13.50	0.34	
Abitur (ABI)	50.13	15.94	**0.83**	**0.50**

M = Mittelwert, SD = Standardabweichung; Effektstärke d nach Cohen (1988). Statistisch signifikante Unterschiede sind fett hervorgehoben. Signifikanzniveau nach α-Adjustierung entsprechend der Zahl der Einzelvergleiche.

Tabelle 6.1b: Mittelwerte, Standardabweichungen und standardisierte Mittelwertdifferenzen (Effektstärken) im sozioökonomischen Status (HISEI) nach elterlicher Abschlussaspiration – BERLIN

Abschlussaspiration	M	SD	Effektstärke BBR	Effektstärke MSA
Berufsbildungsreife (BBR, bisher HSA)	38.91	19.14		
Mittlerer Schulabschluss (MSA)	39.88	17.85	0.05	
Abitur (ABI)	53.39	21.19	**0.72**	**0.69**

M = Mittelwert, SD = Standardabweichung; Effektstärke d nach Cohen (1988). Statistisch signifikante Unterschiede sind fett hervorgehoben. Signifikanzniveau nach α-Adjustierung entsprechend der Zahl der Einzelvergleiche.

statistisch signifikant abweichenden) sozioökonomischen Hintergrund (43 in ELEMENT, 40 in BERLIN) als Eltern mit Hauptschulabschlussaspiration. Deutlichere Unterschiede ließen sich hingegen im Vergleich zu Eltern mit Abituraspiration finden: In beiden Studien lagen die ISEI-Werte dieser Eltern deutlich und statistisch signifikant über den entsprechenden Werten von Eltern mit Hauptschulabschlussaspiration und einer Aspiration auf einen Mittleren Schulabschluss (50 in ELEMENT, 53 in BERLIN), was sich auch in entsprechend hohen Effektstärken von bis zu $d = 0.83$ Standardabweichungen ausdrückt.

Das Muster, wonach Eltern mit höherem sozioökonomischem Status für ihre Kinder eher das Abitur anstreben, lässt sich auch für einen weiteren Indikator der familiären Herkunft, den höchsten Schulabschluss der Eltern, finden (siehe Abb. 6.2a und 6.2b). Es zeigte sich in beiden Studien, dass Eltern mit der höchsten schulischen Ausbildung (Fachabitur oder Abitur) zu mehr als 80 Prozent auch ein Abitur für ihr Kind anstrebten. In der BERLIN-Studie lag der Anteil mit fast 86 Prozent noch etwas höher als in der ELEMENT-Studie. Hier spiegelt sich der bereits dargestellte Befund wider, dass im Jahr 2011 insgesamt 10 Prozent mehr Eltern eine Abituraspiration für ihr Kind hatten als im Jahr 2005. Diese Niveauverschiebung in den Abschlussaspirationen zeigt sich noch deutlicher für die Eltern mit mittlerer Reife und Eltern, die maximal über einen Hauptschulabschluss verfügten: In beiden Gruppen stieg der Anteil der Eltern, die sich für ihr Kind ein Abitur anstelle eines Mittleren Schulabschlusses wünschen, zwischen 2005 und 2011 um etwa 10 Prozentpunkte an. Das heißt, auch unter den weniger gut ausgebildeten Eltern wünschte sich zum Zeitpunkt der BERLIN-Studie über die Hälfte das Abitur für ihr Kind. Die generell gestiegenen Abituraspirationen gingen mit einem Rückgang in den Aspirationen auf einen Mittleren Schulabschluss einher. Der Anteil der Eltern mit Hauptschulabschlussaspiration blieb über den gleichen Zeitraum konstant und fiel insgesamt sehr niedrig aus – in der Gruppe der Eltern mit (Fach-)Abitur mit 3 bis 4 Prozent am niedrigsten und in der Gruppe der Eltern mit Hauptschulabschluss mit 12 bis 13 Prozent am höchsten.

Betrachtet man schließlich den dritten Indikator der familiären Herkunft, den Migrationshintergrund der Schülerinnen und Schüler, zeigt sich auch hier wieder die Niveauverschiebung in den Abschlussaspirationen zwischen den Jahren 2005 und 2011. Wie in Abbildungen 6.3a und 6.3b erkennbar, lässt sich die größte Veränderung in den Abschlussaspirationen zwischen ELEMENT und BERLIN für die Eltern ohne Migrationshintergrund feststellen: Während der Anteil der Eltern, die sich einen Haupt- bzw. Mittleren Schulabschluss für ihr Kind wünschten, um etwa 2 bzw. 11 Prozentpunkte zurückging, stieg der Anteil der Eltern mit Abituraspirationen um etwa 13 Prozentpunkte von 61.1 Prozent in ELEMENT auf 74.3 Prozent in BERLIN an. In den Familien, in denen ein Elternteil im Ausland geboren ist, gab es nur einen leichten Anstieg in den Abituraspirationen auf Kosten der Aspiration eines Mittleren Schulabschlusses. In den Familien der zweiten Generation gab es einen Anstieg in den Abituraspirationen um ungefähr 5 Prozentpunkte auf Kosten des Mittleren Schulabschlusses. Ein leicht anderes Muster zeigte sich für die zugewanderten Familien. Während auch hier der Anteil der Eltern, die sich für ihr Kind das Abitur wünschten, von 2005 nach 2011 deutlich anstieg, halbierte sich der Anteil der Eltern, die einen Mittleren Schulabschluss für ihr Kind anstrebten. Gleichzeitig verdoppelte sich der Anteil der Eltern mit einer Hauptschulabschlussaspiration.

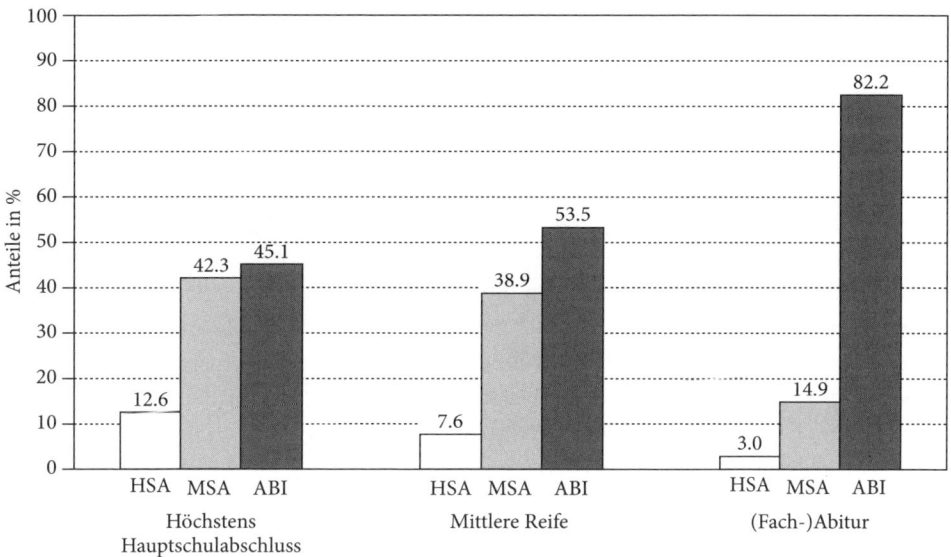

HSA = Hauptschulabschluss, MSA = Mittlerer Schulabschluss, ABI = Abitur.

Abbildung 6.2a: Elterliche Abschlussaspiration nach höchstem Schulabschluss der Eltern (in %) – ELEMENT

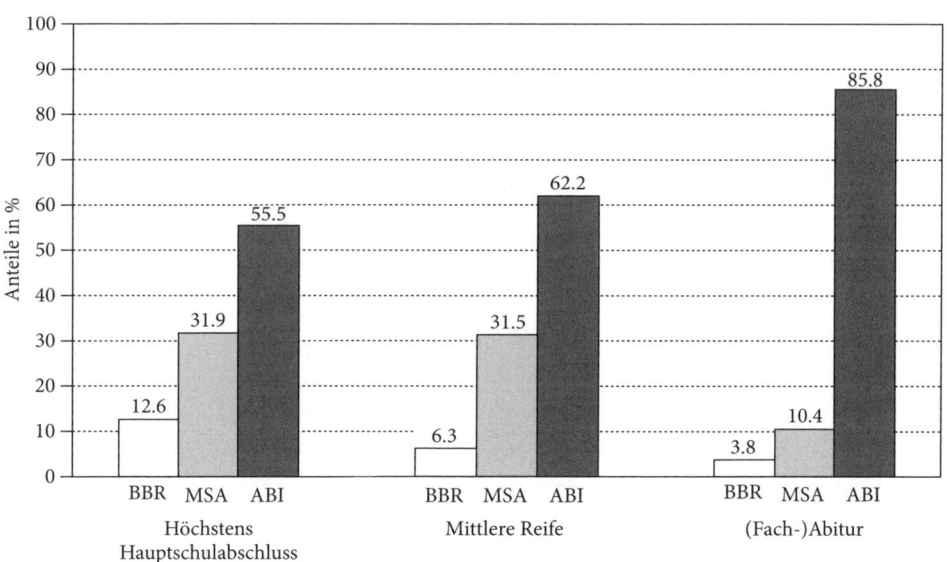

BBR = Berufsbildungsreife (bisher Hauptschulabschluss), MSA = Mittlerer Schulabschluss, ABI = Abitur.

Abbildung 6.2b: Elterliche Abschlussaspiration nach höchstem Schulabschluss der Eltern (in %) – BERLIN

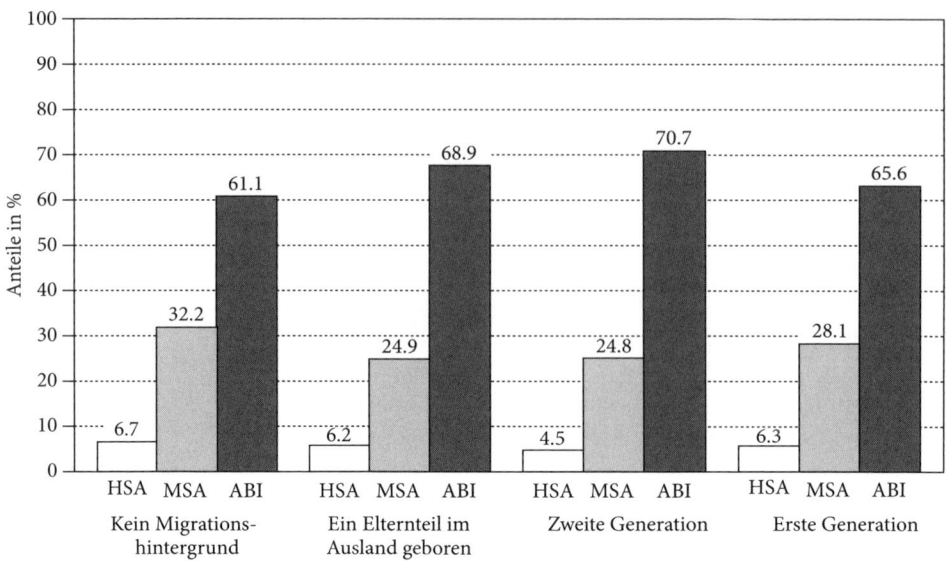

HSA = Hauptschulabschluss, MSA = Mittlerer Schulabschluss, ABI = Abitur.

Abbildung 6.3a: Elterliche Abschlussaspiration nach Migrationshintergrund (in %) – ELEMENT

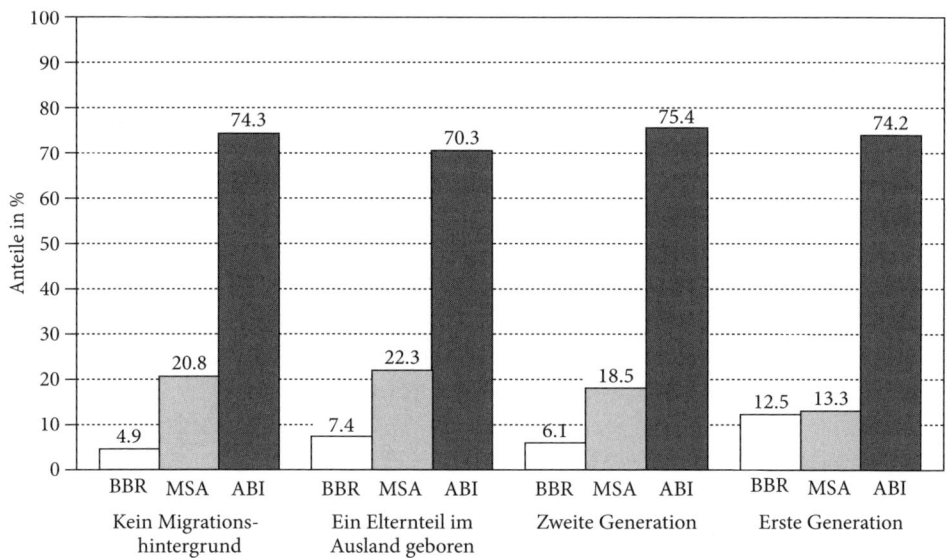

BBR = Berufsbildungsreife (bisher Hauptschulabschluss), MSA = Mittlerer Schulabschluss, ABI = Abitur.

Abbildung 6.3b: Elterliche Abschlussaspiration nach Migrationshintergrund (in %) – BERLIN

Testleistungen nach elterlicher Abschlussaspiration

Die Abschlussaspirationen der Eltern für ihre Kinder werden nicht nur durch ihre eigene Sozialschichtzugehörigkeit bestimmt, sondern sind auch davon abhängig, welche Leistungen ihr Kind in der Schule zeigt. Daher soll im Folgenden dargestellt werden, inwiefern die elterlichen Abschlussaspirationen in Abhängigkeit der objektiv gemessenen Testleistungen variieren. In den Abbildungen 6.4a und 6.4b sowie den Tabellen 6.2a und 6.2b sind die Leistungsverteilungen bzw. mittleren Leistungen der Kinder von Eltern mit Hauptschulabschluss-, Mittlerer Schulabschluss- und Abituraspiration abgetragen. Erwartungsgemäß zeigte sich für beide Studien, dass die Kinder, deren Eltern für sie einen Hauptschulabschluss anstrebten, die niedrigsten und die Kinder von Eltern mit Abituraspiration die höchsten Testleistungen aufwiesen. Kinder von Eltern mit Aspiration auf einen Mittleren Schulabschluss nahmen eine Mittelposition ein. In den Abbildungen 6.4a und 6.4b zeigt sich jedoch auch, dass es einen vergleichsweise großen Überlappungsbereich zwischen den verschiedenen Abschlussaspirationen hinsichtlich der Testleistungen gab. Insbesondere im mittleren Leistungsbereich lassen sich alle Abschlussaspirationen finden.

Tabelle 6.2a: Mittelwerte, Standardabweichungen und standardisierte Mittelwertdifferenzen (Effektstärken) in der Durchschnittstestleistung nach elterlicher Abschlussaspiration – ELEMENT

Abschlussaspiration	M	SD	Effektstärke HSA	Effektstärke MSA
Hauptschulabschluss (HSA)	40.63	5.65		
Mittlerer Schulabschluss (MSA)	45.53	6.16	**0.83**	
Abitur (ABI)	53.71	8.10	**1.87**	**1.14**

M = Mittelwert, SD = Standardabweichung; Effektstärke d nach Cohen (1988). Statistisch signifikante Unterschiede sind fett hervorgehoben. Signifikanzniveau nach α-Adjustierung entsprechend der Zahl der Einzelvergleiche.

Tabelle 6.2b: Mittelwerte, Standardabweichungen und standardisierte Mittelwertdifferenzen (Effektstärken) in der Durchschnittstestleistung nach elterlicher Abschlussaspiration – BERLIN

Abschlussaspiration	M	SD	Effektstärke BBR	Effektstärke MSA
Berufsbildungsreife (BBR, bisher HSA)	42.59	7.51		
Mittlerer Schulabschluss (MSA)	44.35	6.65	0.25	
Abitur (ABI)	53.11	8.36	**1.32**	**1.16**

M = Mittelwert, SD = Standardabweichung; Effektstärke d nach Cohen (1988). Statistisch signifikante Unterschiede sind fett hervorgehoben. Signifikanzniveau nach α-Adjustierung entsprechend der Zahl der Einzelvergleiche.

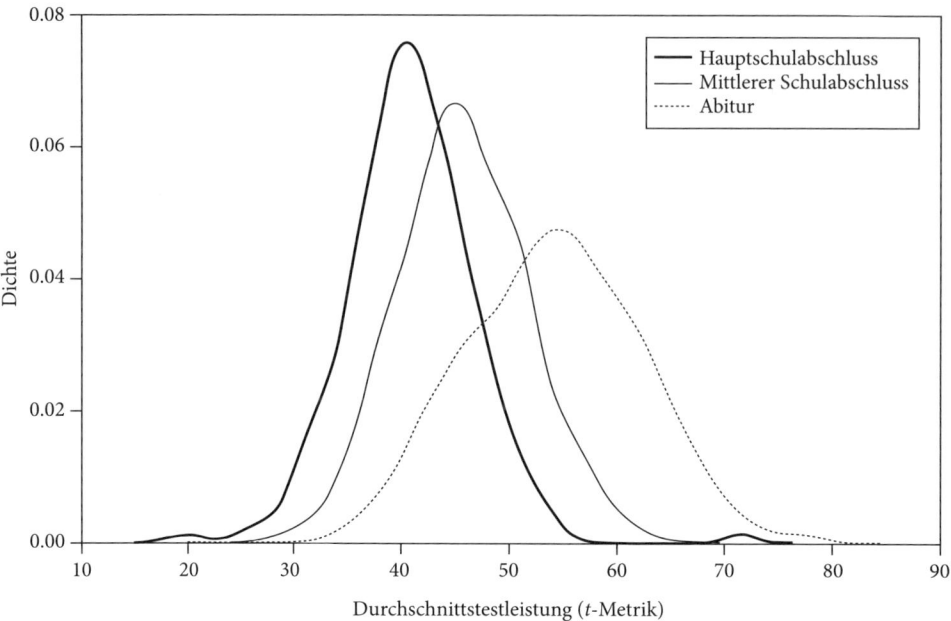

Abbildung 6.4a: Verteilung der Durchschnittstestleistungen (Mathematik, Leseverständnis, Englisch) nach elterlicher Abschlussaspiration – ELEMENT

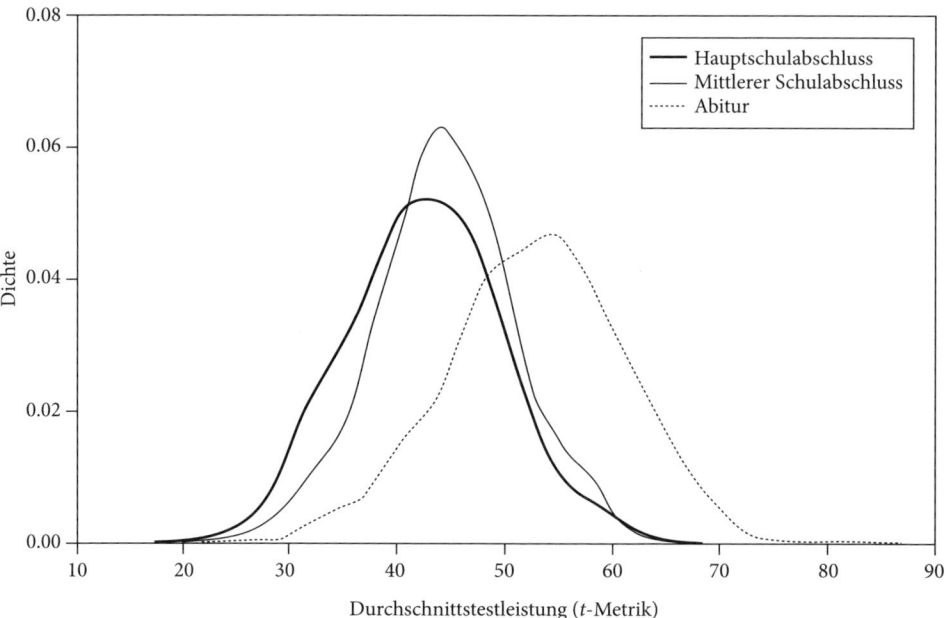

Abbildung 6.4b: Verteilung der Durchschnittstestleistungen (Mathematik, Leseverständnis, Englisch) nach elterlicher Abschlussaspiration – BERLIN

Vergleicht man die Ergebnisse der ELEMENT- und der BERLIN-Studie miteinander, zeigt sich in beiden Studien gleichermaßen, dass die Kinder von Eltern mit Abituraspirationen statistisch signifikant und mit Effektstärken von bis zu $d = 1.87$ deutlich bessere Testleistungen aufwiesen als Kinder von Eltern, die sich einen Hauptschulabschluss oder einen Mittleren Schulabschluss für ihr Kind wünschen. Hinsichtlich der Hauptschulabschlussaspiration und der Aspiration auf einen Mittleren Schulabschluss lässt sich jedoch auch ein bedeutsamer Unterschied zwischen der ELEMENT- und der BERLIN-Studie ausmachen. Während in ELEMENT der Unterschied in den Testleistungen zwischen den beiden Abschlussaspirationen statistisch signifikant und mit einer Effektstärke von $d = 0.83$ vergleichsweise groß ausfiel, ließ sich in BERLIN kein statistisch signifikanter Unterschied mehr zwischen Kindern von Eltern mit Hauptschulabschlussaspiration und Aspiration auf einen Mittleren Schulabschluss finden (siehe Tab. 6.2a und 6.2b). Dies lässt sich auch an der stärkeren Überlappung der beiden entsprechenden Leistungskurven in Abbildung 6.4b erkennen. Demnach lässt sich im neuen System die Frage, ob sich Eltern einen Hauptschulabschluss oder einen Mittleren Schulabschluss für ihr Kind wünschen, nicht anhand der Testleistungen der Kinder beantworten.

Schulnoten nach elterlicher Abschlussaspiration

Nachdem im vorangehenden Abschnitt untersucht wurde, inwiefern sich Kinder, deren Eltern unterschiedliche Abschlussaspirationen haben, in ihren Testleistungen voneinander unterscheiden, liegt der Fokus an dieser Stelle auf den Unterschieden in den in der Grundschule erreichten Noten. In den Abbildungen 6.5a und 6.5b sind die mittleren Noten in den Fächern Mathematik, Deutsch und der ersten Fremdsprache und die Durchschnittsnote der Förderprognose dargestellt; Tabellen 6.3a und 6.3b enthalten die Informationen über statistische Signifikanz der Gruppenunterschiede und die Effektstärken für die Durchschnittsnote der Förderprognose.

Der bereits für die Testleistungen beobachtete Unterschied zwischen der ELEMENT- und der BERLIN-Studie für Kinder, deren Eltern einen Hauptschulabschluss und Kinder, deren Eltern einen Mittleren Schulabschluss anstreben, zeigte sich auch für die Schulnoten. Während in ELEMENT die Unterschiede zwischen den beiden Abschlussaspirationen

Tabelle 6.3a: Mittelwerte, Standardabweichungen und standardisierte Mittelwertdifferenzen (Effektstärken) in der Durchschnittsnote der Förderprognose nach elterlicher Abschlussaspiration – ELEMENT

Abschlussaspiration	M	SD	Effektstärke HSA	Effektstärke MSA
Hauptschulabschluss (HSA)	3.62	0.48		
Mittlerer Schulabschluss (MSA)	3.12	0.56	**0.95**	
Abitur (ABI)	2.33	0.56	**2.48**	**1.42**

M = Mittelwert, SD = Standardabweichung; Effektstärke d nach Cohen (1988). Statistisch signifikante Unterschiede sind fett hervorgehoben. Signifikanzniveau nach α-Adjustierung entsprechend der Zahl der Einzelvergleiche.

Tabelle 6.3b: Mittelwerte, Standardabweichungen und standardisierte
Mittelwertdifferenzen (Effektstärken) in der Durchschnittsnote der
Förderprognose nach elterlicher Abschlussaspiration – BERLIN

Abschlussaspiration	M	SD	Effektstärke BBR	Effektstärke MSA
Berufsbildungsreife (BBR, bisher HSA)	3.24	0.69		
Mittlerer Schulabschluss (MSA)	3.29	0.56	0.07	
Abitur (ABI)	2.28	0.67	**1.42**	**1.64**

M = Mittelwert, SD = Standardabweichung; Effektstärke d nach Cohen (1988). Statistisch signifikante Unterschiede sind fett hervorgehoben. Signifikanzniveau nach α-Adjustierung entsprechend der Zahl der Einzelvergleiche.

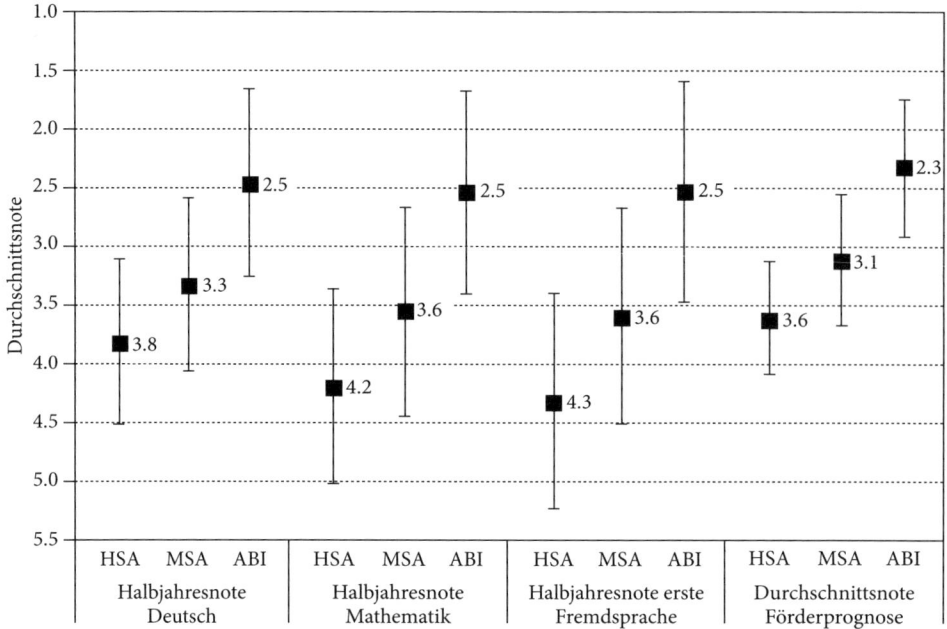

HSA = Hauptschulabschluss, MSA = Mittlerer Schulabschluss, ABI = Abitur. Die Quadrate bilden den Mittelwert ab, die vertikalen Linien beschreiben den Bereich, in dem 68 Prozent der jeweiligen Schülerschaft liegen (eine Standardabweichung oberhalb und unterhalb des Mittelwerts).

Abbildung 6.5a: Halbjahresnote Klasse 6 in Deutsch, Mathematik und erster
Fremdsprache sowie Durchschnittsnote der Förderprognose nach
elterlicher Abschlussaspiration – ELEMENT

statistisch signifikant ausfielen und mit einer Effektstärke von d = 0.95 stark ausgeprägt waren, ließ sich in BERLIN kein statistisch signifikanter Unterschied in den Noten zwischen Kindern von Eltern mit Hauptschulabschlussaspiration und Kindern von Eltern mit Aspiration auf einen Mittleren Schulabschluss beobachten. Kinder, deren Eltern sich das

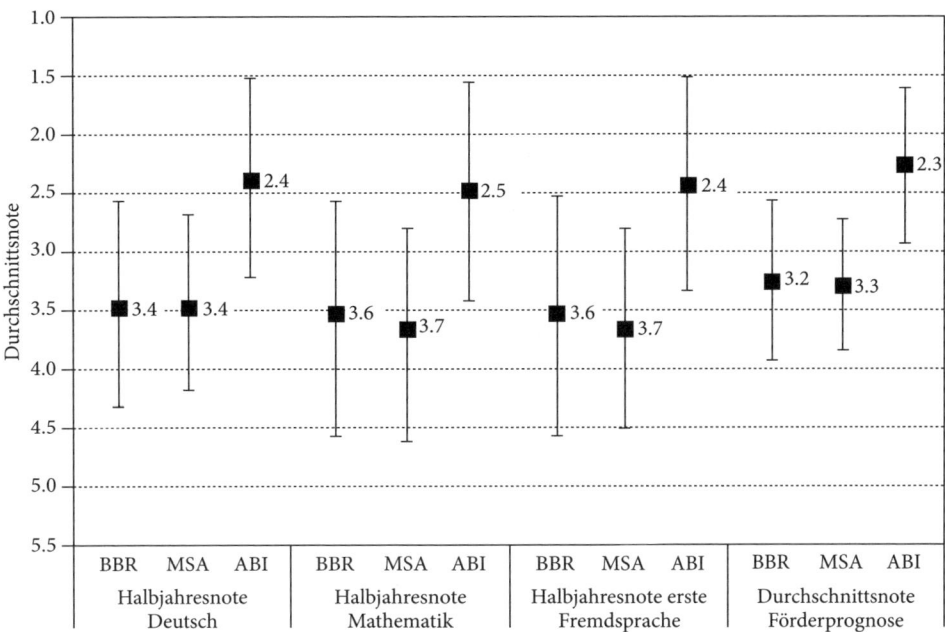

BBR = Berufsbildungsreife (bisher Hauptschulabschluss), MSA = Mittlerer Schulabschluss, ABI = Abitur. Die Quadrate bilden den Mittelwert ab, die vertikalen Linien beschreiben den Bereich, in dem 68 Prozent der jeweiligen Schülerschaft liegen (eine Standardabweichung oberhalb und unterhalb des Mittelwerts).

Abbildung 6.5b: Halbjahresnote Klasse 6 in Deutsch, Mathematik und erster Fremdsprache sowie Durchschnittsnote der Förderprognose nach elterlicher Abschlussaspiration – BERLIN

Abitur wünschten, unterschieden sich in beiden Studien statistisch signifikant und mit Effektstärken von bis zu $d = 2.48$ deutlich von Kindern, deren Eltern sich den Hauptschulabschluss oder den Mittleren Schulabschluss wünschten. Diese Unterschiede waren in der ELEMENT-Studie ausgeprägter als in der BERLIN-Studie.

6.5.1.2 Vorhersage der elterlichen Abschlussaspiration durch zentrale Variablen

Nach der univariaten und bivariaten Betrachtung der elterlichen Abschlussaspirationen mit Merkmalen der familiären Herkunft, den Testleistungen und den Noten der Kinder soll nun das Zusammenspiel dieser Variablen bei der Vorhersage der Abschlussaspiration untersucht werden. Dazu wurden multinomiale Regressionen in Mplus (Muthén & Muthén, 1998–2010) zur Vorhersage der elterlichen Abschlussaspiration spezifiziert, in denen die Aspiration auf einen Mittleren Schulabschluss als Referenzkategorie fungierte, das heißt, sie wurde einerseits mit der Aspiration auf einen Hauptschulabschluss und andererseits mit der Abituraspiration verglichen. Die Modelle wurden getrennt für die ELEMENT- und die BERLIN-Studie gerechnet und sind in den Tabellen 6.4a, 6.4b, 6.5a und 6.5b dargestellt. Zur

Tabelle 6.4a: Vorhersage der elterlichen Abschlussaspiration durch einzelne Prädiktoren – ELEMENT

		Bivariate Effekte		
		b	*SE*	OR
Hauptschulabschluss vs. Mittlerer Schulabschluss (Ref.)				
Kontrollvariable	Geschlecht: 1 = Mädchen	−0.45*	0.26	0.64
Familiäre Herkunft	HISEI (z-Wert)	−0.37*	0.16	0.69
	(Fach-)Abitur der Eltern	−0.15	0.31	0.86
	Mind. ein Elternteil im Ausland geboren	0.15	0.27	1.16
Schulleistungen	Durchschnittstestleistung	**−0.13****	0.02	0.88
	Durchschnittsnote (rekodiert)	**−0.16****	0.03	0.85
Abitur vs. Mittlerer Schulabschluss (Ref.)				
Kontrollvariable	Geschlecht: 1 = Mädchen	0.18*	0.12	1.20
Familiäre Herkunft	HISEI (z-Wert)	0.52***	0.07	1.68
	(Fach-)Abitur der Eltern	1.47***	0.16	4.35
	Mind. ein Elternteil im Ausland geboren	0.32***	0.12	1.38
Schulleistungen	Durchschnittstestleistung	0.15***	0.01	1.17
	Durchschnittsnote (rekodiert)	0.22***	0.01	1.24

OR = *odds ratios;* Ref. = Referenzkategorie; fett gesetzte Regressionskoeffizienten stehen für statistisch signifikante Unterschiede zwischen den Studien; * $p < .05$, ** $p < .01$, *** $p < .001$.

Tabelle 6.4b: Vorhersage der elterlichen Abschlussaspiration durch einzelne Prädiktoren – BERLIN

		Bivariate Effekte		
		b	*SE*	OR
Hauptschulabschluss vs. Mittlerer Schulabschluss (Ref.)				
Kontrollvariable	Geschlecht: 1 = Mädchen	−0.05	0.22	0.95
Familiäre Herkunft	HISEI (z-Wert)	−0.06	0.15	0.94
	(Fach-)Abitur der Eltern	0.32	0.24	1.38
	Mind. ein Elternteil im Ausland geboren	0.43*	0.20	1.54
Schulleistungen	Durchschnittstestleistung	**−0.03****	0.01	0.97
	Durchschnittsnote (rekodiert)	**0.01**	0.02	1.01
Abitur vs. Mittlerer Schulabschluss (Ref.)				
Kontrollvariable	Geschlecht: 1 = Mädchen	0.40***	0.10	1.49
Familiäre Herkunft	HISEI (z-Wert)	0.69***	0.12	1.99
	(Fach-)Abitur der Eltern	1.46***	0.11	4.31
	Mind. ein Elternteil im Ausland geboren	0.04	0.12	1.04
Schulleistungen	Durchschnittstestleistung	0.14***	0.02	1.15
	Durchschnittsnote (rekodiert)	0.23***	0.01	1.26

OR = *odds ratios;* Ref. = Referenzkategorie; fett gesetzte Regressionskoeffizienten stehen für statistisch signifikante Unterschiede zwischen den Studien; * $p < .05$, ** $p < .01$, *** $p < .001$.

Überprüfung der statistischen Signifikanz von Unterschieden in den Regressionskoeffizienten zwischen den beiden Studien wurden zusätzlich Zwei-Gruppen-Modelle spezifiziert, in denen jeweils nur zwei Aspirationen miteinander verglichen wurden (Hauptschulabschluss vs. Mittlerer Schulabschluss sowie Abitur vs. Mittlerer Schulabschluss). In den Tabellen sind statistisch signifikant voneinander verschiedene Regressionskoeffizienten fett gesetzt.[2]

Die multinomialen Regressionen zur Vorhersage der elterlichen Abschlussaspiration waren im Einzelnen wie folgt aufgebaut: In einem ersten Schritt wurden die bivariaten Effekte jeder Prädiktorvariable berechnet (siehe Tab. 6.4a und 6.4b), um die vorangehenden deskriptiven Ergebnisse noch einmal im Rahmen eines Regressionsmodells auf statistische Signifikanz zu testen. Anschließend wurden drei Modelle spezifiziert, die schrittweise entsprechend des theoretischen Modells des Übergangsprozesses (siehe Abb. 6.1) aufgebaut wurden (siehe Tab. 6.5a und 6.5b): Im ersten Modell dienten die drei Variablen der familiären Herkunft – der sozioökonomische Status der Eltern, die schulische Bildung der Eltern und der Migrationshintergrund – als Prädiktoren. Im zweiten Modell wurde zusätzlich die Durchschnittstestleistung aufgenommen. Das dritte und letzte Modell enthielt weiterhin die Durchschnittsnote. Zusätzlich wurde in alle Modelle das Geschlecht als Kontrollvariable aufgenommen.

Betrachtet man zunächst die bivariaten Effekte der Prädiktorvariablen zur Vorhersage der elterlichen Abschlussaspiration für ELEMENT in Tabelle 6.4a, zeigen sich vor allem deutliche Unterschiede zwischen Eltern mit einer Abituraspiration und Eltern mit einer Aspiration auf einen Mittleren Schulabschluss: Je höher der sozioökonomische Hintergrund, desto höher war die Wahrscheinlichkeit, dass Eltern für ihr Kind das Abitur anstreben. Noch deutlicher zeigte sich dieser Befund für Eltern, die selbst das Fachabitur oder Abitur besitzen. Sie wünschten sich mit einer etwa viermal so hohen Chance ein Abitur anstelle eines Mittleren Schulabschlusses für ihr Kind. Weiterhin konnte ein kleiner Effekt des Migrationshintergrunds beobachtet werden, und zwar dahingehend, dass Familien, in denen mindestens ein Elternteil im Ausland geboren wurde, eine höhere Wahrscheinlichkeit hatten, sich das Abitur anstelle eines Mittleren Schulabschlusses für ihr Kind zu wünschen.

---

2 Aufgrund der hohen Komplexität sowohl der vorliegenden Datenstruktur (hierarchisch geclusterte Daten sowie multiple Imputation mit zehn Datensätzen) als auch der Fragestellung (Vorhersage von kategorialen Daten sowie Mehrgruppenvergleich) war es nicht möglich, alle Besonderheiten im Rahmen *eines* Modells in Mplus zu berücksichtigen. Daraus ergaben sich für die Analyse der elterlichen Abschlussaspirationen folgende Konsequenzen: Da sich in Mplus für multinomiale Regressionen keine Mehrgruppenmodelle zur Überprüfung der statistischen Signifikanz von Unterschieden in den Regressionskoeffizienten zwischen den Studien berechnen lassen, wurden zusätzlich Zwei-Gruppen-Modelle gerechnet, in denen jeweils nur zwei Aspirationen miteinander verglichen wurden (Hauptschulabschluss vs. Mittlerer Schulabschluss sowie Abitur vs. Mittlerer Schulabschluss). Für alle durchgeführten Zwei-Gruppen-Vergleiche ergab sich ferner folgende Problematik: Mplus verwendet für Zwei-Gruppen-Vergleiche bei der Vorhersage kategorialer Variablen Probit-Modelle anstelle von Logit-Modellen. Diese Modelle haben jedoch den Nachteil, dass sie eine andere Skalierung als die gängigen Logit-Modelle aufweisen und nicht direkt in *odds ratios* transformiert werden können. Daher werden in den Tabellen ausschließlich die getrennt spezifizierten Modelle in Logits dargestellt. Die Ergebnismuster aus Logit- und Probit-Regression der getrennten Modelle sind jedoch bis auf wenige Abweichungen identisch.

Tabelle 6.5a: Vorhersage der elterlichen Abschlussaspiration durch mehrere Prädiktoren – ELEMENT

	Modell 1			Modell 2			Modell 3		
	b	SE	OR	b	SE	OR	b	SE	OR
Hauptschulabschluss vs. Mittlerer Schulabschluss (Ref.)									
Kontrollvariable									
Geschlecht: 1 = Mädchen	−0.47	0.27	0.63	−0.37	0.29	0.69	−0.05	−0.05	0.95
Familiäre Herkunft									
HISEI (z-Wert)	−0.46*	0.21	0.63	−0.36	0.22	0.70	−0.23	−0.23	0.80
(Fach-)Abitur der Eltern	0.13	0.35	1.14	0.29	0.34	1.33	0.08	0.08	1.09
Mind. ein Elternteil im Ausland geb.	−0.14	0.30	0.87	**−0.59**	0.33	0.55	**−0.23***	−0.23	0.80
Schulleistungen									
Durchschnittstestleistung				**−0.13*****	0.03	0.88	−0.05**	−0.05	0.95
Durchschnittsnote (rekodiert)							**−0.08*****	−0.08	0.92
Abitur vs. Mittlerer Schulabschluss (Ref.)									
Kontrollvariable									
Geschlecht: 1 = Mädchen	0.24	0.13	1.28	0.29*	0.13	1.34	0.00	0.03	1.00
Familiäre Herkunft									
HISEI (z-Wert)	0.41***	0.09	1.51	0.18*	0.09	1.19	0.08	0.04	1.09
(Fach-)Abitur der Eltern	1.23***	0.16	3.42	0.95***	0.20	2.59	0.23***	0.04	1.26
Mind. ein Elternteil im Ausland geb.	0.77***	0.15	2.17	**1.36*****	0.19	3.89	0.36***	0.04	1.43
Schulleistungen									
Durchschnittstestleistung				0.17***	0.01	1.18	**0.04*****	0.01	1.04
Durchschnittsnote (rekodiert)							0.09***	0.01	1.09

OR = *odds ratios;* Ref. = Referenzkategorie; fett gesetzte Regressionskoeffizienten stehen für statistisch signifikante Unterschiede zwischen den Studien; * $p < .05$, ** $p < .01$, *** $p < .001$.

Auch die Durchschnittstestleistung und – noch deutlicher – die Durchschnittsnote der Kinder dienten als bedeutsame Prädiktoren für die Abituraspiration von Eltern; je besser die Leistungen und die Noten des Kindes, desto eher wiesen die Eltern eine Abituraspiration auf. Bezüglich des Unterschieds zwischen Eltern, die sich einen Hauptschulabschluss anstelle eines Mittleren Schulabschlusses wünschten, erwies sich von den Indikatoren der familiären Herkunft in der ELEMENT-Studie nur der sozioökonomische Status als prädiktiv. Große Effekte zeigten sich für die Durchschnittstestleistung und die Durchschnittsnote: Eltern von Kindern mit besseren Testleistungen und Noten wünschten sich eher einen Mittleren Schulabschluss als einen Hauptschulabschluss für ihr Kind.

Für den Unterschied zwischen Aspiration auf ein Abitur und einen Mittleren Schulabschluss zeigte sich für die BERLIN-Studie ein sehr ähnliches Bild wie für ELEMENT (siehe Tab. 6.4b), mit der Ausnahme, dass hier der Migrationshintergrund bei bivariater Betrachtung in keinem statistisch signifikanten Zusammenhang mit der elterlichen Abschlussaspiration stand. Dieser Unterschied zwischen den Studien war jedoch nicht statistisch signifikant. Bezüglich des Vergleichs von Eltern, die einen Hauptschulabschluss für ihr Kind anstrebten, und Eltern, die sich einen Mittleren Schulabschluss wünschten, konnte hingegen ein bedeutsamer Unterschied zwischen der BERLIN- und der ELEMENT-Studie ausgemacht werden. Wie sich bereits in den deskriptiven Analysen zeigte, waren in BERLIN

Tabelle 6.5b: Vorhersage der elterlichen Abschlussaspiration durch mehrere Prädiktoren – BERLIN

	Modell 1			Modell 2			Modell 3		
	b	SE	OR	b	SE	OR	b	SE	OR
Hauptschulabschluss vs. Mittlerer Schulabschluss (Ref.)									
Kontrollvariable									
Geschlecht: 1 = Mädchen	−0.05	0.22	0.96	−0.02	0.22	0.99	−0.08	0.22	0.92
Familiäre Herkunft									
HISEI (z-Wert)	−0.10	0.20	0.90	−0.06	0.20	0.95	−0.08	0.20	0.92
(Fach-)Abitur der Eltern	0.46	0.29	1.59	0.50	0.29	1.64	0.46	0.29	1.58
Mind. ein Elternteil im Ausland geb.	0.43	0.23	1.54	**0.33**	0.23	1.39	**0.38**	0.23	1.46
Schulleistungen									
Durchschnittstestleistung				**−0.03**	0.02	0.97	−0.05**	0.02	0.95
Durchschnittsnote (rekodiert)							**0.05***	0.02	1.05
Abitur vs. Mittlerer Schulabschluss (Ref.)									
Kontrollvariable									
Geschlecht: 1 = Mädchen	0.49***	0.10	1.63	0.40***		1.49	0.10	0.12	1.11
Familiäre Herkunft									
HISEI (z-Wert)	0.54***	0.09	1.71	0.25**		1.29	0.17	0.10	1.19
(Fach-)Abitur der Eltern	1.01***	0.13	2.76	0.77***		2.16	0.65***	0.14	1.91
Mind. ein Elternteil im Ausland geb.	0.53***	0.15	1.70	**0.97***		2.62	1.11***	0.18	3.05
Schulleistungen									
Durchschnittstestleistung				0.13***	0.01	1.14	**0.03***	0.01	1.03
Durchschnittsnote (rekodiert)							0.21***	0.02	1.23

OR = *odds ratios;* Ref. = Referenzkategorie; fett gesetzte Regressionskoeffizienten stehen für statistisch signifikante Unterschiede zwischen den Studien; * $p < .05$, ** $p < .01$, *** $p < .001$.

die Noten im Gegensatz zu ELEMENT kein statistisch signifikanter Prädiktor für den Unterschied zwischen einer Hauptschulaspiration und der Aspiration auf einen Mittleren Schulabschluss. Für die Durchschnittstestleistung fand sich zwar noch ein kleiner Effekt – dahingehend, dass Eltern, deren Kinder bessere Leistungen hatten, eher einen Mittleren Schulabschluss als einen Hauptschulabschluss anstreben –, allerdings ist er deutlich kleiner als in ELEMENT. Diese Unterschiede zwischen den beiden Studien ließen sich auch in zusätzlichen logistischen Zwei-Gruppen-Modellen statistisch absichern.

Aufbauend auf diesen bivariaten Zusammenhangsanalysen wurde in den Modellen 1, 2 und 3 überprüft, inwiefern die Prädiktoren bei Kontrolle der jeweils anderen Variablen weiterhin Bedeutung für die Vorhersage der elterlichen Abschlussaspiration hatten (siehe Tab. 6.5a und 6.5b). Für den Unterschied zwischen Abitur und Mittlerem Schulabschluss zeigte sich für beide Studien das gleiche Befundmuster: Selbst wenn alle Indikatoren der familiären Herkunft simultan im Modell waren (Modell 1), leistete jeder Prädiktor einen eigenen Beitrag zur Vorhersage der elterlichen Abschlussaspiration. Der Effekt des Migrationshintergrunds wurde unter Kontrolle der beiden anderen Indikatoren der familiären Herkunft größer, sodass er nun auch für die BERLIN-Studie statistisch signifikant wurde. Das heißt, kontrolliert man für den sozioökonomischen Status und das Bildungsniveau, zeigten sich Zuwandererfamilien deutlich bildungsmotivierter als Eltern, die in Deutschland geboren wurden. Gemeinsam klärten die drei Indikatoren der familiären Herkunft 20 (ELEMENT) bzw. 18 Prozent (BERLIN) der Varianz auf (jeweils 17 % ohne Berücksichtigung des Migrationshintergrunds).[3] In den Modellen 2 und 3 zeigte sich, dass der sozioökonomische Status operationalisiert über den HISEI in beiden Studien an Bedeutung verlor und schließlich nicht länger von prädiktiver Bedeutung war, sobald die Durchschnittstestleistung und die Durchschnittsnote zusätzlich im Modell enthalten waren. Die elterliche Bildung (mindestens ein Elternteil hatte Abitur) und der Migrationshintergrund blieben jedoch auch nach Kontrolle der übrigen Variablen statistisch signifikante Prädiktoren. Bezüglich der Testleistungen zeigte sich erwartungsgemäß, dass die Wahrscheinlichkeit für eine Abituraspiration der Eltern anstelle einer Aspiration auf einen Mittleren Schulabschluss mit zunehmenden Leistungen des Kindes deutlich anstieg. Dieser Effekt scheint jedoch zu einem großen Teil über die Noten der Kinder mediiert zu sein, da sich der Effekt der Leistung bei Hinzunahme der Durchschnittsnote in Modell 3 deutlich verringerte. Die Testleistungen und die Durchschnittsnote klärten gemeinsam in beiden Studien 51 Prozent der Aspirationsunterschiede. Berücksichtigt man Testleistungen und Noten sowie Sozialschichtzugehörigkeit und Bildungsniveau gemeinsam in einem Modell zur Vorhersage der Aspiration auf ein Abitur, stieg der Anteil aufgeklärter Varianz auf 55 Prozent in ELEMENT und 52 Prozent in BERLIN. Daraus lässt sich erkennen, dass die familiäre Herkunft und die Schulleistungen der Kinder in einem hohen Maße miteinander konfundiert sind und die familiäre Herkunft nach Kontrolle der Leistungsunterschiede zwischen Schülerinnen und Schülern bei der Vorhersage der Abschlussaspiration nur noch eine geringe Rolle spielt. In den ergänzenden Zwei-Gruppen-Modellen zeigten sich zwei statistisch signifikante Unterschiede zwischen den Studien, der Effekt des Migrationshintergrunds in Modell 2 und der Effekt der Durchschnittstestleistung in Modell 3. Da sich diese Unterschiede jedoch nicht in den bivariaten Analysen und nicht konsistent über alle multivariaten Modelle hinweg zeigten, werden sie an dieser Stelle nicht weiter interpretiert.

Betrachtet man den Vergleich zwischen Eltern, die sich einen Hauptschulabschluss für ihr Kind wünschten, und Eltern, die einen Mittleren Schulabschluss anstrebten, waren die Indikatoren der familiären Herkunft sowohl in ELEMENT als auch in BERLIN, wie bereits in den bivariaten Analysen erkennbar, keine bedeutsamen Prädiktoren. Lediglich die Testleistungen und die Schulnoten konnten den Unterschied zwischen den Abschlussaspirationen erklären. Wie schon in den deskriptiven Analysen und in den bivariaten Zusammenhangsanalysen gab es hier einen bedeutsamen Unterschied zwischen den beiden Studien, der sich auch in den zusätzlich berechneten logistischen Zwei-Gruppen-Modellen als statistisch signifikant erwies: In BERLIN hatten die Leistungen und die Noten im Gegensatz zu ELEMENT keine Vorhersagekraft für die Chance, einen Hauptschulabschluss anstelle eines Mittleren Schulabschlusses anzustreben. Auch wenn in Modell 3 in Tabelle 6.5b

---

3 Bei der Berechnung multinomialer Regressionen ist es in Mplus nicht möglich, den Anteil aufgeklärter Varianz zu ermitteln. Daher ist der Anteil aufgeklärter Varianz für die multinomialen Modelle nicht in den Tabellen angegeben. Die im Text berichteten Angaben zur Varianzaufklärung einzelner Prädiktoren stammen aus logistischen Regressionsmodellen zur Vorhersage der Aspiration auf ein Abitur. In gleicher Weise wurde für die Analyse des realisierten Übergangs, die anhand multinomialer Regressionsmodelle erfolgte, verfahren (vgl. Abschnitt 6.5.3.2).

für BERLIN statistisch signifikante Regressionskoeffizienten der Leistung und der Note zu beobachten sind, wird im Vergleich zu den bivariaten Befunden und zu Modell 2 deutlich, dass es sich hierbei mit hoher Wahrscheinlichkeit um Suppressionseffekte oder statistische Artefakte zu handeln scheint.

Zusammenfassend lässt sich festhalten, dass sich Effekte der familiären Herkunft vor allem für den Unterschied zwischen der Aspiration auf ein Abitur im Vergleich zu den nicht-gymnasialen Schulabschlüssen finden ließen; Eltern mit Aspiration auf einen Hauptschul-abschluss/Berufsbildungsreife unterschieden sich kaum von Eltern mit Aspiration auf einen Mittleren Schulabschluss im Hinblick auf ihre familiäre Herkunft. Darüber hinaus zeigte sich in beiden Studien, dass die Abschlussaspirationen von Eltern in einem beträchtlichen Zusammenhang mit den Schulleistungen der Schülerinnen und Schüler standen – und zwar auch unabhängig von Herkunftsmerkmalen. Die familiäre Herkunft wiederum war in einem hohen Maße mit den Schulleistungen der Kinder konfundiert, das heißt, Effekte der famili-ären Herkunft, die über Unterschiede in den Schulleistungen hinausgingen, konnten kaum gefunden werden. Nur für den Vergleich der Abituraspiration und der Aspiration auf einen Mittleren Schulabschluss zeigte sich ein kleiner Effekt des Bildungsniveaus der Eltern sowie des Migrationshintergrunds. Während sich bezüglich der Herkunftseffekte das gleiche Mus-ter in beiden Studien zeigte, wurde im Hinblick auf die Bedeutsamkeit der Schulleistungen für die Vorhersage der elterlichen Abschlussaspirationen ein statistisch signifikanter Unterschied zwischen den beiden Studien festgestellt: In ELEMENT waren die Leistungen und Schulnoten der Kinder statistisch signifikante Prädiktoren, in BERLIN gab es hingegen keine bedeut-samen Unterschiede zwischen der Gruppe von Eltern mit Hauptschulabschlussaspiration und der Gruppe von Eltern, die sich einen Mittleren Schulabschluss für ihr Kind wünschten.

6.5.2 Empirische Befunde zur erhaltenen Übergangsempfehlung

6.5.2.1 Deskriptive Befunde

Bei der von der Grundschule vergebenen Übergangsempfehlung handelt es sich um eine, wenn nicht sogar die zentrale Variable im Übergangsprozess. Während in der Schüler-kohorte der ELEMENT-Studie 36.9 Prozent der Schülerinnen und Schüler eine Gymna-sialempfehlung und 63.1 Prozent eine Haupt- oder Realschulempfehlung erhielten, waren dies in BERLIN 45 Prozent (Gymnasialempfehlung) und 55 Prozent (Empfehlung für die Integrierte Sekundarschule). Der Anstieg der Gymnasialempfehlung um insgesamt 8 Prozentpunkte zwischen dem Zeitpunkt der ELEMENT- und der BERLIN-Studie muss vor dem Hintergrund eines generellen Trends zu gestiegenen Gymnasialempfehlungen betrachtet werden. Nach Angaben des Amts für Statistik Berlin-Brandenburg sind in den letzten Jahren jedes Jahr höhere Quoten der Gymnasialempfehlungen zu beobachten. Wäh-rend im Jahr 2004/05, zum Zeitpunkt der ELEMENT-Studie, 38 Prozent aller Berliner Schülerinnen und Schüler an öffentlichen Grundschulen eine Gymnasialempfehlung er-hielten, stieg dieser Anteil in den darauffolgenden Jahren kontinuierlich auf 38.5 Prozent (2005/06), 39.4 Prozent (2006/07), 42 Prozent (2007/08), 43.2 Prozent (2008/09), 44.2 Prozent (2009/10) und 45 Prozent im Jahr 2010/11, zum Zeitpunkt der BERLIN-Studie, an (siehe Amt für Statistik Berlin-Brandenburg, 2007, 2009a, 2009b, 2011a, 2011b; Statistisches Landesamt Berlin, 2005, 2006; vgl. auch Becker et al., Kap. 4 in diesem Band). Der hier gefundene Unterschied zwischen der ELEMENT- und der BERLIN-Studie hinsichtlich der erhaltenen Übergangsempfehlungen spiegelt damit den generellen Anstieg in den Gymnasialempfehlungen wider.

Setzt man die erhaltene Übergangsempfehlung in Beziehung zu den im vorangehenden Abschnitt dargestellten Abschlussaspirationen der Eltern, zeigt sich folgendes Muster: Von den Schülerinnen und Schülern, die eine Empfehlung für eine nichtgymnasiale Schulform erhielten, wünschten sich in ELEMENT 39.5 Prozent der Eltern einen Mittleren Schulabschluss und 9.1 Prozent einen Hauptschulabschluss für ihr Kind. 37.7 Prozent der Eltern von Kindern mit Empfehlung auf eine nichtgymnasiale Schulform strebten das Abitur an, während 13.7 Prozent der Eltern zum Zeitpunkt der Erhebung noch keine genauen Vorstellungen über ihren Schulabschlusswunsch hatten. Innerhalb der Gruppe von Kindern mit Gymnasialempfehlung wünschten sich 92.1 Prozent der Eltern das Abitur und nur 0.2 Prozent einen Hauptschulabschluss bzw. 3.5 Prozent einen Mittleren Schulabschluss für ihr Kind. 4.2 Prozent der Eltern hatten noch keinen Schulabschlusswunsch. Ein ähnliches Bild zeigt sich in BERLIN. Auch hier wünschte sich in der Gruppe der Kinder mit ISS-Empfehlung ein erheblicher Anteil der Eltern das Abitur für ihr Kind (46.9 %), gefolgt vom Mittleren Schulabschluss (32.9 %) und dem Hauptschulabschluss (8.7 %). Von den Eltern der Kinder mit Gymnasialempfehlung strebten in BERLIN 94.4 Prozent das Abitur und nur jeweils 1.5 Prozent einen Mittleren Schulabschluss und einen Hauptschulabschluss an. 11.5 Prozent der Eltern von Kindern mit ISS-Empfehlung und 2.6 Prozent der Eltern von Kindern mit Gymnasialempfehlung waren bezüglich des angestrebten Schulabschlusses zum Zeitpunkt der Datenerhebung noch nicht entschieden. Insgesamt wird deutlich, dass insbesondere in der Gruppe der Schülerinnen und Schüler mit nichtgymnasialer Schulformempfehlung eine Niveauverschiebung in den Abschlussaspirationen der Eltern zwischen den beiden Studienzeitpunkten vorliegt.

Erhaltene Übergangsempfehlung in Abhängigkeit der familiären Herkunft
Betrachtet man den sozioökonomischen Status der Eltern in Abhängigkeit der Übergangsempfehlung, zeigt sich, dass Eltern, deren Kind eine Gymnasialempfehlung erhielt, einen signifikant höheren ISEI-Wert hatten als Eltern von Kindern mit Empfehlung für Hauptschule und Realschule bzw. Integrierte Sekundarschule (siehe Tab. 6.6a und 6.6b). Dieses Muster fand sich gleichermaßen in ELEMENT und BERLIN, wobei die Effektstärke in der BERLIN-Studie mit $d = 0.78$ leicht über der entsprechenden Effektstärke in der ELEMENT-Studie von $d = 0.61$ liegt. Aufgrund der unterschiedlichen Kodierungen der beruflichen Angaben in der ELEMENT- und BERLIN-Studie (vgl. Becker et al., Kap. 4 in diesem Band), ist der Vergleich der ISEI-Werte zwischen den beiden Studien jedoch nur eingeschränkt möglich.

Die schulische Ausbildung der Eltern hing in ähnlicher Weise wie der sozioökonomische Status mit der erhaltenen Übergangsempfehlung zusammen (siehe Abb. 6.6a und 6.6b): Innerhalb der Gruppe der Eltern, die ein Fachabitur oder Abitur haben, erhielt in beiden

Tabelle 6.6a: Mittelwerte, Standardabweichungen und standardisierte Mittelwertdifferenzen (Effektstärken) im sozioökonomischen Status (HISEI) nach erhaltener Übergangsempfehlung – ELEMENT

Empfehlung	M	SD	Effektstärke NGY
Nichtgymnasiale Schulformen (NGY)	43.06	14.34	
Gymnasium (GYM)	52.34	15.92	**0.61**

M = Mittelwert, SD = Standardabweichung; Effektstärke d nach Cohen (1988). Statistisch signifikante Unterschiede sind fett hervorgehoben.

Tabelle 6.6b: Mittelwerte, Standardabweichungen und standardisierte Mittelwertdifferenzen (Effektstärken) im sozioökonomischen Status (HISEI) nach erhaltener Übergangsempfehlung – BERLIN

Empfehlung	M	SD	Effektstärke ISS
Integrierte Sekundarschule (ISS)	42.30	19.32	
Gymnasium (GYM)	57.82	20.44	**0.78**

M = Mittelwert, SD = Standardabweichung; Effektstärke d nach Cohen (1988). Statistisch signifikante Unterschiede sind fett hervorgehoben.

Studien über die Hälfte der Kinder eine Empfehlung für das Gymnasium. Innerhalb der Gruppe der Eltern mit mittlerer Reife erhielt nur ein Drittel der Kinder eine Gymnasialempfehlung, in der Gruppe der Eltern mit maximal Hauptschulabschluss nur ein Fünftel. Das heißt, sowohl in der ELEMENT- als auch in der BERLIN-Studie erhielten Kinder von Eltern mit höherem schulischem Bildungsniveau häufiger eine Gymnasialempfehlung als Kinder von Eltern mit niedrigerem schulischem Bildungsniveau.

Trotz der Gemeinsamkeiten lässt sich zwischen den Schülerkohorten der beiden Studien ein Unterschied in den Gymnasialempfehlungen ausmachen. So gab es insbesondere für die Gruppe der Eltern mit Fachabitur und Abitur von ELEMENT nach BERLIN einen Anstieg in den erhaltenen Gymnasialempfehlungen. Das heißt, der bereits erwähnte Befund, dass zum Zeitpunkt der BERLIN-Studie mehr Schülerinnen und Schüler eine Gymnasialempfehlung erhalten, kann vor allem auf einen Anstieg der entsprechenden Empfehlungen für Kinder mit Eltern höherer schulischer Bildung zurückgeführt werden.

Betrachtet man einen weiteren Indikator der familiären Herkunft, den Migrationshintergrund (siehe Abb. 6.7a und 6.7b), zeigt sich für beide Studien, dass Kinder ohne Migrationshintergrund häufiger eine Gymnasialempfehlung erhielten als Kinder mit Migrationshintergrund. Weiterhin machte es einen Unterschied, ob ein oder beide Elternteile im Ausland geboren wurden und ob es sich um zugewanderte Familien handelt: Kinder, die selbst im Ausland geboren wurden, erhielten am seltensten eine Gymnasialempfehlung, gefolgt von Kindern der zweiten Einwanderergeneration und Kindern, die nur einen im Ausland geborenen Elternteil haben. Dieses Muster fand sich sowohl in der ELEMENT- als

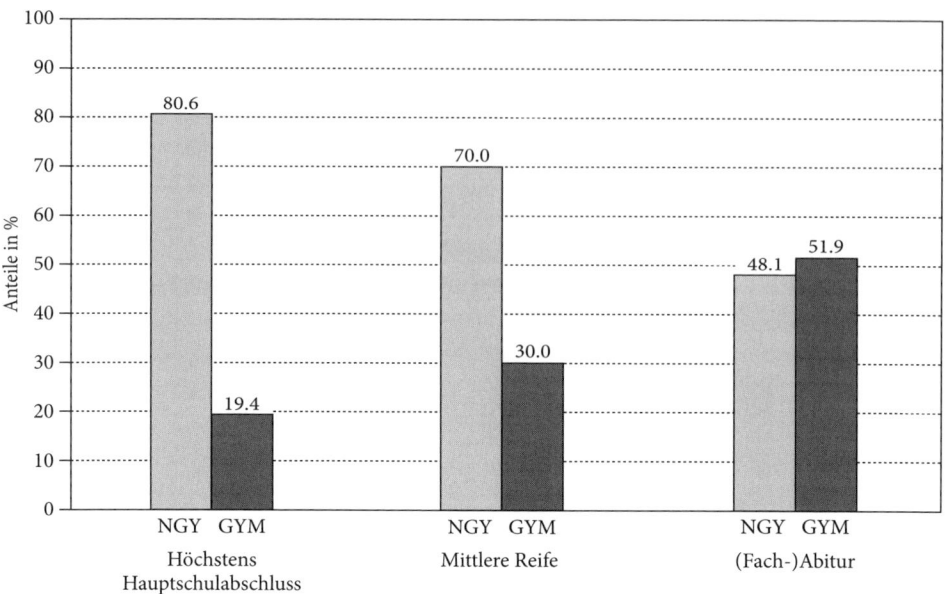

NGY = nichtgymnasiale Schulform, GYM = Gymnasium.

Abbildung 6.6a: Übergangsempfehlung nach höchstem Schulabschluss der Eltern (in %) – ELEMENT

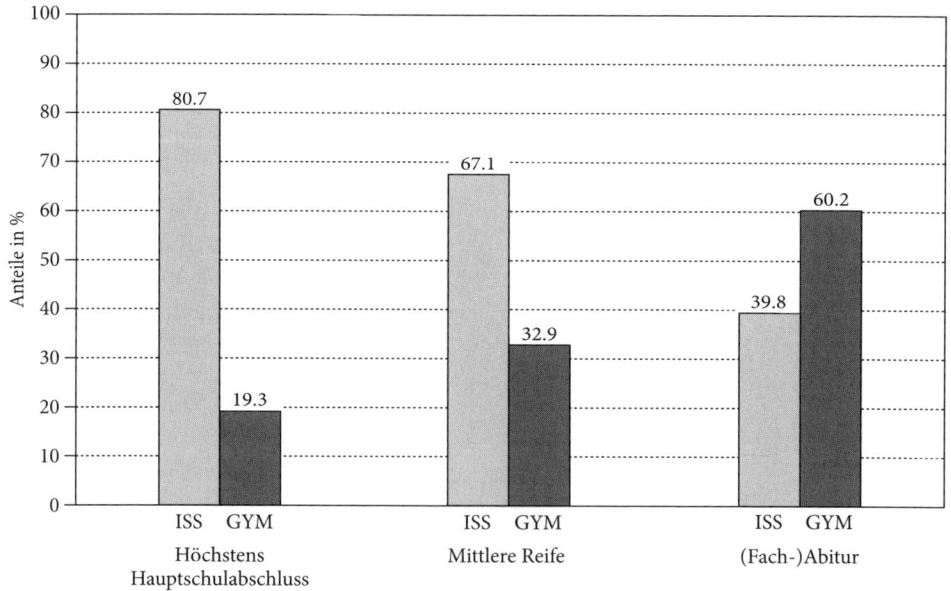

ISS = Integrierte Sekundarschule, GYM = Gymnasium.

Abbildung 6.6b: Übergangsempfehlung nach höchstem Schulabschluss der Eltern (in %) – BERLIN

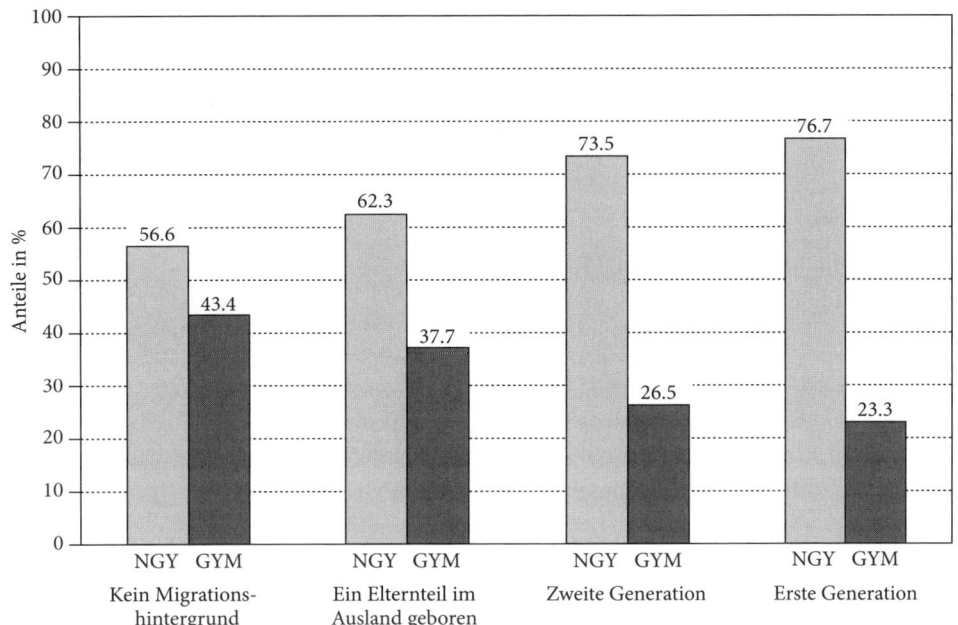

NGY = nichtgymnasiale Schulform, GYM = Gymnasium.

Abbildung 6.7a: Übergangsempfehlung nach Migrationshintergrund (in %) – ELEMENT

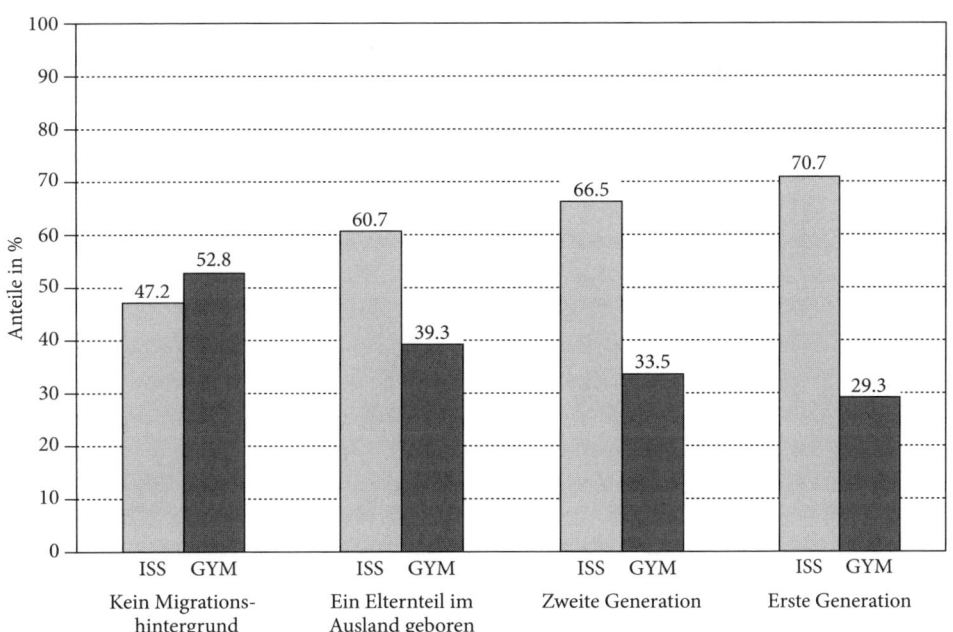

ISS = Integrierte Sekundarschule, GYM = Gymnasium.

Abbildung 6.7b: Übergangsempfehlung nach Migrationshintergrund (in %) – BERLIN

auch in der BERLIN-Studie. Dennoch zeigte sich auch hier der bereits erwähnte Befund, dass zum Zeitpunkt der BERLIN-Studie insgesamt mehr Kinder eine Gymnasialempfehlung erhielten als zum Zeitpunkt der ELEMENT-Studie. Obwohl es in allen Gruppen einen Anstieg gab, war der größte Anstieg für Kinder ohne Migrationshintergrund zu beobachten, gefolgt von Kindern der zweiten Generation und solchen, die selbst mit ihren Familien eingewandert sind.

Erhaltene Übergangsempfehlung in Abhängigkeit der Testleistungen
In den Abbildungen 6.8a und 6.8b sowie in den Tabellen 6.7a und 6.7b sind die Unterschiede in den Testleistungen zwischen Kindern mit und ohne Gymnasialempfehlung abgetragen.

Tabelle 6.7a: Mittelwerte, Standardabweichungen und standardisierte Mittelwertdifferenzen (Effektstärken) in der Durchschnittstestleistung nach erhaltener Übergangsempfehlung – ELEMENT

Empfehlung	M	SD	Effektstärke NGY
Nichtgymnasiale Schulformen (NGY)	46.10	7.00	
Gymnasium (GYM)	56.67	7.11	**1.50**

M = Mittelwert, SD = Standardabweichung; Effektstärke d nach Cohen (1988). Statistisch signifikante Unterschiede sind fett hervorgehoben.

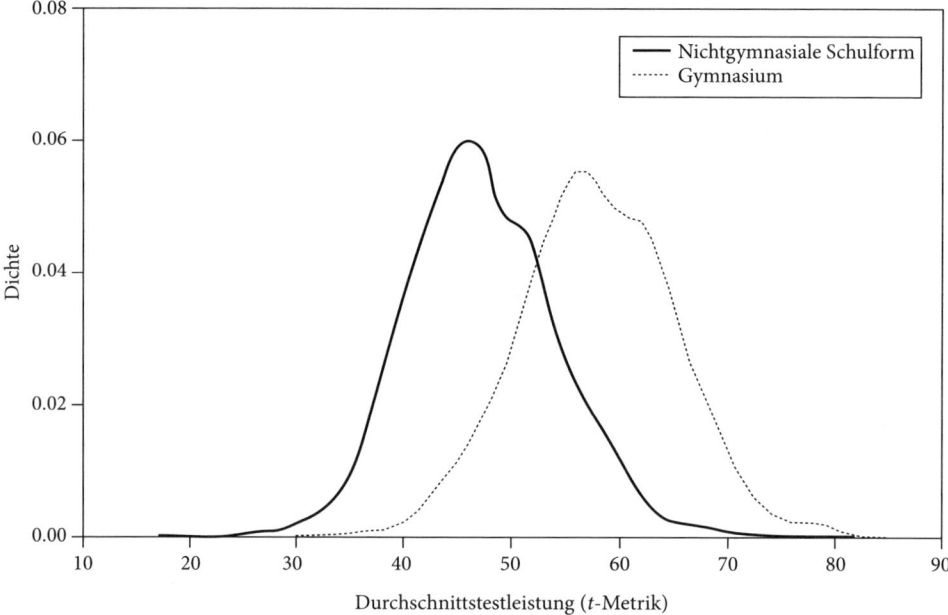

Abbildung 6.8a: Verteilung der Durchschnittstestleistungen (Mathematik, Leseverständnis, Englisch) nach erhaltener Übergangsempfehlung – ELEMENT

Tabelle 6.7b: Mittelwerte, Standardabweichungen und standardisierte Mittelwertdifferenzen (Effektstärken) in der Durchschnittstestleistung nach erhaltener Übergangsempfehlung – BERLIN

Empfehlung	M	SD	Effektstärke ISS
Integrierte Sekundarschule (ISS)	45.21	6.99	
Gymnasium (GYM)	56.57	6.93	**1.63**

M = Mittelwert, SD = Standardabweichung; Effektstärke d nach Cohen (1988). Statistisch signifikante Unterschiede sind fett hervorgehoben.

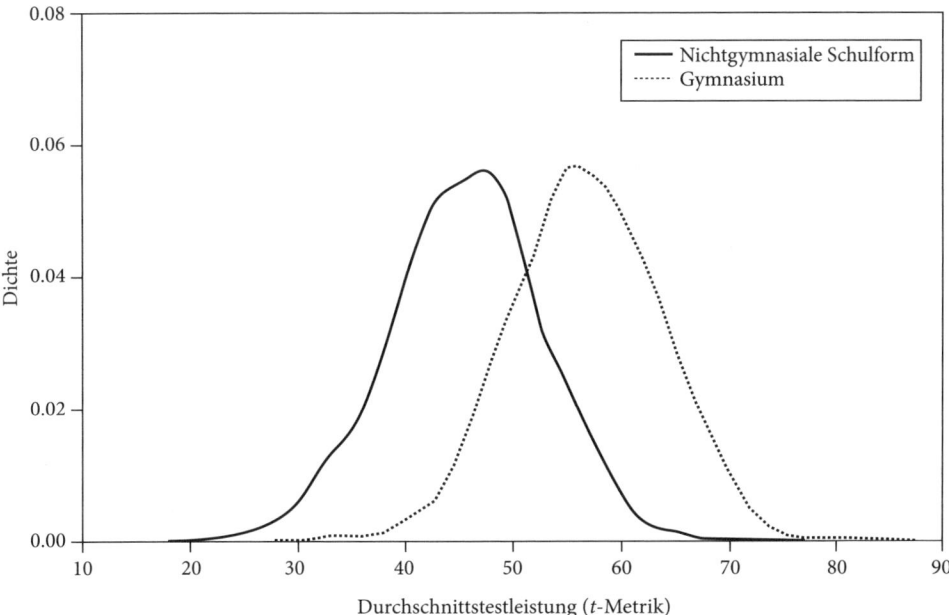

Abbildung 6.8b: Verteilung der Durchschnittstestleistungen (Mathematik, Leseverständnis, Englisch) nach erhaltener Übergangsempfehlung – BERLIN

Erwartungsgemäß hatten in beiden Studien Schülerinnen und Schüler, die eine Empfehlung für das Gymnasium erhalten haben, höhere Testleistungen als Schülerinnen und Schüler mit einer Empfehlung für Haupt- oder Realschule bzw. Integrierter Sekundarschule. Dabei handelt es sich mit Effektstärken von rund anderthalb Standardabweichungen sowohl in ELEMENT als auch in BERLIN um einen großen Unterschied.

Hervorzuheben ist darüber hinaus der Befund, dass sich das mit den Empfehlungen verbundene Leistungsniveau nicht zwischen den Studien unterschied. Das heißt, Schülerinnen und Schüler mit Gymnasialempfehlung hatten zu beiden Zeitpunkten im Mittel ein vergleichbares Leistungsniveau. Gleiches galt für Schülerinnen und Schüler mit Empfehlung für eine nichtgymnasiale Schulform. Dies ist insofern von besonderer Bedeutung, da der

Anteil der Schülerinnen und Schüler mit Gymnasialempfehlung zwischen beiden Erhebungszeitpunkten auf Stichprobenebene (und in ähnlicher Form auch in der Population; vgl. Becker et al., Kap. 4 in diesem Band) von 36.9 auf 45.0 Prozent angestiegen ist. Offenbar ging der Trend zu steigenden Empfehlungsquoten für das Gymnasium nicht mit Leistungseinbußen der gymnasialempfohlenen Schülerschaft einher. Angesicht des zwischen den Erhebungszeitpunkten in der Gesamtpopulation relativ stabilen Leistungsniveaus (vgl. Becker et al., Kap. 4 in diesem Band) mag dieser Befund zunächst überraschen. Vergegenwärtigt man sich jedoch, dass es zum überwiegenden Teil die leistungsstärksten der bislang nicht gymnasialempfohlenen Schülerinnen und Schüler sind, die nun eine Gymnasialempfehlung erhalten, wird deutlich, dass bei einem Anstieg der Empfehlungsquote für das Gymnasium um 8 Prozentpunkte nicht mit größeren Verschiebungen im mittleren Leistungsniveau gymnasial- und nichtgymnasialempfohlener Schülerinnen und Schüler zu rechnen war.

Schulnoten nach erhaltener Übergangsempfehlung
Wie den Abbildungen 6.9a und 6.9b sowie den Tabellen 6.8a und 6.8b entnommen werden kann, ergibt sich für den Zusammenhang der erhaltenen Übergangsempfehlung mit den Noten der Schülerinnen und Schüler ein sehr ähnliches Bild wie für die Testleistungen.

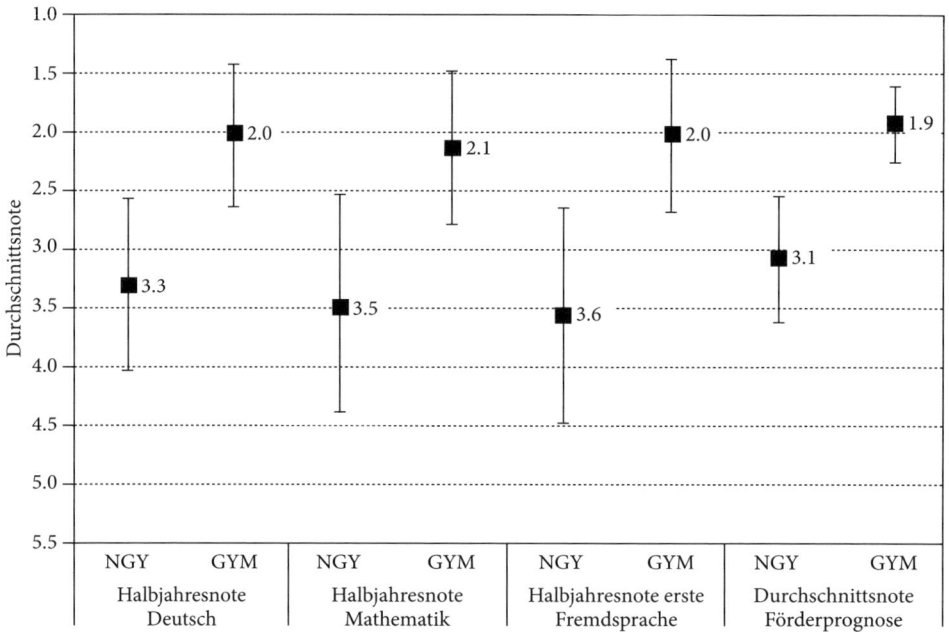

NGY = Nichtgymnasiale Schulform, GYM = Gymnasium. Die Quadrate bilden den Mittelwert ab, die vertikalen Linien beschreiben den Bereich, in dem 68 Prozent der jeweiligen Schülerschaft liegen (eine Standardabweichung oberhalb und unterhalb des Mittelwerts).

Abbildung 6.9a: Halbjahresnote Klasse 6 in Deutsch, Mathematik und erster Fremdsprache sowie Durchschnittsnote der Förderprognose nach erhaltener Übergangsempfehlung – ELEMENT

Tabelle 6.8a: Mittelwerte, Standardabweichungen und standardisierte Mittelwertdifferenzen (Effektstärken) in der Durchschnittsnote der Förderprognose nach erhaltener Übergangsempfehlung – ELEMENT

Empfehlung	M	SD	Effektstärke NGY
Nichtgymnasiale Schulformen (NGY)	3.10	0.53	
Gymnasium (GYM)	1.95	0.32	**2.64**

M = Mittelwert, SD = Standardabweichung; Effektstärke d nach Cohen (1988). Statistisch signifikante Unterschiede sind fett hervorgehoben.

Während Kinder, die eine Gymnasialempfehlung erhalten haben, im Mittel einen Notendurchschnitt der Förderprognose von 1.9 aufwiesen, hatten Kinder mit einer Empfehlung für eine der nichtgymnasialen Schulformen einen um eine ganze Note schlechteren Durchschnitt. Vor dem Hintergrund, dass die Vergabe der Empfehlung auf den erreichten Noten der Schülerinnen und Schüler basiert, ist dieser Befund erwartungsgemäß. Für die Noten der einzelnen Fächer zeigt sich ein ähnliches Bild, wobei hier die Unterschiede

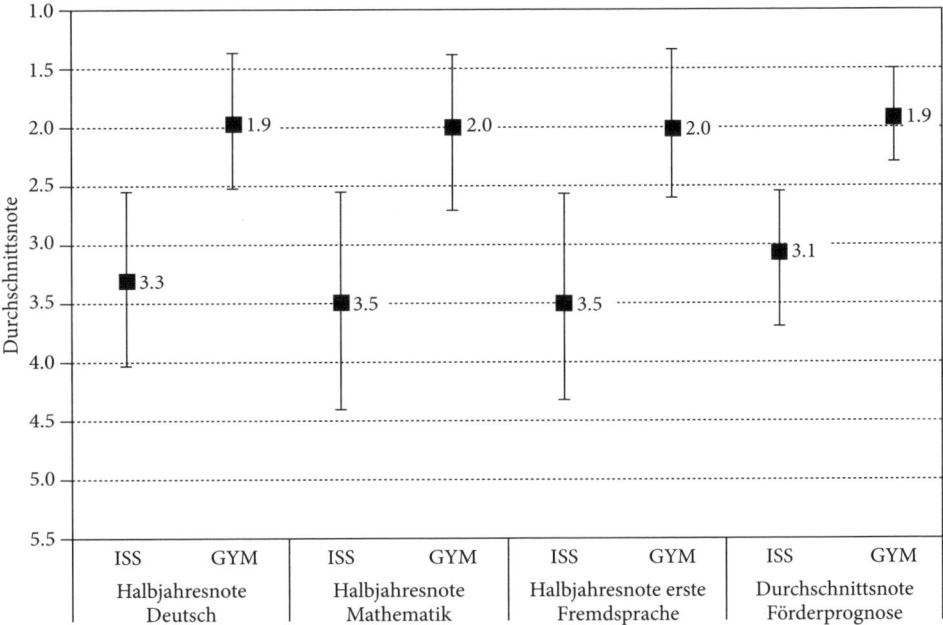

ISS = Integrierte Sekundarschule, GYM = Gymnasium. Die Quadrate bilden den Mittelwert ab, die vertikalen Linien beschreiben den Bereich, in dem 68 Prozent der jeweiligen Schülerschaft liegen (eine Standardabweichung oberhalb und unterhalb des Mittelwerts).

Abbildung 6.9b: Halbjahresnote Klasse 6 in Deutsch, Mathematik und erster Fremdsprache sowie Durchschnittsnote der Förderprognose nach erhaltener Übergangsempfehlung – BERLIN

Tabelle 6.8b: Mittelwerte, Standardabweichungen und standardisierte Mittelwertdifferenzen (Effektstärken) in der Durchschnittsnote der Förderprognose nach erhaltener Übergangsempfehlung – BERLIN

Empfehlung	M	SD	Effektstärke ISS
Integrierte Sekundarschule (ISS)	3.12	0.58	
Gymnasium (GYM)	1.90	0.40	**2.47**

M = Mittelwert, SD = Standardabweichung; Effektstärke d nach Cohen (1988). Statistisch signifikante Unterschiede sind fett hervorgehoben.

zwischen den beiden Empfehlungen noch etwas deutlicher ausfielen. Bezüglich des Notenniveaus, welches Kinder mit und ohne Gymnasialempfehlung aufwiesen, gibt es auch hier – wie bereits bei den Testleistungen beobachtet – keine Unterschiede zwischen den beiden Studien.

6.5.2.2 Vorhersage der erhaltenen Übergangsempfehlung durch zentrale Variablen

Wie bereits für die elterliche Abschlussaspiration das Zusammenspiel der zentralen Variablen untersucht wurde, soll im Folgenden die erhaltene Übergangsempfehlung durch die im theoretischen Modell des Übergangsprozesses enthaltenen Variablen für beide Studien vorhergesagt werden. Aus Gründen der Vergleichbarkeit zwischen ELEMENT und BERLIN wurden dazu in ELEMENT die Haupt- und Realschulempfehlung zu einer Kategorie zusammengefasst. Diese bildete die Referenzkategorie und wurde mit der Gymnasialempfehlung im Rahmen von logistischen Regressionen kontrastiert. Neben der Berechnung der bivariaten Effekte für die einzelnen Prädiktoren auf die Übergangsempfehlung wurden vier schrittweise aufgebaute Modelle spezifiziert. Die ersten drei Modelle entsprachen dabei den Modellen der elterlichen Abschlussaspiration; im vierten Modell wurde zusätzlich zur familiären Herkunft, den Testleistungen und den Noten der Kinder die elterliche Aspiration auf ein Abitur als Prädiktor aufgenommen. Darüber hinaus wurden Zwei-Gruppen-Modelle berechnet, um Unterschiede in den Regressionskoeffizienten zwischen den beiden Studien auf statistische Signifikanz testen zu können. Die Ergebnisse der Modelle finden sich für die ELEMENT-Studie in den Tabellen 6.9a und 6.10a, für die BERLIN-Studie in den Tabellen 6.9b und 6.10b. Statistisch signifikante Unterschiede in den Regressionskoeffizienten, die sich im Rahmen der Zwei-Gruppen-Modelle zwischen den Studien zeigten, sind dabei fett gesetzt. Darüber hinaus wurden in zusätzlichen Analysen nur für ELEMENT multinomiale Regressionen berechnet, um der damaligen Schulstruktur Rechnung zu tragen. Die Ergebnisse dieser Analysen werden im Text als Ergänzung zu den Hauptanalysen berichtet.

Bezüglich der bivariaten Effekte zeigte sich in beiden Studien, dass alle Prädiktorvariablen statistisch signifikante Effekte auf die Gymnasialempfehlung hatten. Je höher der sozioökonomische Status und der Bildungsabschluss der Eltern, desto größer war die Chance für ihre Kinder, eine Gymnasialempfehlung zu erhalten. Gleiches galt für Kinder ohne Migrationshintergrund. Weiterhin wurden große Effekte der Testleistungen und

Tabelle 6.9a: Vorhersage der Empfehlung auf ein Gymnasium versus nichtgymnasiale Schulformen durch einzelne Prädiktoren – ELEMENT

		Bivariate Effekte			R^2
		b	SE	OR	
Kontrollvariable	Geschlecht: 1 = Mädchen	0.39***	0.10	1.47	.01
Familiäre Herkunft	HISEI (z-Wert)	**0.33***	0.06	1.39	.10
	(Fach-)Abitur der Eltern	1.11***	0.12	3.03	.08
	Mind. ein Elternteil im Ausland geboren	−0.62***	0.12	0.54	.03
Schulleistungen	Durchschnittstestleistung	**0.21***	0.01	1.23	.46
	Durchschnittsnote (rekodiert)	**0.99***	0.12	2.70	.95
Abschlussaspiration der Eltern: 1 = Abitur		3.47***	0.25	32.04	.45

OR = *odds ratios;* fett gesetzte Regressionskoeffizienten stehen für statistisch signifikante Unterschiede zwischen den Studien; * $p < .05$, ** $p < .01$, *** $p < .001$.

Tabelle 6.9b: Vorhersage der Empfehlung auf ein Gymnasium versus Integrierte Sekundarschule durch einzelne Prädiktoren – BERLIN

		Bivariate Effekte			R^2
		b	SE	OR	
Kontrollvariable	Geschlecht: 1 = Mädchen	0.11***	0.02	1.12	.01
Familiäre Herkunft	HISEI (z-Wert)	**0.02***	0.05	1.02	.16
	(Fach-)Abitur der Eltern	1.34***	0.09	3.80	.12
	Mind. ein Elternteil im Ausland geboren	−0.70***	0.09	2.01	.04
Schulleistungen	Durchschnittstestleistung	**0.24***	0.01	1.27	.56
	Durchschnittsnote (rekodiert)	**0.68***	0.13	1.97	.90
Abschlussaspiration der Eltern: 1 = Abitur		3.34***	0.19	28.90	.39

OR = *odds ratios;* fett gesetzte Regressionskoeffizienten stehen für statistisch signifikante Unterschiede zwischen den Studien; * $p < .05$, ** $p < .01$, *** $p < .001$.

insbesondere der Noten auf die erhaltene Übergangsempfehlung gefunden. Während die Testleistungen der Kinder bereits 46 (ELEMENT) bzw. 56 Prozent (BERLIN) der Varianz in den Übergangsempfehlungen aufklärte, konnten durch die Noten 95 bzw. 90 Prozent aufgeklärt werden. Ruft man sich in Erinnerung, dass die Noten die Übergangsempfehlung teilweise deterministisch bestimmen und Lehrkräfte nur im Notenbereich zwischen 2.3 und 2.7 Spielraum besitzen (siehe oben), ist die hohe Varianzaufklärung nicht weiter verwunderlich.[4] Schließlich sagte auch die elterliche Abschlussaspiration die erhaltene Empfehlung in bedeutsamem Maße vorher: Kinder von Eltern mit Abituraspiration hatten in beiden Studien eine etwa 30-fach höhere Chance, eine Gymnasialempfehlung zu erhalten als

---

4 Trotz dieses nichtlinearen Zusammenhangs zwischen Note und Übergangsempfehlung konnte in zusätzlichen Analysen, in denen die Note in Dummy-Variablen zerlegt wurde, gezeigt werden, dass die Linearitätsannahme die Zusammenhäne gut approximiert.

Tabelle 6.10a: Vorhersage der Empfehlung auf ein Gymnasium versus nichtgymnasiale Schulformen durch mehrere Prädiktoren – ELEMENT

		Modell 1			Modell 2			Modell 3			Modell 4		
		b	SE	OR	b	SE	OR	b	SE	OR	b	SE	OR
Kontrollvariable	Geschlecht: 1 = Mädchen	0.45***	0.11	1.56	0.60***	0.12	1.82	−0.05	0.27	0.96	−0.02	0.30	0.98
Familiäre Herkunft	HISEI (z-Wert)	0.41***	0.07	1.51	0.08	0.09	1.08	0.01	0.17	1.01	−0.05	0.18	0.95
	(Fach-)Abitur der Eltern	0.73***	0.14	2.07	0.24	0.19	1.27	0.44	0.35	1.55	0.07	0.45	1.07
	Mind. ein Elternteil im Ausland geboren	−0.32*	0.15	0.73	0.04	0.21	1.04	−0.05	0.32	0.95	−0.50	0.35	0.61
Schulleistungen	Durchschnittstestleistung				0.21***	0.01	1.23	**0.07***	0.02	1.07	**0.05***	0.03	1.06
	Durchschnittsnote (rekodiert)							**0.97***	0.12	2.63	**0.97***	0.13	2.64
Abschlussaspiration der Eltern: 1 = Abitur											2.03*	0.60	7.61
Pseudo-R²			.15			.52			.94			.95	

OR = *odds ratios*; fett gesetzte Regressionskoeffizienten stehen für statistisch signifikante Unterschiede zwischen den Studien; * $p < .05$, ** $p < .01$, *** $p < .001$.

Tabelle 6.10b: Vorhersage der Empfehlung auf ein Gymnasium versus Integrierte Sekundarschule durch mehrere Prädiktoren – BERLIN

		Modell 1			Modell 2			Modell 3			Modell 4		
		b	SE	OR	b	SE	OR	b	SE	OR	b	SE	OR
Kontrollvariable	Geschlecht: 1 = Mädchen	0.54***	0.09	1.72	0.57***	0.10	1.78	0.01	0.16	1.01	−0.04	0.16	0.96
Familiäre Herkunft	HISEI (z-Wert)	0.55***	0.05	1.74	0.19*	0.06	1.20	0.07	0.10	1.07	0.05	0.11	1.05
	(Fach-)Abitur der Eltern	0.76***	0.10	2.14	0.41*	0.12	1.50	0.29	0.16	1.34	0.25	0.16	1.28
	Mind. ein Elternteil im Ausland geboren	−0.33***	0.09	0.72	0.14	0.11	1.15	0.25	0.17	1.29	0.16	0.18	1.17
Schulleistungen	Durchschnittstestleistung				0.23***	0.01	1.25	**0.09***	0.02	1.10	**0.08***	0.03	1.08
	Durchschnittsnote (rekodiert)							**0.62***	0.14	1.85	**0.62***	0.16	1.85
Abschlussaspiration der Eltern: 1 = Abitur											1.03***	0.26	2.80
Pseudo-R²			.21			.60			.90			.91	

OR = *odds ratios*; fett gesetzte Regressionskoeffizienten stehen für statistisch signifikante Unterschiede zwischen den Studien; * $p < .05$, ** $p < .01$, *** $p < .001$.

Kinder von Eltern, die sich einen Hauptschul- oder Mittleren Schulabschluss für ihr Kind wünschten. Auch hier war die Varianzaufklärung mit 45 bzw. 39 Prozent vergleichsweise hoch. Statistisch signifikante Unterschiede zwischen den Studien konnten im Rahmen der Zwei-Gruppen-Modelle für den sozioökonomischen Status, die Durchschnittstestleistung und die Durchschnittsnote gefunden werden: In ELEMENT fungierte der HISEI als stärkerer Prädiktor der Gymnasialempfehlung als in BERLIN. Hinsichtlich der Schulleistungsindikatoren war in ELEMENT die Durchschnittsnote ein schwächerer, die Durchschnittstestleistung jedoch ein stärkerer Prädiktor für eine Gymnasialempfehlung als in BERLIN.

Die Effekte der familiären Herkunft auf den Erhalt einer Gymnasialempfehlung blieben auch bei simultaner Aufnahme in Modell 1 statistisch signifikant, reduzierten sich jedoch in ihrer Größe. Dieser Befund wurde gleichermaßen für die ELEMENT- als auch für die BERLIN-Studie beobachtet. Statistisch signifikante Unterschiede in den Regressionskoeffizienten zwischen den beiden Studien konnten in Modell 1 nicht festgestellt werden, das heißt, der in den bivariaten Analysen beobachtete Unterschied für den sozioökonomischen Status verschwand bei simultaner Betrachtung aller Herkunftsindikatoren. Die Varianzaufklärung durch die Indikatoren der familiären Herkunft lag in ELEMENT bei 15 Prozent und in BERLIN bei 21 Prozent.

In Modell 2 wurden zusätzlich die Testleistungen als Prädiktor aufgenommen. Erwartungsgemäß hatten sie in beiden Studien eine hohe Vorhersagekraft für die erhaltene Übergangsempfehlung. So hatten Schülerinnen und Schüler gleicher familiärer Herkunft mit einer Durchschnittstestleistung, die nur etwa ein Zehntel einer Standardabweichung über dem Mittelwert in ELEMENT und BERLIN lag, bereits eine etwa 1.23- bzw. 1.25-fach größere Chance auf eine Gymnasialempfehlung als Schülerinnen und Schüler mit durchschnittlichen Testleistungen. Auch der Anteil aufgeklärter Varianz stieg durch Hinzunahme der Testleistungen auf 52 Prozent in ELEMENT und 60 Prozent in BERLIN deutlich an. Durch Hinzunahme der Durchschnittsnote in Modell 3 stieg der Anteil aufgeklärter Varianz weiter auf 94 (ELEMENT) bzw. 90 Prozent (BERLIN), gleichzeitig sank die Bedeutung der Durchschnittstestleistung zur Vorhersage der Übergangsempfehlung. Die Noten hatten demnach in beiden Studien eine sehr starke Vorhersagekraft auf die Empfehlung. Vor dem Hintergrund, dass die Empfehlung auf die weiterführenden Schulen vor allem auf Basis der Noten der Schülerinnen und Schüler vergeben wird, ist dieser Befund nicht überraschend.

Bezüglich des in Modell 1 beobachteten Effekts der familiären Herkunft auf die Übergangsempfehlung zeigte sich in Modell 3, dass dieser nicht länger nachweisbar war, sobald für die Testleistungen und Schulnoten der Schülerinnen und Schüler kontrolliert wurde. Der Einfluss der Herkunft lässt sich demnach vollständig durch Unterschiede in den Schulleistungen der Kinder, das heißt durch primäre Herkunftseffekte, erklären. Entsprechend ließen sich in keiner der beiden Studien zusätzliche sekundäre Herkunftseffekte auf die Gymnasialempfehlung nachweisen. In Modell 4 wurde schließlich die Abschlussaspiration der Eltern in das Modell aufgenommen. Für beide Studien zeigte sich, dass Kinder gleicher familiärer Herkunft sowie mit gleichen Testleistungen und Noten eine höhere Chance hatten, eine Gymnasialempfehlung zu erhalten, wenn ihre Eltern für sie das Abitur anstrebten. Die Noten blieben jedoch in beiden Studien der stärkste Prädiktor der erhaltenen Übergangsempfehlung. Sowohl in Modell 3 als auch in Modell 4 zeigten sich statistisch signifikante Unterschiede zwischen den Studien, die bereits in den bivariaten Modellen zu erkennen waren: So hatten in BERLIN die Testleistungen eine größere, die Durchschnittsnote jedoch eine geringere Bedeutung zur Vorhersage der Übergangsempfehlung als in ELEMENT.

Als Ergänzung zu den hier berichteten logistischen Regressionen zur Vorhersage der Gymnasialempfehlung im Vergleich zu einer Empfehlung auf nichtgymnasiale Schulformen wurden für die ELEMENT-Studie zusätzliche Analysen durchgeführt (ohne Tab.), um der zu diesem Zeitpunkt existierenden Schulstruktur Rechnung zu tragen. Während in der BERLIN-Studie nur Empfehlungen für das Gymnasium oder die Integrierte Sekundarschule vergeben wurden, erhielten die Schülerinnen und Schüler in der ELEMENT-Studie Empfehlungen für das Gymnasium, die Realschule oder die Hauptschule. Dementsprechend wurden für ELEMENT multinomiale Regressionen mit der Realschulempfehlung als Referenzkategorie spezifiziert, die im Aufbau den bereits dargestellten logistischen Regressionen entsprachen. Hier zeigte sich ein ähnliches Muster wie für den Vergleich der Gymnasialempfehlung mit beiden nichtgymnasialen Empfehlungen: In den bivariaten Zusammenhangsanalysen erwiesen sich alle Prädiktoren als statistisch signifikant für beide Vergleiche (Hauptschulempfehlung vs. Realschulempfehlung sowie Gymnasialempfehlung vs. Realschulempfehlung). In den multivariaten Analysen war die familiäre Herkunft für den Vergleich zwischen Hauptschul- und Realschulempfehlung nicht statistisch bedeutsam; nur Leistungen und Noten dienten als statistisch signifikante Prädiktoren. Für den Vergleich zwischen Gymnasialempfehlung und Realschulempfehlung waren bei Hinzunahme aller Prädiktoren lediglich die Durchschnittsnote und die Abituraspiration der Eltern statistisch bedeutsam: Bei besseren Noten und bei Eltern mit Abituraspiration stieg die Wahrscheinlichkeit, dass ein Kind eine Gymnasialempfehlung anstelle einer Realschulempfehlung erhielt. Das heißt, auch bei einer differenzierteren Betrachtung der Übergangsempfehlungen in ELEMENT lassen sich keine Hinweise auf sekundäre Herkunftseffekte finden.

Obwohl in den hier berichteten Analysen keine Effekte der familiären Herkunft auf die Übergangsempfehlung gefunden wurden und sowohl in ELEMENT als auch in BERLIN die Empfehlung in erster Linie auf der Basis der Durchschnittsnote der Schülerinnen und Schüler erfolgte, darf nicht außer Acht gelassen werden, dass auch die Noten von der familiären Herkunft der Schülerinnen und Schüler beeinflusst sein können. Dieser Frage wurde in ergänzenden Regressionsanalysen (siehe Tab. 6.11a und 6.11b) nachgegangen, indem die Durchschnittsnote in Modell 1 durch die Indikatoren der familiären Herkunft, in Modell 2 durch die Durchschnittstestleistung und in Modell 3 durch familiäre Herkunft und Durchschnittstestleistung gemeinsam vorhergesagt wurde, wobei jeweils für das Geschlecht kontrolliert wurde.[5] In Modell 1 zeigten sich für alle Indikatoren der familiären Herkunft

---

5 An dieser Stelle soll darauf hingewiesen werden, dass die Modelle zur Vorhersage der Schulnoten nicht alle Variablen berücksichtigen, die üblicherweise in die Notenvergabe einfließen. Hier wäre beispielsweise die Mitarbeit der Schülerinnen und Schüler oder ihre Anstrengungsbereitschaft zu nennen. Für die vorliegende Fragestellung sind diese Variablen jedoch nicht von Interesse, da der Einfluss der familiären Herkunft auf die Noten bei Kontrolle der Testleistungen im Fokus steht.

Tabelle 6.11a: Vorhersage der Durchschnittsnote durch familiäre Herkunft und Durchschnittstestleistung – ELEMENT

	Modell 1		Modell 2		Modell 3	
	b	SE	b	SE	b	SE
Kontrollvariable						
Geschlecht: 1 = Mädchen	0.32***	0.05	0.28***	0.04	0.28***	0.04
Familiäre Herkunft						
HISEI (z-Wert)	0.21***	0.03			0.03	0.03
(Fach-)Abitur der Eltern	0.33***	0.05			0.04	0.05
Mind. ein Elternteil im Ausland geboren	−0.19**	0.06			−0.01	0.05
Schulleistungen						
Durchschnittstestleistung			0.08***	0.03	0.08***	0.03
R^2	.15		.49		.49	

$* \, p < .05, ** \, p < .01, *** \, p < .001.$

Tabelle 6.11b: Vorhersage der Durchschnittsnote durch familiäre Herkunft und Durchschnittstestleistung – BERLIN

	Modell 1		Modell 2		Modell 3	
	b	SE	b	SE	b	SE
Kontrollvariable						
Geschlecht: 1 = Mädchen	0.30***	0.04	0.22***	0.03	0.23***	0.03
Familiäre Herkunft						
HISEI (z-Wert)	0.26***	0.02			0.06**	0.02
(Fach-)Abitur der Eltern	0.35***	0.04			0.13***	0.03
Mind. ein Elternteil im Ausland geboren	−0.19***	0.05			0.00	0.05
Schulleistungen						
Durchschnittstestleistung			0.08***	0.03	0.07***	0.02
R^2	.20		.49		.50	

$* \, p < .05, ** \, p < .01, *** \, p < .001.$

signifikante Effekte auf die Durchschnittsnote, und zwar dahingehend, dass Kinder von Eltern mit höherem sozioökonomischem Status und Bildungshintergrund bessere, Kinder mit Migrationshintergrund schlechtere Noten erhielten. Gemeinsam mit dem Geschlecht klärten die Indikatoren der familiären Herkunft 15 (ELEMENT) bzw. 20 Prozent (BERLIN) der Varianz in ELEMENT auf (ohne Geschlecht 13 % bzw. 17 %). Der wichtigste Prädiktor der Durchschnittsnote war jedoch die Testleistung, wie sich in Modell 2 ablesen lässt. So erklärte die Durchschnittstestleistung der Schülerinnen und Schüler gemeinsam mit dem Geschlecht 49 Prozent der Varianz in der Durchschnittsnote (ohne Geschlecht 47 % in ELEMENT bzw. 48 % in BERLIN). Bei Kontrolle der Testleistungen konnten nur noch für die BERLIN-Studie statistisch signifikante Effekte des HISEI und des Bildungshintergrunds der Eltern festgestellt werden. Der Anteil zusätzlich aufgeklärter Varianz lag jedoch bei nur 1 Prozent. Darüber hinaus war der Unterschied zwischen den beiden Studien nicht statistisch bedeutsam, wie aus den Zwei-Gruppen-Modellen hervorging, und sollte demnach nicht weiter interpretiert werden. Insgesamt ließen sich demnach für beide Studien nur primäre Herkunftseffekte, das heißt Einflüsse der familiären Herkunft vermittelt über die Testleistungen, jedoch keine nennenswerten sekundären Herkunftseffekte auf die Schulnoten nachweisen.

6.5.3 Empirische Befunde zum realisierten Übergang

6.5.3.1 Deskriptive Befunde

Nachdem in den vorangegangenen Abschnitten die Abschlussaspiration und die erhaltene Übergangsempfehlung im Fokus standen, soll in diesem Abschnitt untersucht werden, auf welche Schulformen die Schülerinnen und Schüler in ELEMENT und in BERLIN tatsächlich übergingen. Während in ELEMENT 36.7 Prozent auf ein Gymnasium und 63.3 Prozent auf nichtgymnasiale Schulformen wechselten, besuchten in BERLIN 43.2 Prozent der Schülerinnen und Schüler ein Gymnasium und 56.8 Prozent eine Integrierte Sekundarschule. Zwischen den Jahren 2005 und 2011 ist somit ein Anstieg in der Gymnasialquote zu verzeichnen, der auch durch Angaben des Amts für Statistik Berlin-Brandenburg untermauert werden kann. So gingen im Jahr 2004/05, zum Zeitpunkt der ELEMENT-Studie, 38.1 Prozent der Schülerinnen und Schüler in ein Gymnasium über. Dieser Anteil stieg jedes Jahr um etwa 1 Prozentpunkt auf 39.2 Prozent im Jahr 2005/06, 40.7 Prozent im Jahr 2006/07, 41.8 Prozent im Jahr 2007/08, 42.6 Prozent im Jahr 2008/09, 43.7 Prozent im Jahr 2009/10 und 43.0 Prozent im Jahr 2010/11, dem Zeitpunkt der BERLIN-Studie, an (siehe Amt für Statistik Berlin-Brandenburg, 2007, 2009a, 2009b, 2011a, 2011b; Statistisches Landesamt Berlin, 2005, 2006; vgl. auch Becker et al., Kap. 4 in diesem Band). Wie für die Unterschiede in den Übergangsempfehlungen ist auch hier davon auszugehen, dass die Unterschiede zwischen den beiden Studien in den Übergangsquoten ein Ergebnis des Trends zu einem höheren Gymnasialbesuch sind und weniger ein Resultat der Berliner Schulstrukturreform. Allerdings ist für den Reformjahrgang des Schuljahres 2010/11 herauszustellen, dass im Beobachtungszeitraum in diesem Jahr erstmals ein leichter Rückgang der Gymnasialübergangsquote bei gleichzeitig weiter steigenden Anteilen von Gymnasialempfehlungen zu verzeichnen war (vgl. Becker et al., Kap. 4 in diesem Band). Dieses Entwicklungsmuster ist jedoch mit Vorsicht zu interpretieren und bedarf der weiteren Beobachtung der Übergangsquoten in den kommenden Jahren.

Das Zusammenspiel von Abschlussaspiration, Empfehlung und Übergang
Bevor der realisierte Übergang in Abhängigkeit der familiären Herkunft, der Testleistungen und Schulnoten der Kinder näher betrachtet wird, soll an dieser Stelle das Zusammenspiel der elterlichen Abschlussaspiration, der erhaltenen Empfehlung und dem tatsächlich realisierten Übergang untersucht werden.

Betrachtet man zunächst den erfolgten Übergang und schaut sich an, welche Abschlussaspirationen die Eltern von Kindern hatten, die auf ein Gymnasium bzw. eine nichtgymnasiale Schulform wechselten, zeigt sich folgendes Bild: In der Gruppe der nichtgymnasialen Schulformübergänge wünschten sich in ELEMENT 38.9 Prozent der Eltern ein Abitur, 38.9 Prozent einen Mittleren Schulabschluss und 9 Prozent einen Hauptschulabschluss für ihr Kind. In BERLIN lag der Anteil der Eltern mit Abituraspiration für diese Gruppe mit 48 Prozent noch höher, wobei sich 3.6 Prozent der Eltern einen Mittleren Schulabschluss und 8.2 Prozent einen Hauptschulabschluss wünschten. 13.3 Prozent der Eltern in ELEMENT und 11.1 Prozent der Eltern in BERLIN hatten noch keinen Schulabschlusswunsch für ihr Kind. In der Gruppe von Kindern, die an ein Gymnasium wechselten, wünschten sich in ELEMENT 90.1 Prozent, in BERLIN 95.3 Prozent der Eltern das Abitur für ihr Kind. Einen Hauptschulabschluss strebten 0.5 Prozent der Eltern in ELEMENT und 1.6 Prozent in BERLIN, einen Mittleren Schulabschluss 4.3 Prozent in ELEMENT und 0.6 Prozent in BERLIN an. Die Gruppe der Eltern ohne Abschlussaspiration lag in ELEMENT für Kinder mit Gymnasialübergang bei 5.1 Prozent, in BERLIN bei 2.5 Prozent.

Wie verhält es sich bezüglich der Übereinstimmung zwischen erhaltener Übergangsempfehlung und tatsächlich realisiertem Übergang in den beiden Studien? In ELEMENT erhielten 88.7 Prozent der Schülerinnen und Schüler, die auf eine nichtgymnasiale Schulform wechselten, auch eine nichtgymnasiale Übergangsempfehlung. 11.3 Prozent dieser Gruppe erhielten jedoch eine Gymnasialempfehlung. In BERLIN lagen die entsprechenden Werte bei 85.1 und 14.9 Prozent, das heißt, hier wechselten etwas mehr Kinder mit einer Gymnasialempfehlung an eine Integrierte Sekundarschule, als zum Zeitpunkt der ELEMENT-Studie Kinder auf eine nichtgymnasiale Schulform wechselten. Von den Kindern, die auf ein Gymnasium übergingen, erhielten in ELEMENT 81.4 Prozent, in BERLIN 84.9 Prozent auch eine Gymnasialempfehlung. Entsprechend lagen die Anteile der Kinder, die trotz Empfehlung für eine nichtgymnasiale Schulform an ein Gymnasium wechselten, bei 18.6 Prozent in ELEMENT und 15.1 Prozent in BERLIN.

Neben der Betrachtung des tatsächlich erfolgten Übergangs in Abhängigkeit der Abschlussaspiration und der Übergangsempfehlung lässt sich das Zusammenspiel der drei Variablen auch in umgekehrter Reihenfolge untersuchen, indem der Verlauf von der elterlichen Abschlussaspiration über die erhaltene Empfehlung bis hin zum realisierten Übergang nachgezeichnet wird. Die Ergebnisse dieser Verlaufsanalysen sind in Abbildung 6.10a für ELEMENT und in Abbildung 6.10b für BERLIN dargestellt. Die oberste Zeile gibt jeweils an, wie viele der Eltern sich einen (erweiterten) Hauptschulabschluss, einen Realschulabschluss oder das Abitur für ihr Kind wünschten. In der nächsten Zeile ist abgetragen, welche Empfehlung die Kinder von Eltern mit unterschiedlichen Aspirationen erhielten. Der dritten Zeile lässt sich entnehmen, an welche Schulform die Kinder schließlich tatsächlich wechselten.[6]

---

6 Für die Analysen wurden nur diejenigen Schülerinnen und Schüler betrachtet, die nach der Grundschule an eine öffentliche weiterführende Schule wechselten und deren Eltern bereits eine Abschlussaspiration hatten. Dadurch unterscheiden sich die in der ersten Zeile abgetragenen Häufigkeiten leicht von den in Abschnitt 6.4.1 berichteten Häufigkeiten.

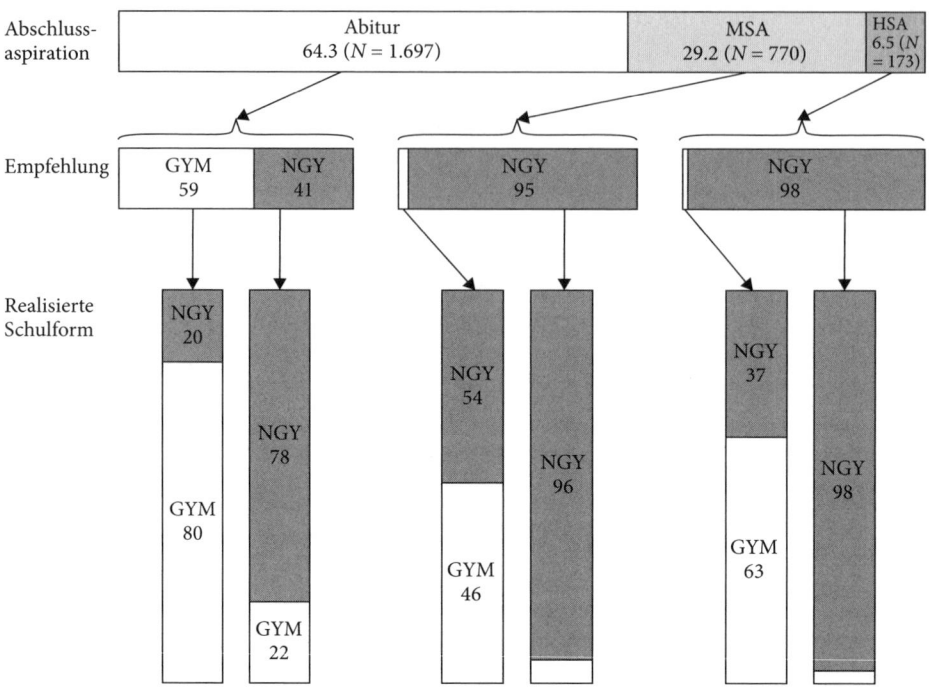

Es sind nur Prozentangaben > 5 berichtet. MSA = Mittlerer Schulabschluss, HSA = Hauptschulabschluss. GYM = Gymnasium, NGY = nichtgymnasiale Schulform.

Abbildung 6.10a: Verlauf der Übergangsentscheidung: elterliche Abschlussaspiration, erhaltene Empfehlung und realisierter Übergang (in %) – ELEMENT

Wie in Abbildung 6.10a für die ELEMENT-Studie erkennbar, erhielten 59 Prozent der Kinder, deren Eltern sich das Abitur für sie wünschten, auch eine Empfehlung für das Gymnasium. Von diesen gingen wiederum 81 Prozent auf das Gymnasium über. 41 Prozent der Kinder von Eltern mit Abituraspiration erhielten eine Haupt- oder Realschulempfehlung. Von diesen gingen 78 Prozent auf nichtgymnasiale Schulformen über; ein Fünftel der Kinder wechselte trotzdem an ein Gymnasium. Betrachtet man die 29 Prozent der Eltern, die sich einen Mittleren Schulabschluss für ihr Kind wünschten, zeigt sich, dass 95 Prozent von diesen eine Empfehlung an eine nichtgymnasiale Schulform erhielten und davon wiederum 96 Prozent tatsächlich an eine nichtgymnasiale Schulform wechselten. Von den 5 Prozent, die eine Gymnasialempfehlung erhielten, entschieden sich ungefähr zwei Drittel der Eltern, ihr Kind tatsächlich an einem Gymnasium anzumelden. Ein ähnliches Muster fand sich für die Kinder, deren Eltern sich für ihr Kind einen Hauptschulabschluss wünschten.

Inwiefern unterscheidet sich dieses Verlaufsmuster von den Schülerinnen und Schülern der BERLIN-Studie? Von den Eltern, die sich das Abitur für ihr Kind wünschten, erhielten 62 Prozent der Kinder eine Gymnasialempfehlung, von denen wiederum 84 Prozent tatsächlich auf ein Gymnasium wechselten. 38 Prozent der Kinder von Eltern

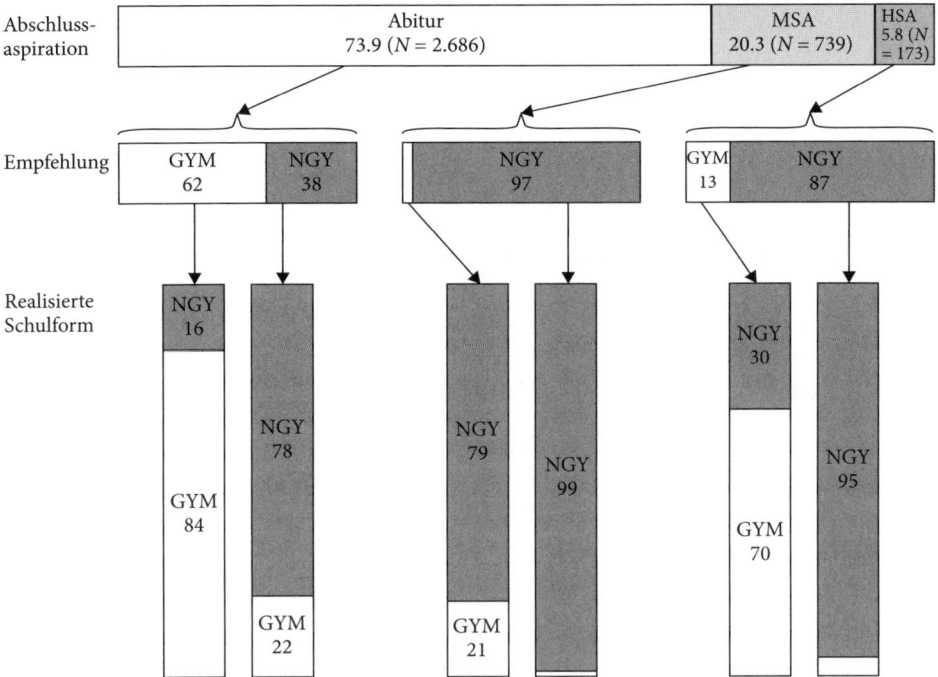

Es sind nur Prozentangaben > 5 berichtet. MSA = Mittlerer Schulabschluss, HSA = Hauptschulabschluss. GYM = Gymnasium, NGY = nichtgymnasiale Schulform.

Abbildung 6.10b: Verlauf der Übergangsentscheidung: elterliche Abschlussaspiration, erhaltene Empfehlung und realisierter Übergang (in %) – BERLIN

mit Abituraspiration erhielten eine Empfehlung für die Integrierte Sekundarschule. Ein Fünftel dieser Gruppe entschied sich jedoch, ihr Kind dennoch an einem Gymnasium anzumelden. Damit ist das Verlaufsmuster der Kinder von Eltern mit Abituraspiration im Wesentlichen vergleichbar mit dem in der ELEMENT-Studie. Unterschiede ergaben sich jedoch für die Gruppe von Kindern, deren Eltern sich den Mittleren Schulabschluss für ihr Kind wünschten. Während die Empfehlungsquoten für die Integrierte Sekundarschule mit 97 Prozent ähnlich ausfielen, unterschieden sich die tatsächlichen Übergangsquoten für die Kinder mit Gymnasialempfehlung. Hier wechselte nur noch ein Fünftel der Schülerinnen und Schüler an ein Gymnasium; in der ELEMENT-Studie war dies noch die Hälfte. Dieser Befund mag damit erklärt werden, dass man an der neuen Integrierten Sekundarschule auch das Abitur erwerben kann. Ein weiterer Unterschied zur ELEMENT-Studie ließ sich für die Kinder, deren Eltern einen Hauptschulabschluss anstreben, finden. Während in ELEMENT lediglich 2 Prozent dieser Kinder eine Gymnasialempfehlung erhielten, lag der entsprechende Prozentsatz in der BERLIN-Studie bei 13 Prozent. Der Anteil der Kinder mit Gymnasialempfehlung, die schließlich tatsächlich auf das Gymnasium wechselten, war jedoch mit 70 Prozent nur leicht höher als in ELEMENT, wo der Anteil bei 63 Prozent lag.

Realisierter Übergang in Abhängigkeit der familiären Herkunft

Hinsichtlich des Zusammenhangs zwischen realisiertem Übergang und sozioökonomischem Status zeigte sich ein ähnliches Muster wie bereits für die Abschlussaspiration und die erhaltene Übergangsempfehlung: Eltern, deren Kinder an ein Gymnasium wechselten, wiesen in beiden Studien einen signifikant höheren ISEI-Wert auf als Eltern von Kindern, die an eine der nichtgymnasialen Schulformen übergingen (siehe Tab. 6.12a und 6.12b).

Entsprechend der Befunde zum sozioökonomischen Status hing auch die schulische Ausbildung der Eltern mit dem nach der Grundschule erfolgten Übergang zusammen, wie in den Abbildungen 6.11a und 6.11b sichtbar wird: Kinder von Eltern mit einem Fachabitur oder Abitur wechselten häufiger auf das Gymnasium als Kinder von Eltern, die maximal einen Hauptschulabschluss oder die mittlere Reife hatten. Weiterhin ist erkennbar, dass es sich bei dem oben beschriebenen gestiegenen Anteil der Kinder, die nach der Grundschule auf das Gymnasium wechselten, vor allem um Kinder von Eltern mit (Fach-)Abitur und mittlerer Reife handelte; Kinder von Eltern, die lediglich über einen Hauptschulabschluss verfügten, wechselten in der BERLIN-Studie etwas seltener auf das Gymnasium als in der ELEMENT-Studie.

Betrachtet man schließlich den Migrationshintergrund als weiteren Indikator der familiären Herkunft der Schülerinnen und Schüler (siehe Abb. 6.12a und 6.12b), zeigt sich, dass in ELEMENT knapp 40 Prozent, in BERLIN knapp 45 Prozent der Kinder ohne Migrationshintergrund auf das Gymnasium wechselten. Für Kinder mit einem im Ausland

Tabelle 6.12a: Mittelwerte, Standardabweichungen und standardisierte Mittelwertdifferenzen (Effektstärken) im sozioökonomischen Status (HISEI) nach realisiertem Übergang – ELEMENT

Übergang	M	SD	Effektstärke NGY
Nichtgymnasiale Schulformen (NGY)	43.23	14.22	
Gymnasium (GYM)	52.05	16.25	**0.58**

M = Mittelwert, SD = Standardabweichung; Effektstärke d nach Cohen (1988). Statistisch signifikante Unterschiede sind fett hervorgehoben.

Tabelle 6.12b: Mittelwerte, Standardabweichungen und standardisierte Mittelwertdifferenzen (Effektstärken) im sozioökonomischen Status (HISEI) nach realisiertem Übergang – BERLIN

Übergang	M	SD	Effektstärke NGY
Nichtgymnasiale Schulformen (NGY)	43.52	19.72	
Gymnasium (GYM)	57.00	20.83	**0.66**

M = Mittelwert, SD = Standardabweichung; Effektstärke d nach Cohen (1988). Statistisch signifikante Unterschiede sind fett hervorgehoben.

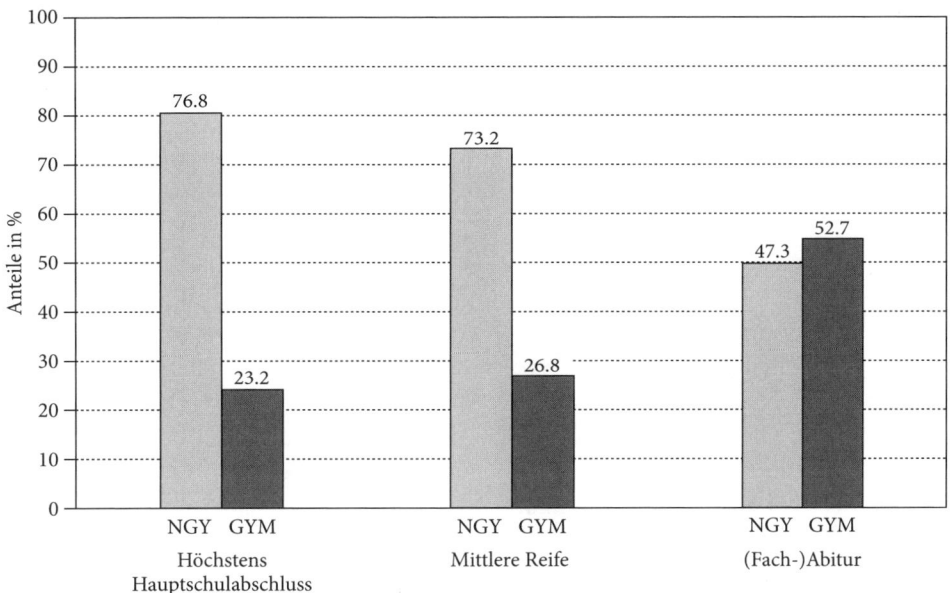

NGY = nichtgymnasiale Schulform, GYM = Gymnasium.

Abbildung 6.11a: Realisierter Übergang nach höchstem Schulabschluss der Eltern (in %)
– ELEMENT

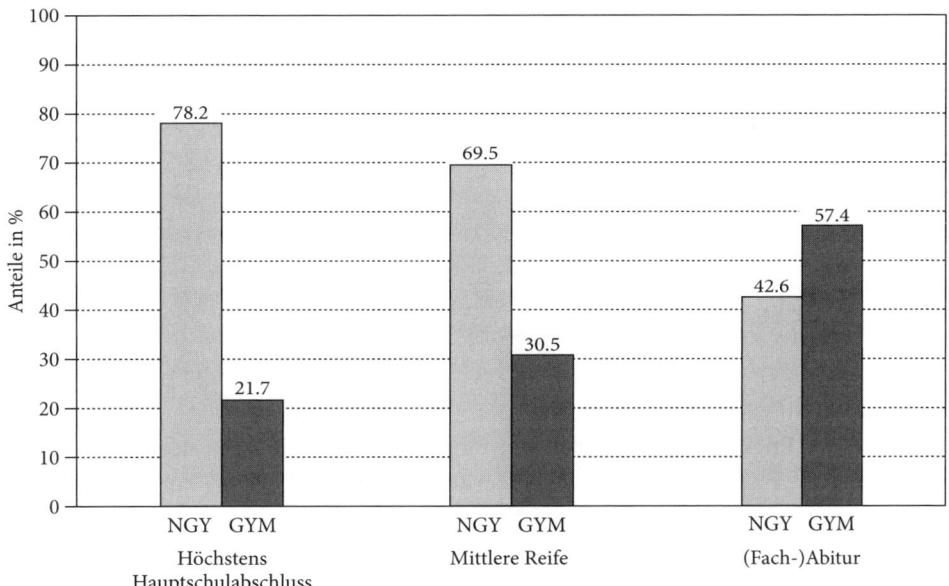

NGY = nichtgymnasiale Schulform, GYM = Gymnasium.

Abbildung 6.11b: Realisierter Übergang nach höchstem Schulabschluss der Eltern (in %)
– BERLIN

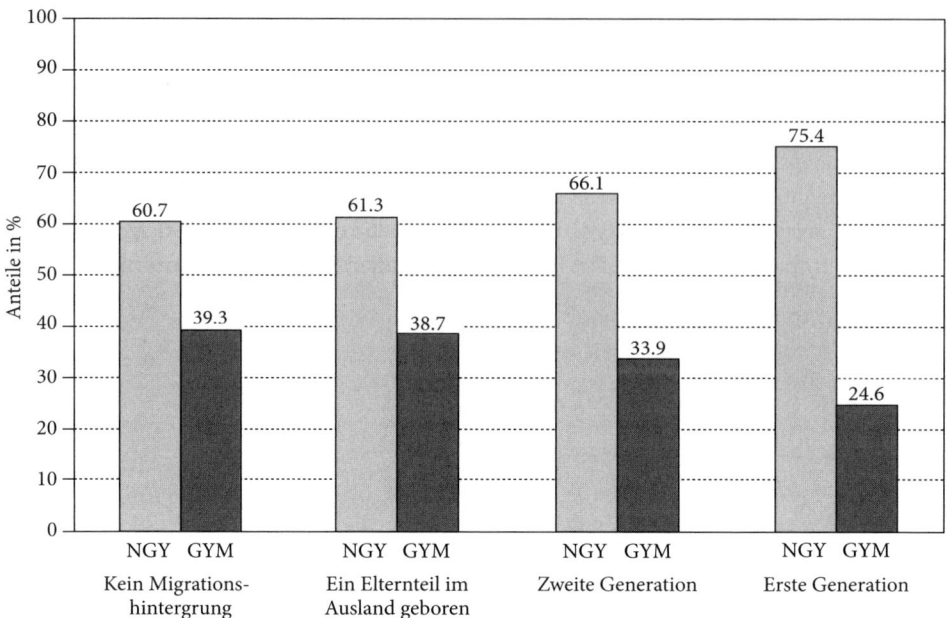

NGY = nichtgymnasiale Schulform, GYM = Gymnasium.

Abbildung 6.12a: Realisierter Übergang nach Migrationshintergrund – ELEMENT

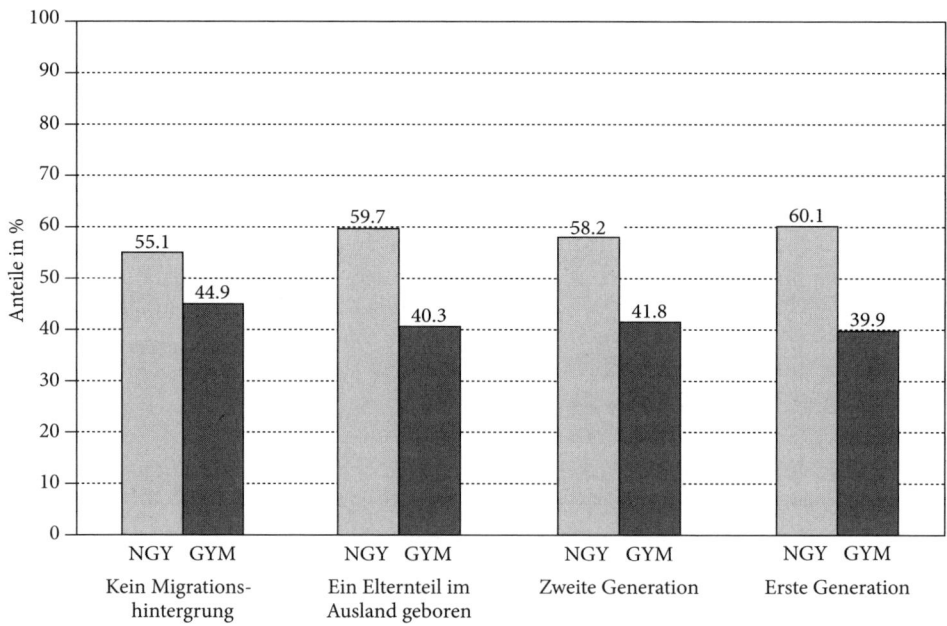

NGY = nichtgymnasiale Schulform, GYM = Gymnasium.

Abbildung 6.12b: Realisierter Übergang nach Migrationshintergrund – BERLIN

geborenen Elternteil lag der entsprechende Prozentsatz jedoch nur knapp darunter, mit fast 39 Prozent in ELEMENT und 40 Prozent in BERLIN. Für Kinder der zweiten Generation als auch Kinder aus kürzlich zugewanderten Familien lässt sich ein Unterschied zwischen den Schülerkohorten der ELEMENT- und der BERLIN-Studie erkennen. So stieg in beiden Gruppen der Anteil der Schülerinnen und Schüler, die auf das Gymnasium wechselten, stark an. Bemerkenswert ist insbesondere die Veränderung für die Kinder aus zugewanderten Familien: Während in ELEMENT nur etwa 25 Prozent das Gymnasium besuchten, waren es in BERLIN 40 Prozent. Dieser Befund sollte aufgrund der relativ kleinen Gruppengröße der zugewanderten Familien (vgl. Becker et al., Kap. 4 in diesem Band) jedoch nicht über-interpretiert werden.

Testleistungen nach realisiertem Übergang

Vergleicht man die mittleren Testleistungen der Gruppe von Kindern, die auf das Gymnasium wechselten, mit der Gruppe von Kindern, die nach der Grundschule eine nichtgymnasiale Schulform besuchten (siehe Abb. 6.13a und 6.13b sowie Tab. 6.13a und 6.13b), zeigte sich in beiden Studien ein statistisch signifikanter Unterschied mit Effektstärken von mehr als einer Standardabweichung. Weiterhin ist erkennbar, dass sich das Leistungsniveau der Schülerinnen und Schüler mit Übergang auf das Gymnasium als auch der Schülerinnen und Schüler mit Übergang auf nichtgymnasiale Schulformen nicht zwischen den beiden Studien unterschied. Trotz der auf Stichprobenebene von 36.7 auf 43.2 Prozent gestiegenen Übergangsquote an das Gymnasium ist das mittlere Leistungsniveau der Gymnasialschüle-

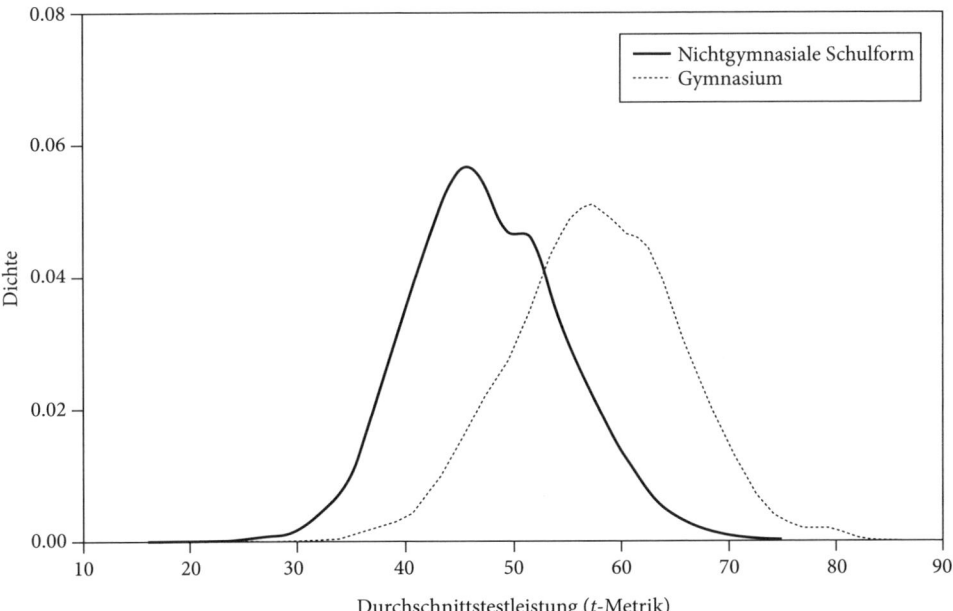

Abbildung 6.13a: Verteilung der Durchschnittstestleistungen (Mathematik, Leseverständnis, Englisch) nach realisiertem Übergang – ELEMENT

Tabelle 6.13a: Mittelwerte, Standardabweichungen und standardisierte Mittelwertdifferenzen (Effektstärken) in der Durchschnittstestleistung nach realisiertem Übergang – ELEMENT

Übergang	M	SD	Effektstärke NGY
Nichtgymnasiale Schulformen (NGY)	46.47	7.13	
Gymnasium (GYM)	56.10	7.65	**1.30**

M = Mittelwert, SD = Standardabweichung; Effektstärke d nach Cohen (1988). Statistisch signifikante Unterschiede sind fett hervorgehoben.

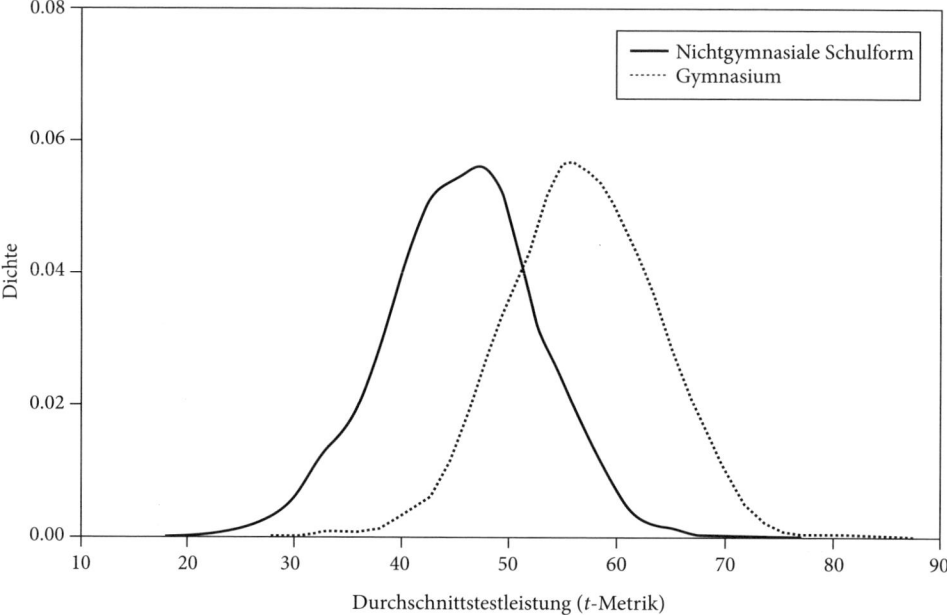

Abbildung 6.13b: Verteilung der Durchschnittstestleistungen (Mathematik, Leseverständnis, Englisch) nach realisiertem Übergang – BERLIN

Tabelle 6.13b: Mittelwerte, Standardabweichungen und standardisierte Mittelwertdifferenzen (Effektstärken) in der Durchschnittstestleistung nach realisiertem Übergang – BERLIN

Übergang	M	SD	Effektstärke NGY
Nichtgymnasiale Schulformen (NGY)	46.21	7.66	
Gymnasium (GYM)	55.78	7.53	**1.26**

M = Mittelwert, SD = Standardabweichung; Effektstärke d nach Cohen (1988). Statistisch signifikante Unterschiede sind fett hervorgehoben.

rinnen und -schüler nicht gesunken. Dies ist in Analogie zu den entsprechenden Befunden für den gestiegenen Anteil an Gymnasialempfehlungen darauf zurückzuführen, dass es größtenteils die leistungsstärksten der bisherigen Nichtgymnasiasten sind, die nun auf ein Gymnasium übergehen, und eine Erhöhung der Gymnasialquote um 6.5 Prozentpunkte kaum zu Verschiebungen im mittleren Leistungsniveau der Gymnasial- und Nichtgymnasialschülerschaft führt.

Schulnoten nach realisiertem Übergang

Ein ähnliches Bild wie für die Testleistungen zeigte sich auch für die Noten (siehe Abb. 6.14a und 6.14b sowie Tab. 6.14a und 6.14b): Schülerinnen und Schüler, die nach der Grundschule auf das Gymnasium wechselten, hatten eine um eine ganze Notenstufe bessere Durchschnittsnote der Förderprognose, als Schülerinnen und Schüler, die auf nichtgymnasiale Schulformen wechselten, was einer Effektstärke von knapp zwei Standardabweichungen entspricht. Auch für die einzelnen Fächer zeigte sich dieser Unterschied in beiden Studien gleichermaßen. Weiterhin konnte kein Niveauunterschied in den Noten zwischen der ELEMENT- und der BERLIN-Studie für die beiden Schülergruppen beobachtet werden.

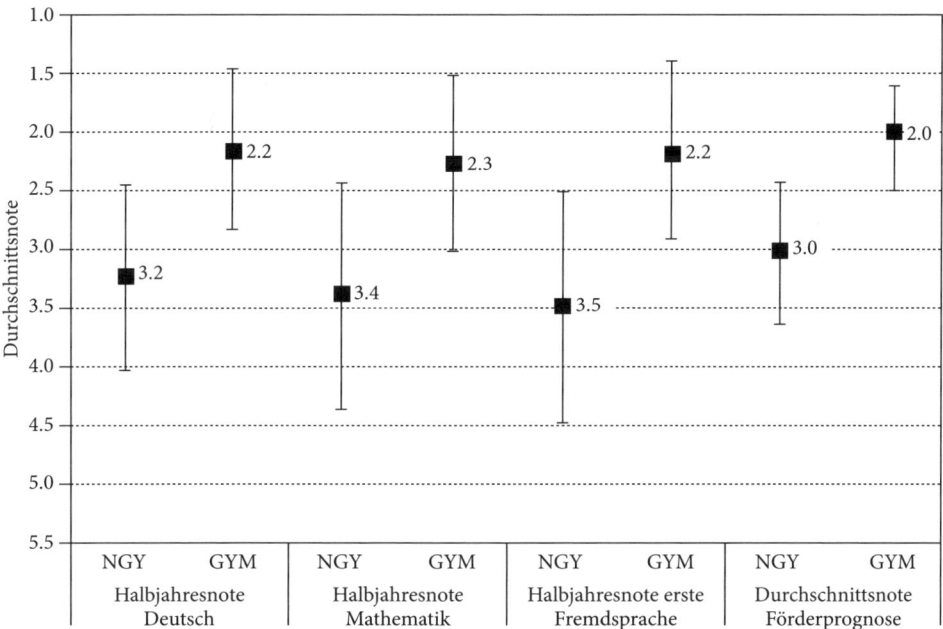

NGY = nichtgymnasiale Schulform, GYM = Gymnasium. Die Quadrate bilden den Mittelwert ab, die vertikalen Linien beschreiben den Bereich, in dem 68 Prozent der jeweiligen Schülerschaft liegen (eine Standardabweichung oberhalb und unterhalb des Mittelwerts).

Abbildung 6.14a: Halbjahresnote Klasse 6 in Deutsch, Mathematik und erster Fremdsprache sowie Durchschnittsnote der Förderprognose nach realisiertem Übergang – ELEMENT

Tabelle 6.14a: Mittelwerte, Standardabweichungen und standardisierte Mittelwertdifferenzen (Effektstärken) in der Durchschnittsnote der Förderprognose nach realisiertem Übergang – ELEMENT

Übergang	M	SD	Effektstärke NGY
Nichtgymnasiale Schulformen (NGY)	3.03	0.60	
Gymnasium (GYM)	2.05	0.44	**1.87**

M = Mittelwert, SD = Standardabweichung; Effektstärke d nach Cohen (1988). Statistisch signifikante Unterschiede sind fett hervorgehoben.

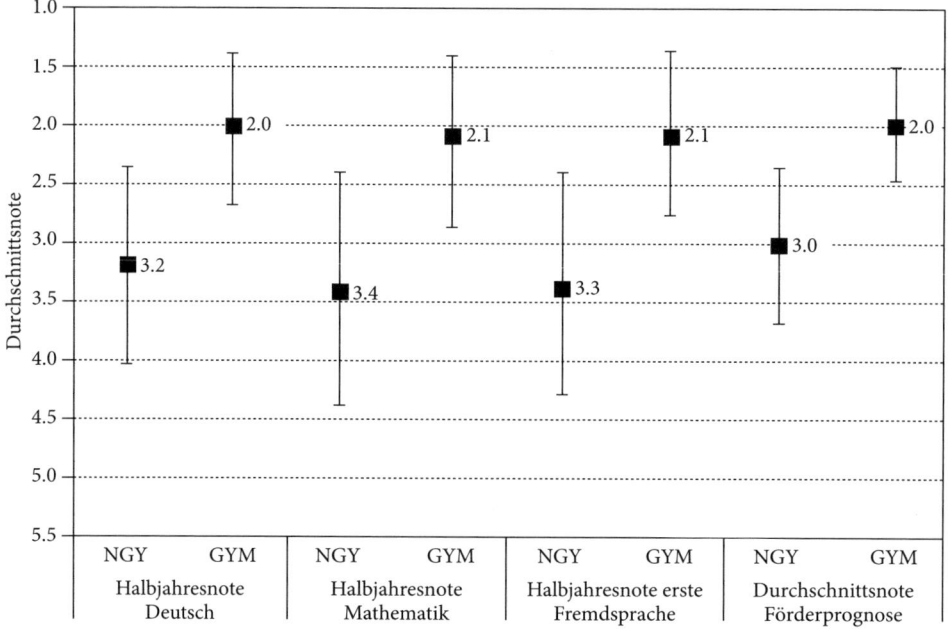

NGY = nichtgymnasiale Schulform, GYM = Gymnasium. Die Quadrate bilden den Mittelwert ab, die vertikalen Linien beschreiben den Bereich, in dem 68 Prozent der jeweiligen Schülerschaft liegen (eine Standardabweichung oberhalb und unterhalb des Mittelwerts).

Abbildung 6.14b: Halbjahresnote Klasse 6 in Deutsch, Mathematik und erster Fremdsprache sowie Durchschnittsnote der Förderprognose nach realisiertem Übergang – BERLIN

Tabelle 6.14b: Mittelwerte, Standardabweichungen und standardisierte Mittelwertdifferenzen (Effektstärken) in der Durchschnittsnote der Förderprognose nach realisiertem Übergang – BERLIN

Übergang	M	SD	Effektstärke NGY
Nichtgymnasiale Schulformen (NGY)	3.02	0.67	
Gymnasium (GYM)	1.99	0.49	**1.75**

M = Mittelwert, SD = Standardabweichung; Effektstärke d nach Cohen (1988). Statistisch signifikante Unterschiede sind fett hervorgehoben.

6.5.3.1 Vorhersage des realisierten Übergangs durch zentrale Variablen

Wie bereits für die elterliche Abschlussaspiration und die erhaltene Übergangsempfehlung soll an dieser Stelle der realisierte Übergang durch zentrale Variablen mittels logistischer Regression vorhergesagt werden. Um BERLIN und ELEMENT miteinander vergleichen zu können, wurden in ELEMENT alle nichtgymnasialen Schulformen, das heißt Hauptschule, verbundene Haupt- und Realschule, Realschule und Gesamtschule, zu einer Kategorie zusammengefasst. Diese Kategorie diente als Referenzkategorie und wurde mit dem Übergang auf ein Gymnasium verglichen. Zunächst wurden bivariate Effekte der Prädiktorvariablen berechnet. Anschließend wurden vier Modelle spezifiziert, in denen schrittweise Prädiktoren hinzugenommen wurden. Im ersten Modell wurden neben dem Geschlecht als Kontrollvariable alle Indikatoren der familiären Herkunft simultan in das Modell aufgenommen, um den Gesamteffekt der Herkunft abschätzen zu können. Modell 2 enthielt alle leistungsrelevanten Prädiktoren – die Durchschnittstestleistung, die Durchschnittsnote und die Übergangsempfehlung. In Modell 3 wurden die Prädiktoren der familiären Herkunft und die leistungsbezogenen Prädiktoren gemeinsam in das Modell aufgenommen. Modell 4 enthielt schließlich zusätzlich die Abschlussaspiration der Eltern. Damit bildet dieses Modell das gesamte, in Abbildung 6.1 dargestellte theoretische Modell des Übergangsprozesses ab. Die Ergebnisse der Analysen zum realisierten Übergang sind in den Tabellen 6.15a und 6.16a für ELEMENT und in Tabellen 6.15b und 6.16b für BERLIN abgetragen.

Betrachtet man zunächst die bivariaten Effekte der Prädiktorvariablen zur Vorhersage des realisierten Übergangs, zeigt sich, dass es sich bei allen Variablen – bis auf den Migrationshintergrund in BERLIN – um statistisch signifikante Prädiktoren handelte. Je höher der sozioökonomische Status der Eltern, desto größer war die Chance, dass ein Kind auf das Gymnasium wechselte. Gleiches galt für Kinder von Eltern mit (Fach-)Abitur. Eine höhere Chance auf einen Gymnasialbesuch hatten des Weiteren in ELEMENT Kinder ohne Migrationshintergrund, wobei der Effekt jedoch kleiner ausfiel als für die anderen Indikatoren der familiären Herkunft. Weiterhin fungierten die Testleistungen und Noten als starke Prädiktoren des realisierten Übergangs: Je besser die Leistungen und Noten, desto eher wechselte ein Kind nach der Grundschule auf das Gymnasium. Dies zeigt sich auch in Varianzaufklärungen von 37 bzw. 38 Prozent für die Durchschnittstestleistung und 67 bzw. 63 Prozent für die Durchschnittsnote. Schließlich stellten die erhaltene Über-

Tabelle 6.15a: Vorhersage des Übergangs auf ein Gymnasium versus nichtgymnasiale Schulformen durch einzelne Prädiktoren – ELEMENT

		Bivariate Effekte			R^2
		b	SE	OR	
Kontrollvariable	Geschlecht: 1 = Mädchen	0.33*	0.03	1.39	.01
Familiäre Herkunft	HISEI (z-Wert)	0.59***	0.06	1.80	.09
	(Fach-)Abitur der Eltern	1.18***	0.13	3.25	.09
	Mind. ein Elternteil im Ausland geboren	−0.24*	0.11	0.79	.01
Schulleistungen	Durchschnittstestleistung	0.18***	0.01	1.19	.37
	Durchschnittsnote (rekodiert)	0.36***	0.03	1.43	.67
Übergangsempfehlung: 1 = Gymnasium		3.54***	0.17	34.43	.47
Abschlussaspiration der Eltern: 1 = Abitur		3.15***	0.25	23.27	.41

OR = *odds ratios;* * $p < .05$, ** $p < .01$, *** $p < .001$.

Tabelle 6.15b: Vorhersage des Übergangs auf ein Gymnasium versus nichtgymnasiale Schulformen durch einzelne Prädiktoren – BERLIN

		Bivariate Effekte			R^2
		b	SE	OR	
Kontrollvariable	Geschlecht: 1 = Mädchen	0.33***	0.08	1.39	.01
Familiäre Herkunft	HISEI (z-Wert)	0.67***	0.05	1.95	.13
	(Fach-)Abitur der Eltern	1.26***	0.08	3.53	.11
	Mind. ein Elternteil im Ausland geboren	−0.16	0.10	0.85	.00
Schulleistungen	Durchschnittstestleistung	0.16***	0.01	1.18	.38
	Durchschnittsnote (rekodiert)	0.30***	0.02	1.35	.63
Übergangsempfehlung: 1 = Gymnasium		3.47***	0.11	32.10	.48
Abschlussaspiration der Eltern: 1 = Abitur		3.62***	0.23	37.26	.43

OR = *odds ratios;* * $p < .05$, ** $p < .01$, *** $p < .001$.

gangsempfehlung und die Abschlussaspiration der Eltern zwei weitere starke Prädiktoren des Übergangs dar. So hatten Kinder mit Gymnasialempfehlung und von Eltern mit Abituraspiration eine deutlich höhere Chance, das Gymnasium zu besuchen als Kinder, die eine Empfehlung an eine nichtgymnasiale Schulform erhielten und deren Eltern sich einen Haupt- oder Mittleren Schulabschluss wünschten. Die Anteile aufgeklärter Varianz lagen für die Übergangsempfehlung bei 47 bzw. 48 Prozent, für die Abschlussaspiration bei 41 bzw. 43 Prozent. Insgesamt erwiesen sich die Durchschnittsnote, gefolgt von Übergangsempfehlung, Abituraspiration und Testleistungen als stärkste Prädiktoren, die Prädiktionskraft der Herkunftsindikatoren fiel im Vergleich relativ gering aus. Die bivariaten Effekte unterschieden sich nicht zwischen den beiden Studien, wie in den ergänzenden Zwei-Gruppen-Modelle gefunden wurde.

Tabelle 6.16a: Vorhersage des Übergangs auf ein Gymnasium versus nichtgymnasiale Schulformen durch mehrere Prädiktoren – ELEMENT

		Modell 1			Modell 2			Modell 3			Modell 4		
		b	SE	OR	b	SE	OR	b	SE	OR	b	SE	OR
Kontrollvariable	Geschlecht: 1 = Mädchen	0.38*	0.12	1.46	−0.04	0.16	0.96	0.01	0.18	1.01	0.01	0.20	1.01
Familiäre Herkunft	HISEI (z-Wert)	0.42***	0.07	1.52				0.12	0.09	1.12	0.08	0.09	1.08
	(Fach-)Abitur der Eltern	0.82***	0.15	2.27				0.49*	0.22	1.63	0.42	0.22	1.51
	Mind. ein Elternteil im Ausland geboren	0.12	0.12	1.13				0.84***	0.21	2.31	**0.60****	0.21	1.81
Schulleistungen	Durchschnittstestleistung				0.05***	0.13	1.05	0.05***	0.12	1.05	0.04**	0.01	1.04
	Durchschnittsnote (rekodiert)				0.20***	0.25	1.22	0.21***	0.26	1.23	0.19***	0.04	1.22
Übergangsempfehlung: 1 = Gymnasium					1.40***	0.25	4.04	1.44***	0.25	4.20	1.19***	0.27	3.28
Abschlussaspiration der Eltern: 1 = Abitur											**1.12****	0.29	3.06
Pseudo-R^2			.14			.63			.65			.68	

OR = *odds ratios*; fett gesetzte Regressionskoeffizienten stehen für statistisch signifikante Unterschiede zwischen den Studien; * $p < .05$, ** $p < .01$, *** $p < .001$.

Tabelle 6.16b: Vorhersage des Übergangs auf ein Gymnasium versus nichtgymnasiale Schulformen durch mehrere Prädiktoren – BERLIN

		Modell 1			Modell 2			Modell 3			Modell 4		
		b	SE	OR	b	SE	OR	b	SE	OR	b	SE	OR
Kontrollvariable	Geschlecht: 1 = Mädchen	0.42***	0.08	1.52	−0.01	0.12	0.99	−0.01	0.12	0.99	−0.03	0.13	0.97
Familiäre Herkunft	HISEI (z-Wert)	0.52***	0.05	1.68				0.17*	0.08	1.18	0.16	0.09	1.17
	(Fach-)Abitur der Eltern	0.77***	0.10	2.15				0.36*	0.14	1.43	0.25	0.15	1.29
	Mind. ein Elternteil im Ausland geboren	0.29**	0.10	1.34				1.21***	0.15	3.34	**1.14****	0.16	3.12
Schulleistungen	Durchschnittstestleistung				0.03*	0.14	1.04	0.04*	0.15	1.04	0.03	0.02	1.03
	Durchschnittsnote (rekodiert)				0.15***	0.31	1.16	0.15**	0.35	1.17	0.13**	0.04	1.14
Übergangsempfehlung: 1 = Gymnasium					1.74***	0.30	5.71	1.80***	0.33	6.06	1.79***	0.32	5.97
Abschlussaspiration der Eltern: 1 = Abitur											**1.89****	0.25	6.62
Pseudo-R^2			.16			.58			.62			.68	

OR = *odds ratios*; fett gesetzte Regressionskoeffizienten stehen für statistisch signifikante Unterschiede zwischen den Studien; * $p < .05$, ** $p < .01$, *** $p < .001$.

Betrachtet man Modell 1, stellt man fest, dass die Indikatoren der familiären Herkunft gemeinsam mit dem Geschlecht in ELEMENT 14 Prozent und in BERLIN 16 Prozent der Varianz der Übergangsentscheidung aufklärten (13 % bzw. 15 % ohne das Geschlecht). Dies ist der Gesamteffekt der familiären Herkunft auf den tatsächlich realisierten Übergang, indem sowohl primäre als auch sekundäre Herkunftseffekte eingehen. Für beide Studien zeigte sich in Modell 1, dass die Prädiktionskraft des sozioökonomischen Status und des Bildungshintergrunds der Eltern im Vergleich zu den bivariaten Effekten geringer ausfiel. Gleichzeitig veränderte sich für den Migrationshintergrund die Vorhersagerichtung: Unter Kontrolle der anderen Prädiktoren zeigte sich nun ein positiver Effekt für den Migrationshintergrund auf den realisierten Übergang, wobei er nur in BERLIN statistisch signifikant war. Das heißt, bei gleichem sozioökonomischem Status und gleichem Bildungshintergrund der Eltern hatten Kinder aus Familien, in denen mindestens ein Elternteil im Ausland geboren wurde, eine höhere Chance, auf das Gymnasium zu wechseln. Der Effekt war jedoch in Modell 1 nur für BERLIN signifikant. Im Vergleich zu den Indikatoren der familiären Herkunft klärten die leistungsbezogenen Indikatoren – Testleistung, Durchschnittsnote und Übergangsempfehlung – gemeinsam einen deutlich größeren Varianzanteil des realisierten Übergangs auf. Für ELEMENT lag der Anteil bei 63, für BERLIN bei 58 Prozent (mit und ohne Kontrolle des Geschlechts), wie in Modell 2 ersichtlich wird. Erwartungsgemäß erhöhten hohe Testleistungen, gute Schulnoten und eine Gymnasialempfehlung die Wahrscheinlichkeit eines Gymnasialbesuchs. Betrachtet man die Rolle von Herkunfts- und Leistungsindikatoren gemeinsam (Modell 3), erhöhte sich der Anteil aufgeklärter Varianz in ELEMENT auf 65 und in BERLIN auf 62 Prozent. Daraus lässt sich erkennen, dass die Indikatoren der familiären Herkunft einen kleinen zusätzlichen Beitrag zur Erklärung der Übergangsentscheidung leisteten. Dieser sekundäre Herkunftseffekt war jedoch wesentlich kleiner als der primäre Herkunftseffekt, also der Anteil des Effekts der familiären Herkunft, der über die Leistungsindikatoren vermittelt ist. Während der sozioökonomische Status und der Bildungshintergrund bei Kontrolle der Schulleistungen und Übergangsempfehlungen an Bedeutung verloren, wurde der Koeffizient des Migrationshintergrunds größer, sodass er nun auch in ELEMENT das statistische Signifikanzniveau erreichte. Das heißt, bei gleichem sozioökonomischem Status, Bildungshintergrund, Schulleistungen und Übergangsempfehlung ist die Wahrscheinlichkeit, auf das Gymnasium zu wechseln, für Kinder mit Migrationshintergrund größer als für Kinder, deren Eltern in Deutschland geboren wurden. Nimmt man schließlich in Modell 4 die Abschlussaspiration der Eltern auf ein Abitur in das Modell hinzu, wird deutlich, dass die Effekte des sozioökonomischen Status und des Bildungshintergrunds über die Aspirationen der Eltern mediiert wurden. Der Effekt des Migrationshintergrunds reduzierte sich zwar, blieb aber weiterhin signifikant. Insgesamt lässt sich festhalten, dass für den realisierten Übergang in beiden Studien vor allem primäre Herkunftseffekte und weniger sekundäre Herkunftseffekte eine Rolle spielten.

Während sich sowohl in den bivariaten Analysen als auch in den Modellen 1, 2 und 3 in den Zwei-Gruppen-Modellen keine statistisch signifikanten Unterschiede zwischen den beiden Studien zeigten, wurden im Modell 4 statistisch signifikante Unterschiede zwischen der ELEMENT- und der BERLIN-Studie hinsichtlich des Migrationshintergrunds und der elterlichen Abschlussaspiration festgestellt. So hatten beide Prädiktoren in BERLIN eine größere Prädiktionskraft für den Übergang auf ein Gymnasium als in ELEMENT. Aufgrund der mangelnden Konsistenz dieser Unterschiede in den verschiedenen Modellen werden sie an dieser Stelle jedoch nicht weiter interpretiert.

In den hier berichteten Analysen wurden in ELEMENT alle nichtgymnasialen Schulformen zu einer Kategorie zusammengefasst, um den Vergleich mit der neuen Schulstruktur zum Zeitpunkt der BERLIN-Studie zu ermöglichen. Dies erforderte jedoch für ELEMENT notwendigerweise eine Vereinfachung der Realität, da mögliche Unterschiede zwischen den verschiedenen nichtgymnasialen Schulformen nicht abgebildet werden können. Aus diesem Grund wurden zusätzliche multinomiale Regressionen berechnet, in denen der Übergang an eine Realschule als Referenzkategorie fungierte und mit dem Übergang auf eine Hauptschule/verbundene Haupt- und Realschule, auf ein Gymnasium und auf eine Gesamtschule verglichen wurde. Obwohl es in der BERLIN-Studie nur noch eine nichtgymnasiale Schulform, die Integrierte Sekundarschule, gab, wurden auch für BERLIN multinomiale Regressionen gerechnet. Dazu wurde die Information, welche Schulform die Integrierten Sekundarschulen vor der Schulstrukturreform waren, herangezogen. Da die BERLIN-Studie im ersten Schuljahr nach der Reform und damit nach der Neugründung der Integrierten Sekundarschule durchgeführt wurde, ist davon auszugehen, dass die Eltern die ursprüngliche Schulstruktur noch präsent hatten und dies möglicherweise ihr Verhalten bei der Wahl einer Sekundarschule beeinflusst hat. Äquivalent zu ELEMENT dienten für die multinomialen Regressionen in BERLIN die Integrierten Sekundarschulen, die vorher eine Realschule waren, als Referenzkategorie. Verglichen wurden diese mit Integrierten Sekundarschulen, die aus einer Hauptschule oder einer Haupt- und Realschule entstanden sind, mit Gymnasien sowie mit Integrierten Sekundarschulen, die vorher eine Gesamtschule waren. Für BERLIN wird in diesem Zusammenhang von ehemaligen Hauptschulen, ehemaligen Realschulen und ehemaligen Gesamtschulen gesprochen. Hinsichtlich ihres Aufbaus waren die multinomialen Regressionen zur Vorhersage des Übergangs identisch mit den logistischen Regressionen zum Vergleich des Gymnasiums mit allen nichtgymnasialen Schulformen. Die Ergebnisse der multinomialen Regressionen sind für ELEMENT in den Tabellen 6.17a und 6.18a und für BERLIN in Tabellen 6.17b und 6.18b dargestellt. Um Unterschiede zwischen den Studien auf statistische Signifikanz testen zu können, wurden logistische Zwei-Gruppen-Modelle für den Vergleich jeweils zweier Schulformen gerechnet. Fett gesetzte Regressionskoeffizienten stehen dabei für statistisch signifikante Unterschiede zwischen den beiden Studien.

Betrachtet man zunächst die bivariaten Effekte für ELEMENT in Tabelle 6.17a und für BERLIN in Tabelle 6.17b, zeigen sich in beiden Studien die meisten und größten Effekte für den Vergleich zwischen Gymnasium und Realschule: Je höher der sozioökonomische Status, der elterliche Bildungshintergrund, je besser die Testleistungen und Noten, desto wahrscheinlicher war es, dass ein Kind auf ein Gymnasium anstelle einer (ehemaligen) Realschule wechselte. Auch eine Aspiration der Eltern auf ein Abitur und eine Gymnasialempfehlung waren sowohl in ELEMENT als auch in BERLIN starke Prädiktoren für den Übergang auf ein Gymnasium. Statistisch signifikante Unterschiede zwischen den Studien ließen sich für den sozioökonomischen Status, die Durchschnittstestleistung und die elter-

Tabelle 6.17a: Vorhersage des Übergangs durch einzelne Prädiktoren – ELEMENT

		Bivariate Effekte		
		b	SE	OR
Hauptschule und verbundene Haupt- und Realschule vs. Realschule				
Kontrollvariable	Geschlecht: 1 = Mädchen	**–0.54***	0.22	0.58
Familiäre Herkunft	HISEI (z-Wert)	**–0.29***	0.14	0.75
	(Fach-)Abitur der Eltern	–0.37	0.28	0.69
	Mind. ein Elternteil im Ausland geboren	**0.43**	0.24	1.53
Schulleistungen	Durchschnittstestleistung	**–0.12***	0.02	0.88
	Durchschnittsnote (rekodiert)	**–0.24***	0.02	0.79
Übergangsempfehlung: 1 = Gymnasium		–1.13	0.61	0.32
Abschlussaspiration der Eltern: 1 = Abitur		**–1.59***	0.31	0.20
Gymnasium vs. Realschule				
Kontrollvariable	Geschlecht: 1 = Mädchen	0.25	0.13	1.28
Familiäre Herkunft	HISEI (z-Wert)	0.57***	0.08	1.77
	(Fach-)Abitur der Eltern	1.22***	0.18	3.39
	Mind. ein Elternteil im Ausland geboren	–0.08	0.15	0.93
Schulleistungen	Durchschnittstestleistung	**0.15***	0.01	1.16
	Durchschnittsnote (rekodiert)	0.32***	0.03	1.38
Übergangsempfehlung: 1 = Gymnasium		3.87***	0.27	48.04
Abschlussaspiration der Eltern: 1 = Abitur		**3.13***	0.28	22.78
Gesamtschule vs. Realschule				
Kontrollvariable	Geschlecht: 1 = Mädchen	–0.01	0.15	0.99
Familiäre Herkunft	HISEI (z-Wert)	**0.03**	0.09	1.03
	(Fach-)Abitur der Eltern	0.17	0.17	1.19
	Mind. ein Elternteil im Ausland geboren	0.20	0.16	1.22
Schulleistungen	Durchschnittstestleistung	**–0.03****	0.01	0.97
	Durchschnittsnote (rekodiert)	**–0.05***	0.01	0.95
Übergangsempfehlung: 1 = Gymnasium		**0.71***	0.28	2.03
Abschlussaspiration der Eltern: 1 = Abitur		**0.33**	0.18	1.39

OR = *odds ratios;* fett gesetzte Regressionskoeffizienten stehen für statistisch signifikante Unterschiede zwischen den Studien; * $p < .05$, ** $p < .01$, *** $p < .001$.

liche Aspiration auf ein Abitur feststellen: In BERLIN hatten diese Variablen eine stärkere Prädiktionskraft für den Übergang auf ein Gymnasium als in ELEMENT.

Bezüglich des Vergleichs zwischen Hauptschule und Realschule waren in ELEMENT der sozioökonomische Status, die Leistungen und Noten der Schülerinnen und Schüler sowie die Abschlussaspiration der Eltern statistisch signifikante Prädiktoren. In BERLIN wiederum waren die Noten, die Abschlussaspiration und die Übergangsempfehlung bedeutsam für den Wechsel auf eine Integrierte Sekundarschule, die aus einer Hauptschule entstand. Auffällig ist, dass mehrere Prädiktoren in BERLIN eine geringere Prädiktionskraft hatten als in ELEMENT. Diese Unterschiede konnten in den ergänzenden Zwei-Gruppen-

Tabelle 6.17b: Vorhersage des Übergangs durch einzelne Prädiktoren – BERLIN

		Bivariate Effekte		
		b	SE	OR
Hauptschule–ISS und Haupt-/Realschule–ISS vs. Realschule–ISS				
Kontrollvariable	Geschlecht: 1 = Mädchen	**−0.02**	0.15	0.98
Familiäre Herkunft	HISEI (z-Wert)	−0.01	0.09	0.99
	(Fach-)Abitur der Eltern	−0.15	0.18	0.86
	Mind. ein Elternteil im Ausland geboren	**−0.23**	0.17	0.79
Schulleistungen	Durchschnittstestleistung	**−0.01**	0.01	0.99
	Durchschnittsnote (rekodiert)	**−0.05*****	0.01	0.95
Übergangsempfehlung: 1 = Gymnasium		−0.73*	0.31	0.48
Abschlussaspiration der Eltern: 1 = Abitur		**−0.41***	0.20	0.66
Gymnasium vs. Realschule–ISS				
Kontrollvariable	Geschlecht: 1 = Mädchen	0.31*	0.13	1.37
Familiäre Herkunft	HISEI (z-Wert)	**0.82*****	0.07	2.28
	(Fach-)Abitur der Eltern	1.49***	0.13	4.43
	Mind. ein Elternteil im Ausland geboren	−0.30*	0.14	0.74
Schulleistungen	Durchschnittstestleistung	**0.19*****	0.01	1.21
	Durchschnittsnote (rekodiert)	0.34***	0.03	1.41
Übergangsempfehlung: 1 = Gymnasium		4.33***	0.20	75.94
Abschlussaspiration der Eltern: 1 = Abitur		**3.98*****	0.27	53.68
Gesamtschule–ISS vs. Realschule–ISS				
Kontrollvariable	Geschlecht: 1 = Mädchen	0.06	0.14	1.06
Familiäre Herkunft	HISEI (z-Wert)	**0.28*****	0.08	1.32
	(Fach-)Abitur der Eltern	0.46*	0.15	1.59
	Mind. ein Elternteil im Ausland geboren	−0.22	0.15	0.81
Schulleistungen	Durchschnittstestleistung	**0.05*****	0.01	1.05
	Durchschnittsnote (rekodiert)	**0.06*****	0.01	1.06
Übergangsempfehlung: 1 = Gymnasium		**1.45*****	0.24	4.27
Abschlussaspiration der Eltern: 1 = Abitur		**0.84*****	0.17	2.31

OR = *odds ratios*; fett gesetzte Regressionskoeffizienten stehen für statistisch signifikante Unterschiede zwischen den Studien; * $p < .05$, ** $p < .01$, *** $p < .001$.

Modellen auch statistisch abgesichert werden. Das heißt, nach der Schulstrukturreform war die Durchschnittstestleistung kein signifikanter Prädiktor mehr für den Übergang auf eine Integrierte Sekundarschule, die aus einer Hauptschule hervorging und eine Integrierte Sekundarschule, die aus einer Realschule hervorging. Sowohl die Durchschnittsnote als auch die elterliche Aspiration auf ein Abitur trugen weniger zur Vorhersage des Übergangs auf eine ehemalige Hauptschule als in ELEMENT.

Auch hinsichtlich des Vergleichs zwischen Gesamtschulen und Realschulen lassen sich statistisch signifikante Unterschiede zwischen den beiden Studien erkennen: Während in ELEMENT Kinder mit schlechteren Leistungen und schlechteren Noten eher auf eine Ge-

Tabelle 6.18a: Vorhersage des Übergangs durch mehrere Prädiktoren – ELEMENT

		Modell 1			Modell 2			Modell 3			Modell 4	
		b	SE	OR	b	SE	OR	b	SE	OR	b	SE	OR
Hauptschule und verbundene Haupt- und Realschule vs. Realschule													
Kontrollvariable	Geschlecht: 1 = Mädchen	-0.56^*	0.22	0.57	-0.20	0.25	0.82	-0.20	0.25	0.82	-0.28	0.28	0.75
Familiäre Herkunft	HISEI (z-Wert)	-0.22	0.17	0.81				-0.05	0.19	0.96	-0.03	0.22	0.98
	(Fach-)Abitur der Eltern	-0.20	0.29	0.82				0.06	0.33	1.06	0.16	0.36	1.17
	Mind. ein Elternteil im Ausland geboren	0.28	0.28	1.32				-0.14	0.34	0.87	-0.08	0.44	0.92
Schulleistungen	Durchschnittstestleistung				-0.04	0.21	0.96	-0.04	0.21	0.96	-0.04	0.02	0.96
	Durchschnittsnote (rekodiert)				-0.27^{***}	0.25	0.76	-0.27^{***}	0.26	0.76	-0.26^{***}	0.04	0.77
Übergangsempfehlung: 1 = Gymnasium					2.13^{**}	0.78	8.44	2.14^{**}	0.80	8.53	2.48^{**}	0.80	11.99
Abschlussaspiration der Eltern: 1 = Abitur											-0.70	0.46	0.50
Gymnasium vs. Realschule													
Kontrollvariable	Geschlecht: 1 = Mädchen	0.31^*	0.14	1.36	0.01	0.18	1.01	0.04	0.19	1.04	0.01	0.21	1.01
Familiäre Herkunft	HISEI (z-Wert)	0.42^{***}	0.10	1.52				0.17	0.11	1.19	0.12	0.11	1.12
	(Fach-)Abitur der Eltern	0.88^{***}	0.22	2.41				0.62^{**}	0.27	1.86	0.54^*	0.26	1.72
	Mind. ein Elternteil im Ausland geboren	0.29	0.16	1.33				0.91^{***}	0.22	2.49	0.56^{**}	0.23	1.74
Schulleistungen	Durchschnittstestleistung				0.04^*	0.15	1.04	0.03^*	0.15	1.03	0.02	0.02	1.02
	Durchschnittsnote (rekodiert)				0.13^{**}	0.32	1.14	0.14^*	0.32	1.15	0.12^*	0.05	1.13
Übergangsempfehlung: 1 = Gymnasium					2.52^{***}	0.35	12.48	2.57^{***}	0.35	13.09	2.29^{***}	0.37	9.90
Abschlussaspiration der Eltern: 1 = Abitur											1.34^{***}	0.30	3.81
Gesamtschule vs. Realschule													
Kontrollvariable	Geschlecht: 1 = Mädchen	0.00	0.15	1.00	0.05	0.17	1.05	0.06	0.17	1.07	0.03	0.18	1.03
Familiäre Herkunft	HISEI (z-Wert)	0.04	0.12	1.04				0.10	0.12	1.10	0.07	0.12	1.07
	(Fach-)Abitur der Eltern	0.16	0.21	1.17				0.22	0.21	1.25	0.20	0.20	1.22
	Mind. ein Elternteil im Ausland geboren	0.24	0.17	1.28				0.14	0.18	1.15	-0.06	0.21	0.94
Schulleistungen	Durchschnittstestleistung				-0.02	0.13	0.98	-0.03	0.14	0.98	-0.03	0.02	0.97
	Durchschnittsnote (rekodiert)				-0.10^{***}	0.18	0.91	-0.10^{***}	0.18	0.91	-0.11^{***}	0.03	0.90
Übergangsempfehlung: 1 = Gymnasium					1.77^{***}	0.33	5.84	1.76^{***}	0.34	5.83	1.68^{***}	0.35	5.36
Abschlussaspiration der Eltern: 1 = Abitur											0.51^*	0.22	1.67

OR = *odds ratios*; fett gesetzte Regressionskoeffizienten stehen für statistisch signifikante Unterschiede zwischen den Studien; $^* p < .05$, $^{**} p < .01$, $^{***} p < .001$.

Tabelle 6.18b: Vorhersage des Übergangs durch mehrere Prädiktoren – BERLIN

	Modell 1			Modell 2			Modell 3			Modell 4		
	b	*SE*	OR	*b*	*SE*	OR	*b*	*SE*	OR	*b*	*SE*	OR
Hauptschule-ISS und Haupt-/Realschule-ISS vs. Realschule-ISS												
Kontrollvariable Geschlecht: 1 = Mädchen	**-0.02**	0.15	0.98	0.07	0.16	1.07	0.08	0.16	1.09	0.17	0.17	1.18
Familiäre Herkunft HISEI (z-Wert)	-0.01	0.12	0.99				0.04	0.11	1.04	0.05	0.12	1.05
(Fach-)Abitur der Eltern	-0.18	0.22	0.84				-0.10	0.22	0.90	-0.09	0.25	0.92
Mind. ein Elternteil im Ausland geboren	-0.26	0.18	0.77				-0.36*	0.17	0.70	-0.29	0.18	0.75
Schulleistungen Durchschnittstestleistung				**0.02**	0.13	1.02	**0.02**	0.13	1.02	0.02	0.02	1.02
Durchschnittsnote (rekodiert)				**-0.07***	0.16	0.93	**-0.08***	0.16	0.93	**-0.08***	0.02	0.93
Übergangsempfehlung: 1 = Gymnasium				**-0.15**	0.35	0.86	**-0.16**	0.35	0.85	**-0.11**	0.40	0.89
Abschlussaspiration der Eltern: 1 = Abitur										-0.13	0.24	0.88
Gymnasium vs. Realschule-ISS												
Kontrollvariable Geschlecht: 1 = Mädchen	0.41*	0.13	1.51	-0.12	0.16	0.89	-0.12	0.16	0.89	-0.11	0.18	0.90
Familiäre Herkunft HISEI (z-Wert)	0.64***	0.09	1.89				0.24*	0.11	1.27	0.22	0.12	1.25
(Fach-)Abitur der Eltern	0.87***	0.16	2.38				0.49*	0.20	1.63	0.31	0.22	1.36
Mind. ein Elternteil im Ausland geboren	0.24	0.15	1.27				1.25***	0.20	3.50	1.12***	0.22	3.05
Schulleistungen Durchschnittstestleistung				0.05**	0.17	1.05	0.05**	0.18	1.06	0.05*	0.02	1.05
Durchschnittsnote (rekodiert)				0.15**	0.39	1.16	0.16**	0.45	1.17	0.12*	0.05	1.13
Übergangsempfehlung: 1 = Gymnasium				2.47***	0.41	11.79	2.51***	0.44	12.35	2.56***	0.43	12.96
Abschlussaspiration der Eltern: 1 = Abitur										2.21***	0.30	9.15
Gesamtschule-ISS vs. Realschule-ISS												
Kontrollvariable Geschlecht: 1 = Mädchen	0.08	0.14	1.09	-0.03	0.14	0.97	-0.02	0.15	0.98	0.03	0.16	1.03
Familiäre Herkunft HISEI (z-Wert)	0.21*	0.09	1.23				0.12	0.09	1.12	0.10	0.10	1.10
(Fach-)Abitur der Eltern	0.25	0.18	1.29				0.16	0.17	1.17	0.08	0.18	1.08
Mind. ein Elternteil im Ausland geboren	-0.05	0.15	0.95				0.12	0.15	1.13	0.04	0.17	1.04
Schulleistungen Durchschnittstestleistung				**0.03**	0.13	1.03	**0.02**	0.13	1.03	**0.03**	0.02	1.03
Durchschnittsnote (rekodiert)				**0.00***	0.13	1.00	**0.00**	0.14	1.00	**-0.02**	0.02	0.98
Übergangsempfehlung: 1 = Gymnasium				1.19***	0.27	3.29	1.18***	0.27	3.26	1.21***	0.29	3.35
Abschlussaspiration der Eltern: 1 = Abitur										0.54**	0.19	1.72

OR = *odds ratios;* fett gesetzte Regressionskoeffizienten stehen für statistisch signifikante Unterschiede zwischen den Studien; * *p* < .05, ** *p* < .01, *** *p* < .001.

samtschule als an eine Realschule wechselten, zeigte sich in BERLIN folgendes Bild: So war die Wahrscheinlichkeit, auf eine Integrierte Sekundarschule, die aus einer Gesamtschule hervorging, zu gehen, größer, je *besser* die Leistungen und Noten der Schülerinnen und Schüler waren. Die Leistungen und Noten hatten damit die entgegengesetzte Prädiktionsrichtung als in ELEMENT. Darüber hinaus ließen sich auch Unterschiede für den sozioökonomischen Status, die Abituraspiration und die Gymnasialempfehlung finden. Nach der Schulstrukturreform hatten Kinder mit hohem sozioökonomischem Status eine höhere Wahrscheinlichkeit, auf eine ehemalige Gesamtschule im Vergleich zu einer ehemaligen Realschule zu wechseln als Kinder mit durchschnittlichem sozioökonomischem Status. In ELEMENT gab es diese Unterschiede nicht. Ähnliches gilt für die Abschlussaspiration der Eltern: Kinder von Eltern mit Aspiration auf ein Abitur wechselten in BERLIN häufiger auf eine (ehemalige) Gesamtschule als an eine (ehemalige) Realschule. Auch der Effekt der Gymnasialempfehlung auf den Übergang an eine (ehemalige) Gesamtschule war in BERLIN signifikant stärker als in ELEMENT.

Im Großen und Ganzen bestätigten sich diese Befunde in multivariaten Analysen, in die alle Prädiktoren gemeinsam einflossen (siehe Tab. 6.18a und 6.18b). Für den Vergleich zwischen Hauptschule und Realschule waren bei Aufnahme aller Prädiktoren (Modell 4) in beiden Studien vor allem die Schulnoten prädiktiv für den Wechsel auf eine Hauptschule bzw. eine Integrierte Sekundarschule, die aus einer Hauptschule hervorging. In BERLIN war die Prädiktionskraft jedoch deutlich geringer als in ELEMENT, was sich bereits in den bivariaten Analysen zeigte und auch in den zusätzlichen Zwei-Gruppen-Modellen statistisch absichern ließ. In keiner der beiden Studien zeigten sich Effekte der familiären Herkunft, selbst bei alleiniger Betrachtung ohne Kontrolle der Leistungsindikatoren. Das heißt, bei der Frage, ob ein Kind auf eine (ehemalige) Hauptschule oder eine (ehemalige) Realschule wechselten spielte die familiäre Herkunft keine Rolle.

Bezüglich des Vergleichs zwischen Gymnasium und Realschule ließen sich hingegen in beiden Studien Effekte der familiären Herkunft ausmachen (Modell 1). Diese blieben selbst dann bestehen, wenn für die Leistungsindikatoren, die selbst einen starken Effekt ausübten, kontrolliert wurde (Modell 3). Es zeigte sich, dass die Abituraspiration der Eltern einen Teil dieser Herkunftseffekte mediierte (Modell 4), ein positiver Effekt des Migrationshintergrunds auf den Übergang an ein Gymnasium jedoch in beiden Studien bestehen blieb. Bis auf einen Unterschied in der Prädiktionskraft der Abituraspiration – in BERLIN war sie deutlich größer als in ELEMENT – ließen sich in den ergänzenden Zwei-Gruppen-Modellen keine statistisch signifikanten Unterschiede zwischen ELEMENT und BERLIN finden.

Der Vergleich zwischen (ehemaliger) Gesamtschule und (ehemaliger) Realschule bei Aufnahme aller Prädiktoren bestätigte die Ergebnisse der bivariaten Analysen: In ELEMENT wechselten Schülerinnen und Schüler mit schlechteren Noten eher auf eine Gesamtschule als auf eine Realschule, in BERLIN hatten jedoch bei Aufnahme aller Prädiktoren die Schulnoten keine Prädiktionskraft mehr. Der in BERLIN beobachtete bivariate Effekt des sozioökonomischen Status war nach Kontrolle der Leistungsindikatoren nicht mehr erkennbar. Abituraspiration und Gymnasialempfehlung waren in beiden Studien prädiktiv für den Übergang auf eine (ehemalige) Gesamtschule.

Zusammenfassend lässt sich demnach Folgendes festhalten: Während sich beim Vergleich des Gymnasiums mit nichtgymnasialen Schulformen keine wesentliche Veränderung im Übergangsprozess nach der Schulstrukturreform zeigte, lassen sich bedeutsame Unterschiede erkennen, wenn man die Schulformen, aus denen die Integrierten Sekundarschulen entstanden sind, heranzieht. Insbesondere für die Vergleiche zwischen den nichtgymnasialen Schulformen konnten Unterschiede zwischen der ELEMENT- und der BERLIN-Studie beobachtet werden: So gab es in BERLIN kaum Unterschiede in den Schülermerkmalen zwischen Integrierten Sekundarschulen, die aus Hauptschulen oder verbundenen Haupt- und Realschulen hervorgingen und Integrierten Sekundarschulen, die vorher eine Realschule waren. In ELEMENT konnten hingegen insbesondere für die Noten der Schülerinnen und Schüler deutliche Unterschiede festgestellt werden. Veränderungen zeigten sich auch für die ehemaligen Gesamtschulen. Vor der Schulstrukturreform wechselten Kinder mit schlechten Noten und Leistungen bei gleicher Übergangsempfehlung und Aspiration der Eltern eher auf eine Gesamtschule als auf eine Realschule. Nach der Reform scheinen eher Kinder mit guten Schulleistungen auf eine Integrierte Sekundarschule, die aus einer Gesamtschule hervorging, zu wechseln als auf eine ehemalige Realschule. Womit lässt sich dieser Befund erklären? Betrachtet man die ehemaligen Gesamtschulen, zeigt sich, dass diese sich insbesondere durch das Vorhandensein einer eigenen gymnasialen Oberstufe von den übrigen Integrierten Sekundarschulen in BERLIN unterscheiden. So haben von den 32 ehemaligen Gesamtschulen in der Stichprobe 26 Schulen eine gymnasiale Oberstufe. In vertiefenden Analysen, in denen lediglich die ehemaligen Gesamtschulen mit und ohne gymnasiale Oberstufe miteinander verglichen wurden, wurde nur für die ehemaligen Gesamtschulen mit gymnasialer Oberstufe das oben berichtete Ergebnismuster festgestellt. Für Schülerinnen und Schüler, die an eine ehemalige Gesamtschule ohne gymnasiale Oberstufe wechselten, ließen sich keine Unterschiede zu Schülerinnen und Schülern, die an eine ehemalige Realschule wechselten, feststellen. Demnach kann davon ausgegangen werden, dass weniger das Bewusstsein der vorherigen Schulform, sondern vielmehr das Vorhandensein einer gymnasialen Oberstufe entscheidend für das Schulwahlverhalten von Eltern in BERLIN war. Obwohl davon auszugehen ist, dass Eltern auch zum Zeitpunkt der ELEMENT-Studie wussten, welche Gesamtschule eine gymnasiale Oberstufe hat, scheint das Merkmal zum Zeitpunkt der BERLIN-Studie für die Wahl einer nichtgymnasialen weiterführenden Schule eine zentralere Rolle zu spielen.

6.6 Diskussion

Das vorliegende Kapitel hatte zum Ziel, den Übergangsprozess von der Grundschule in die Sekundarstufe I unter den institutionellen Rahmenbedingungen vor und nach der Berliner Schulstrukturreform miteinander zu vergleichen. Dazu wurden Angaben von Schülerinnen und Schülern der 6. Jahrgangsstufe der ELEMENT-Studie aus dem Jahr 2005 und der BERLIN-Studie aus dem Jahr 2011, das heißt kurz nach Implementation der Reform, analysiert. Fokussiert wurden dabei drei zentrale Variablen des Übergangsprozesses: die elterlichen Bildungs- bzw. Abschlussaspirationen für ihr Kind, die Übergangsempfehlung der Lehrkraft und der tatsächlich realisierte Übergang. Von besonderem Interesse war die Frage, inwiefern diese Variablen durch die familiäre Herkunft der Schülerinnen und Schüler beeinflusst sind und ob sich der Einfluss der familiären Herkunft in Form von primären und sekundären Herkunfseffekten vor und nach der Schulstrukturreform voneinander unterschied. Im Folgenden sollen die zentralen Befunde zusammenfassend dargestellt und diskutiert werden.

Elterliche Abschlussaspirationen vor und nach der Reform

Hinsichtlich der elterlichen Abschlussaspirationen konnte zunächst festgestellt werden, dass es zwischen den beiden Studienzeitpunkten einen deutlichen Antieg in den Abituraspirationen gab. In ELEMENT wünschten sich 58 Prozent der Eltern das Abitur für ihr Kind, in BERLIN waren dies 68 Prozent. Diese Entwicklung ging mit einem Attraktivitätsverlust des Mittleren Schulabschlusses einher, wobei der Hauptschulabschluss bzw. erweiterte Hauptschulabschluss zu beiden Studienzeitpunkten von einem nur sehr geringen Anteil der Eltern gewünscht wurde.

Erwartungsgemäß unterschieden sich die Eltern mit Abituraspiration von Eltern mit Aspirationen auf einen nichtgymnasialen Abschluss deutlich hinsichtlich ihres sozioökonomischen Status und Bildungshintergrunds. Gemeinsam erklärten diese beiden Merkmale in beiden Studien 17 Prozent der Varianz der Aspirationsunterschiede. Unterschiede in der familiären Herkunft bezüglich des Vergleichs von Aspiration auf einen Hauptschulabschluss/Berufsbildungreife und einen Mittleren Schulabschluss fanden sich kaum. Hinsichtlich des Migrationshintergrunds zeigte sich in beiden Studien, dass Eltern, die nicht in Deutschland geboren wurden, bei Kontrolle von Sozialschicht und Bildungsniveau höhere Abschlussaspirationen hatten als vergleichbare Eltern, die in Deutschland geboren wurden. Neben der familiären Herkunft waren die elterlichen Abschlussaspirationen jedoch auch stark durch die Schulleistungen der Kinder beeinflusst. So erklärten die Testleistungen und die Noten der Kinder in beiden Studien 51 Prozent der Varianz in den Abituraspirationen. Bei simultaner Betrachtung der familiären Herkunft und der Schulleistungsindikatoren zeigte sich schließlich, dass die Effekte der familiären Herkunft zu einem großen Teil über die Leistungen der Schülerinnen und Schüler vermittelt waren. Nach Kontrolle der Leistungen fand sich nur noch ein kleiner Effekt des Bildungshintergrunds der Eltern: Bei gleichen Testleistungen und Noten der Kinder wünschten sich Eltern, die selbst ein Abitur hatten, für ihr Kind eher das Abitur als Eltern, die über einen niedrigeren Bildungsabschluss verfügten.

Während sich der Einfluss der familiären Herkunft auf die Bildungsaspirationen der Eltern zwischen ELEMENT und BERLIN nicht unterschied, wurde sowohl in den deskriptiven als auch in den multivariaten Regressionsanalysen ein Unterschied im Hinblick auf die Bedeutsamkeit der Schulleistungen für die Vorhersage der elterlichen Aspirationen beobachtet. Dies galt jedoch nur für den Vergleich zwischen der elterlichen Aspiration auf einen Hauptschulabschluss/Berufsbildungsreife und einen Mittleren Schulabschluss. Der in ELEMENT zu beobachtende Unterschied, dass sich Eltern von Kindern mit schlechteren Testleistungen und Noten eher den Hauptschulabschluss als den Mittleren Schulabschluss wünschten, war in BERLIN nicht mehr vorhanden: Die Testleistungen und Noten der Kinder hatten keine Vorhersagekraft mehr für die Wahrscheinlichkeit, einen Hauptschulabschluss anstelle eines Mittleren Schulabschlusses anzustreben. Als Erklärung für diesen Befund könnte die Tatsache von Bedeutung sein, dass im neuen Berliner Sekundarschulsystem die beiden nichtgymnasialen Schulabschlüsse an der gleichen Schulform, der Integrierten Sekundarschule, absolviert werden können. Somit fällt für Eltern die Schulform als Indikator für den Schulabschluss, mit dem ihre Kinder die Schulzeit beenden werden, weg. Anders ausgedrückt: Eltern, die für ihr Kind das Abitur ausschließen, müssen sich nicht mehr zum Zeitpunkt des Übergangs in die Sekundarstufe I, sondern erst zu einem späteren Zeitpunkt mit der Frage auseinandersetzen, welchen Schulabschluss sie für ihr Kind anstreben.

Übergangsempfehlungen vor und nach der Reform

Einhergehend mit dem zwischen den beiden Studienzeitpunkten zu beobachtenden Trend zu mehr Abituraspirationen gab es im gleichen Zeitraum auch einen deutlichen Anstieg in den Gymnasialempfehlungen. So stieg der Anteil von 37 Prozent in ELEMENT auf 45 Prozent in BERLIN. Bemerkenswert ist dabei, dass dies nicht mit niedrigeren Gütemaßstäben einherging. So hatten 2011 Schülerinnen und Schüler, die eine Empfehlung für ein Gymnasium erhielten, das gleiche Leistungsniveau wie Schülerinnen und Schüler im Jahr 2005.

Betrachtet man das Zusammenspiel der familiären Herkunft sowie der Schulleistungsindikatoren bei der Vorhersage der Übergangsempfehlung, zeigten sich auch hier insgesamt mehr Gemeinsamkeiten als Unterschiede zwischen der ELEMENT- und der BERLIN-Studie. So war in beiden Studien die Empfehlung für ein Gymnasium vor allem durch die Noten der Kinder und ihre Testleistungen bestimmt. Die Durchschnittsnote allein erklärte bereits 95 Prozent der Varianz in den erhaltenen Empfehlungen in ELEMENT und 90 Prozent der Varianz in BERLIN, gefolgt von den mittleren Testleistungen, die 46 (ELEMENT) und 56 Prozent (BERLIN) der Varianz aufklärten. Dabei zeigte sich ein statistisch signifikanter Unterschied zwischen den beiden Studien, und zwar dahingehend, dass in BERLIN die Testleistungen eine etwas größere, die Noten eine etwas kleinere Vorhersagekraft hatten als in ELEMENT. Es stellt sich jedoch die Frage, inwiefern dieser Unterschied eine praktische Bedeutsamkeit hat, da auch in BERLIN nach wie vor die Noten der stärkste Prädiktor der Übergangsempfehlung sind.

Bezüglich des Einflusses der familiären Herkunft auf die Übergangsempfehlung zeigte sich in beiden Studien das gleiche Muster: Kinder aus einer höheren Sozialschicht und von Eltern mit höherem Bildungsniveau hatten eine größere Wahrscheinlichkeit, eine Empfehlung für ein Gymnasium zu erhalten. Im Vergleich zu den Schulleistungsindikatoren waren die Indikatoren der familiären Herkunft mit 15 (ELEMENT) und 21 Prozent (BERLIN) Varianzaufklärung jedoch deutlich weniger bedeutsam für die Vorhersage der Übergangsempfehlung. Dies wird noch deutlicher bei simultaner Betrachtung der familiären Herkunft und der Schulleistungen. So ließen sich in beiden Studien die Herkunftseffekte vollständig durch die Testleistungen und die Durchschnittsnote der Kinder, das heißt durch primäre Herkunftseffekte, erklären. Zusätzliche sekundäre Herkunftseffekte waren in keiner der beiden Studien nachweisbar. Das heißt, die Vergabe der Übergangsempfehlungen durch die Berliner Lehrkräfte erfolgte sowohl zum Zeitpunkt der ELEMENT- als auch der BERLIN-Studie ohne soziale Verzerrung. In zusätzlichen Analysen wurde überprüft, inwiefern die

Schulnoten möglicherweise bereits durch sekundäre Herkunftseffekte beeinflusst waren. Hier zeigte sich jedoch auch, dass der Einfluss der familiären Herkunft im Wesentlichen durch die unterschiedlichen Testleistungen der Kinder vermittelt wurde und sekundäre Herkunftseffekte auf die Vergabe der Noten kaum nachweisbar waren.[7]

Die Übergangsentscheidung vor und nach der Reform

Betrachtet man schließlich den tatsächlich realisierten Übergang von der Grundschule in die Sekundarstufe I, lässt sich auch hier der Trend zu höherer Bildung beobachten. So gab es zwischen der ELEMENT- und der BERLIN-Studie einen Anstieg in den Übergängen zum Gymnasium von 37 auf 43 Prozent. Wie bereits bei den Schülerinnen und Schülern mit Gymnasialempfehlungen zu beobachten war, blieb auch bei den Schülerinnen und Schülern, die auf ein Gymnasium übergingen, das Leistungsniveau sowohl im Hinblick auf die erzielten Testleistungen als auch die Durchschnittsnote zwischen den beiden Studien stabil. Die gestiegenen Übergangsraten gingen also nicht mit einem Verlust der Qualitätsstandards einher.

Für den Vergleich des Übergangs auf ein Gymnasium gegenüber nichtgymnasialen Schulformen ließen sich kaum Unterschiede zwischen der ELEMENT- und der BERLIN-Studie ausmachen. So war der Übergang auf ein Gymnasium in beiden Studien in erster Linie durch die Schulleistungen der Schülerinnen und Schüler bestimmt. Die drei Leistungsindikatoren – Testleistungen, Schulnoten und Übergangsempfehlung – klärten in ELEMENT insgesamt 63 Prozent und in BERLIN 58 Prozent der Varianz der Übergangsentscheidung auf. Der Übergang auf ein Gymnasium hing jedoch in beiden Studien auch mit der familiären Herkunft der Schülerinnen und Schüler zusammen. Je höher der sozioökonomische Status und Bildungshintergrund der Eltern, desto größer war die Wahrscheinlichkeit, dass ein Kind auf ein Gymnasium wechselte. Der Migrationshintergrund stand

---

7 An dieser Stelle sei darauf hingewiesen, dass die Vorhersage der Übergangsempfehlung und der Schulnoten mit Daten der ELEMENT-Studie bereits in zwei vorangegangenen Arbeiten untersucht wurde. So untersuchten Caro, Lenkeit, Lehmann und Schwippert (2009), inwiefern die Übergangsempfehlungen der Lehrkräfte durch die Leistungsentwicklung der Schülerinnen und Schüler in den Jahrgangsstufen 4, 5 und 6 sowie Merkmalen der familiären Herkunft beeinflusst waren. Dabei kamen sie in Übereinstimmung mit den Analysen, die in diesem Kapitel durchgeführt wurden, zu dem Ergebnis, dass der Einfluss des sozioökonomischen Status auf die Empfehlungen größtenteils über die Testleistung mediiert wurde. Im Gegensatz zu den vorliegenden Analysen zeigte sich jedoch auch ein kleiner direkter Effekt des sozioökonomischen Status, der vermutlich darauf zurückzuführen ist, dass Caro et al. (2009) in ihren Modellen nicht für die Schulnoten der Schülerinnen und Schüler kontrollierten. Maaz et al. (2008) untersuchten mit Daten der ELEMENT-Studie, inwiefern die Durchschnittsnote der Übergangsempfehlung und die Lernkompetenzeinschätzung durch die Lehrkräfte von Schüler- und Klassenmerkmalen beeinflusst waren. Für die Lernkompetenzeinschätzung fand sich nach Kontrolle der Noten kein Effekt der familiären Herkunft. Für die Durchschnittsnote fand sich im Gegensatz zu den vorliegenden Analysen ein kleiner Effekt des sozioökonomischen Status, der nicht über die Testleistungen erklärt werden konnte. Die Autoren verwendeten allerdings für ihre Analysen nur eine Substichprobe der im vorliegenden Kapitel analysierten Stichprobe, wodurch die leicht unterschiedlichen Ergebnisse erklärt werden können.

alleine betrachtet in keinem bzw. einem negativen Zusammenhang mit dem Gymnasialübergang, bei Kontrolle der beiden anderen Indikatoren der familiären Herkunft hatte er jedoch einen positiven Effekt. Gemeinsam klärten die Indikatoren der familiären Herkunft 13 (ELEMENT) bzw. 15 Prozent (BERLIN) der Varianz auf. Bei gleichzeitiger Kontrolle für familiäre Herkunft und Leistungsindikatoren wurde deutlich, dass ein Großteil der Herkunftseffekte über die Leistungen mediiert wurde und demzufolge als primäre Herkunftseffekte zu verstehen sind. Sekundäre Herkunftseffekte des soziökonomischen Status und des Bildungshintergrunds zeigten sich zwar in beiden Studien, klärten jedoch nur einen geringen Teil zusätzlicher Varianz auf. Der positive Effekt des Migrationshintergrunds wurde bei Kontrolle der Leistungsindikatoren größer und blieb auch bei Kontrolle für die elterlichen Aspirationen ein statistisch signifikanter Prädiktor für den Übergang auf ein Gymnasium – im Gegensatz zu den Effekten der anderen beiden Indikatoren, die über die Aspirationen vermittelt waren. Dabei zeigte sich, dass der positive Effekt des Migrationshintergrunds in BERLIN signifikant größer war als in ELEMENT. Darüber hinaus ließ sich ein weiterer statistisch signifikanter Unterschied zwischen den Studien feststellen: Bei Kontrolle aller übrigen Prädiktoren hatte die elterliche Aspiration auf ein Abitur in BERLIN einen größeren Einfluss auf den Gymnasialübergang als in ELEMENT.

Während beim Vergleich des Übergangs auf ein Gymnasium mit allen anderen Schulformen – abgesehen von den gerade berichteten kleinen Unterschieden – eine große Stabilität zwischen den beiden Studien zu beobachten war, zeigte sich ein anderes und komplexeres Bild in zusätzlichen Analysen, in denen die Schulformen, aus denen die Integrierten Sekundarschulen hervorgingen, separat betrachtet wurden. Dazu wurde analysiert, inwiefern die ehemalige Schulform einer Integrierten Sekundarschule das Übergangsverhalten beeinflusste. In der Tat zeigte sich, dass die alte Schulstruktur noch erkennbar war und sie das Wahlverhalten von Eltern und Kindern möglicherweise mit beeinflusste. Darüber hinaus ließen sich statistisch bedeutsame Unterschiede zwischen den Studien ausmachen. So wurde zum einen deutlich, dass sich Schülerinnen und Schüler nach der Reform an ehemaligen Hauptschulen in ihren Grundschulnoten und ihren Testleistungen weniger stark von Schülerinnen und Schülern an ehemaligen Realschulen unterschieden als vor der Reform, als Haupt- und Realschulen noch separate Schulformen darstellten. Das heißt, hier waren vorher vorhandene Unterschiede zwischen Haupt- und Realschulen im Hinblick auf die Ausgangsleistungen der Schülerinnen und Schüler nach der Zusammenlegung der beiden Schulformen weniger stark ausgeprägt. Hinsichtlich des Vergleichs zwischen Gymnasium und (ehemaliger) Realschule zeigte sich der bereits berichtete Unterschied für die elterlichen Aspirationen, die in BERLIN einen größeren Einfluss auf den Gymnasialübergang hatten als in ELEMENT. Der womöglich interessanteste Unterschied konnte im Hinblick auf die (ehemaligen) Gesamtschulen festgestellt werden: In ELEMENT wechselten Kinder mit guten Leistungen und Noten eher auf eine Realschule als auf eine Gesamtschule, das umgekehrte Bild zeigte sich in BERLIN. Hier gingen Schülerinnen und Schüler mit guten Noten und Leistungen eher auf eine Integrierte Sekundarschule, die vorher eine Gesamtschule war, als auf eine Integrierte Sekundarschule, die vorher eine Realschule war. Das heißt, das Klientel an (ehemaligen) Gesamtschulen unterscheidet sich zwischen den beiden Studienzeitpunkten dahingehend, dass im Jahr 2011 ehemalige Gesamtschulen von besseren

Schülerinnen und Schülern besucht wurden als im Jahr 2005. Im Rahmen von zusätzlichen Analysen zeichnete sich ab, dass dieser Unterschied nur für ehemalige Gesamtschulen mit integrierter gymnasialer Oberstufe galt. Obwohl sich natürlich bereits zum Zeitpunkt der ELEMENT-Studie die meisten Gesamtschulen durch eine gymnasiale Oberstufe auszeichneten, scheint dieses Merkmal zum Zeitpunkt der BERLIN-Studie für die Wahl einer Integrierten Sekundarschule von größerer Bedeutung zu sein.

Wie lassen sich die im vorliegenden Kapitel berichteten Befunde einordnen? Zunächst kann konstatiert werden, dass es neben dem generell zu beobachtenden Trend zu höherer Bildung zwischen den beiden Studienzeitpunkten eine große Stabilität im Übergangsprozess vor und nach der Schulstrukturreform gab. Insbesondere hinsichtlich des Einflusses der familiären Herkunft ließen sich keine Unterschiede zwischen den Studien ausmachen. Dabei ist jedoch bemerkenswert, dass in Berlin in Bezug auf die Übergangsempfehlung keine, in Bezug auf die Schulnoten und den tatsächlich realisierten Übergang nur äußerst kleine Effekte der familiären Herkunft gefunden wurden, die nicht über die Schulleistungen der Schülerinnen und Schüler erklärt werden konnten. Somit zeigte sich auch im Rahmen der vorliegenden Analysen ein ähnliches Bild wie bereits in den nationalen Schulleistungsstudien: So scheinen in Berlin vor allem primäre Herkunftseffekte, jedoch kaum sekundäre Herkunftseffekte beim Übergang von der Grundschule in die Sekundarstufe I eine Rolle zu spielen.

Obwohl es hinsichtlich des Einflusses der familiären Herkunft keine Veränderungen zu beobachten gab, wurden jedoch einige Unterschiede zwischen den beiden Studienzeitpunkten festgestellt, die insbesondere für die weitere Ausgestaltung der Berliner Schulstrukturreform in den nächsten Jahren und ihren langfristigen Erfolg von Bedeutung sein können. Dies betrifft insbesondere den tatsächlich realisierten Übergang an eine weiterführende Schule. So scheint zum aktuellen Zeitpunkt noch die alte Schulstruktur das Wahlverhalten der Eltern zu beeinflussen. Vor dem Hintergrund, dass die BERLIN-Studie im ersten Jahr nach der Implementation der Reform durchgeführt wurde, ist dies kein überraschendes Ergebnis. So kann in vielen Fällen davon ausgegangen werden, dass sich durch die Reform Schulgebäude, Lehrpersonal sowie pädagogische Ausrichtung und Unterricht nicht grundlegend verändert haben. Solch eine umfassende Schulstrukturreform, wie sie in BERLIN umgesetzt wurde, braucht Zeit, um auch in der alltäglichen Realität an den Schulen sowie „in den Köpfen" aller Beteiligten – Lehrerinnen und Lehrer, Eltern und Kinder – anzukommen. Dennoch scheint sich im Hinblick auf einige ehemalige Schulformen bereits eine Angleichung abzuzeichnen. So konnten in der BERLIN-Studie zwischen Schülerinnen und Schülern an Integrierten Sekundarschulen, die aus einer Hauptschule hervorgingen, und solchen, die aus einer Realschule hervorgingen, kaum mehr Unterschiede in den Testleistungen und Schulnoten gefunden werden, wie dies zum Zeitpunkt der ELEMENT-Studie noch der Fall war.

Neben dieser Angleichung waren jedoch auch neue Unterschiede zwischen Schulen festzustellen. Für Integrierte Sekundarschulen mit integrierter gymnasialer Oberstufe war ein verändertes Schülerklientel zu beobachten als vor der Schulstrukturreform: Während in ELEMENT Schülerinnen und Schüler mit schlechteren Schulleistungen eher eine Gesamtschule besuchten als eine Realschule, gehen in BERLIN eher bessere Schülerinnen und Schüler auf eine Integrierte Sekundarschule, die aus einer Gesamtschule mit integrierter gymnasialer Oberstufe resulierte. Dies mag auf die im Rahmen der Schulstrukturreform vermehrte Werbung für den Abschluss des Abiturs an einer Integrierten Sekundarschule zurückzuführen sein. Es ist jedoch auch denkbar, dass die Möglichkeit, an einer Integrierten Sekundarschule das Abitur in 13 Jahren – und nicht wie am Gymnasium in 12 Jahren – zu absolvieren, dazu führt, dass Integrierte Sekundarschulen mit einer gymnasialen Oberstufe für gute Schülerinnen und Schüler eine ernsthafte Alternative zum Gymnasium darstellen. Unabhängig davon, welches die zugrunde liegenden Motive der Eltern sind, die sich für eine Integrierte Sekundarschule mit gymnasialer Oberstufe entscheiden, so kann davon ausgegangen werden, dass das im Rahmen der Berliner Reform gestärkte Auswahlrecht der Schulen dazu führt, dass Schülerinnen und Schüler mit besseren Noten eine höhere Wahrscheinlichkeit haben, an eine Integrierte Sekundarschule mit gymnasialer Oberstufe zu wechseln als Schülerinnen und Schüler mit schlechteren Noten. Dies könnte langfristig die Gefahr bergen, dass sich Schulformunterschiede zwischen Integrierten Sekundarschulen mit und ohne gymnasiale Oberstufe ausbilden. Demnach scheint für den Erfolg der Berliner Schulstrukturreform mitentscheidend zu sein, insbesondere bei denjenigen Integrierten Sekundarschulen ohne eigene gymnasiale Oberstufe, am Schulstandort die direkte Kopplung an die Oberstufen der beruflichen Gymnasien (Oberstufenzentren) von Beginn an noch transparenter nach außen zu vertreten, um so die Attraktivität der Schule zu steigern und um *allen* Schülerinnen und Schülern die Möglichkeit zu geben, bei entsprechenden Leistungen das Abitur ohne größere äußere Hindernisse zu erlangen.

Abschließend sei darauf hingewiesen, dass die beobachteten Unterschiede zwischen den beiden untersuchten Schülerkohorten prinzipiell auch auf anderen Ursachen als der Berliner Schulstrukturreform beruhen können. Um zu überprüfen, ob die gefundenen Unterschiede bestehen bleiben, und um die langfristigen Effekte der Reform abschätzen zu können, wäre eine erneute Untersuchung des Übergangsprozesses einige Jahre nach Implementation der Reform wünschenswert.

6.7 Literatur

Amt für Statistik Berlin-Brandenburg. (2007). *Statistischer Bericht B I 1 – j 2006*. Potsdam: Amt für Statistik Berlin-Brandenburg.

Amt für Statistik Berlin-Brandenburg. (2009a). *Statistischer Bericht B I 1 – j 2007*. Potsdam: Amt für Statistik Berlin-Brandenburg.

Amt für Statistik Berlin-Brandenburg. (2009b). *Statistischer Bericht B I 1 – j 2008*. Potsdam: Amt für Statistik Berlin-Brandenburg.

Amt für Statistik Berlin-Brandenburg. (2011a). *Statistischer Bericht B I 1 – j 2009*. Potsdam: Amt für Statistik Berlin-Brandenburg.

Amt für Statistik Berlin-Brandenburg. (2011b). *Statistischer Bericht B I 1 – j 2010*. Potsdam: Amt für Statistik Berlin-Brandenburg.

Arnold, K.-H., Bos, W., Richert, P., & Stubbe, T. C. (2007). Schullaufbahnpräferenzen am Ende der vierten Klassenstufe. In W. Bos, S. Hornberg, K.-H. Arnold, G. Faust, L. Fried, E.-M. Lankes, K. Schwippert & R. Valtin (Hrsg.), *IGLU 2006: Lesekompetenzen von*

Grundschulkindern in Deutschland im internationalen Vergleich (S. 271–297). Münster: Waxmann.

Arnold, K.-H., Bos, W., Richert, P., & Stubbe, T. C. (2010). Der Übergang von der Grundschule in die Sekundarstufe: Schullaufbahnpräferenzen von Lehrkräften und Eltern im Ländervergleich. In W. Bos, S. Hornberg, K.-H. Arnold, G. Faust, L. Fried, E.-M. Lankes, K. Schwippert, I. Tarelli & R. Valtin (Hrsg.), *IGLU 2006: Die Grundschule auf dem Prüfstand. Vertiefende Analysen zu Rahmenbedingungen schulischen Lernens* (S. 13–32). Münster: Waxmann.

Baeriswyl, F., Wandeler, C., Trautwein, U., & Oswald, K. (2006). Leistungstest, Offenheit von Bildungsgängen und obligatorische Beratung der Eltern. Reduziert das Deutschfreiburger Übergangsmodell die Effekte des sozialen Hintergrunds bei Übergangsentscheidungen? *Zeitschrift für Erziehungswissenschaft, 9*(3), 373–392.

Baumert, J., Cortina, K. S., & Leschinsky, A. (2008). Grundlegende Entwicklungen und Strukturprobleme im allgemeinbildenden Schulwesen. In K. S. Cortina, J. Baumert, A. Leschinsky, K. U. Mayer & L. Trommer (Hrsg.), *Das Bildungswesen in der Bundesrepublik Deutschland: Strukturen und Entwicklungen im Überblick* (S. 53–130). Reinbek: Rowohlt.

Baumert, J., & Maaz, K. (2006). Das theoretische und methodische Konzept von PISA zur Erfassung sozialer und kultureller Ressourcen der Herkunftsfamilie: Internationale und nationale Rahmenkonzeption. In J. Baumert, P. Stanat & R. Watermann (Hrsg.), *Herkunftsbedingte Disparitäten im Bildungswesen: Vertiefende Analysen im Rahmen von PISA 2000* (S. 11–29). Wiesbaden: VS Verlag für Sozialwissenschaften.

Baumert, J., & Schümer, G. (2001). Familiäre Lebensverhältnisse, Bildungsbeteiligung und Kompetenzerwerb. In J. Baumert, E. Klieme, M. Neubrand, M. Prenzel, U. Schiefele, W. Schneider, P. Stanat, K.-J. Tillmann & M. Weiss (Hrsg.), *PISA 2000: Basiskompetenzen von Schülerinnen und Schülern im internationalen Vergleich* (S. 323–407). Opladen: Leske + Budrich.

Baumert, J., Stanat, P., & Watermann, R. (2006). Schulstruktur und die Entstehung differenzieller Lern- und Entwicklungsmilieus. In J. Baumert, P. Stanat & R. Watermann (Hrsg.), *Herkunftsbedingte Disparitäten im Bildungswesen: Differenzielle Bildungsprozesse und Probleme der Verteilungsgerechtigkeit. Vertiefende Analysen im Rahmen von PISA 2000* (S. 95–188). Wiesbaden: VS Verlag für Sozialwissenschaften.

Baumert, J., Watermann, R., & Schümer, G. (2003). Disparitäten der Bildungsbeteiligung und des Kompetenzerwerbs: Ein institutionelles und individuelles Mediationsmodell. *Zeitschrift für Erziehungswissenschaft, 6*(1), 46–72.

Becker, R. (2000). Klassenlage und Bildungsentscheidungen: Eine empirische Anwendung der Wert-Erwartungstheorie. *Kölner Zeitschrift für Soziologie und Sozialpsychologie, 52*(3), 450–474.

Becker, R., & Lauterbach, W. (2008). Bildung als Privileg – Ursachen, Mechanismen, Prozesse und Wirkungen. In R. Becker & W. Lauterbach (Hrsg.), *Bildung als Privileg: Erklärungen und Befunde zu den Ursachen der Bildungsungleichheit* (S. 9–41). Wiesbaden: VS Verlag für Sozialwissenschaften

Bellenberg, G., & Klemm, K. (1998). Von der Einschulung bis zum Abitur: Zur Rekonstruktion von Schullaufbahnen in Nordrhein-Westfalen. *Zeitschrift für Erziehungswissenschaft, 1*(4), 577–596.

Bornstein, M. H., & Bradley, R. H. (Eds.). (2010). *Socioeconomic status, parenting, and child development.* Mahwah, NJ: Erlbaum.

Bos, W., Voss, A., Lankes, E.-M., Schwippert, K., Thiel, O., & Valtin, R. (2004). Schullaufbahnempfehlungen von Lehrkräften für Kinder am Ende der vierten Jahrgangsstufe. In W. Bos, E.-M. Lankes, M. Prenzel, K. Schwippert, R. Valtin & G. Walther (Hrsg.), *IGLU: Einige Länder der Bundesrepublik Deutschland im nationalen und internationalen Vergleich* (S. 191–228). Münster: Waxmann.

Boudon, R. (1974). *Education, opportunity, and social inequality: Changing prospects in Western society.* New York: Wiley.

Bourdieu, P. (1983). Ökonomisches Kapital, kulturelles Kapital, soziales Kapital. In R. Kreckel (Hrsg.), *Soziale Ungleichheiten* (S. 183–189). Göttingen: Schwartz.

Caro, D. H., Lenkeit, J., Lehmann, R., & Schwippert, K. (2009). The role of academic achievement growth in school track recommendations. *Studies in Educational Evaluation, 35,* 183–192.

Cohen, J. (1988). *Statistical power analysis for the behavioral sciences.* Hillsdale, NJ: Erlbaum.

Coleman, J. S., Campbell, E. Q., Hobson, C. J., McPartland, J., Mood, A. M., Weinfeld, F. D., et al. (1966). *Equality of educational opportunity.* Washington, DC: US Government Printing Office.

Conger, R. D., & Donnellan, M. B. (2007). An interactionist perspective on the socioeconomic context of human development. *Annual Review of Psychology, 58,* 175–199.

Cooper, C. E., Crosnoe, R., Suizzo, M., & Pituch, K. A. (2010). Poverty, race, and parental involvement during the transition to elementary school. *Journal of Family Issues, 31*(7), 859–883.

Ditton, H. (2007). *Kompetenzaufbau und Laufbahnen im Schulsystem: Ergebnisse einer Längsschnittuntersuchung an Grundschulen.* Münster: Waxmann.

Ditton, H., & Krüsken, J. (2006). Der Übergang von der Grundschule in die Sekundarstufe I. *Zeitschrift für Erziehungswissenschaft, 9*(3), 348–372.

Ditton, H., Krüsken, J., & Schauenberg, M. (2005). Bildungsungleichheit – der Beitrag von Familie und Schule. *Zeitschrift für Erziehungswissenschaft, 8*(2), 285–304.

Dollmann, J. (2011). Verbindliche und unverbindliche Grundschulempfehlungen und soziale Ungleichheiten am ersten Bildungsübergang. *Kölner Zeitschrift für Soziologie und Sozialpsychologie, 63*(4), 431–457.

Dubowy, M., Ebert, S., Maurice, J. von, & Weinert, S. (2008). Sprachlich-kognitive Kompetenzen beim Eintritt in den Kindergarten: Ein Vergleich von Kindern mit und ohne Migrationshintergrund. *Zeitschrift für Entwicklungspsychologie und Pädagogische Psychologie, 40,*124–134.

Ehmke, T., & Baumert, J. (2008). Soziale Disparitäten des Kompetenzerwerbs und der Bildungsbeteiligung in den Ländern: Vergleiche zwischen PISA 2000 und 2006. In M. Prenzel, C. Artelt, J. Baumert, W. Blum, M. Hamman, E. Klieme & R. Pekrun (Hrsg.), *PISA 2006 in Deutschland: Die Kompetenzen der Jugendlichen im dritten Ländervergleich* (S. 319–342). Münster: Waxmann.

Ehmke, T., & Jude, N. (2010). Soziale Herkunft und Kompetenzerwerb. In E. Klieme, C. Artelt, J. Hartig, N. Jude, O. Köller, M. Prenzel, W. Schneider & P. Stanat (Hrsg.), *PISA 2009: Bilanz nach einem Jahrzehnt* (S. 231–253). Münster: Waxmann.

Ehmke, T., Siegle, T., & Hohensee, F. (2005). Soziale Herkunft im Ländervergleich. In M. Prenzel, J. Baumert, W. Blum, R. Lehmann, D. Leutner, M. Neubrand, R. Pekrun, J. Rost & U. Schiefele (Hrsg.), *PISA 2003: Der zweite Vergleich der Länder in Deutschland – Was wissen und können Jugendliche?* (S. 235–268). Münster: Waxmann.

Engel, U., & Hurrelmann, K. (1987). Bildungschancen und soziale Ungleichheit. In S. Müller-Rolli (Hrsg.), *Das Bildungswesen der Zukunft* (S. 77–97). Stuttgart: Klett-Cotta.

Entwisle, D. R., & Astone, N. M. (1994). Some practical guidelines for measuring youth's race/ethnicity and socioeconomic status. *Child Development, 65,* 1521–1540.

Fuligni, A., & Stevenson, H. W. (1997). Home environment and school learning. In L. J. Saha (Ed.), *International encyclopedia of sociology of education* (Vol. 4, pp. 630–635). Oxford: Pergamon.

Ganzeboom, H. B. G., de Graaf, P. M., Treiman, D. J., & de Leeuw, J. (1992). A standard international socio-economic index of occupational status. *Social Science Research, 21*(1), 1–56.

Gresch, C., Baumert, J., & Maaz, K. (2010). Empfehlungsstatus, Übergangsempfehlung und der Wechsel in die Sekundarstufe I: Bildungsentscheidungen und soziale Ungleichheit. In K. Maaz, J. Baumert, C. Gresch & N. McElvany (Hrsg.), *Der Übergang von der Grundschule in die weiterführende Schule: Leistungsgerechtigkeit und regionale, soziale und ethnisch-kulturelle Disparitäten* (S. 201–227). Bonn: BMBF.

Gresch, C., & Becker, M. (2010). Sozial- und leistungsbedingte Disparitäten im Übergangsverhalten bei türkischstämmigen Kindern und Kindern aus (Spät-)Aussiedlerfamilien. In K. Maaz, J. Baumert, C. Gresch & N. McElvany (Hrsg.), *Der Übergang von der Grundschule in die weiterführende Schule: Leistungsgerechtigkeit und regionale, soziale und ethnisch-kulturelle Disparitäten* (S. 181–200). Bonn: BMBF.

Gröhlich, C., & Guill, K. (2009). Wie stabil sind Bezugsgruppeneffekte der Grundschulempfehlungen für die Schulformzugehörigkeit in der Sekundarstufe. *Journal for Educational Research Online, 1*(1), 154–171.

Hattie, J. A. C. (2002). Classroom composition and peer effects. *International Journal of Educational Research, 37*(5), 449–481.

Hauser, R. M. (1994). Measuring socioeconomic status in studies of child development. *Child Development, 65*(6), 1541–1545.

Heckman, J. J. (2008). Schools, skills, and synapses. *Economic Inquiry, 46*(3), 289–324.

Hochweber, J. (2010). *Was erfassen Mathematiknoten? Korrelate von Mathematik-Zeugniszensuren auf Schüler- und Schulklassenebene in Primar- und Sekundarstufe.* Münster: Waxmann.

ILO – International Labour Organization. (1990). *International standard classification of occupations: ISCO-88.* Geneva: ILO.

Knigge, M., & Leucht, M. (2010). Soziale Disparitäten im Spracherwerb. In O. Köller, M. Knigge & B. Tesch (Hrsg.), *Sprachliche Kompetenzen im Ländervergleich* (S. 185–202). Münster: Waxmann.

Kristen, C., & Dollmann, J. (2009). Sekundäre Effekte der ethnischen Herkunft: Kinder aus türkischen Familien am ersten Bildungsübergang. *Zeitschrift für Erziehungswissenschaft, Sonderheft 12,* 205–229.

Kurz, K., & Paulus, W. (2008). Übergänge im Grundschulalter: Die Formation elterlicher Bildungsaspirationen. In K.-S. Rehberg (Hrsg.), *Die Natur der Gesellschaft: Verhandlungen des 33. Kongresses der Deutschen Gesellschaft für Soziologie in Kassel 2006* (S. 5489–5503). Frankfurt a. M.: Campus.

Lehmann, R., & Lenkeit, J. (2008). *ELEMENT: Erhebung zum Lese- und Mathematikverständnis: Entwicklung in den Jahrgangsstufen 4 bis 6 in Berlin. Abschlussbericht über die Untersuchungen 2003, 2004 und 2005 an Berliner Grundschulen und grundständigen Gymnasien.* Berlin: Humboldt-Universität zu Berlin.

Lehmann, R., Peek, R., & Gänsfuß, R. (1997). *Aspekte der Lernausgangslage von Schülerinnen und Schülern der fünften Klasse an Hamburger Schulen: Bericht über die Untersuchung im September 1996.* Hamburg: Behörde für Schule, Jugend und Berufsbildung, Amt für Schule.

Maaz, K., Baeriswyl, F., & Trautwein, U. (2011). *Herkunft zensiert? Leistungsdiagnostik und soziale Ungleichheiten in der Schule: Eine Studie im Auftrag der Vodafone Stiftung Deutschland.* Berlin: Vodafone Stiftung Deutschland.

Maaz, K., Baumert, J., & Trautwein, U. (2009). Genese sozialer Ungleichheit im institutionellen Kontext der Schule: Wo entsteht und vergrößert sich soziale Ungleichheit. *Zeitschrift für Erziehungswissenschaft, Sonderheft 12,* 11–46.

Maaz, K., Hausen, C., McElvany, N., & Baumert, J. (2006). Stichwort: Übergänge im Bildungssystem: Theoretische Konzepte und ihre Anwendung in der empirischen Forschung beim Übergang in die Sekundarstufe. *Zeitschrift für Erziehungswissenschaft, 3,* 299–327.

Maaz, K., & Nagy, G. (2009). Der Übergang von der Grundschule in die weiterführenden Schulen des Sekundarschulsystems: Definition, Spezifikation und Quantifizierung primärer und sekundärer Herkunftseffekte. *Zeitschrift für Erziehungswissenschaft, Sonderheft 12,* 153–182.

Maaz, K., Neumann, M., Trautwein, U., Wendt, W., Lehmann, R., & Baumert, J. (2008). Der Übergang von der Grundschule in die weiterführende Schule: Die Rolle von Schüler- und Klassenmerkmalen beim Einschätzen der individuellen Lernkompetenz durch die Lehrkräfte. *Schweizerische Zeitschrift für Bildungswissenschaften, 30*(3), 519–548.

McLoyd, V. C. (1998). Socioeconomic disadvantage and child development. *American Psychologist, 53*(2), 185–204.

Merkens, H., & Wessel, A. (2002). *Zur Genese von Bildungsentscheidungen: Eine empirische Studie in Berlin und Brandenburg.* Baltmannsweiler: Schneider Verlag Hohengehren.

Merkens, H., Wessel, A., Dohle, K., & Classen, G. (1997). Einflüsse des Elternhauses auf die Schulwahl der Kinder in Berlin und Brandenburg. *Zeitschrift für Pädagogik, Beiheft 37,* 255–276.

Murdock, T. B. (2000). Incorporating economic context into educational psychology: Methodological and conceptual challenges. *Educational Psychologist, 35*(2), 113–124.

Muthén, B. O., & Muthén, L. K. (1998–2010). *Mplus user's guide.* Los Angeles, CA: Author.

Paulus, W., & Blossfeld, H.-P. (2007). Schichtspezifische Präferenzen oder sozioökonomisches Entscheidungskalkül? Zur Rolle elterlicher Bildungsaspirationen im Entscheidungsprozess beim Übergang von der Grundschule in die Sekundarstufe. *Zeitschrift für Pädagogik, 53*(4), 491–508.

Pietsch, M. (2007). Schulformwahl in Hamburger Schülerfamilien und die Konsequenzen für die Sekundarstufe I. In W. Bos, C. Gröhlich & M. Pietsch (Hrsg.), *KESS 4 – Lehr- und Lernbedingungen in Hamburger Grundschulen* (S. 127–165). Münster: Waxmann.

Pohlmann-Rother, S. (2010). Die Herausbildung der Übergangsempfehlung am Ende der Grundschulzeit. *Zeitschrift für Grundschulforschung, 3*(2), 136–148.

Ramm, G., Walter, O., Heidemeier, H., & Prenzel, M. (2005). Soziokulturelle Herkunft und Migration im Ländervergleich. In M. Prenzel, J. Baumert, W. Blum, R. Lehmann, D. Leutner, M. Neubrand, R. Pekrun, J. Rost & U. Schiefele (Hrsg.), *PISA 2003: Der zweite Vergleich der Länder in Deutschland – Was wissen und können Jugendliche?* (S. 269–298). Münster: Waxmann.

Raviv, T., Kessenich, M., & Morrison, F. J. (2004). A mediational model of the association between socioeconomic status and three-year-old language abilities: The role of parenting factors. *Early Childhood Research Quarterly, 19*(4), 528–547.

Richter, D., Kuhl, P., & Pant, H. A. (2012). Soziale Disparitäten. In P. Stanat, H. A. Pant, J. Böhme & D. Richter (Hrsg.), *Kompetenzen von Schülerinnen und Schülern am Ende der vierten Jahrgangsstufe in den Fächern Deutsch und Mathematik: Ergebnisse des IQB-Ländervergleichs 2011.* Münster: Waxmann.

Schnabel, K. U., Alfeld, C., Eccles, J. S., Köller, O., & Baumert, J. (2002). Parental influence on students' educational choices in the United States and Germany: Different ramifications – Same effect? *Journal of Vocational Behavior, 60*(2), 178–198.

Schneider, T. (2011). Die Bedeutung der sozialen Herkunft und des Migrationshintergrundes für Lehrerurteile am Beispiel der Grundschulempfehlung. *Zeitschrift für Erziehungswissenschaft, 14*(3), 371–396.

Sirin, S. R. (2005). Socioeconomic status and academic achievement: A meta-analytic review of research. *Review of Educational Research, 75*(3), 417–453.

Statistisches Landesamt Berlin. (2005). *Statistischer Bericht B I 1 / B V 8 – j 2004.* Berlin: Statistisches Landesamt.

Statistisches Landesamt Berlin. (2006). *Statistischer Bericht B I 1 – j 2005.* Berlin: Statistisches Landesamt.

Stocké, V. (2007). Explaining educational decision and effects of families' social class position: An empirical test of the Breen-Goldthorpe model of educational attainment. *European Sociological Review, 23*(4), 505–519.

Stubbe, T. C., & Bos, W. (2008). Schullaufbahnempfehlungen von Lehrkräften und Schullaufbahnentscheidungen von Eltern am Ende der vierten Jahrgangsstufe. *Empirische Pädagogik, 22*(1), 49–63.

Stubbe, T. C., Bos, W., & Euen, B. (2012). Der Übergang von der Primar- in die Sekundarstufe. In W. Bos, I. Tarelli, A. Bremerich-Vos & K. Schwippert (Hrsg.), *IGLU 2011: Lesekompetenzen von Grundschulkindern in Deutschland im internationalen Vergleich* (S. 209–226). Münster: Waxmann.

Stubbe, T. C., Tarelli, I., & Wendt, H. (2012). Soziale Disparitäten der Schülerleistungen in Mathematik und Naturwissenschaften. In W. Bos, H. Wendt, O. Köller & C. Selter (Hrsg.), *TIMSS 2011: Mathematische und naturwissenschaftliche Kompetenzen von Grundschulkindern in Deutschland im internationalen Vergleich* (S. 231–246). Münster: Waxmann.

Trautwein, U., & Neumann, M. (2008). Das Gymnasium. In K. S. Cortina, J. Baumert, A. Leschinsky, K. U. Mayer & L. Trommer (Hrsg.), *Das Bildungswesen in der Bundesrepublik Deutschland: Strukturen und Entwicklungen im Überblick* (S. 467–501). Reinbek: Rowohlt.

Wagner, W., Helmke, A., & Schrader, F.-W. (2009). Die Rekonstruktion der Übergangsempfehlung für die Sekundarstufe I und der Wahl des Bildungsgangs auf der Basis des Migrationsstatus, der sozialen Herkunft, der Schulleistung und schulklassenspezifischer Merkmale. *Zeitschrift für Erziehungswissenschaft, Sonderheft 12,* 183–204.

Wendt, H., Stubbe, T. C., & Schwippert, K. (2012). Soziale Herkunft und Lesekompetenzen von Schülerinnen und Schülern. In W. Bos, I. Tarelli, A. Bremerich-Vos & K. Schwippert (Hrsg.), *IGLU 2011: Lesekompetenzen von Grundschulkindern in Deutschland im internationalen Vergleich* (S. 175–207). Münster: Waxmann.

White, K. R. (1982). The relation between socioeconomic status and academic achievement. *Psychological Bulletin, 91,* 461–481.

Yeung, W. J., Linver, M. R., & Brooks-Gunn, J. (2002). How money matters for young children's development: Parental investment and family processes. *Child Development, 73*(6), 1861–1879.

Kapitel 7
Beurteilung der Berliner Schulstrukturreform durch Schulleiterinnen und Schulleiter, Lehrkräfte und Eltern

Susanne Böse, Marko Neumann, Michael Becker, Kai Maaz & Jürgen Baumert

7.1 Einleitung

Betrachtet man die jüngsten Entwicklungen in der Schul- und Bildungslandschaft der Bundesrepublik, so lässt sich eine Vielzahl an Reformbestrebungen und Veränderungen ausmachen. Dazu zählen beispielsweise die Implementation von nationalen Bildungsstandards und deren Überprüfung in Form von Ländervergleichen und standardbasierten Vergleichsarbeiten, die nahezu flächendeckende Einführung des Zentralabiturs oder die Reform der gymnasialen Oberstufe (Fend, 2011; Fuchs, 2009; Leschinsky, 2008; Maag Merki, 2012; Trautwein, Neumann, Nagy, Lüdtke & Maaz, 2010; van Ackeren & Brauckmann, 2010). Auch die Umstellung zur Zweigliedrigkeit im Sekundarschulwesen, die zentraler Bestandteil der Berliner Schulstrukturreform ist (vgl. Baumert et al., Kap. 1 in diesem Band), lässt sich vor diesem Hintergrund einordnen.

Bei all diesen Reformbestrebungen stellt sich die Frage, wie Schulreformen erfolgreich implementiert werden können – eine Frage, die in jüngerer Zeit zunehmend auch Gegenstand der Schulentwicklungsforschung ist (Pant, Vock, Pöhlmann & Köller, 2008a, 2008b; Wacker, Maier & Wissinger, 2012b). Ob und wie Reformen gelingen können, ist von einer Vielzahl von Faktoren abhängig. Zum einen spielt das „Wesen" einer Reform bei deren Implementation eine entscheidende Rolle. So ist beispielsweise zu unterscheiden, ob eine Reform durch Entscheidungsträger gewissermaßen von oben „verordnet" wird oder auf das Bestreben der Einzelschule und somit der vor Ort beteiligten Akteure zurückzuführen ist (Gräsel & Parchmann, 2004). Weiterhin sind für die erfolgreiche Umsetzung einer Reform die konkreten inhaltlichen und organisatorischen Ausgestaltungsmerkmale der Reform sowie die Gegebenheiten des Umfelds von Bedeutung. So ist entscheidend, ob eine Reform von den handelnden Akteuren als bedeutsam eingeschätzt wird und ob diese Akteure einen relativen Vorteil gegenüber der bestehenden Praxis wahrnehmen (Gräsel, 2010). Gerade die einzelnen Akteure, wie zum Beispiel die Schulleiterinnen und Schulleiter sowie die Lehrkräfte nehmen in derartigen schulischen Veränderungsprozessen eine zentrale Rolle ein. Es steht jedoch nicht nur der einzelne Akteur im Fokus des Interesses, als besonders wichtig wird deren Zusammenwirken erachtet (Kussau & Brüsemeister, 2007; Wacker, Maier & Wissinger, 2012a).

Bei der Frage, wie sich eine Reform möglichst erfolgreich umsetzen lässt, ist es somit naheliegend, sich den von der Reform betroffenen und beteiligten Akteuren zuzuwenden. Ziel dieses Kapitels soll es entsprechend sein, die Sichtweisen und Bewertungen der verschiedenen Akteure im Hinblick auf die wesentlichen Merkmale der Berliner Schulstrukturreform darzustellen. Dazu werden in diesem Beitrag deskriptive Ergebnisse zur Bewertung und Beurteilung verschiedener Aspekte der Reform berichtet. Im Fokus stehen dabei sowohl Bewertungen als auch Erwartungen der Lehrkräfte, Schulleiterinnen und Schulleiter sowie der Eltern an die neue Schulstruktur und die Neugestaltung des Übergangsverfahrens auf die weiterführenden Schulen.

Der Beitrag gliedert sich wie folgt: Zunächst soll auf die Problematik der Umsetzung von Reformvorhaben in die schulische Praxis eingegangen werden. Ausgehend von einer Skizzierung der begrifflichen Grundlagen liegt der Schwerpunkt dabei auf unterschiedlichen Reform- und Implementationsstrategien und der Rolle der beteiligten Akteure auf den verschiedenen Ebenen des Bildungssystems (vgl. Abschnitt 7.2). Anschließend werden die zentralen Bestandteile und Reformziele der Berliner Schulstrukturreform dargestellt (vgl. Abschnitt 7.3, vgl. dazu ausführlich Baumert et al., Kap. 1 in diesem Band, sowie Neumann et al., Kap. 5 in diesem Band). Nach der Erläuterung der Zielstellung (vgl. Abschnitt 7.4) des vorliegenden Beitrags und des methodischen Vorgehens (vgl. Abschnitt 7.5) erfolgt die Darstellung der konkreten Fragestellungen und Ergebnisteile für die Bewertung der Schulstrukturreform (vgl. Abschnitt 7.6) und des Übergangsverfahrens (vgl. Abschnitt 7.7). Abschließend werden die Befunde zusammenfassend diskutiert (vgl. Abschnitt 7.8).

7.2 Die Implementation von (Schul-)Reformen

Allgemein kann eine *Reform* als ein planvoller Eingriff bezeichnet werden, in welchem etwas Neues in etwas Vorhandenes integriert werden soll. Wesentliche Merkmale einer Reform sind unter anderem die klare Ausrichtung auf eine Veränderung sowie eindeutige Zielvorgaben, die bestimmte intendierte Abläufe mit sich bringen (Bormann, 2011). Bezogen auf den Begriff der Schulreform, besteht das Ziel darin, die Handlungen und Leistungen von Personen in der Schule zu verändern. Dabei beziehen sich die Reformbestrebungen hauptsächlich auf die Schülerschaft sowie die Lehrkräfte, mit dem wesentlichen Ziel einer Verbesserung der Lernprozesse, wobei zu beachten ist, dass eine erfolgreiche Schulreform auf die Bereitschaft zur Veränderung der einzelnen Schule angewiesen ist (Edelstein, 2002). Reformen stellen demnach übergeordnete Veränderungsprozesse dar, welche vom „politisch-administrativen System" (Gillwald, 2000, S. 7) ausgehen und in der Regel auch soziale Veränderungen mit einschließen (Dalin, 1999). Im Fall der Berliner Schulstrukturreform wurden von der Senatsverwaltung zentrale Veränderungen der Schulstruktur sowie der Übergangsregelungen (vgl. Abschnitt 7.3) vorgenommen, die weitreichende Auswirkungen sowohl für die Lehrkräfte und Schulleitungen an den Schulen als auch für die Schülerinnen und Schüler und ihre Eltern haben.

Untersucht man die Wirkung von Schulreformen, ist jedoch nicht nur die Frage nach Zielen und Inhalten und den betroffenen Akteuren der Reform von Bedeutung, sondern auch die Frage, wie die Umsetzung von Reformvorhaben gelingen kann, wie Reformen also *implementiert* werden können. Eine *Implementation* bezeichnet im Allgemeinen die Umsetzung von Neuerungen bzw. Innovationen in die Praxis (Goldenbaum, 2012), mit dem Ziel einer effektiven und langfristigen Nutzung in einer Institution (Luchte, 2005).

Dabei ist zu beachten, dass der Prozess der Implementation erst dann beginnt, wenn neue Verhaltensweisen bzw. Handlungen im sozialen System genutzt werden (Fullan & Pomfret, 1977) und als abgeschlossen gilt, wenn man von einem routinierten Umgang mit den implementierten Neuerungen sprechen kann (Klein & Knight, 2005). Insbesondere der letzte Aspekt verdeutlicht, dass durchaus längere Zeiträume vergehen können, bis eine Reform vollständig im Feld implementiert ist.

7.2.1 Reform- und Implementationsstrategien

Im Wesentlichen lassen sich drei Implementationsstrategien voneinander unterscheiden: Die *Top-down-* und *Bottom-up*-Strategien sowie symbiotische Strategien, bei welcher die verantwortlichen und beteiligten Akteure gemeinsam an der Planung und Umsetzung der Innovation arbeiten (Gräsel & Parchmann, 2004). In diesem Fall kann auch von der Strategie der *mutual adaption* gesprochen werden, welche flexibler konzipiert ist, da der Innovationsprozess selbst durch die handelnden Akteure mitgestaltet wird (Bormann, 2011). Im Zuge einer klassischen *Top-down*-Strategie wird die Reform von einer externen Instanz initiiert. Bormann (2011) spricht in diesem Zusammenhang auch von der Strategie des *fidelity approach,* bei welcher die Innovation möglichst unverändert in das betreffende Umfeld übertragen wird und somit auch eher unflexibel konzipiert ist. Diese Strategie unterscheidet dabei zwei Akteursgruppen, wobei die eine Gruppe (z. B. Verantwortliche aus Politik und Bildungsadministration) das Ziel verfolgt, eine Innovation in einen Kontext einzubringen, in welchem sie als extern Handelnde auftritt, diesem selbst aber nicht unmittelbar angehört. Die andere Akteursgruppe (z. B. Schulleitungen, Lehrer, Eltern, Schülerinnen und Schüler) sieht sich mit der Veränderung konfrontiert und hat die Aufgabe, die Innovation dauerhaft zu übernehmen. Dem *Top-down*-Ansatz in seiner Reinform liegt damit in gewisser Weise ein technokratisches Implementationsverständnis zugrunde, bei welchem die Implementation der Innovation durch eine mehr oder weniger lineare Übernahme durch die betroffenen Akteure erfolgen soll. Zudem liegt ein hierarchisches Akteursgefüge vor, weshalb man von einem fremdgesteuerten Vorgehen sprechen kann (Bormann, 2011; Gräsel & Parchmann, 2004).

Auch die Berliner Schulstrukturreform weist Elemente einer solchen *Top-down*-Implementationsstrategie auf, charakteristisch sind jedoch auch Umsetzungsprozesse, welche der Eigenverantwortung der jeweiligen Einzelschule obliegen sowie wechselseitige Abstimmungsprozesse im Vorfeld der Reform. Im Rückblick sind zwei ineinandergreifende Reformstrategien zu erkennen. Die *erste* Strategie setzte auf eine sachliche, zeitliche und soziale Entkopplung von Strukturentscheidung und operativer Umsetzung der Reform. Die Strukturentscheidung fiel im Berliner Abgeordnetenhaus und in der zuständigen Senatsverwaltung. Ihre technische Umsetzung (z. B. bezogen auf die Zusammenlegung und Umgründung von Schulen) wurde auf die kommunale Ebene der Bezirke verwiesen. Die pädagogische Ausgestaltung der Reform (etwa mit Blick auf die Regelung der Unterrichtsdifferenzierung, die Ausgestaltung des Ganztagsbetriebs oder die Konkretisierung der Berufsorientierung) soll als langfristige Entwicklungsaufgabe Sache der einzelnen Schulen sein. Mit diesem

Vorgehen sollte eine Kumulation von Entscheidungs- und Gestaltungsfragen auf zentraler Ebene vermieden und ihre Abfolge zeitlich entzerrt werden. Gleichzeitig sollte eine *zweite* Strategie, die sich auf intensive, auch Ebenen übergreifende Kommunikation verließ, für formelle und informelle Abstimmung und Akzeptanz der Strukturmaßnahmen sorgen. So wurden die Strukturentscheidungen im Vorfeld und während des Gesetzgebungsverfahrens zwischen den Fraktionen des Abgeordnetenhauses, aber auch mit den zuständigen Stadträten der Bezirke, einzelnen Schulleiterinnen und Schulleitern, Lehrerverbänden, der Landeselternvertretung, den Sozialpartnern und freien Trägern der Jugendhilfe diskutiert und abgestimmt. Insgesamt betrachtet verbindet die Berliner Schulstrukturreform somit Elemente einer *Top-down-* und einer *Bottom-up-*Strategie, die wiederum durch Vorkehrungen wechselseitiger Abstimmung *(mutual adaption)* verknüpft sind.

7.2.2 Die Rolle der beteiligten Akteure bei der Umsetzung von Reformen im Mehrebenensystem Schule

Für den Implementationserfolg einer Schulreform nehmen vor allem die betroffenen Akteure eine entscheidende Rolle ein. So hängt die Umsetzung der Reformziele in großem Maße davon ab, ob die Veränderungen von den beteiligten Akteuren akzeptiert werden und mit ihren Überzeugungen und Werthaltungen in Einklang stehen (Gräsel, 2010; Gräsel & Parchmann, 2004). Dabei spielen die *professionellen Überzeugungen* seitens der Lehrkräfte und Schulleitungen sowie ihre auf die Reformmaßnahmen bezogenen Funktionalitätsvorstellungen eine entscheidende Rolle (Gräsel, 2010; Kussau & Brüsemeister, 2007; Wacker et al., 2012a). Hervorzuheben sind hierbei auch die subjektiven Theorien der Lehrkräfte und der Schulleitungen in Bezug auf die Verwirklichung von Innovationen, die Einfluss auf deren Umsetzung nehmen (Gräsel & Parchmann, 2004). Zum anderen spielt die *subjektive Bedeutung der Innovation* eine Rolle, also beispielsweise ob die Lehrkräfte und Schulleitungen einen Vorteil gegenüber der bestehenden Praxis wahrnehmen oder nicht (Gräsel, 2010). Die Schulleitung nimmt in diesem Zusammenhang eine entscheidende Position ein, da ihre Unterstützung der Reform Auswirkung auf die übrigen am Innovationsprozess beteiligten Akteure hat (Gräsel, 2010; Gräsel & Parchmann, 2004). Auch die normativen Präferenzen und Funktionalitätsvorstellungen der Eltern spielen im Umsetzungsprozess von Reformvorhaben eine wichtige Rolle (Kussau & Brüsemeister, 2007; Wacker et al., 2012a).

Nicht zuletzt ist bei der Frage, wie Innovationen im Zuge einer Schulreform erfolgreich umgesetzt werden können, immer auch die Mehrebenenstruktur des Bildungswesens zu berücksichtigen. Das heißt, es gilt zu verstehen, welche Prozesse auf und zwischen den einzelnen (Akteurs-)Ebenen auf Makro-, Meso- und Mikroebene stattfinden (vgl. Abb. 7.1).

Die Akteure auf den einzelnen Ebenen des Bildungssystems agieren in spezifischen Kontexten, vor deren Hintergrund ihr Handeln betrachtet werden muss. Dabei spielen sowohl übergeordnete Rahmenbedingungen als auch die ebenenspezifischen Bedingungen als *Handlungskontext* eine Rolle. So stellen beispielsweise auf der Ebene der Einzelschule bestimmte Regelungsvorgaben der Verwaltung als auch die schulischen Gegebenheiten der Lehrer- sowie Schülerschaft zentrale Kontextmerkmale dar, die das Handeln der Schullei-

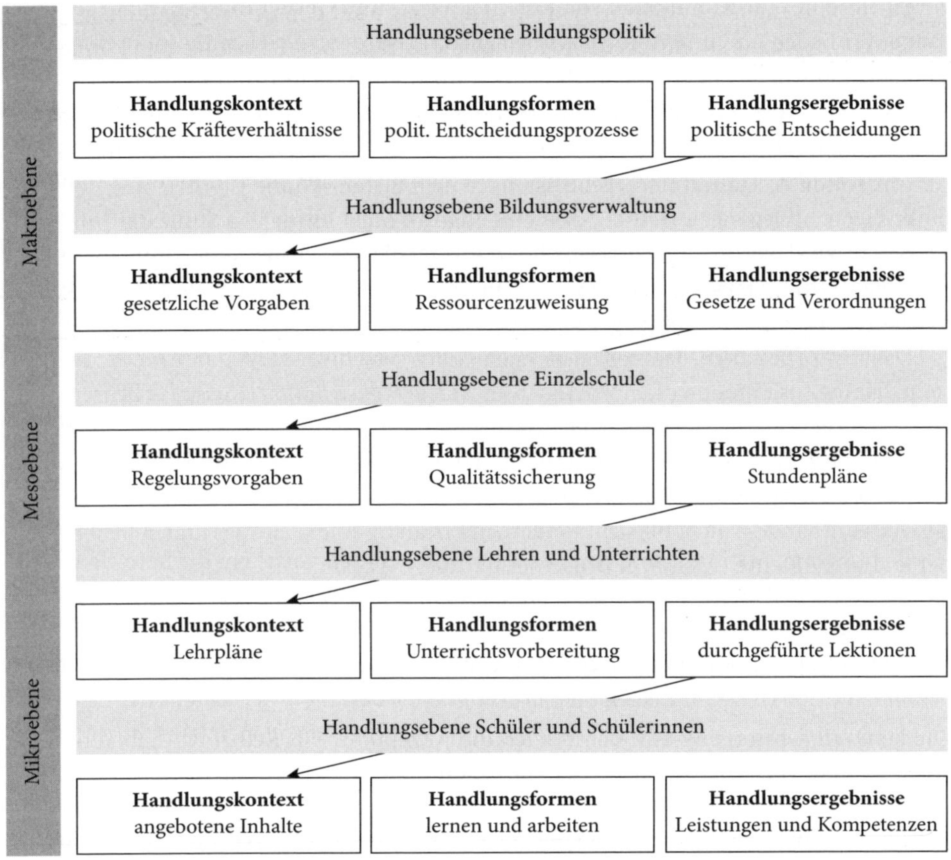

Handlungsebene Bildungspolitik

| **Handlungskontext** politische Kräfteverhältnisse | **Handlungsformen** polit. Entscheidungsprozesse | **Handlungsergebnisse** politische Entscheidungen |

Handlungsebene Bildungsverwaltung

| **Handlungskontext** gesetzliche Vorgaben | **Handlungsformen** Ressourcenzuweisung | **Handlungsergebnisse** Gesetze und Verordnungen |

Handlungsebene Einzelschule

| **Handlungskontext** Regelungsvorgaben | **Handlungsformen** Qualitätssicherung | **Handlungsergebnisse** Stundenpläne |

Handlungsebene Lehren und Unterrichten

| **Handlungskontext** Lehrpläne | **Handlungsformen** Unterrichtsvorbereitung | **Handlungsergebnisse** durchgeführte Lektionen |

Handlungsebene Schüler und Schülerinnen

| **Handlungskontext** angebotene Inhalte | **Handlungsformen** lernen und arbeiten | **Handlungsergebnisse** Leistungen und Kompetenzen |

(Makroebene, Mesoebene, Mikroebene)

Abbildung 7.1: Rekontextualisierung und Handlungsebenen in der Mehrebenenstruktur des Bildungswesens (in Anlehnung an Fend, 2008, S. 36–37)

tung beeinflussen. Dies zeigt sich wiederum in konkreten *Handlungsformen,* die sich aus den Bedingungen der Einzelschule ergeben. Hier spielen beispielsweise der Führungsstil der Schulleitung oder auch das Bestreben nach Qualitätssicherung eine Rolle. Als Resultate sind schließlich die *Handlungsergebnisse* zu nennen, die sich sowohl in der inhaltlichen als auch organisatorischen Gestaltung der schulischen Abläufe manifestieren. Dabei ist zu beachten, dass die resultierenden Handlungsergebnisse gleichzeitig auch den Handlungskontext der nächsten Ebene beeinflussen und dabei entsprechend des jeweiligen Referenzrahmens interpretiert und umgesetzt werden. Man spricht in diesem Zusammenhang auch von einer *Rekontextualisierung* dieser Handlungskontexte (Fend, 2008). Dies kann unter Umständen dazu führen, dass Steuerungsimpulse, welche im Zuge eines Reformvorhabens gegeben werden, aufgrund der sowohl vertikalen als auch horizontalen Ausrichtung des Bildungssystems nicht intendierte oder sogar kontraproduktive Wirkungen haben können (Altrichter, 2009).

Da die von einer Schulreform betroffenen Akteure auf den unterschiedlichen Ebenen des Bildungssystems als entscheidende Innovationsträger bezeichnet werden können und als „Mit-Reformer dazu beitragen, dass die Reform ihre soziale Gestalt erhält" (Altrichter, 2009, S. 245), ist zu beachten, dass diese Akteure auf der Grundlage multipler Interessen Eigenlogiken bzw. Eigendynamiken unterliegen, sodass intentionale Reformabsichten transintentionale Handlungsergebnisse nach sich ziehen können (Altrichter, 2009). So muss davon ausgegangen werden, dass eine Reform nicht immer im Sinne der Initiatoren umgesetzt wird, sondern gewissermaßen ein „Eigenleben" entwickeln kann. Somit kann die Systemlogik an einzelnen Stellen durchaus mit den individuellen Handlungslogiken der beteiligten Akteure in Konflikt geraten.

Dabei ist zu beachten, dass das Zusammenwirken verschiedener Akteure im Vordergrund steht. Dieses Zusammenwirken wird auch als *Akteurskonstellation* (Kussau & Brüsemeister, 2007; Wacker et al., 2012a) bezeichnet. Ausgehend von diesen Akteurskonstellationen wird dem Umstand Rechnung getragen, dass die Handlungskapazitäten sowie Handlungsoptionen der jeweiligen Akteure abhängig von den anderen beteiligten Akteuren sind: Die einzelnen Akteure handeln nicht für sich, sondern in Erfüllung eines Auftrags und in Beobachtung der anderen Akteure (Kussau & Brüsemeister, 2007; Wacker et al., 2012a).

7.3   Zentrale Merkmale der Berliner Schulstrukturreform

Die konkrete Umsetzung und damit auch die Akzeptanz von Reformvorhaben obliegen einer Vielzahl von Faktoren bzw. Gelingensbedingungen, welche auch die Ausgestaltung der Innovation an sich betreffen (Gräsel, 2010). Ein wesentliches Merkmal aufseiten der Reform stellt die *Komplexität der Innovation* dar, also die Frage danach, mit wie viel Aufwand die Umsetzung verbunden ist. Die *zeitliche Dimension der Umsetzung* als weiteres Merkmal stellt die Frage danach, ob die Innovation schrittweise oder mit einem Mal umgesetzt wird. Auch die Dauer bis zum Eintreten von *Ergebnissen der Innovation* ist ein entscheidender Einflussfaktor, werden diese also nach einem eher kürzeren oder längeren Zeitraum sichtbar (Rogers, 2003, zit. nach Gräsel, 2010). Vor diesem Hintergrund sollen im Folgenden noch einmal die wesentlichen Ausgestaltungsmerkmale der Berliner Schulstrukturreform aufgeführt werden (vgl. dazu ausführlich Baumert et al., Kap. 1 in diesem Band).

Wie in Kapitel 1 (vgl. Baumert et al., in diesem Band) dieses Bandes beschrieben, beschloss das Berliner Abgeordnetenhaus im Jahr 2009 die Weiterentwicklung der Berliner Schulstruktur und legte in einem entsprechenden Senatsbeschluss (vgl. Anhang 2, in diesem Band) die Kernziele der Reform fest, welche sich auf die Neustrukturierung des Sekundarschulwesens sowie die Neugestaltung des Übergangsverfahrens bezogen.

Die Ziele der Berliner Schulstrukturreform beziehen sich vor allem darauf, die Schülerinnen und Schüler zu höchstmöglichen schulischen Erfolgen zu führen und den Anteil derer deutlich zu verringern, die die Schule ohne Abschluss verlassen. Zudem soll die Abiturientenquote deutlich erhöht werden und die Abhängigkeit des Bildungserfolgs von der sozialen Herkunft reduziert werden (vgl. Baumert et al., Kap. 1 in diesem Band). In diesem Zusammenhang wird auch ein Anstieg des mittleren Leistungsniveaus bei gleichzeitiger Verringerung der Leistungsstreuung angestrebt. Im Folgenden werden die zentralen Neuerungen der veränderten Schulstruktur und des neuen Übergangsverfahrens kurz dargestellt.

Die Neustrukturierung des Sekundarschulwesens beinhaltet im Wesentlichen die Zusammenlegung der bisherigen Haupt-, Real- und Gesamtschulen zur neu geschaffenen Integrierten Sekundarschule (ISS) bei Beibehaltung des Gymnasiums. Somit erfolgte der Umbau von einem viergliedrigen auf ein zweigliedriges Schulsystem. Es gibt nun die Möglichkeit, an beiden Schulformen das Abitur in 12 (Gymnasium) bzw. 13 (Integrierte Sekundarschule) Jahren zu erwerben. Auch wurden flankierende schulorganisatorische sowie curriculare Maßnahmen eingeführt. Dazu zählen zum einen der Ausbau aller Integrierten Sekundarschulen zu Ganztagsschulen sowie zum anderen das verbindliche Angebot des Dualen Lernens an der Integrierten Sekundarschule. Weitere Neuerungen an den Integrierten Sekundarschulen betreffen die Abschaffung der Klassenwiederholungen sowie die Begrenzung der Klassenfrequenz auf 25 Schülerinnen und Schüler. Auch soll es verpflichtende Kooperationen der Integrierten Sekundarschulen mit beruflichen Gymnasien an den Oberstufenzentren geben. Grundlegende Zielvorgaben für alle weiterführenden Schulen sind die Integration von Schülerinnen und Schülern mit sonderpädagogischem Förderbedarf, die gestärkte Kooperation mit den Grundschulen sowie ein Mittagessenangebot (vgl. Senatsverwaltung für Bildung, 2009, 2010).

Bei der Neugestaltung des Übergangsverfahrens (vgl. dazu ausführlich Neumann et al., Kap. 5 in diesem Band) stellt die grundlegendste Neuerung das neue Auswahlverfahren an den weiterführenden Schulen bei Übernachfrage dar. Neu ist hier vor allem die Quotierung der Aufnahmeregelungen: Nach Aufnahme von Schülerinnen und Schülern mit sonderpädagogischem Förderbedarf werden nun bis zu 10 Prozent der Plätze im Rahmen der Härtefallregelung, 60 Prozent der Plätze nach schulinternen Kriterien und 30 Prozent durch Losentscheid vergeben. Dabei gilt das gleiche Aufnahmeverfahren an beiden Schulformen. Durch diese Quotierung wird zum einen eine Wettbewerbskomponente (60 % schulinterne Kriterien) eingeführt, welche aber zum anderen systemisch ausgeglichen wird (30 % Losentscheid), um die Heterogenität an den Schulen zu wahren. Das Wohnortprinzip als Auswahlkriterium für die Schülerinnen und Schüler entfällt. Neu ist zudem ein verbindliches, individuelles und zu dokumentierendes Beratungsgespräch an der Grundschule sowie der Anspruch auf ein Beratungsgespräch an der gewünschten weiterführenden Schule. Auch wurde die bisher vergebene Bildungsgangempfehlung durch die Förderprognose ersetzt, wobei letztere weniger Gewicht auf den wahrscheinlich erreichbaren Abschluss legt, sondern in stärkerem Maß eine Empfehlung für die aus Sicht der Grundschullehrkraft angemessene schulische Lernumwelt darstellt. Eine weitere Neuerung betrifft die Verlängerung der Probezeit von sechs auf zwölf Monate an den Gymnasien. Wird das Klassenziel nach einem Jahr verfehlt, erfolgt der Wechsel auf eine Integrierte Sekundarschule. Neu ist in diesem Zusammenhang auch die Bildungs- und Erziehungsvereinbarung an den Gymnasien bei einem voraussichtlichen Nichterreichen der Jahrgangsstufenziele (in Anlehnung an Senatsverwaltung für Bildung, Jugend und Wissenschaft, 2009, 2010).

Wenn man die einzelnen Elemente der Neuerungen innerhalb der Neustrukturierung des Sekundarschulwesens und der Neugestaltung des Übergangsverfahrens betrachtet (vgl.

im Überblick Baumert et al., Kap. 1 in diesem Band), so kann von einer hohen Komplexität der Berliner Schulstrukturreform ausgegangen werden. Die innovativen Elemente der Reform betreffen nahezu alle beteiligten Akteure des Berliner Schulwesens von den Schulleiterinnen und Schulleitern sowie Lehrkräften über Eltern bis hin zu den Schülerinnen und Schülern und umfassen mitunter komplexe strukturelle Veränderungen auf Schulebene, besonders in den neu geschaffenen Integrierten Sekundarschulen (Senatsverwaltung für Bildung, Jugend und Wissenschaft, 2009). Als „Ergebnisträger" der Reform können sowohl die Lehrkräfte als auch die Schulleiterinnen und Schulleiter, die Schülerinnen und Schüler sowie die Eltern bezeichnet werden, da die neu geschaffene Struktur diese unmittelbar betrifft. Herauszustellen ist jedoch, dass die Ergebnisse der Berliner Schulstrukturreform zu großen Teilen erst nach einem längeren Zeitraum ersichtlich werden.

7.4 Zielstellung des vorliegenden Beitrags

Ausgehend von den theoretischen Ausführungen in den vorangegangenen Abschnitten, soll nun die Zielstellung für den vorliegenden Beitrag dargelegt werden. Ziel des vorliegenden Beitrages ist es, zu untersuchen, wie die beteiligten Akteure die Einführung und Umsetzung der Berliner Schulstrukturreform wahrnehmen. Dabei ist herauszustellen, dass Fragen der Schulstrukturreform nicht zuletzt deshalb so kontrovers diskutiert werden, weil mit ihnen unterschiedliche Wertvorstellungen bezüglich Bildung und Verteilungsgerechtigkeit und unterschiedliche subjektive Theorien über den optimalen pädagogischen Umgang mit Heterogenität verbunden sind. Um ein möglichst umfassendes Bild über die Einschätzung und Beurteilung der Berliner Schulstrukturreform zu erhalten, werden in den folgenden Analysen sowohl die Lehrkräfte und Schulleiterinnen und Schulleiter als auch die Eltern in den Blick genommen, die als zentrale Akteure im Implementationsprozess angesehen werden können (Gräsel, 2010; Kussau & Brüsemeister, 2007; Wacker et al., 2012a).

Somit werden die Akteure auf allen Ebenen des Bildungssystems (vgl. Abb. 7.1) mit einbezogen. Die Makroebene wird in Form der allgemeinen Zielvorgaben und Maßnahmen der Berliner Schulstrukturreform berücksichtigt. Für die Mesoebene werden die Einschätzungen der Schulleiterinnen und Schulleiter der Grund- und weiterführenden Schulen mit einbezogen. Die Mikroebene wird durch die Einschätzungen der Eltern berücksichtigt. Zudem werden auch die Schülerinnen und Schüler zur Mikroebene gezählt. Es wurde jedoch darauf verzichtet, ihnen Fragen zu den spezifischen Merkmalen der Berliner Schulstrukturreform vorzulegen, da die zum Teil komplexen strukturellen Aspekte auf Systemebene durch Schülerinnen und Schüler der 6. bzw. 7. Klassen nur schwer einschätzbar sind.

Es werden sowohl die *Einschätzungen zur neuen Schulstruktur* als auch die *Einschätzungen zum neuen Übergangsverfahren* betrachtet, da diese die Kernelemente der Berliner Schulstrukturreform darstellen (vgl. Baumert et al., Kap. 1 in diesem Band). In den *Einschätzungen zur neuen Schulstruktur* werden dabei zum einen *Bewertungsaspekte* erfragt, die sich auf wesentliche Ausgestaltungsmerkmale der Schulstrukturreform wie die Zusammenlegung der Haupt-, Real- und Gesamtschulen oder aber auf den Wegfall der Klassenwiederholung an den Integrierten Sekundarschulen beziehen und hier ein Jahr nach der Umstellung auch gewisse Erfahrungswerte in die Einschätzungen zur Akzeptanz der getroffenen Maßnahmen mit einfließen können. Zum anderen werden *Erwartungsaspekte* gegenüber der Reform mit einbezogen, die zum Beispiel den Rückgang sozialer Ungleichheiten durch die Schulstrukturreform betreffen.

Die *Einschätzungen des neuen Übergangsverfahrens* umfassen zum einen ebenfalls *Bewertungsaspekte,* wobei herauszustellen ist, dass die diesbezüglichen Einschätzungen bereits auf konkreten Erfahrungen der Akteure beruhen, da dieses Verfahren zum Zeitpunkt der Befragung bereits stattgefunden hat. Es geht sowohl um die generelle Einschätzung des neuen Verfahrens als auch um die Beurteilung wichtiger Einzelaspekte wie beispielsweise den neuen Zugangsregelungen an den weiterführenden Schulen. Auch hier werden die *Erwartungen* der beteiligten Akteure in die Gesamteinschätzung mit einbezogen, indem zum Beispiel ihre Erwartungshaltung bezüglich einer leistungsgerechteren Verteilung der Schülerschaft auf die weiterführenden Schulen durch das neue Übergangsverfahren erfragt wurde.

Die konkreten Fragestellungen sowie Ergebnisse zu den Kernelementen der Berliner Schulstrukturreform werden für die neue Schulstruktur und das veränderte Übergangsverfahren jeweils separat dargestellt. In Abschnitt 7.6 wird zunächst auf die *Einschätzungen zur neuen Schulstruktur* eingegangen, da die Neuordnung der Schulstruktur die übergeordnete Veränderung darstellt. Dabei werden zuerst die Fragestellungen aufgeführt und daran anschließend die Ergebnisse zu den Bewertungen und Erwartungen an die neue Schulstruktur berichtet. Der Abschnitt schließt mit einer kurzen Zwischendiskussion der Befunde. Analog dazu ist auch Abschnitt 7.7 aufgebaut, in welchem die Fragestellungen sowie Ergebnisse zu den *Einschätzungen des neuen Übergangsverfahrens* dargestellt werden. Im Folgenden werden jedoch zunächst die verwendeten Datengrundlagen, die eingesetzten Instrumente sowie das statistische Vorgehen bei der Auswertung der Daten beschrieben.

7.5   Methode

7.5.1   Stichprobe

Die Befragung der Lehrkräfte sowie der Schulleiterinnen und Schulleiter der Grundschulen als auch der Eltern fand im Mai 2011 am Ende der 6. Jahrgangsstufe statt, nachdem die Entscheidung für die zu besuchende weiterführende Schule – von wenigen Ausnahmen abgesehen – bereits getroffen wurde (Welle 2, vgl. Becker et al., Kap. 3 in diesem Band). Datengrundlagen für die Analysen sind Angaben von 176 Grundschullehrkräften, 83 Grundschulleitungen sowie 3.935 Eltern, deren Kinder unmittelbar vor dem Übergang auf die weiterführende Schule standen. Grundlagen für die Analysen der zweiten Befragung (Welle 3) im Oktober 2011 sind die Angaben von 196 Schulleiterinnen und Schulleitern der weiterführenden Schulen sowie 3.641 Eltern, deren Kinder zu diesem Zeitpunkt bereits auf die weiterführenden Schulen übergegangen waren.

7.5.2 Instrumente

Um die Einschätzungen zur Berliner Schulstrukturreform zu erfassen, wurden Items eingesetzt, die sich auf die wesentlichen Neuerungen der Schulstruktur sowie des Übergangsverfahrens bezogen und hierfür entwickelt wurden. Die Itementwicklung orientierte sich dabei in Teilen an der Befragung zur Reform der gymnasialen Oberstufe in Baden-Württemberg (Trautwein, Dettmers & Neumann, 2010). Die Instrumente wurden, soweit dies möglich war, so parallelisiert, dass sie Eltern, Lehrkräften sowie Schulleiterinnen und Schulleitern im gleichen Wortlaut vorgelegt werden konnten. Sie sind somit über die Gruppen hinweg in weiten Teilen vergleichbar. Nähere Angaben zur Anzahl der eingesetzten Fragen bei den einzelnen Personengruppen können Tabelle 7.1 entnommen werden. Hier ist zu beachten, dass die Eltern zwar zu zwei Messzeitpunkten (Eltern VÜ und Eltern NÜ, vgl. Tab. 7.1) befragt wurden, die Übergangsentscheidung jedoch in beiden Fällen bereits getroffen wurde.

Für die Erfassung der Einschätzungen zur neuen Schulstruktur sowie zum neuen Übergangsverfahren wurden insgesamt sechs Fragenkomplexe eingesetzt, welche wesentliche Merkmale der veränderten Schulstruktur sowie des neu gestalteten Übergangsverfahrens umfassten. Hier ist zu beachten, dass vor allem in die *Einschätzungen zum neuen Übergangsverfahren* bereits konkretes Erfahrungswissen der Akteure mit einfließt, da diese im Anschluss an das Übergangsverfahren befragt wurden. Die *Einschätzungen zur neuen Schulstruktur* hingegen basieren auf eher grundlegenden Überzeugungen der Akteure, da sich die konkreten Auswirkungen der neuen Schulstruktur hier erst noch abzeichnen müssen. Es wurden zum einen Bewertungsaspekte (Beispielitem: „Ich bin insgesamt zufrieden mit dem neuen Verfahren.") und zum anderen Erwartungshaltungen (Beispielitem: „Mehr Kinder werden das Abitur erwerben.") erfragt, welche die Überzeugungen der Akteure widerspiegeln. Zunächst werden die drei Fragenkomplexe zu den *Einschätzungen zur neuen Schulstruktur* aufgeführt und erläutert.

Globale Bewertung der neuen Schulstruktur

Die Fragen zur *globalen Bewertung der neuen Schulstruktur* wurden mit fünf bzw. sechs Items erfasst (vgl. Tab. 7.1). Die Items bezogen sich dabei auf grundlegende Merkmale der Berliner Schulstrukturreform, wobei die Beantwortung der Items auf einer vierstufigen Likert-Skala von 1 = *trifft überhaupt nicht zu* bis 4 = *trifft völlig zu* erfolgte (Beispielitem: „Die Zusammenlegung der Haupt-, Real- und Gesamtschulen zur neuen Sekundarschule ist ein richtiger Schritt."). Diese Items wurden den Schulleiterinnen und Schulleitern, den Lehrkräften sowie den Eltern vorgelegt (vgl. Tab. 7.1).

Bewertung einzelner Bestandteile der Strukturreform

Die Schulleiterinnen und Schulleiter der weiterführenden Schulen sowie die Eltern (vgl. Tab. 7.1) wurden weiterhin um die *Bewertung einzelner Bestandteile der Strukturreform* gebeten, welche mit insgesamt fünf Items erfragt wurden (Beispielitem: „die Möglichkeit, über beide Schulformen alle Abschlüsse erwerben zu können"). Dabei umfassten die Antwortkategorien ebenfalls eine vierstufige Likert-Skala von 1 = *nicht sinnvoll* bis 4 = *sehr sinnvoll*.

Tabelle 7.1: Übersicht über die untersuchten Fragenkomplexe mit der Anzahl der erfragten Items über die fünf Befragtengruppen

	Lehrer GS	Schul- leiter GS	Schul- leiter WS	Eltern VÜ	Eltern NÜ
Einschätzungen zur neuen Schulstruktur					
Globale Bewertung der neuen Schulstruktur	5	5	6	n.v.	5
Bewertung einzelner Bestandteile der Strukturreform	n.e.	n.e.	5	n.e.	5
Erwartungen an die neue Schulstruktur	10	10	10	7	n.e.
Einschätzungen zum neuen Übergangsverfahren					
Globale Bewertung des neu gestalteten Übergangsverfahrens	8	8	8	n.v.	10
Bewertung einzelner Bestandteile des Übergangsverfahrens	n.e.	n.e.	8	n.e.	8
Erwartungen an das neu gestaltete Übergangsverfahren	6	6	6	5	n.e.

Gruppen: Lehrer GS = Lehrer Grundschulen, Schulleiter GS = Schulleiter Grundschulen, Schulleiter WS = Schulleiter weiterführende Schulen, Eltern VÜ = Eltern vor dem Übergang, Eltern NÜ = Eltern nach dem Übergang. n.e. = nicht erfasst, n.v. = nicht verwendet.

Erwartungen an die neue Schulstruktur

Den Schulleiterinnen und Schulleitern, den Lehrkräften sowie den Eltern (vgl. Tab. 7.1) wurden zudem sieben bzw. zehn Items zu den *Erwartungen an die neue Schulstruktur* (Beispielitem: „Es wird eine bessere individuelle Förderung der Kinder ermöglicht.") vorgelegt. Auch hier erfolgten die Antworten auf einer vierstufigen Likert-Skala von 1 = *trifft überhaupt nicht zu* bis 4 = *trifft völlig zu*.

Zur Erfassung der *Einschätzungen zum neuen Übergangsverfahren* wurden ebenfalls drei Fragenkomplexe eingesetzt, die die zentralen Merkmale des neu gestalteten Übergangsverfahrens umfassten.

Globale Bewertung des neu gestalteten Übergangsverfahrens

Den Schulleiterinnen und Schulleitern, den Lehrkräften sowie den Eltern (vgl. Tab. 7.1) lagen Aussagen zur *globalen Bewertung des neu gestalteten Übergangsverfahrens* vor, welche mithilfe von acht bzw. zehn Items erfragt wurden (Beispielitem: „Obwohl es vielleicht Anfangsschwierigkeiten gab, halte ich das neue Übergangsverfahren für eine gute Sache."). Dabei konnten die Befragten ihre Beurteilungen auf einer vierstufigen Likert-Skala von 1 = *stimme überhaupt nicht zu* bis 4 = *stimme voll zu* angeben.

Bewertung einzelner Bestandteile des Übergangsverfahrens

Konkrete Aspekte zur Ausgestaltung des neuen Übergangsverfahrens wurden im Fragenkomplex zur *Bewertung einzelner Bestandteile des Übergangsverfahrens* mit insgesamt acht Items erfragt (Beispielitem: „ein verbindliches Beratungsgespräch zwischen Schule und Eltern"). Die Schulleiterinnen und Schulleiter der weiterführenden Schulen sowie die Eltern (vgl. Tab. 7.1) antworteten dabei ebenfalls mithilfe einer vierstufigen Likert-Skala von 1 = *nicht sinnvoll* bis 4 = *sehr sinnvoll*.

Erwartungen an das neu gestaltete Übergangsverfahren

Die Lehrkräfte, die Schulleitungen sowie die Eltern (vgl. Tab. 7.1) wurden zu ihren *Erwartungen an das neue Übergangsverfahren* befragt, wobei ihnen fünf bzw. sechs Items vorgelegt wurden (Beispielitem: „Das neue Übergangsverfahren führt zu einer Verbesserung der sozialen Gerechtigkeit beim Übergang."). Die Beantwortung dieser Items erfolgte auf einer vierstufigen Likert-Skala von 1 = *trifft überhaupt nicht zu* bis 4 = *trifft völlig zu.*

7.5.3 Statistische Analysen

Die Auswertung der Daten erfolgte auf der Ebene der einzelnen Items der jeweiligen Fragenkomplexe. Auf eine Skalenbildung wird im vorliegenden Beitrag zunächst verzichtet, da ein möglichst konkreter Blick auf die verschiedenen Einzelaspekte der Schulstrukturreform im Vordergrund steht. Die paarweisen Mittelwertvergleiche zwischen den Gruppen wurden Bonferroni-korrigiert für Mehrfachvergleiche berechnet. Zusätzlich wird für alle Vergleichsgruppen bei statistisch signifikanten Unterschieden noch das von Cohen (1988) vorgeschlagene Effekstärkemaß d angegeben, welches die standardisierte Differenz zwischen zwei Mittelwerten ausweist und entsprechend angibt, um wie viele Standardabweichungen sich zwei Gruppen unterscheiden (vgl. Becker et al., Kap. 3 in diesem Band). Für die Analyse der Elternangaben wurden fehlende Werte mithilfe multipler Imputationen geschätzt sowie mit einer Gewichtung der Fälle gearbeitet, um unterschiedliche Ziehungswahrscheinlichkeiten der Schülerinnen und Schüler und ihrer Eltern auszugleichen und die Population angemessen abzubilden (vgl. Becker et al., Kap. 3 in diesem Band). Für die Analysen der Schulleiter- sowie Lehrerangaben wurden fehlende Werte in SPSS 21 mithilfe des Imputationstools *multiple imputation* ersetzt. Auch bei diesen Analysen wurde mit einer Gewichtung der Fälle gearbeitet. Sämtliche Analysen wurden mit dem Programmpaket Mplus 6.11 (Muthén & Muthén, 1998–2011, Analyseoption *type = imputation*) durchgeführt.

7.6 Einschätzungen zur neuen Schulstruktur

Im Folgenden werden zunächst die Fragestellungen sowie Ergebnisse der *Einschätzungen zur neuen Schulstruktur* vorgestellt (zur Einschätzung des neu gestalteten Übergangsverfahrens, vgl. Abschnitt 7.7). Dabei stehen zum einen Bewertungsaspekte im Mittelpunkt, die sich auf globalere und spezifischere Ausgestaltungsmerkmale der veränderten Schulstruktur beziehen. Zum anderen werden Aspekte dargestellt, die die Erwartungen der Akteure gegenüber der neuen Schulstruktur abbilden. Anschließend werden die Ergebnisse in einer Zwischendiskussion zusammenfassend betrachtet.

7.6.1 Fragestellungen

Betrachtet man die Rolle der Akteure bei der Umsetzung von Reformmaßnahmen, so lassen sich anhand der Ausführungen in Abschnitt 7.2.2 für die *Einschätzungen zur neuen Schulstruktur* zwei übergreifende Fragestellungen ableiten, welche im Wesentlichen die Überzeugungen der Akteure abbilden. Zum einen stellt sich die Frage, wie die unterschiedlichen Akteure die neue Schulstruktur *bewerten.* Zur Beantwortung dieser Fragestellung sollen die Fragen zur Bewertung der neuen Schulstruktur im Allgemeinen als auch die Bewertung konkreter Bestandteile einbezogen werden, da diese die wesentlichen Kernelemente der neuen Schulstruktur abbilden. Zum anderen soll der Frage nachgegangen werden, welche *Erwartungen* die Akteure mit der neuen Schulstruktur verbinden. Im Fokus stehen hierbei die Einschätzungen zu möglichen Auswirkungen bzw. Verbesserungen, die durch die neue Schulstruktur erreicht werden könnten, etwa im Hinblick auf die Reduzierung des Zusammenhangs von Bildungserfolg und familiärer Herkunft. Es handelt sich somit um Funktionalitätseinschätzungen der Reformmaßnahmen mit Blick auf die angestrebten Reformziele. Insgesamt muss bei der Untersuchung der Bewertungen und Erwartungen beachtet werden, dass sich diese je nach Akteursgruppe unterscheiden können. So ist beispielsweise davon auszugehen, dass die Schulleiterinnen und Schulleiter sowie die Lehrkräfte einzelne Aspekte der Reform anders bewerten als die Eltern der betroffenen Schülerinnen und Schüler dies tun. Im Folgenden werden die konkreten Veränderungen der Reform im Hinblick auf die Schulstruktur dargestellt und Hypothesen abgeleitet, wie die verschiedenen Akteursgruppen die Veränderungen bewerten und welche Erwartungen sie mit ihnen verknüpfen.

Wie bereits in Abschnitt 7.3 dargestellt, ist die wesentliche Veränderung der Berliner Schulstruktur in der Umstellung von einem viergliedrigen auf ein zweigliedriges Schulsystem zu sehen. Entsprechend stellt sich die Frage, ob und inwieweit die vorgenommene Reduktion der Differenzierung die Überzeugungen der Akteure widerspiegelt und aus ihrer Sicht auch von ihrem Ausmaß her angemessen erscheint.

Einen zweiten zentralen Aspekt stellen der Erwerb des Abiturs auf zwei unterschiedlichen Wegen und die damit einhergehende zunehmende Entkopplung von Bildungsgang und Abschluss dar. Hierbei stellt sich die Frage, ob das Zwei-Säulen-Modell auf Akzeptanz bei den beteiligten Akteuren stößt. In diesem Zusammenhang ist auch von Bedeutung, inwieweit die begleitenden Strukturmaßnahmen an den Integrierten Sekundarschulen wie das Duale Lernen und die Ganztagsorganisation auf Zustimmung bei den Akteuren treffen. Mit Blick auf die stärkere Betonung des Dualen Lernens ist dies nicht zuletzt deshalb von Interesse, da es sich hier um eine Maßnahme der curricularen Differenzierung zwischen den Schulformen bei Gleichwertigkeit der zu erwerbenden Abschlüsse handelt. Mit der Frage nach der Ganztagsorganisation wird gleichsam die Akzeptanz und Bewertung von Veränderungen in der zeitlichen und organisatorischen Rahmung von Bildungsprozessen in den Blick genommen.

Eine weitere wesentliche Veränderung ist die Abschaffung der Klassenwiederholung an den Integrierten Sekundarschulen. Diese Maßnahme stellt die Schulen vor die Herausforderung, zusätzliche strukturelle und organisatorische Maßnahmen zur (besseren) Förderung leistungsschwacher Schülerinnen und Schüler zu implementieren. Hier ist durchaus eine kontroverse Beurteilungslage denkbar, da unter Umständen Widersprüche zwischen der Systemlogik und den konkreten Handlungsoptionen der Lehrkräfte und Eltern auftreten können.

Mit Blick auf die Erwartungen an die neue Schulstruktur ist zu beachten, dass diese Einschätzung unter großer Unsicherheit geschieht, da die möglichen Auswirkungen zum gegenwärtigen Zeitpunkt durch die Akteure nur schwer abzuschätzen sind. Die Antworten können hier einerseits vor dem Hintergrund abwägender Rationalität und andererseits als ideologische Voreinstellung betrachtet werden.

Wie bereits oben erwähnt, sind die verschiedenen Akteure durch die Spezifika der neuen Schulstruktur in unterschiedlicher Weise betroffen. Dies gilt auch in Hinblick auf die weiterführenden Schulen. Vor allem die neu geschaffenen Integrierten Sekundarschulen sind von der neuen Schulstruktur betroffen, während die Gymnasien nahezu „unangetastet" bleiben. Aus diesem Grund ist hier möglicherweise mit unterschiedlichen Einschätzungen der neuen Schulstruktur zu rechnen, sodass seitens der Gymnasialschulleiterinnen und -schulleiter in einzelnen Teilaspekten eher von einer „ideologischen Betroffenheit" (etwa mit Blick auf die Gleichwertigkeit der Abschlüsse oder die Abschaffung der Klassenwiederholung an der Integrierten Sekundarschule) gesprochen werden kann, während die Sekundarschulleiterinnen und -schulleiter unmittelbar mit weitreichenden Veränderungen konfrontiert sind. So ist es durchaus denkbar, dass die Schulleiterinnen und Schulleiter der Integrierten Sekundarschulen bestimmte Aspekte (z. B. das Duale Lernen), welche konkrete Veränderungen an den Integrierten Sekundarschulen betreffen, möglicherweise kritischer einschätzen als die Gymnasialschulleiterinnen und -schulleiter, da sie diese umsetzen müssen und mit dieser Umsetzung ein erheblicher Mehraufwand verbunden ist. Für die Schulleiterinnen und Schulleiter der Integrierten Sekundarschulen sollten entsprechend eher funktionale Aspekte sowie die Attraktivität ihrer Schule und die Gleichwertigkeit mit dem Gymnasium im Vordergrund stehen. Bei den Gymnasialschulleiterinnen und -schulleitern ist zu vermuten, dass sie vor allem die Spezifika des Gymnasiums vertreten.

Auch aufseiten der Eltern sind unterschiedliche Einschätzungen möglich, je nachdem ob ihr Kind eine Integrierte Sekundarschule oder ein Gymnasium besucht. Beispielsweise wäre denkbar, dass vor allem die Eltern, deren Kinder eine Integrierte Sekundarschule besuchen, die Veränderungen der Schulstruktur positiver einschätzen als die Eltern, deren Kinder ein Gymnasium besuchen, da es ihren Kindern nun möglich ist, auf beiden Schulformen das Abitur zu erwerben und die Hauptschule als Übergangsoption abgeschafft wurde. Grundsätzlich ist bei den Beurteilungen durch die Eltern zu beachten, dass sie aus der Perspektive der individuell unmittelbar Betroffenen heraus getroffen werden.

Entscheidend für die Grundschullehrkräfte dürfte vor allem die Fürsorgeperspektive für das einzelne Kind sein. Dabei könnten sie es als Entlastung empfinden, dass durch die neue Schulstruktur eine Entkopplung von Schulform und Schulabschluss intendiert ist und mit der Förderprognose zwar eine Schulformempfehlung, aber nicht zwingenderweise eine Abschlussempfehlung gegeben wird. Die Einschätzungen der Grundschulleiterinnen und -schulleiter sollten stärker unter funktionalen Gesichtspunkten und aus einer etwas distanzierteren Perspektive heraus getroffen werden. Da die Schulleiterinnen und Schulleiter sowie die Lehrkräfte der Grundschulen von den Auswirkungen der neuen Schulstruktur nicht unmittelbar betroffen sind, können ihre Einschätzungen in gewisser Weise auch als

„professioneller Blick von außen" betrachtet werden und bieten somit einen relevanten Vergleichshorizont zu den anderen beteiligten Akteuren.

Um die Unterschiede zwischen den einzelnen Akteuren herauszuarbeiten, erfolgt die Ergebnisdarstellung getrennt für die einzelnen Gruppen. Dabei wird nicht nur zwischen Schulleiterinnen und Schulleitern, Lehrkräften und Eltern unterschieden, sondern es erfolgt auch eine Bildung von Subgruppen nach der Schulform (Integrierte Sekundarschule und Gymnasium).

7.6.2 Ergebnisse

7.6.2.1 Globale Bewertung der neuen Schulstruktur

Im Folgenden sollen die Ergebnisse der Bewertung der neuen Schulstruktur dargestellt werden, wobei in einem ersten Schritt generelle Bewertungsaspekte in den Blick genommen werden. Dabei werden zunächst die Ergebnisse über alle Befragtengruppen hinweg betrachtet. Im Anschluss daran wird vertiefend auf die Ergebnisse der schulformspezifischen Subgruppenanalysen (Schulleiterinnen und Schulleiter sowie Eltern der Integrierten Sekundarschulen bzw. Gymnasien) eingegangen.

Betrachtet man insgesamt die Bewertungen der verschiedenen Akteure (vgl. Abb. 7.2 bis 7.4) zu den globalen Aspekten der neuen Schulstruktur, so fällt auf, dass die Zusammenlegung der Haupt-, Real- und Gesamtschulen zur neuen Integrierten Sekundarschule sowie die Abschaffung der Hauptschule grundlegend positiv bewertet wurden. Kritischer zeigten sich die Befragten gegenüber dem (hypothetischen) Aspekt einer Zusammenlegung aller Schulformen einschließlich des Gymnasiums.

Beim Vergleich der Bewertungen über die verschiedenen Befragtengruppen hinweg, ergab sich folgendes Bild: Die Zusammenlegung der Haupt-, Real- und Gesamtschulen sowie die Abschaffung der Hauptschule erhielt von den Schulleiterinnen und Schulleitern der Grund- sowie der Integrierten Sekundarschulen die stärkste Zustimmung. Der Großteil der Grundschulleiterinnen und -schulleiter und der Schulleiterinnen und Schulleiter der Integrierten Sekundarschulen schätzten diese Aspekte als sehr oder eher zutreffend ein (vgl. Abb. 7.2 und 7.3), wobei knapp 60 Prozent der Schulleiterinnen und Schulleiter der Grundschulen und Sekundarschulen die Abschaffung der Hauptschule als *völlig zutreffend* bewerteten (vgl. Abb. 7.3). Eine Tendenz zur Zustimmung dieser Aspekte, wenn auch weniger stark, zeigten zudem die Lehrkräfte der Grundschulen, die Schulleiterinnen und Schulleiter der Gymnasien sowie die Eltern, deren Kinder an eine Integrierte Sekundarschule übergegangen sind. Die Eltern, deren Kinder an ein Gymnasium übergegangen sind, wiesen bei diesen Aspekten eher eine Tendenz zum theoretischen Skalenmittelwert[1] auf (vgl. Abb. 7.2).

---

1 Es wird von einem theoretischen Skalenmittelwert gesprochen, da es sich bei den in diesem Beitrag ausgewählten Items um sogenannte *Forced-choice*-Fragen handelt, bei welchen die Befragten durch den Einsatz einer vierstufigen Likert-Skala zu einer Zustimmung bzw. Ablehnung „gezwungen" werden.

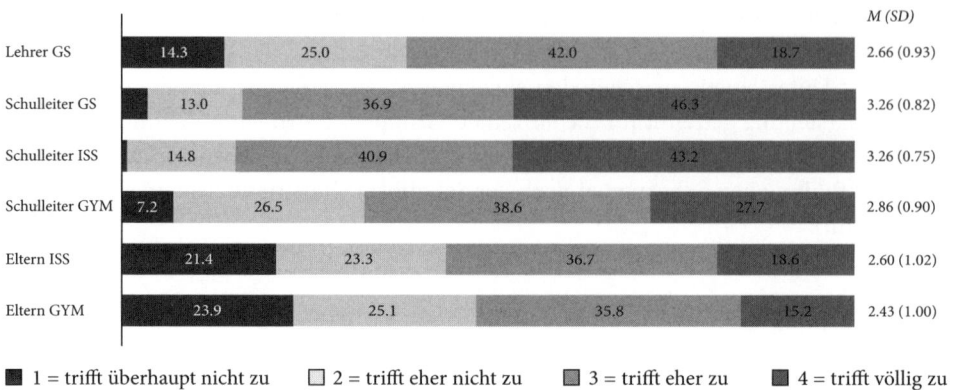

1 = trifft überhaupt nicht zu   2 = trifft eher nicht zu   3 = trifft eher zu   4 = trifft völlig zu

Angaben in Prozent, Werte unter 5 Prozent werden in der Datenbeschriftung nicht ausgewiesen. Gruppen: Lehrer GS = Lehrer Grundschulen, Schulleiter GS = Schulleiter Grundschulen, Schulleiter ISS = Schulleiter Integrierte Sekundarschulen, Schulleiter GYM = Schulleiter Gymnasien, Eltern ISS = Eltern Integrierte Sekundarschulen, Eltern GYM = Eltern Gymnasien; M = Mittelwert, SD = Standardabweichung.

Abbildung 7.2: Globale Bewertung der neuen Schulstruktur durch die Lehrer sowie Schulleiter der Grundschulen, Schulleiter der weiterführenden Schulen und Eltern (Item: „Die Zusammenlegung der Haupt-, Real- und Gesamtschulen zur neuen Sekundarschule ist ein richtiger Schritt.")

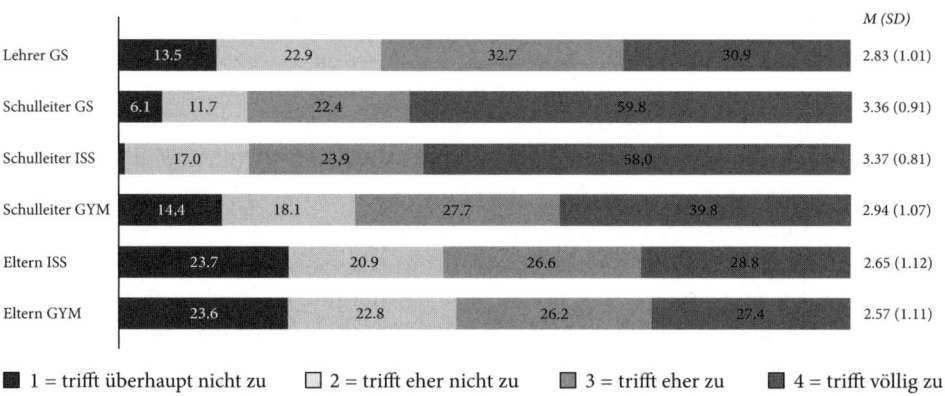

1 = trifft überhaupt nicht zu   2 = trifft eher nicht zu   3 = trifft eher zu   4 = trifft völlig zu

Angaben in Prozent, Werte unter 5 Prozent werden in der Datenbeschriftung nicht ausgewiesen. Gruppen: Lehrer GS = Lehrer Grundschulen, Schulleiter GS = Schulleiter Grundschulen, Schulleiter ISS = Schulleiter Integrierte Sekundarschulen, Schulleiter GYM = Schulleiter Gymnasien, Eltern ISS = Eltern Integrierte Sekundarschulen, Eltern GYM = Eltern Gymnasien; M = Mittelwert, SD = Standardabweichung.

Abbildung 7.3: Globale Bewertung der neuen Schulstruktur durch die Lehrer sowie Schulleiter der Grundschulen, Schulleiter der weiterführenden Schulen und Eltern (Item: „Ich halte die Abschaffung der Hauptschule für richtig.")

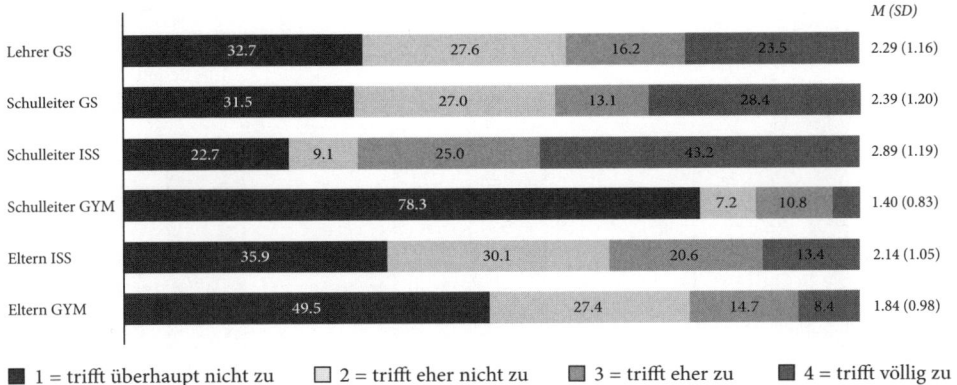

M (SD)

Gruppe	1	2	3	4	M (SD)
Lehrer GS	32.7	27.6	16.2	23.5	2.29 (1.16)
Schulleiter GS	31.5	27.0	13.1	28.4	2.39 (1.20)
Schulleiter ISS	22.7	9.1	25.0	43.2	2.89 (1.19)
Schulleiter GYM	78.3		7.2	10.8	1.40 (0.83)
Eltern ISS	35.9	30.1	20.6	13.4	2.14 (1.05)
Eltern GYM	49.5	27.4	14.7	8.4	1.84 (0.98)

■ 1 = trifft überhaupt nicht zu □ 2 = trifft eher nicht zu ▨ 3 = trifft eher zu ■ 4 = trifft völlig zu

Angaben in Prozent, Werte unter 5 Prozent werden in der Datenbeschriftung nicht ausgewiesen. Gruppen: Lehrer GS = Lehrer Grundschulen, Schulleiter GS = Schulleiter Grundschulen, Schulleiter ISS = Schulleiter Integrierte Sekundarschulen, Schulleiter GYM = Schulleiter Gymnasien, Eltern ISS = Eltern Integrierte Sekundarschulen, Eltern GYM = Eltern Gymnasien; M = Mittelwert, SD = Standardabweichung.

Abbildung 7.4: Globale Bewertung der neuen Schulstruktur durch die Lehrer sowie Schulleiter der Grundschulen, Schulleiter der weiterführenden Schulen und Eltern (Item: „Die Reform geht nicht weit genug. Man hätte alle weiterführenden Schulformen [einschließlich des Gymnasiums] zu einer Schulform zusammenfassen sollen.")

Die Unterschiede zwischen den Vergleichsgruppen konnten zum Teil auch signifikanz-statistisch abgesichert werden, als dass die Schulleiterinnen und Schulleiter der Grundschulen als auch der Sekundarschulen die Aspekte der Zusammenlegung zur neuen Sekundarschule sowie die Abschaffung der Hauptschule fast immer signifikant positiver einschätzten als die übrigen Akteure (für eine vertiefende Betrachtung der Gruppenunterschiede vgl. Tab. 7.A1 im Anhang). Auch bewerteten die Schulleiterinnen und Schulleiter der Gymnasien diese Aspekte signifikant positiver als die Eltern, deren Kinder an ein Gymnasium übergegangen sind (vgl. Tab. 7.A1).

Dem Aspekt der Zusammenlegung aller weiterführenden Schulformen einschließlich des Gymnasiums standen alle Befragtengruppen, bis auf die Schulleiterinnen und Schulleiter der Integrierten Sekundarschulen, eher ablehnend gegenüber, was sich neben den niedrigen Mittelwerten auch im Verteilungsmuster der Antworten widerspiegelt (vgl. Abb. 7.4): Hier wird deutlich, dass vor allem die Gymnasialschulleiterinnen und -schulleiter diesem Aspekt sehr negativ gegenüberstanden, da sich etwa 78 Prozent ihrer Antworten in der Kategorie *trifft überhaupt nicht zu* wiederfinden lassen .

Zudem fanden sich statistisch bedeutsame Unterschiede zwischen den Gruppen, sodass sich unter anderem zeigte, dass die Schulleiterinnen und Schulleiter der Integrierten Sekundarschulen diesen Aspekt signifikant positiver einschätzten als die Lehrkräfte der Grundschulen, die Schulleiterinnen und Schulleiter der Gymnasien und beide Elterngruppen (vgl. Tab. 7.A1).

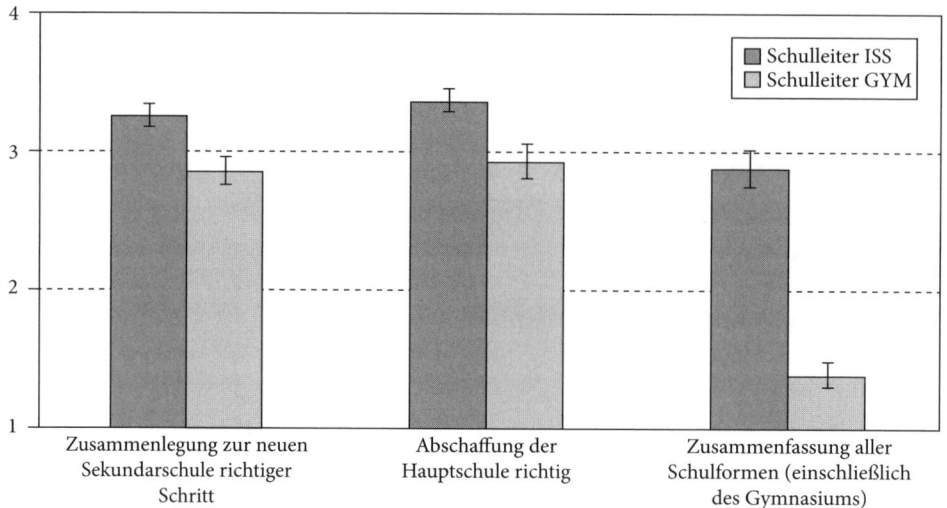

Skalierung: 1 = trifft überhaupt nicht zu, 2 = trifft eher nicht zu, 3 = trifft eher zu, 4 = trifft völlig zu. Gruppen: Schulleiter ISS = Schulleiter Integrierte Sekundarschulen, Schulleiter GYM = Schulleiter Gymnasien.

Abbildung 7.5: Globale Bewertung der neuen Schulstruktur mit Angaben von Schulleitern der Integrierten Sekundarschulen bzw. Gymnasien (Mittelwerte und 95%-Konfidenzintervalle)

Für die schulformspezifischen Subgruppenanalysen der Schulleiterinnen und Schulleiter (vgl. Abb. 7.5) zeigte sich, dass die Schulleiterinnen und Schulleiter der Integrierten Sekundarschulen alle Aspekte statistisch signifikant positiver bzw. mit einer stärkeren Zustimmung einschätzten als die Gruppe der Gymnasialschulleiterinnen sowie -schulleiter (*Zusammenlegung zur Sekundarschule richtiger Schritt: d* = 0.68, *p* < .05; *Abschaffung Hauptschule richtig: d* = 0.65, *p* < .05; *alle Schulformen zusammenfassen: d* = 2.06, *p* < .05). Der größte Unterschied zeigte sich dabei in der Einschätzung des Aspekts, ob alle weiterführenden Schulen einschließlich des Gymnasiums zusammengelegt werden sollten (mit *d* = 2.06). Hier sprachen sich die Gymnasialschulleiterinnen bzw. -schulleiter in erwartbarer Weise klar dagegen aus, während die Schulleiterinnen und Schulleiter der Sekundarschulen diesem Aspekt eher zustimmend gegenüberstanden.

Die schulformspezifischen Subgruppenanalysen der Eltern (vgl. Abb. 7.6) ergaben geringere Unterschiede als dies bei den Schulleiterinnen und Schulleitern der Fall war. Zwar schätzten die Eltern, deren Kinder an eine Integrierte Sekundarschule übergegangen sind, die Zusammenlegung etwas positiver ein als die Eltern, deren Kinder an ein Gymnasium übergegangen sind, wenngleich dieser Unterschied das Signifikanzniveau in den Mehrgruppenvergleichen verfehlte.[2] Zum anderen fiel die ablehnende Haltung der Eltern gegenüber dem Aspekt der Zusammenlegung aller weiterführenden Schulen

---

2 Legt man für die Signifikanztestung stattdessen einen einfachen *t*-Test zugrunde, resultiert ein statistisch signifikanter Unterschied (*d* = 0.24, *p* < .05).

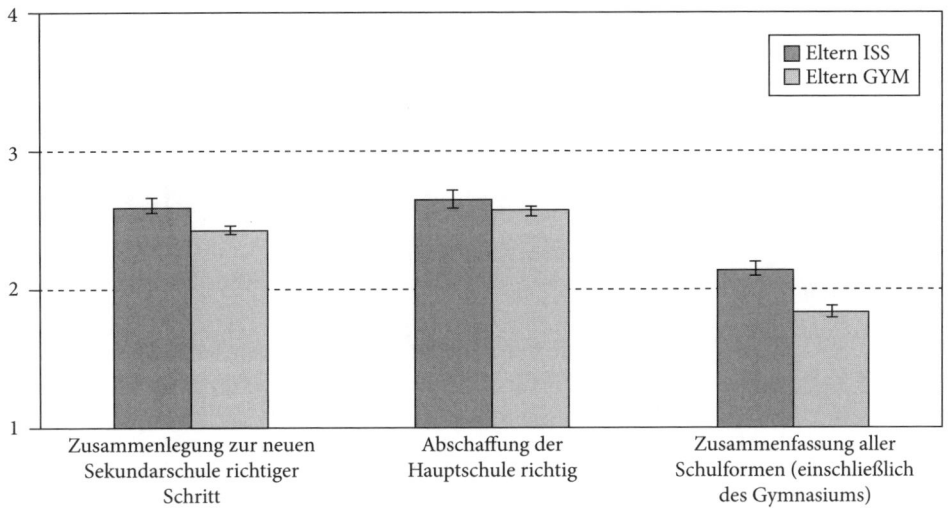

Skalierung: 1 = trifft überhaupt nicht zu, 2 = trifft eher nicht zu, 3 = trifft eher zu, 4 = trifft völlig zu. Gruppen: Eltern ISS = Eltern Integrierte Sekundarschulen, Eltern GYM = Eltern Gymnasien.

Abbildung 7.6: Globale Bewertung der neuen Schulstruktur mit Angaben von Eltern, deren Kinder an eine Integrierte Sekundarschule bzw. ein Gymnasium übergegangen sind (Mittelwerte und 95 %-Konfidenzintervalle)

einschließlich des Gymnasiums bei den Eltern von Gymnasialkindern nochmals stärker aus, als bei den Eltern, deren Kinder an eine Integrierte Sekundarschule übergegangen sind ($d = 0.42$, $p < .05$).

7.6.2.2 Bewertung einzelner Bestandteile der Strukturreform

Nachdem im vorangegangen Abschnitt globale Bewertungen zur neuen Schulstruktur in den Blick genommen wurden, soll nun in einem zweiten Schritt die Bewertung einzelner Bestandteile der Strukturreform betrachtet werden. Auch hier werden zunächst kurz die Antworten aller Befragten aufgeführt und in einem nächsten Schritt ausführlicher die Ergebnisse der schulformspezifischen Subgruppen miteinander verglichen. In diesem Falle lagen die Items nur den Schulleiterinnen und Schulleitern der weiterführenden Schulen sowie den Eltern nach dem Übergang vor (vgl. Tab. 7.1).

Die Bewertungen der einzelnen Aspekte der Strukturreform durch die Schulleiterinnen und Schulleiter der weiterführenden Schulen und die Eltern zeigten im Allgemeinen, dass diese den erfragten Aspekten überwiegend positiv gegenüberstanden. Lediglich der Wegfall der Klassenwiederholung wurde eher negativ bewertet (vgl. Tab. 7.A2 im Anhang). Deutlicher zeigte sich dieses Bild in den folgenden Subgruppenanalysen.

Die Bewertungen einzelner Bestandteile der neuen Schulstruktur getrennt für die Schulleiterinnen und Schulleiter der Integrierten Sekundarschulen sowie der Gymnasien (vgl.

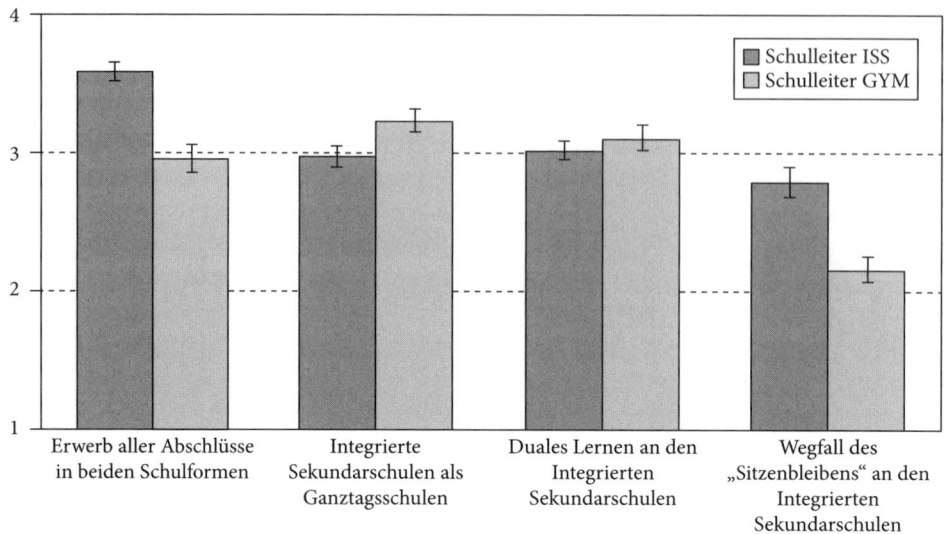

Skalierung: 1 = nicht sinnvoll, 2 = eher nicht sinnvoll, 3 = eher sinnvoll, 4 = sehr sinnvoll. Gruppen: Schulleiter ISS = Schulleiter Integrierte Sekundarschulen, Schulleiter GYM = Schulleiter Gymnasien.

Abbildung 7.7: Bewertung einzelner Bestandteile der Strukturreform durch die Schulleiter der Integrierten Sekundarschulen bzw. Gymnasien (Mittelwerte und 95 %-Konfidenzintervalle)

Abb. 7.7) zeigten, dass die Möglichkeit, über beide Schulformen alle Abschlüsse erwerben zu können, zwar von beiden Gruppen eher zustimmend eingeschätzt wurde, sich aber die Schulleiterinnen und Schulleiter der Integrierten Sekundarschulen in ihrer stärkeren Zustimmung signifikant von den Gymnasialschulleiterinnen und -schulleitern unterschieden ($d = 1.15$, $p < .05$). Bei den Aspekten der Führung der Integrierten Sekundarschule als Ganztagsschule sowie der stärkeren Betonung des Dualen Lernens an den Integrierten Sekundarschulen fand sich ein umgekehrtes Bild. Obwohl auch hier beide Gruppen eine eher zustimmende Haltung aufwiesen, standen die Gymnasialschulleiterinnen und -schulleiter beiden Aspekten tendenziell positiver gegenüber als die Sekundarschulleiterinnen und -schulleiter, wobei diese Unterschiede in den Mehrgruppenvergleichen nicht signifikant wurden.[3]

Beim Wegfall des „Sitzenbleibens" zeigten sich klare und statistisch signifikante Unterschiede zwischen den Gruppen: Dieser Aspekt erfuhr durch die Schulleiterinnen und Schulleiter der Integrierten Sekundarschulen eher eine Tendenz zur Zustimmung und durch die Schulleiterinnen sowie Schulleiter der Gymnasien eher eine Tendenz zur Ablehnung ($d = 0.97$, $p < .05$). Dieser Befund deutet daraufhin, dass es bezüglich Selektion und Förderung noch unterschiedliche Vorstellungen gibt.

---

3 Bezogen auf den Aspekt der Führung der Integrierten Sekundarschulen als Ganztagsschulen zeigte sich in einem einfachen t-Test jedoch ein signifikantes Ergebnis ($d = -0.50$, $p < .05$).

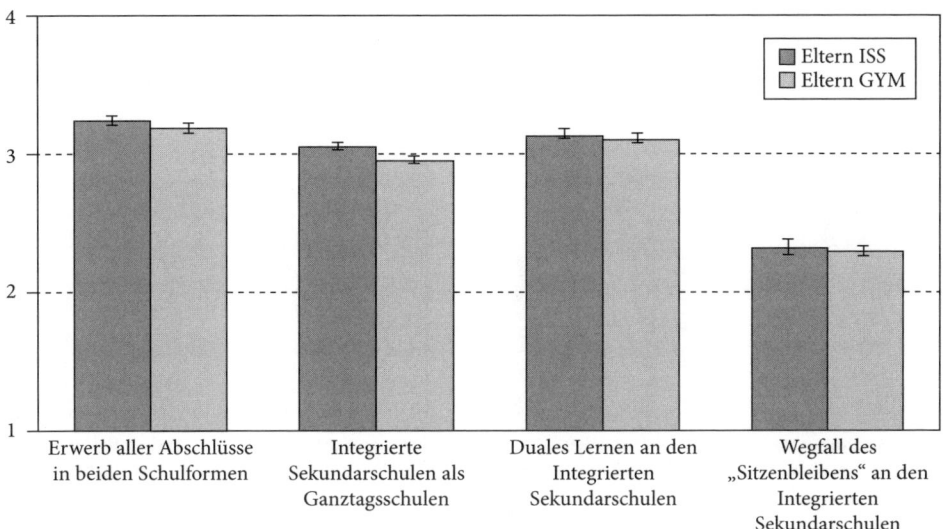

Skalierung: 1 = nicht sinnvoll, 2 = eher nicht sinnvoll, 3 = eher sinnvoll, 4 = sehr sinnvoll. Gruppen: Eltern ISS = Eltern Integrierte Sekundarschulen, Eltern GYM = Eltern Gymnasien.

Abbildung 7.8: Bewertung einzelner Bestandteile der Strukturreform durch die Eltern, deren Kinder an eine Integrierte Sekundarschule bzw. ein Gymnasium übergegangen sind (Mittelwerte und 95 %-Konfidenzintervalle)

Betrachtet man diese Einzelaspekte getrennt für die Gruppen der Eltern an den unterschiedlichen Schulformen (vgl. Abb. 7.8), so zeigten sich kaum Unterschiede zwischen den Elterngruppen. Lediglich für den Aspekt der Ganztagsschule deutete sich eine etwas positivere Einschätzung der Eltern, deren Kinder an eine Integrierte Sekundarschule übergegangen sind, an.[4]

Weiterführende vertiefende Angaben zu den Verteilungsmustern für die beiden Schulleiter- bzw. Elterngruppen finden sich im Anhang (vgl. Abb. 7.A9 bis 7.A12)

7.6.2.3 Erwartungen an die neue Schulstruktur

Im Folgenden werden nun Aussagen zu bestimmten Erwartungen an die veränderte Berliner Schulstruktur betrachtet. Zunächst werden dabei die Antworten der Lehrkräfte sowie der Schulleiterinnen und Schulleiter der Grundschulen, der Schulleiterinnen und Schulleiter der weiterführenden Schulen sowie der Eltern aufgeführt. Anschließend erfolgt die Ergebnisdarstellung auf Ebene der schulformspezifischen Subgruppenbildung, allerdings nur für die Schulleitungen der Integrierten Sekundarschulen und Gymnasien.

---

4   Der Gruppenunterschied ließ sich nur im Rahmen eines einfachen *t*-Tests ($d = 0.18$, $p < .05$), nicht jedoch im Mehrgruppenvergleich statistisch absichern.

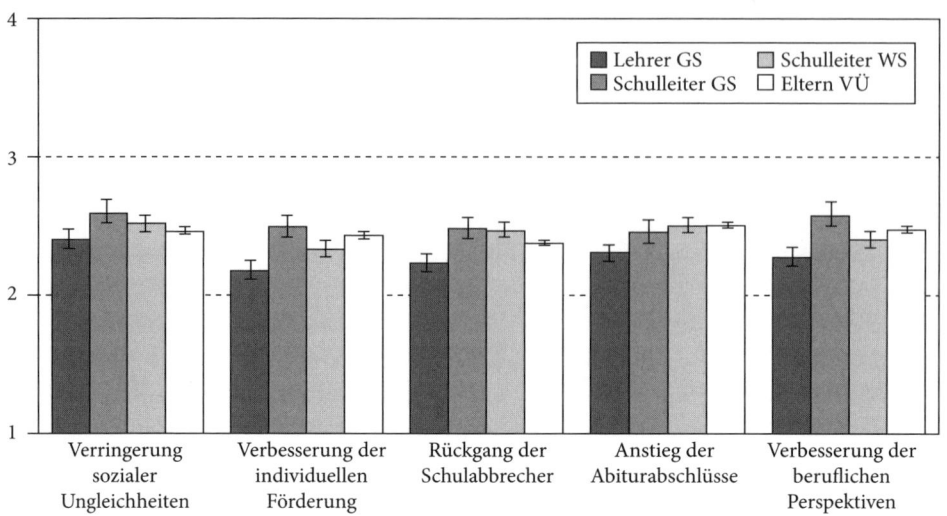

Skalierung: 1 = tifft überhaupt nicht zu, 2 = trifft eher nicht zu, 3 = trifft eher zu, 4 = trifft völlig zu. Gruppen: Lehrer GS = Lehrer Gundschulen, Schulleiter GS = Schulleiter Grundschulen, Schulleiter WS = Schulleiter weiterführende Schulen, Eltern VÜ = Eltern vor dem Übergang.

Abbildung 7.9: Erwartungen an die neue Schulstruktur durch die Lehrer sowie Schulleiter der Grundschulen, Schulleiter der weiterführenden Schulen und Eltern (Mittelwerte und 95 %-Konfidenzintervalle)

Schaut man sich die Ergebnisse über alle Befragtengruppen hinweg an, so fällt zunächst auf, dass die Erwartungshaltungen insgesamt eher verhalten ausfielen (vgl. Abb. 7.9). So zeigte sich bei den Grundschullehrkräften durchgehend eine eher skeptische Haltung gegenüber den verschiedenen Aspekten. Auch im Hinblick auf die Verteilung der Antworten bestätigte sich dieses Bild. Hier antworteten die Lehrkräfte zum überwiegenden Teil in den beiden ablehnenden Kategorien *trifft überhaupt nicht zu* und *trifft eher nicht zu* (vgl. Abb. 7.A1 bis 7.A5 im Anhang). Zudem wurde deutlich, dass sich die Lehrkräfte der Grundschulen in ihren eher skeptischen Einschätzungen zum Teil statistisch bedeutsam von den übrigen Vergleichsgruppen unterschieden. So schätzten sie die Aspekte der Verbesserung der individuellen Förderung, des Rückgangs der Schulabbrecherquote, des Anstiegs der Abiturabschlüsse sowie der Verbesserung der beruflichen Perspektiven der Schülerinnen und Schüler teilweise signifikant zurückhaltender ein als die übrigen Befragtengruppen (vgl. Tab. 7.A3).

Für die Schulleiterinnen und Schulleiter der Grundschulen wurde ersichtlich, dass diese die Aspekte der Verringerung der sozialen Ungleichheiten als auch der Verbesserung der beruflichen Perspektiven der Schülerinnen und Schüler etwas optimistischer bewerteten. Bei den übrigen Aspekten zeigte sich eine Tendenz der Antworten zum theoretischen Skalenmittelwert (vgl. Abb. 7.9). Nimmt man bei diesen Aspekten Bezug auf die Verteilungsmuster der Antworten, so wurde deutlich, dass die Antworten in den Kategorien *trifft eher nicht zu* sowie *trifft eher zu* nahezu gleich verteilt waren, während die Außenkategorien kaum besetzt waren (vgl. Abb. 7.A2, 7.A3 und 7.A4).

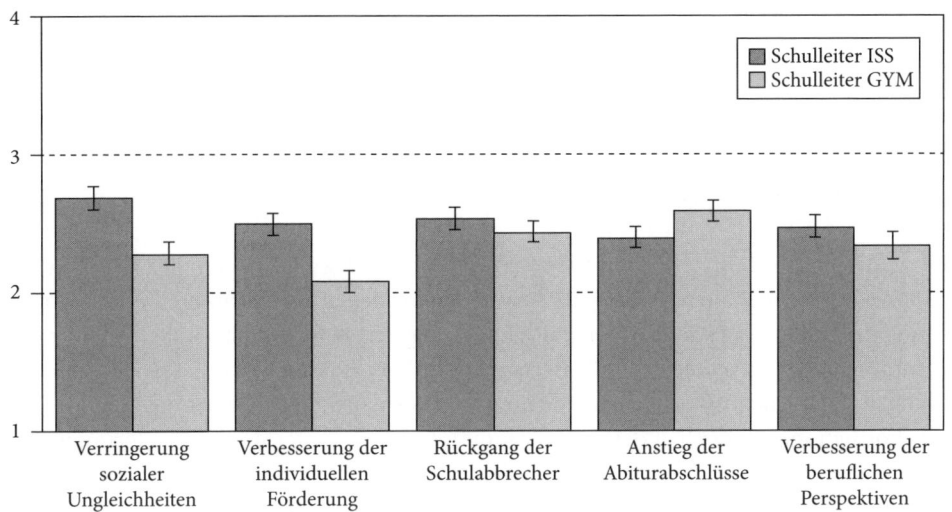

Skalierung: 1 = trifft überhaupt nicht zu, 2 = trifft eher nicht zu, 3 = trifft eher zu, 4 = trifft völlig zu. Gruppen: Schulleiter ISS = Schulleiter Integrierte Sekundarschulen, Schulleiter GYM = Schulleiter Gymnasien.

Abbildung 7.10: Erwartungen an die neue Schulstruktur durch die Schulleiter der Integrierten Sekundarschulen bzw. Gymnasien (Mittelwerte und 95 %-Konfidenzintervalle)

Die Schulleiterinnen und Schulleiter der weiterführenden Schulen standen den Aspekten der besseren individuellen Förderung sowie der Verbesserung der beruflichen Perspektiven der Schülerinnen und Schüler eher skeptisch gegenüber. Die übrigen Aspekte ließen eine Tendenz zum theoretischen Skalenmittelwert erkennen, wobei auch hier die Verteilung der Antworten zeigte (vgl. Abb. 7.A1, 7.A3 und 7.A4), dass sich die Antworten nahezu gleich auf die beiden Mittelkategorien *trifft eher nicht zu* und *trifft eher zu* verteilten und die Außenkategorien kaum besetzt waren.

Bei den Eltern zeigte sich, dass diese den Aspekten der besseren individuellen Förderung und dem Rückgang der Schulabbrecherquote eher verhalten gegenüberstanden. Bei den übrigen Aspekten zeigte sich eine Tendenz zum theoretischen Skalenmittelwert. Auch zeigte das Antwortmuster hier (vgl. Abb. 7.A1, 7.A4 und 7.A5) eine nahezu gleiche Verteilung auf die beiden mittleren Kategorien *trifft eher nicht zu* und *trifft eher zu*.

Kennzeichnend für die schulformspezifische Einschätzung der Erwartungsaspekte getrennt für die beiden Schulleitergruppen (vgl. Abb. 7.10) war, dass die Schulleiterinnen und Schulleiter der Integrierten Sekundarschulen die Aspekte der Verringerung der sozialen Ungleichheiten und der Verbesserung der individuellen Förderung signifikant positiver einschätzten als die Gymnasialschulleiterinnen und -schulleiter (*Verringerung sozialer Ungleichheiten: d* = 0.77, *p* < .05; *Verbesserung der individuellen Förderung: d* = 0.83, *p* < .05). Bezüglich des Rückgangs der Schulabbrecherquote sowie der Verbesserung der beruflichen Chancen waren keine statistisch signifikanten Unterschiede feststellbar. Den Aspekt, dass durch die neue Schulstruktur mehr Kinder das Abitur erwerben werden, schätzten – etwas überraschend – die Schulleiterinnen und Schulleiter der Gymnasien optimistischer ein als die Schulleiterinnen und Schulleiter der Integrierten Sekundarschulen, wenngleich dieser Unterschied nicht signifikant wurde.

7.6.3 Zwischendiskussion

Betrachtet man zusammenfassend die Befunde zu den *Einschätzungen zur neuen Schulstruktur*, so ist festzuhalten, dass bei der Bewertung der neuen Schulstruktur die Zusammenlegung der bisherigen Schulformen zur neuen Integrierten Sekundarschule sowie die Abschaffung der Hauptschule über alle Befragten hinweg insgesamt eine starke Zustimmung erhielten. Weitgehend abgelehnt wurde hingegen der Aspekt einer Zusammenlegung aller Schulformen (einschließlich des Gymnasiums), wobei sich hier die Schulleiterinnen und Schulleiter der Integrierten Sekundarschulen mit einer eher zustimmenden Tendenz von den anderen Befragten abgrenzten. Die stärkste Ablehnung einer möglichen Zusammenlegung äußerten dabei die Gymnasialschulleiterinnen und -schulleiter. Zusammenfassend betrachtet machen diese Befunde deutlich, dass die neue Schulstruktur bei den beteiligten Akteuren grundsätzlich auf Zustimmung stößt. Vor allem die Reduktion der Differenzierung der Schulstruktur, also die Umstellung von einem viergliedrigen auf ein zweigliedriges Schulsystem, wird grundlegend positiv eingeschätzt. Dieser Befund deutet daraufhin, dass die strukturellen *Top-down*-Vorgaben und die diesbezügliche Ausrichtung der Reform die grundlegenden Überzeugungen der Akteure repräsentieren. Die Reduktion der äußeren Differenzierung der Schulstruktur scheint dabei auch vom Ausmaß her gesehen in der Kalibrierung richtig gewählt.

Bei der Bewertung der einzelnen Bestandteile der Strukturreform schätzten sowohl die Schulleiterinnen und Schulleiter der weiterführenden Schulen als auch die Eltern die grundlegenden Elemente der neuen Schulstruktur überwiegend positiv ein. Die in der Fragestellung (vgl. Abschnitt 7.6.1) formulierte Annahme, dass die Schulleiterinnen und Schulleiter der Integrierten Sekundarschulen konkrete Veränderungen an den Integrierten Sekundarschulen möglicherweise kritischer einschätzen als die Gymnasialschulleiterinnen und -schulleiter, kann für die Bewertung der Aspekte der Führung der Integrierten Sekundarschulen als Ganztagsschulen als auch der Betonung des Dualen Lernens an den Integrierten Sekundarschulen dahingehend bestätigt werden, als dass zwar beide Gruppen diese Aspekte eher zustimmend bewerten, die Gymnasialschulleiterinnen und -schulleiter diesen aber positiver gegenüberstanden. Vor dem Hintergrund dieser Befunde kann festgehalten werden, dass diese unterstützenden bzw. flankierenden schulorganisatorischen und curricularen Maßnahmen sowohl mit den professionellen Wertvorstellungen der Schulleitungen als auch den normativen Vorstellungen der Eltern in Einklang zu stehen scheinen.

Festzustellen ist weiterhin, dass sowohl die Gymnasial- als auch die Sekundarschulleiterinnen und -schulleiter die Möglichkeit, über beide Schulformen alle Abschlüsse erwerben zu können, grundsätzlich positiv einschätzten. Auffällig ist jedoch, dass die Schulleiterinnen und Schulleiter der Integrierten Sekundarschulen diesem Aspekt deutlich positiver gegenüberstanden als die Gymnasialschulleiterinnen und -schulleiter. Die weniger starke Zustimmung der Gymnasialschulleiterinnen sowie -schulleiter könnte damit begründet werden, dass diese ihre Schulform, das Gymnasium, zwar nicht als gefährdet ansehen, allerdings könnten sie eine Abwertung des Abiturs befürchten. Insgesamt wird jedoch deutlich, dass die Vorstellung, dass unterschiedliche zeitliche (z. B. der Erwerb des Abiturs nach 12 bzw. 13 Jahren) als auch curriculare Wege (z. B. Duales Lernen an der Integrierten Sekundarschule) einer gleichen Zielführung dienen können, bei den beteiligten Akteuren breite Zustimmung findet.

Kritisch über nahezu alle Befragten hinweg wurde der Wegfall des „Sitzenbleibens" an den Integrierten Sekundarschulen bewertet. Diesem standen lediglich die Schulleiterinnen und Schulleiter der Integrierten Sekundarschulen eher zustimmend gegenüber. Dieser Befund macht zum einen deutlich, dass sich klare schulformspezifische Überzeugungsmuster finden lassen. Die Gymnasialschulleiterinnen und -schulleiter, welche vom Wegfall der Klassenwiederholung de facto nicht betroffen sind, schätzten diesen Aspekt deutlich kritischer ein als die tatsächlich betroffenen Sekundarschulleiterinnen und -schulleiter. Zum anderen macht gerade die negative Einschätzung der Eltern deutlich, dass die Systemlogik nicht unmittelbar mit den individuellen Handlungslogiken der betroffenen Akteure übereinstimmen muss. Die Reform basiert auf der Überlegung, dass das „Sitzenbleiben" zum einen ein hoher Kostenfaktor ist und zum anderen die bisherige Forschung wenig Evidenz dafür fand, dass diese Maßnahme geeignet wäre, leistungsschwache Schülerinnen und Schüler individuell zu fördern und einen positiven Einfluss auf die Leistungsentwicklung von leistungsstärkeren Schülerinnen und Schülern zu nehmen (Krohne & Tillmann, 2006). Wichtig scheint an dieser Stelle, über diese Gründe mit den Betroffenen in stärkerer Weise zu kommunizieren.

Betrachtet man die Erwartungen an die neue Schulstruktur, so kann festgehalten werden, dass diese insgesamt eher zurückhaltend ausfielen. Gerade im Vergleich zu den allgemeinen als auch spezifischen Bewertungen der neuen Schulstruktur, welche größtenteils eher positiv ausfielen, ließen sich für die Erwartungen eher vorsichtig optimistische bzw. pessimistische Einschätzungen der Aspekte ausmachen. Lediglich der Aspekt der Verringerung der sozialen Ungleichheiten wurde durch die Schulleiterinnen und Schulleiter der Integrierten Sekundarschulen eher optimistisch eingeschätzt. Ebenso erfuhr der Aspekt, dass mehr Kinder das Abitur erwerben werden, durch die Schulleiterinnen und Schulleiter der Gymnasien eine (wenn auch verhaltene) Zustimmung. Insgesamt waren die stark zustimmenden als auch ablehnenden Antwortkategorien bei den Erwartungen an die Reform in deutlich geringerem Maß besetzt, als bei den globalen und spezifischen Bewertungen der Reformaspekte. Die eher verhaltene Erwartungshaltung an die Auswirkungen der neuen Schulstruktur könnte dem Umstand geschuldet sein, dass die Reform zum Erhebungszeitpunkt noch am Anfang steht und somit die Folgen der Umstrukturierung durch die Akteure eher schwierig einzuschätzen sind. Die eher vorsichtig optimistischen bzw. skeptischen Einschätzungen legen zudem den Schluss nahe, dass die beteiligten Akteure realistisch-vorsichtige Erwartungen an die Erreichung langfristiger Reformziele stellen. Dadurch bleibt auch das „Enttäuschungsrisiko" bei allen Beteiligten eher niedrig.

7.7 Einschätzungen zum neuen Übergangsverfahren

In diesem Abschnitt werden die Fragestellungen sowie Ergebnisse der Einschätzungen zum neuen Übergangsverfahren dargestellt. Auch hier stehen zum einen die globale Bewertung und die Einschätzung konkreter Merkmale im Vordergrund, in die mit Blick auf das neue Übergangsverfahren bereits Erfahrungswissen mit einfließt. Zudem werden Erwartungsaspekte aufgeführt, welche die Akteure mit dem neu gestalteten Übergangsverfahren verbinden. In einer Zwischendiskussion werden die Ergebnisse anschließend zusammenfassend betrachtet.

7.7.1 Fragestellungen

Wie bewerten die beteiligten Akteure das neue Übergangsverfahren und welche Erwartungen knüpfen sie daran? Die wesentliche Veränderung des neu gestalteten Übergangsverfahrens betrifft das neue Auswahlverfahren bei Übernachfrage an den weiterführenden Schulen (vgl. Abschnitt 7.3). Hier ist es denkbar, dass die neue Quotenregelung, die vorsieht, dass 60 Prozent der Plätze nach schulinternen Kriterien vergeben werden sollen, auf ein geteiltes Meinungsbild stößt. Bei den Eltern könnte diese Maßnahme als positiv angesehen werden, wenn die inhaltliche Profilierung der Schule mit der gewünschten Schuloption übereinstimmt. Im anderen Fall könnte dieses Auswahlkriterium auch als Einschränkung der Realisierungschancen der Schulwahl gesehen werden. Für die weiterführenden Schulen ergeben sich größere Freiräume bei der Schülerauswahl, daher sollten hier eher positive Bewertungen resultieren.

Die Einschätzung des Losverfahrens könnte bei den beteiligten Akteuren möglicherweise eher auf Ablehnung stoßen, da mit dem Losverfahren ein zusätzlicher Unsicherheitsfaktor im Übergangsprozess hinzukommt. Für die weiterführenden Schulen ist mit dem Losverfahren in Teilen eine Reduzierung ihrer Autonomie bei der Schülerauswahl verbunden, was sich in eher kritischen Beurteilungen niederschlagen sollte. Unterschiede sind darüber hinaus auch mit Blick auf die Akteure verschiedener Schulformen denkbar. So könnte das Losverfahren von den Schulleitungen an den Gymnasien schlechter beurteilt werden als von den Schulleitungen der Sekundarschulen, da unter Umständen davon ausgegangen wird, dass infolge des Losverfahrens in stärkerem Maß auch eher „ungeeignet" erscheinende Schülerinnen und Schüler auf die stärker nachgefragten Gymnasien mit hohen Leistungsanforderungen wechseln. Auch aufseiten der Eltern kann vor diesem Hintergrund von einer möglicherweise unterschiedlichen Einschätzung ausgegangen werden, je nachdem ob ihr Kind eine Integrierte Sekundarschule oder ein Gymnasium besucht. So wäre beispielsweise denkbar, dass die Eltern, deren Kinder ein Gymnasium besuchen, das Losverfahren kritischer einschätzen als die Eltern, deren Kinder eine Integrierte Sekundarschule besuchen, da die Eltern der Gymnasiasten unter Umständen negative Konsequenzen bezüglich der Zusammensetzung der Schülerschaft an den Gymnasien befürchten.

Die Aufhebung des Wohnortprinzips bei der Auswahl der Schülerinnen und Schüler dürfte vorwiegend nur von denjenigen Eltern positiv bewertet werden, welche überhaupt klare inhaltliche Präferenzen für die Schulwahl haben und in der Abschaffung des Wohnortprinzips eine Vergrößerung ihrer Wahlmöglichkeiten sehen. Für einen Teil der Eltern könnte die Abschaffung des Wohnortprinzips aber auch eine Einschränkung der Realisierungschancen für eine bestimmte Schule bedeuten. Insofern ist fraglich, wie die größeren Wahlfreiheiten von den Eltern wahrgenommen werden. Gleichzeitig ist zu berücksichtigen, dass die größeren Wahlmöglichkeiten auch mit einem höheren Aufwand verbunden sind, etwa mit Blick auf die Informationsbeschaffung und die Wahl der „richtigen" Schule für das Kind.

Die neu eingeführte Förderprognose und das Beratungsgespräch an der Grundschule und der gewünschten weiterführenden Schule sollten aufgrund ihrer Orientierungsfunktion eher positiv wahrgenommen werden. Gerade für die Grundschulen sollte die neue Förderprognose, die sich nur noch auf den Besuch von zwei Schulformen, statt bisher drei Bildungsgängen mit impliziten Abschlussempfehlungen erstreckt, eine Entlastung darstellen. Gleichwohl bedarf es einer stärkeren Beratung der Eltern mit Blick auf die Wahl der konkreten weiterführenden Schule, worin ein Mehraufwand für die Grundschulen besteht.

Die Verlängerung des Probehalbjahres an den Gymnasien sollte als mögliche Reversibilitätsmaßnahme überwiegend auf Zustimmung stoßen. Lediglich seitens der Gymnasialschulleitungen könnte die Ausweitung der Probezeit auch als Restriktion der eigenen Handlungsoptionen empfunden werden und entsprechend zu verhalteneren Einschätzungen führen.

Im Hinblick auf die Erwartungshaltungen gegenüber dem veränderten Übergangsverfahren kann hier ähnlich wie bei den entsprechenden Einschätzungen zur Strukturreform davon ausgegangen werden, dass die Auswirkungen der Reformmaßnahmen von den Akteuren zum gegenwärtigen Zeitpunkt eher schwer abzuschätzen sind, auch wenn die Resultate des Übergangsverfahrens zeitlich eher sichtbar werden als die längerfristigen Reformziele der neuen Schulstruktur. Aus diesem Grund sollten die Erwartungen an das neu gestaltete Übergangsverfahren eher vorsichtig optimistisch bzw. pessimistisch ausfallen.

7.7.2 Ergebnisse

7.7.2.1 Globale Bewertung des neu gestalteten Übergangsverfahrens

Im Folgenden werden die Ergebnisse der Bewertung des neu gestalteten Übergangsverfahrens dargestellt, wobei in einem ersten Schritt globale Bewertungsaspekte in den Blick genommen werden. Es werden zunächst die Ergebnisse über alle Befragtengruppen hinweg betrachtet. Im Anschluss daran wird näher auf die Ergebnisse der schulformspezifischen Subgruppenanalysen (Schulleiterinnen und Schulleiter sowie Eltern der Integrierten Sekundarschulen bzw. Gymnasien) eingegangen.

Betrachtet man zusammenfassend die Bewertungen der verschiedenen Befragten zu den globalen Aspekten des neuen Übergangsverfahrens (vgl. Abb. 7.11 und 7.12), so ist auffällig, dass die Zufriedenheit mit dem Verfahren insgesamt sowie die Fairness des neuen Übergangsverfahrens durchaus heterogen ausfielen.

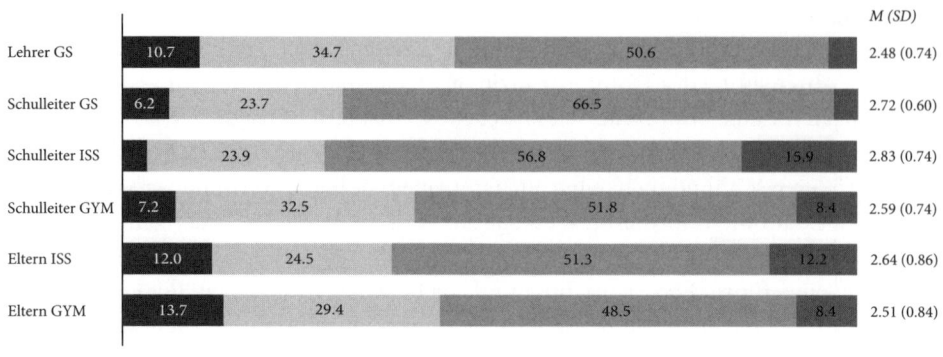

1 = stimme überhaupt nicht zu 2 = stimme eher nicht zu 3 = stimme eher zu 4 = stimme voll zu

Angaben in Prozent, Werte unter 5 Prozent werden in der Datenbeschriftung nicht ausgewiesen. Gruppen: Lehrer GS = Lehrer Grundschulen, Schulleiter GS = Schulleiter Grundschulen, Schulleiter ISS = Schulleiter Integrierte Sekundarschulen, Schulleiter GYM = Schulleiter Gymnasien, Eltern ISS = Eltern Integrierte Sekundarschulen, Eltern GYM = Eltern Gymnasien; M = Mitteltwert, SD = Standardabweichung.

Abbildung 7.11: Globale Bewertung des neu gestalteten Übergangsverfahrens durch die Lehrer sowie Schulleiter der Grundschulen, Schulleiter der weiterführenden Schulen und Eltern (Item: „Ich bin insgesamt zufrieden mit dem neuen Verfahren.")

Die Bewertung des Aspekts, wie zufrieden die einzelnen Befragten mit dem neuen Verfahren sind (vgl. Abb. 7.11), zeigte, dass hier die Schulleiterinnen und Schulleiter der Grundschulen, die Schulleiterinnen und Schulleiter der Integrierten Sekundarschulen und Gymnasien sowie die Eltern, deren Kinder an eine Integrierte Sekundarschule übergegangen sind, eine höhere Zufriedenheit aufwiesen als die Lehrkräfte der Grundschulen und die Eltern, deren Kinder an ein Gymnasium gewechselt sind. Diese Befragtengruppen tendierten zum theoretischen Skalenmittelwert. Allerdings fanden sich auch bei den vier erstgenannten Befragtengruppen nur sehr geringe Anteile in der Kategorie *stimme voll zu*. Der überwiegende Teil fand sich in der Kategorie *stimme eher zu*. Sehr unzufrieden (Kategorie *stimme überhaupt nicht zu*) waren zwischen 5 und knapp 14 Prozent der Befragtengruppen. Die Mittelwerte der Sekundarschulleiterinnen und -schulleiter wichen teilweise statistisch bedeutsam von den übrigen Befragtengruppen ab: So schätzten sie den Aspekt der Zufriedenheit mit dem neuen Verfahren signifikant positiver ein als die Lehrkräfte der Grundschulen und die Eltern, deren Kinder an ein Gymnasium gewechselt sind (vgl. Tab. 7.A4).

Die neuen Regelungen für die Aufnahme an den weiterführenden Schulen wurden von den Schulleiterinnen und Schulleitern der Integrierten Sekundarschulen am positivsten eingeschätzt, was sich auch in den Verteilungen der Antworten widerspiegelte: Über die Hälfte der Antworten der Schulleiterinnen und Schulleiter der Integrierten Sekundarschulen findet sich in den zustimmenden Kategorien (vgl. Abb. 7.12). Die übrigen Gruppen standen diesem Aspekt eher skeptisch gegenüber (vgl. Abb. 7.12), wobei die Schulleiterinnen und Schulleiter der Gymnasien und die Eltern, deren Kinder an eine Integrierte Sekundarschule

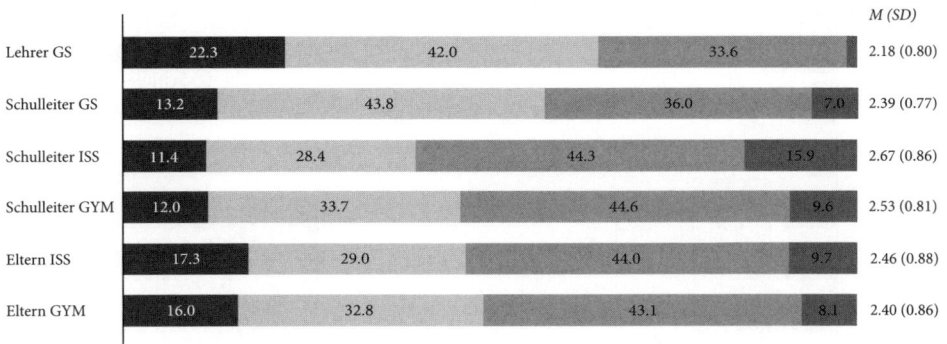

	M (SD)
Lehrer GS	22.3 / 42.0 / 33.6 — 2.18 (0.80)
Schulleiter GS	13.2 / 43.8 / 36.0 / 7.0 — 2.39 (0.77)
Schulleiter ISS	11.4 / 28.4 / 44.3 / 15.9 — 2.67 (0.86)
Schulleiter GYM	12.0 / 33.7 / 44.6 / 9.6 — 2.53 (0.81)
Eltern ISS	17.3 / 29.0 / 44.0 / 9.7 — 2.46 (0.88)
Eltern GYM	16.0 / 32.8 / 43.1 / 8.1 — 2.40 (0.86)

■ 1 = stimme überhaupt nicht zu □ 2 = stimme eher nicht zu ■ 3 = stimme eher zu ■ 4 = stimme voll zu

Angaben in Prozent, Werte unter 5 Prozent werden in der Datenbeschriftung nicht ausgewiesen. Gruppen: Lehrer GS = Lehrer Grundschulen, Schulleiter GS = Schulleiter Grundschulen, Schulleiter ISS = Schulleiter Integrierte Sekundarschulen, Schulleiter GYM = Schulleiter Gymnasien, Eltern ISS = Eltern Integrierte Sekundarschulen, Eltern GYM = Eltern Gymnasien; M = Mitteltwert, SD = Standardabweichung.

Abbildung 7.12: Globale Bewertung des neu gestalteten Übergangsverfahrens durch die Lehrer sowie Schulleiter der Grundschulen, Schulleiter der weiterführenden Schulen und Eltern (Item: „Die neuen Regelungen für die Aufnahme an den weiterführenden Schulen halte ich für fair.")

gewechselt sind, zum theoretischen Skalenmittelwert tendierten. Zum Teil fanden sich auch statistisch bedeutsame Unterschiede. So schätzten die Grundschullehrkräfte die Fairness der neuen Aufnahmeregelungen statistisch signifikant geringer ein als beide Schulleiter- und Elterngruppen (vgl. Tab. 7.A4).

Die schulformspezifische Betrachtung der Beurteilungen des neuen Übergangsverfahrens durch die Schulleiterinnen und Schulleiter der weiterführenden Schulen (vgl. Abb. 7.13) ergab in der Tendenz zwar eine leicht bessere Einschätzung der Schulleiterinnen und Schulleiter der Integrierten Sekundarschulen, die Unterschiede ließen sich jedoch nicht statistisch absichern.

Für die Subgruppenanalysen der Eltern wurden zusätzlich noch zwei Aspekte *(Zufriedenheit mit der Wahl der weiterführenden Schule* und *mehr Freiheiten bei der Schulwahl)* zur Bewertung des neu gestalteten Übergangsverfahrens hinzugezogen, welche vor allem aus Elternperspektive relevant erschienen. Die Befunde zu diesen Aspekten zeigten, dass beide Elterngruppen (sehr) zufrieden mit der Einzelschulwahl für ihr Kind waren, was sich auch in den Verteilungen der Antworten wiederspiegelte (79.9 % bis 91.8 % der Eltern waren eher bis sehr zufrieden, ohne Abb.). Den Aspekt, dass ihnen durch das neue Übergangsverfahren mehr Freiheiten bei der Schulwahl eingeräumt wurden, schätzten die Eltern eher verhalten ein (vgl. Abb. 7.14).

Beim Vergleich der Eltern, die ihr Kind auf eine Integrierte Sekundarschule geschickt haben, und der Eltern, deren Kind ein Gymnasium besucht (vgl. Abb. 7.14), ließen sich dabei für zwei Aspekte statistisch signifikante Unterschiede feststellen. So zeigten die Eltern an

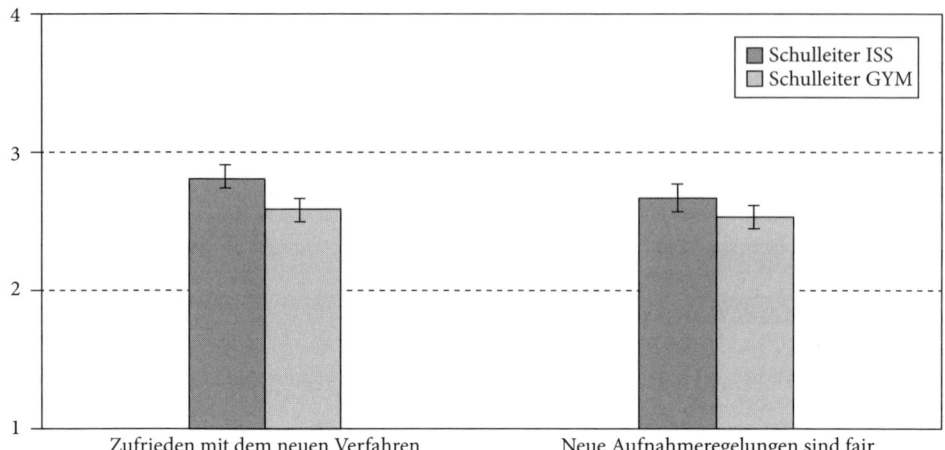

Skalierung: 1 = stimme überhaupt nicht zu, 2 = stimme eher nicht zu, 3 = stimme eher zu, 4 = stimme voll zu.
Gruppen: Schulleiter ISS = Schulleiter Integrierte Sekundarschulen, Schulleiter GYM = Schulleiter Gymnasien.

Abbildung 7.13: Globale Bewertung des neu gestalteten Übergangsverfahrens durch die Schulleiter der Integrierten Sekundarschulen bzw. Gymnasien (Mittelwerte und 95 %-Konfidenzintervalle)

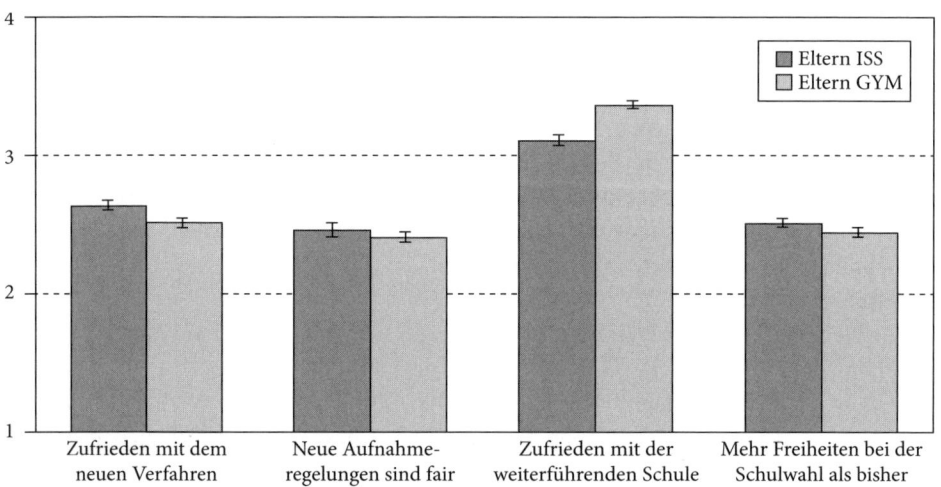

Skalierung: 1 = stimme überhaupt nicht zu, 2 = stimme eher nicht zu, 3 = stimme eher zu, 4 = stimme voll zu.
Gruppen: Eltern ISS = Eltern Integrierte Sekundarschulen, Eltern GYM = Eltern Gymnasien.

Abbildung 7.14: Globale Bewertung des neu gestalteten Übergangsverfahrens durch die Eltern, deren Kinder an eine Integrierte Sekundarschule bzw. ein Gymnasium übergegangen sind (Mittelwerte und 95 %-Konfidenzintervalle)

der Integrierten Sekundarschule eine etwas höhere Zufriedenheit mit dem neuen Verfahren ($d = 0.21$, $p < .05$), während die Eltern am Gymnasium eine größere Zufriedenheit mit der besuchten weiterführenden Schule äußerten ($d = -0.46$, $p < .05$).

7.7.2.2 Bewertung einzelner Bestandteile des Übergangsverfahrens

Nachdem im vorangehenden Abschnitt allgemeine Bewertungen des neu gestalteten Übergangsverfahrens in den Blick genommen wurden, soll nun die Bewertung einzelner Bestandteile des neuen Übergangsverfahrens betrachtet werden, wobei die Items nur den Schulleiterinnen und Schulleitern der weiterführenden Schulen sowie den Eltern vorgelegt wurden (vgl. Tab. 7.1).

Betrachtet man die Bewertungen der einzelnen Bestandteile über die beiden Befragtengruppen hinweg, so fällt zunächst auf, dass die verschiedenen Aspekte – abgesehen vom Losverfahren – insgesamt positiv eingeschätzt wurden. (vgl. Tab. 7.A5 im Anhang).

Die Subgruppenanalysen der Schulleiterinnen und Schulleiter (vgl. Abb. 7.15) offenbarten dabei wichtige Unterschiede zwischen den Schulformen. Der deutlichste Unterschied zwischen den Schulformen fand sich für die Bewertung des Losverfahrens. Diesem standen die Gymnasialschulleiterinnen sowie -schulleiter besonders skeptisch gegenüber, während die Schulleiterinnen und Schulleiter der Integrierten Sekundarschulen diesen Aspekt eher

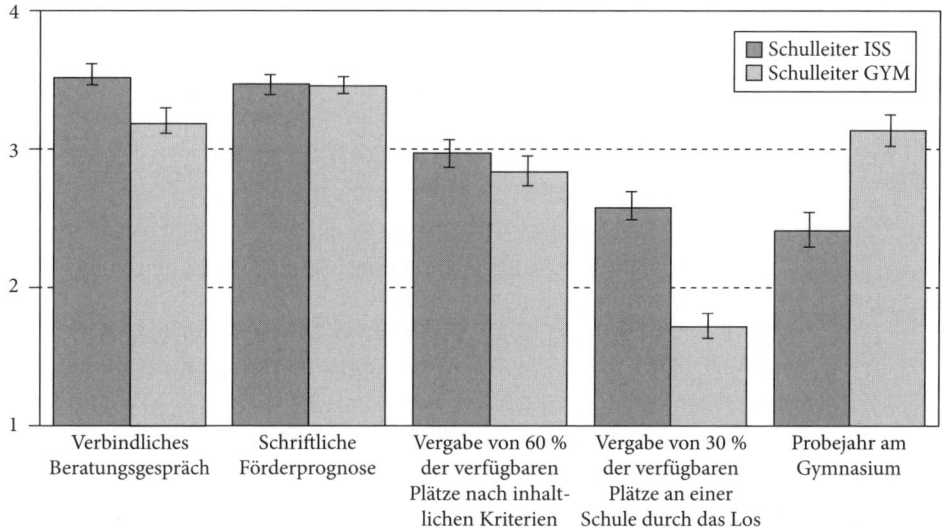

Skalierung: 1 = nicht sinnvoll, 2 = eher nicht sinnvoll, 3 = eher sinnvoll, 4 = sehr sinnvoll. Gruppen: Schulleiter ISS = Schulleiter Integrierte Sekundarschulen, Schulleiter GYM = Schulleiter Gymnasien.

Abbildung 7.15: Bewertung einzelner Bestandteile des Übergangsverfahrens durch die Schulleiter der Integrierten Sekundarschulen bzw. Gymnasien (Mittelwerte und 95 %-Konfidenzintervalle)

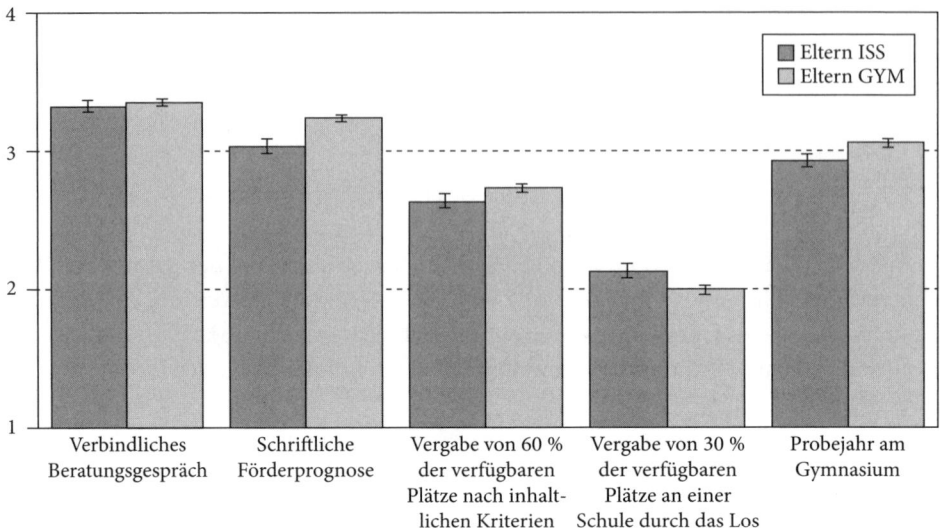

Skalierung: 1 = nicht sinnvoll, 2 = eher nicht sinnvoll, 3 = eher sinnvoll, 4 = sehr sinnvoll. Gruppen: Eltern ISS = Eltern Integrierte Sekundarschulen, Eltern GYM = Eltern Gymnasien.

Abbildung 7.16: Bewertung einzelner Bestandteile des Übergangsverfahrens durch die Eltern, deren Kinder an eine Integrierte Sekundarschule bzw. ein Gymnasium übergegangen sind (Mittelwerte und 95 %-Konfidenzintervalle)

zustimmend bewerteten ($d = 1.49$, $p < .05$). Das Probejahr am Gymnasium wurde hingegen durch die Schulleiterinnen und Schulleiter der Integrierten Sekundarschulen eher ablehnend bewertet, während die Schulleiterinnen und Schulleiter der Gymnasien diesen Aspekt eher positiv beurteilten ($d = -0.99$, $p < .05$). Schließlich waren auch statistisch signifikante Unterschiede in der Bewertung des verbindlichen Beratungsgesprächs mit einer etwas positiveren Einschätzung durch die Schulleiterinnen und Schulleiter an den Integrierten Sekundarschulen ($d = 0.73$, $p < .05$) feststellbar.

Beim Vergleich der Elterngruppen (vgl. Abb. 7.16) zeigten sich nur vergleichsweise geringe Unterschiede zwischen den Schulformen. So fanden sich etwas günstigere Beurteilungen hinsichtlich der Förderprognose ($d = -0.36$, $p < .05$) und des Probejahres ($d = -0.21$, $p < .05$) seitens der Eltern am Gymnasium, wohingegen ihre Bewertung des Losverfahrens tendenziell niedriger ausfiel als an den Integrierten Sekundarschulen.[5]

Weiterführende vertiefende Angaben zu den Verteilungsmustern für die beiden Schulleiter- bzw. Elterngruppen finden sich im Anhang (vgl. Abb. 7.A13 bis 7.A17).

---

5   Dieser Gruppenunterschied wurde nur im Rahmen eines einfachen t-Tests statistisch signifikant ($d = 0.20$, $p < .05$), nicht jedoch im Mehrgruppenvergleich.

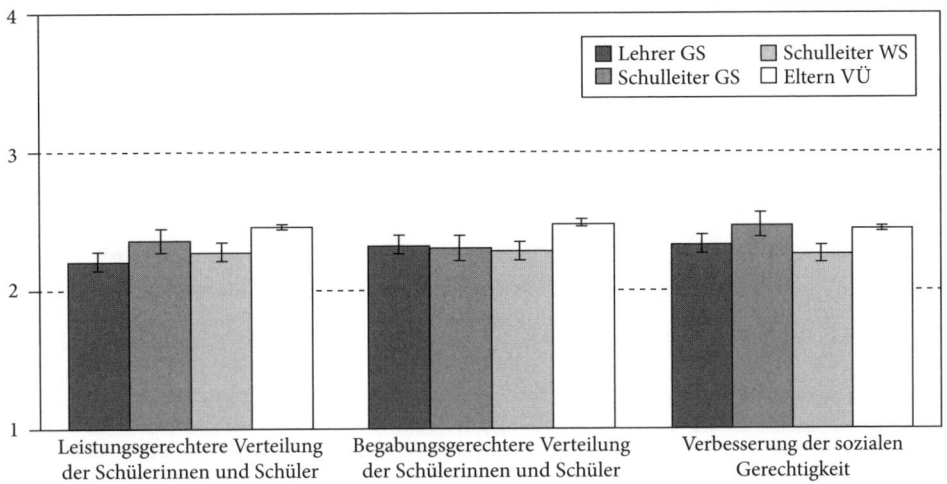

Skalierung: 1 = tifft überhaupt nicht zu, 2 = trifft eher nicht zu, 3 = trifft eher zu, 4 = trifft völlig zu. Gruppen: Lehrer GS = Lehrer Gundschulen, Schulleiter GS = Schulleiter Grundschulen, Schulleiter WS = Schulleiter weiterführende Schulen, Eltern VÜ = Eltern vor dem Übergang.

Abbildung 7.17: Erwartungen an das neu gestaltete Übergangsverfahren durch die Lehrer sowie Schulleiter der Grundschulen, Schulleiter der weiterführenden Schulen und Eltern (Mittelwerte und 95 %-Konfidenzintervalle)

7.7.2.3 Erwartungen an das neu gestaltete Übergangsverfahren

Im Anschluss an die Ergebnisse zu den Bewertungen des neuen Übergangsverfahrens werden nun die Ergebnisse zu grundlegenden Erwartungen an das neu gestaltete Übergangsverfahren dargestellt. Die Ergebnisdarstellung erfolgt erneut zunächst über alle befragten Gruppen. Anschließend werden die Ergebnisse der schulformspezifischen Subgruppenbildung erläutert, hier jedoch nur für die Schulleiterinnen und Schulleiter der Integrierten Sekundarschulen und Gymnasien.

Betrachtet man die Erwartungen an einzelne Aspekte des neuen Übergangsverfahrens über die verschiedenen Befragtengruppen hinweg (vgl. Abb. 7.17), so zeigte sich – wie bereits bei den Erwartungen an die neue Schulstruktur – eine eher verhaltene Erwartungshaltung. Lediglich die Eltern wiesen in der Einschätzung aller drei Aspekte eine Tendenz zum theoretischen Skalenmittelwert auf, wobei sich ihre Einschätzungen zum Teil statistisch bedeutsam von den übrigen Befragten unterschieden. So schätzten die Lehrkräfte der Grundschulen und die Schulleiterinnen und Schulleiter der weiterführenden Schulen diese Aspekte teilweise signifikant skeptischer ein als die Eltern (vgl. Tab. 7.A6).

Eine Tendenz zum theoretischen Skalenmittelwert fand sich zudem bei den Schulleiterinnen und Schulleitern der Grundschulen in der Einschätzung der Verbesserung der sozialen Gerechtigkeit beim Übergang. Betrachtet man hier die Verteilung der Antworten der Grundschulleiterinnen und -schulleiter, so ließ sich feststellen, dass diese in den Kate-

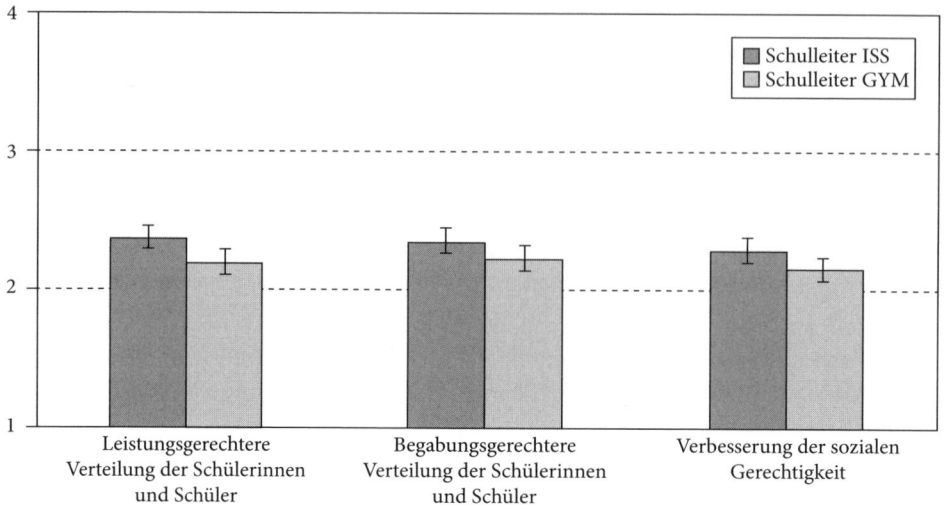

Legende:
- Schulleiter ISS
- Schulleiter GYM

Kategorien: Leistungsgerechtere Verteilung der Schülerinnen und Schüler · Begabungsgerechtere Verteilung der Schülerinnen und Schüler · Verbesserung der sozialen Gerechtigkeit

Skalierung: 1 = trifft überhaupt nicht zu, 2 = trifft eher nicht zu, 3 = trifft eher zu, 4 = trifft völlig zu. Gruppen: Schulleiter ISS = Schulleiter Integrierte Sekundarschulen, Schulleiter GYM = Schulleiter Gymnasien.

Abbildung 7.18: Erwartungen an das neu gestaltete Übergangsverfahren durch die Schulleiter der Integrierten Sekundarschulen bzw. Gymnasien (Mittelwerte und 95%-Konfidenzintervalle)

gorien *trifft eher nicht zu* sowie *trifft eher zu* nahezu gleich verteilt und die Außenkategorien kaum besetzt waren (vgl. Abb. 7.A8 im Anhang).

Ein ähnliches Bild zeigt sich, wenn man die Erwartungsaspekte für die Gruppen der Sekundar- sowie Gymnasialschulleiterinnen und -schulleiter (vgl. Abb. 7.18) getrennt betrachtet. Beide Gruppen standen den verschiedenen Erwartungsaspekten eher skeptisch gegenüber, wobei die Einschätzungen der Gymnasialschulleiterinnen und -schulleiter in der Tendenz (noch) skeptischer ausfielen als die der Sekundarschulleiterinnen und -schulleiter. Statistisch bedeutsame Unterschiede zwischen den Schulleitergruppen ließen sich jedoch nicht finden.

7.7.3 Zwischendiskussion

Betrachtet man zusammenfassend die Befunde zu den *Einschätzungen zum neuen Übergangsverfahren*, so fällt das Bild heterogen aus. Bezogen auf die Bewertung des neu gestalteten Übergangsverfahrens zeigte sich, dass die Zufriedenheit mit dem Verfahren in der Tendenz eher positiv eingeschätzt wurde. Dies galt jedoch nicht für die eingeschätzte Fairness der neuen Zugangsregelungen, die durch die verschiedenen Akteure neutral bis eher negativ bewertet wurde. Interessant war ferner, dass Eltern, deren Kinder an eine Integrierte Sekundarschule übergangen sind, insgesamt zufriedener mit dem Verfahren waren als die Eltern, deren Kinder an ein Gymnasium gewechselt sind.

Weiterhin zeigte sich – und dies ist grundlegend als positiv zu bewerten –, dass die Eltern insgesamt zufrieden mit der getroffenen Wahl der Einzelschule waren. Die Befunde machen deutlich, dass die moderate Reform der Übergangsregelungen grundsätzlich zu einer großen Zufriedenheit der Eltern bei der Realisierung der Schulwahl führte. Auffällig ist, dass die neu eingeräumten Wahlmöglichkeiten nur für einen kleinen Teil der Eltern relevant erscheinen. Der Großteil nimmt keine größere Veränderung der Freiheitsgrade bei der Schulwahl wahr. Zu vermuten wäre, dass gerade diejenigen Eltern die Regelungen des neuen Verfahrens freier einschätzen, die konkrete inhaltliche Profilierungsvorstellungen für ihre Kinder haben. Generell deutet jedoch die hohe Zufriedenheit der Eltern mit der Einzelschule auf ein hohes Maß an Stabilität im Übergangssystem hin.

Zur Bewertung einzelner Bestandteile des Übergangsverfahrens kann grundsätzlich festgehalten werden, dass die einzelnen Elemente des neuen Übergangsverfahrens überwiegend positiv eingeschätzt wurden. Deutlich kritische Bewertungen zeigten sich jedoch in der Einschätzung des Losverfahrens. Hier gaben vor allem die Gymnasialschulleiterinnen und -schulleiter sowie die Eltern eher negative Beurteilungen, während die Schulleiterinnen und Schulleiter der Integrierten Sekundarschulen dieses tendenziell positiver bewerteten. Die Einschätzungen der Schulleiterinnen und Schulleiter machen damit deutlich, dass diese zwar eher zufrieden mit dem neuen Übergangsverfahren sind, jedoch Maßnahmen, welche ihre Handlungsoptionen einschränken, eher negativ bewerten. Mit Blick auf das Losverfahren kann vermutet werden, dass dieses gerade durch die Gymnasialschulleiterinnen und -schulleiter als partieller Kontrollverlust wahrgenommen wird, wobei hier möglicherweise ein Widerspruch zwischen Systemrationalität und individueller Handlungslogik deutlich wird.

Betrachtet man die Befunde zum Probejahr am Gymnasium vor dem Hintergrund der vermuteten Annahme, dass vor allem die Gymnasialschulleiterinnen und -schulleiter diesem kritisch gegenüberstehen könnten, so bestätigte sich dieses Bild nicht. Die Verlängerung der Probezeit wurde hingegen durch die Sekundarschulleiterinnen und -schulleiter eher ablehnend bewertet, während die Gymnasialschulleiterinnen und -schulleiter diesen Aspekt positiv beurteilten.

Die Erwartungen an das neue Übergangsverfahren fielen wie schon die Erwartungen an die neue Schulstruktur eher verhalten aus. Dies war vor allem bei den Sekundar- als auch Gymnasialschulleiterinnen und -schulleitern der Fall. Auch hier könnte eine Rolle spielen, dass die Umgestaltung des Übergangsverfahrens noch relativ neu war und somit die Folgen der Umgestaltung für die Akteure eher schwer einzuschätzen sind. Obwohl auch hier die vorsichtigen Einschätzungen als eher realistisch einzustufen sind, sind die Ergebnisse des neu gestalteten Übergangsverfahrens zeitlich absehbarer als die eher langfristigen Reformziele der Schulstrukturveränderung.

7.8 Zusammenfassung und Diskussion

Ziel dieses Beitrags war es, zu untersuchen, wie die beteiligten Akteure die Einführung und Umsetzung der Berliner Schulstrukturreform einschätzen. Dafür wurden die Einschätzungen der Lehrkräfte sowie der Schulleiterinnen und Schulleiter der Grundschulen, der Schulleiterinnen und Schulleiter der weiterführenden Schulen als auch der Eltern in die Analysen einbezogen, da diese als zentrale Akteure im Implementationsprozess angesehen werden können (Gräsel, 2010; Kussau & Brüsemeister, 2007; Wacker et al., 2012a). Aufgrund der Tatsache, dass die Berliner Schulstrukturreform wie in Abschnitt 7.2.1 dargestellt, Elemente einer *Top-down*-Strategie beziehungsweise des *fidelity approach* aufweist, nehmen gerade hier die Akteure eine entscheidende Rolle ein. Dem Verständnis dieser Strategie zufolge wird die Initiierung der geplanten Reform durch eine externe Instanz vorab definiert und festgelegt. Für die Verbreitung ihrer Ziele ist es also umso wichtiger, dass diese durch die beteiligten Akteure als relevant und nützlich eingeschätzt werden (Gräsel & Parchmann, 2004). Hierbei spielen vor allem die *Überzeugungen der Akteure* eine entscheidende Rolle für die Umsetzung der Ziele und Vorgaben (Gräsel, 2010; Gräsel & Parchmann, 2004).

Als Kernelemente der Berliner Schulstrukturreform können sowohl die Neustrukturierung der Sekundarstufe als auch die Neugestaltung des Übergangsverfahrens angesehen werden. Aus diesem Grund wurden die Einschätzungen der Akteure zu diesen beiden Aspekten im vorliegenden Beitrag getrennt betrachtet (vgl. Abschnitte 7.6 und 7.7). Zusammenfassend kann festgehalten werden, dass die wesentlichen Ausgestaltungsmerkmale der neuen Schulstruktur überwiegend positiv bewertet wurden. Vor allem die globalen, aber auch der Großteil der spezifischen Aspekte der neuen Schulstruktur wurden eher zustimmend beurteilt. Eher kritisch wurde jedoch der Wegfall der Klassenwiederholung an den Integrierten Sekundarschulen rezipiert. Vor allem die Eltern als auch die Schulleiterinnen sowie Schulleiter der Gymnasien standen diesem Aspekt eher ablehnend gegenüber, während die Sekundarschulleiterinnen und -schulleiter dem Wegfall der Klassenwiederholung eher zustimmend gegenüberstanden. Der Vergleich der Einschätzungen der Gymnasial- und Sekundarschulleiterinnen und -schulleiter bezüglich der Merkmale der neuen Schulstruktur zeigt einen interessanten Befund. Die eher positive Einschätzung der Gymnasialschulleiterinnen und -schulleiter sowohl der Möglichkeit über beide Schulformen alle Abschlüsse erwerben zu können als auch des Erwartungsaspekts, dass durch die neue Schulstruktur mehr Kinder das Abitur erwerben werden, lässt vermuten, dass sie die Neuschaffung der Integrierten Sekundarschule nicht als eine unmittelbare Konkurrenz wahrnehmen.

Die allgemeinen sowie spezifischen Einschätzungen zum neu gestalteten Übergangsverfahren hingegen fielen insgesamt etwas kritischer aus als die Einschätzung zu den Veränderungen der Schulstruktur. Hier wurden zum einen die neuen Regelungen für die Aufnahme an die weiterführenden Schulen durch die Befragten als eher weniger fair eingeschätzt. Zum anderen zeigten sich kritische Bewertungen in der Einschätzung des Losverfahrens, wobei sich hier die Gymnasialschulleiterinnen und -schulleiter sowie beide Elterngruppen (Integrierte Sekundarschule bzw. Gymnasium) besonders ablehnend zeigten, während die Sekundarschulleiterinnen und -schulleiter diesen Aspekt eher zustimmend beurteilten. Speziell die Eltern schätzten den Aspekt, dass ihnen das neue Übergangsverfahren bei der Schulwahl mehr Freiheiten eingeräumt hat als das bisherige, eher verhalten ein.

Generell auffällig war die Tatsache, dass sowohl die allgemeinen als auch spezifischen Bewertungen der neuen Schulstruktur und des neu gestalteten Übergangsverfahrens differenzierter eingeschätzt wurden, hier also auch verstärkt die Außenkategorien der Antwortmöglichkeiten genutzt wurden, als bei den Erwartungen an die neue Schulstruktur bzw. an das neue Übergangsverfahren. Die Einschätzung der Erwartungsaspekte ließ über alle Befragtengruppen hinweg eine eher vorsichtig skeptische bis neutrale Haltung erkennen. Wie auch schon in den Zwischendiskussionen (vgl. Abschnitte 7.6.3 und 7.7.3) angesprochen, wäre hier zu vermuten, dass sich dieses Bild mit einer zunehmenden zeitlichen Verstetigung der Reform verändert. Grundsätzlich ist zu beachten, dass die Reform zum gegenwärtigen Zeitpunkt noch eine umfassende Neuerung für alle beteiligten Akteure darstellt.

Die Gesamtbetrachtung der Bewertungen und Erwartungen an die Berliner Schulstrukturreform macht deutlich, dass die grundlegenden Kernelemente der Reform bei den beteiligten Akteuren auf Akzeptanz stoßen. Gerade die Umstellung der Berliner Schulstruktur von einem viergliedrigen auf ein zweigliedriges Schulsystem scheint vor dem Hintergrund der positiven Bewertungen durch die Akteure eine angemessene Ausrichtung zu haben. Kritische Äußerungen beziehen sich hauptsächlich auf Merkmale, die die subjektiven Handlungsspielräume der beteiligten Akteure einschränken. Beispielhaft können hier zum einen die negativen Einschätzungen der Gymnasialschulleiterinnen und -schulleiter zur Abschaffung der Klassenwiederholung genannt werden, auch wenn sie selber nicht unmittelbar davon betroffen sind. Zum anderen können die Einschätzungen zum Losverfahren genannt werden. So war mit der Quotierung des Losverfahrens die Vorstellung verbunden, dass auch leistungsschwächere Schülerinnen und Schüler stärker nachgefragte Schulen besuchen können und somit für eine heterogene Schülerschaft an den Schulen gesorgt werden soll (vgl. Neumann et al., Kap. 5 in diesem Band). Doch gerade das Losverfahren stößt bei den Gymnasialschulleiterinnen und -schulleitern und den Eltern auf Kritik. Daher ist zu prüfen, ob das Losverfahren tatsächlich die gewünschten Wirkungen erzielt.

Dennoch zeigen gerade die vorsichtig optimistischen bzw. skeptischen Erwartungen an die neue Schulstruktur sowie an das neue Übergangsverfahren durch die Lehrkräfte, Schulleiterinnen und Schulleiter und Eltern einen reflektierten Umgang mit den Vorgaben der Schulstrukturreform an sich. Es lassen sich weder Tendenzen eines starken Reformoptimismus noch -pessimismus ausmachen.

Abschließend soll an dieser Stelle nochmals darauf hingewiesen werden, dass zwar auch die beteiligten Schülerinnen und Schüler entscheidende Akteure sind, sie aber zum Zeitpunkt der Befragung noch sehr jung waren und aus diesem Grund nicht mit in die Untersuchung der Bewertung der Schulstrukturreform und des neuen Übergangsverfahrens einbezogen wurden. Inwieweit die Bewertungen und vor allem die Erwartungen der anderen Akteure an die neue Schulstruktur und das neue Übergangsverfahren mit der tatsächlichen Entwicklung der Schülerinnen und Schüler einhergehen, soll in Zukunft im Rahmen der BERLIN-Studie weiter untersucht werden.

7.9 Literatur

Ackeren, I. van, & Brauckmann, S. (2010). Internationale Diskussions-, Forschungs- und Theorieansätze zur Governance im Schulwesen. In H. Altrichter & K. Maag Merki (Hrsg.), *Handbuch Neue Steuerung im Schulsystem* (S. 41–62). Wiesbaden: VS Verlag für Sozialwissenschaften.

Altrichter, H. (2009). Governance – Schulreform als Handlungskoordination. *Die Deutsche Schule, 101,* 240–252.

Bormann, I. (2011). *Zwischenräume der Veränderung: Innovationen und ihr Transfer im Feld von Bildung und Erziehung.* Wiesbaden: VS Verlag für Sozialwissenschaften.

Cohen, J. (1988). *Statistical power analysis for the behavioral sciences.* Hillsdale, NJ: Erlbaum.

Dalin, P. (1999). *Theorie und Praxis der Schulentwicklung.* Neuwied: Luchterhand.

Edelstein, W. (2002). Selbstwirksamkeit, Innovation und Schulreform: Zur Diagnose der Situation. *Zeitschrift für Pädagogik, 44,* 13–27.

Fend, H. (2008). Das Bildungswesen als „Ganzes" – ein allgemeines Handlungsmodell. In H. Fend (Hrsg.), *Schule gestalten: Systemsteuerung, Schulentwicklung und Unterrichtsqualität* (S. 15–38). Wiesbaden: VS Verlag für Sozialwissenschaften.

Fend, H. (2011). Die Wirksamkeit der Neuen Steuerung – theoretische und methodische Probleme ihrer Evaluation. *Zeitschrift für Bildungsforschung, 1*(1), 5–24.

Fuchs, H.-W. (2009). Strukturen und Strukturreformen im allgemein bildenden Schulwesen der deutschen Bundesländer. *Die Deutsche Schule, 101*(1), 7–19.

Fullan, M., & Pomfret, A. (1977). Research on curriculum and instruction implementation. *American Educational Research Association, 47*(2), 335–397.

Gillwald, K. (2000). *Konzepte sozialer Innovation.* Berlin: WZB.

Goldenbaum, A. (2012). *Innovationsmanagement in Schulen: Eine empirische Untersuchung zur Implementation eines Sozialen Lernprogramms.* Wiesbaden: VS Verlag für Sozialwissenschaften.

Gräsel, C. (2010). Stichwort: Transfer und Transferforschung im Bildungsbereich. *Zeitschrift für Erziehungswissenschaft, 13*(1), 7–20.

Gräsel, C., & Parchmann, I. (2004). Implementationsforschung – oder: Der steinige Weg, Unterricht zu verändern. *Unterrichtswissenschaft, 32*(3), 196–214.

Klein, K. J., & Knight, A. P. (2005). Innovation implementation: Overcoming the challenge. *Current Directions in Psychological Science, 14*(5), 243–246.

Krohne, J., & Tillmann, K.-J. (2006). „Sitzenbleiben" – eine tradierte Praxis auf dem Prüfstand. *SchulverwaltungSpezial, 4,* 6–9.

Kussau, J., & Brüsemeister, T. (2007). Educational Governance: Zur Analyse der Handlungskoordination im Mehrebenensystem der Schule. In H. Altrichter, T. Brüsemeister & J. Wissinger (Hrsg.), *Educational Governance: Handlungskoordination und Steuerung im Bildungssystem* (S. 15–54). Wiesbaden: VS Verlag für Sozialwissenschaften.

Leschinsky, A. (2008). Die Realschule – ein zweischneidiger Erfolg. In K. S. Cortina, J. Baumert, A. Leschinsky, K. U. Mayer & L. Trommer (Hrsg.), *Das Bildungswesen in der Bundesrepublik Deutschland: Strukturen und Entwicklungen im Überblick* (S. 404–436). Reinbek: Rowohlt Taschenbuch Verlag.

Luchte, K. (2005). *Implementierung pädagogischer Konzepte in sozialen Systemen.* Weinheim: Beltz.

Maag Merki, K. (Hrsg.). (2012). *Zentralabitur: Die längsschnittliche Analyse der Wirkungen der Einführung zentraler Abiturprüfungen in Deutschland.* Wiesbaden: VS Verlag für Sozialwissenschaften.

Muthén, B. O., & Muthén, L. K. (1998–2011). Mplus (Version 6.1) [Computer software]. Los Angeles.

Pant, H. A., Vock, M., Pöhlmann, C., & Köller, O. (2008a). Eine modellbasierte Erfassung der Auseinandersetzung von Lehrkräften mit den länderübergreifenden Bildungsstandards. In E.-M. Lankes (Hrsg.), *Pädagogische Professionalität als Gegenstand empirischer Forschung* (S. 245–260). Münster: Waxmann.

Pant, H. A., Vock, M., Pöhlmann, C., & Köller, O. (2008b). Offenheit für Innovationen: Befunde aus einer Studie zur Rezeption der Bildungsstandards bei Lehrkräften und Zusammenhänge mit Schülerleistungen. *Zeitschrift für Pädagogik, 54*(6), 827–845.

Senatsverwaltung für Bildung, Jugend und Wissenschaft. (2009). Berliner Schule – Bildungsfahrplan. <http://www.berlin.de/imperia/md/content/sen-bildung/bildungspolitik/schulreform/bildungsfahrplan.pdf> (18.09.2012)

Senatsverwaltung für Bildung, Jugend und Wissenschaft. (2010). Verordnung über die Schularten und Bildungsgänge der Sekundarstufe I (Sekundarstufe I-Verordnung – Sek I-VO). <http://www.berlin.de/imperia/md/content/sen-bildung/rechtsvorschriften/vo_sek_i_neuerung.pdf?start&ts=1297246277&file=vo_sek_i_neuerung.pdf> (03.09.2012)

Trautwein, U., Dettmers, S., & Neumann, M. (2010). Die neu geordnete Oberstufe: Die Sicht von Abiturienten, Eltern, Schul- und Fachleitern. In U. Trautwein, M. Neumann, G. Nagy, O. Lüdtke & K. Maaz (Hrsg.), *Schulleistungen von Abiturienten: Die neu geordnete gymnasiale Oberstufe auf dem Prüfstand* (S. 109–126). Wiesbaden: VS Verlag für Sozialwissenschaften.

Trautwein, U., Neumann, M., Nagy, G., Lüdtke, O., & Maaz, K. (Hrsg.). (2010). *Schulleistungen von Abiturienten: Die neu geordnete gymnasiale Oberstufe auf dem Prüfstand.* Wiesbaden: VS Verlag für Sozialwissenschaften.

Wacker, A., Maier, U., & Wissinger, J. (2012a). Ergebnisorientierte Steuerung: Bildungspolitische Strategie und Verfahren zur Initiierung von Schul- und Unterrichtsreformen. In A. Wacker, U. Maier & J. Wissinger (Hrsg.), *Schul- und Unterrichtsreform durch ergebnisorientierte Steuerung: Empirische Befunde und forschungsmethodische Implikationen* (S. 9–33). Wiesbaden: VS Verlag für Sozialwissenschaften.

Wacker, A., Maier, U., & Wissinger, J. (Hrsg.). (2012b). *Schul- und Unterrichtsreform durch ergebnisorientierte Steuerung: Empirische Befunde und forschungsmethodische Implikationen.* Wiesbaden: VS Verlag für Sozialwissenschaften.

Anhang zu Kapitel 7

Tabelle 7.A1: Paarweise Mittelwertvergleiche zwischen den Befragtengruppen zur Bewertung der neuen Schulstruktur

	Paarvergleiche zur Bewertung der neuen Schulstruktur				
	$M\,1$	$SD\,1$	$M\,2$	$SD\,2$	d
Zusammenlegung zur Sekundarschule richtiger Schritt					
L GS – SL GS	2.66	0.93	3.26	0.82	**−0.96**
L GS – SL ISS	2.66	0.93	3.26	0.75	−1.01
L GS – SL GYM	2.66	0.93	2.86	0.90	−0.31
L GS – EL ISS	2.66	0.93	2.60	1.02	0.09
L GS – EL GYM	2.66	0.93	2.43	1.00	0.34
SL GS – SL ISS	3.26	0.82	3.26	0.75	−0.01
SL GS – SL GYM	3.26	0.82	2.86	0.90	**0.65**
SL GS – EL ISS	3.26	0.82	2.60	1.02	**1.01**
SL GS – EL GYM	3.26	0.82	2.43	1.00	**1.28**
SL ISS – SL GYM	3.26	0.75	2.86	0.90	**0.68**
SL ISS – EL ISS	3.26	0.75	2.60	1.02	**1.05**
SL ISS – EL GYM	3.26	0.75	2.43	1.00	**1.33**
SL GYM – EL ISS	2.86	0.90	2.60	1.02	0.38
SL GYM – EL GYM	2.86	0.90	2.43	1.00	**0.64**
EL ISS – EL GYM	2.60	1.02	2.43	1.00	0.24
Abschaffung Hauptschule richtig					
L GS – SL GS	2.83	1.01	3.36	0.91	**−0.78**
L GS – SL ISS	2.83	1.01	3.37	0.81	**−0.84**
L GS – SL GYM	2.83	1.01	2.94	1.07	−0.15
L GS – EL ISS	2.83	1.01	2.65	1.12	0.24
L GS – EL GYM	2.83	1.01	2.57	1.11	0.34
SL GS – SL ISS	3.36	0.91	3.37	0.81	−0.02
SL GS – SL GYM	3.36	0.91	2.94	1.07	0.60
SL GS – EL ISS	3.36	0.91	2.65	1.12	**0.99**
SL GS – EL GYM	3.36	0.91	2.57	1.11	**1.09**
SL ISS – SL GYM	3.37	0.81	2.94	1.07	**0.65**
SL ISS – EL ISS	3.37	0.81	2.65	1.12	**1.05**
SL ISS – EL GYM	3.37	0.81	2.57	1.11	**1.16**
SL GYM – EL ISS	2.94	1.07	2.65	1.12	0.38
SL GYM – EL GYM	2.94	1.07	2.57	1.11	**0.47**
EL ISS – EL GYM	2.65	1.12	2.57	1.11	0.09

Fortsetzung auf nächster Seite

Fortsetzung Tabelle 7.A1: Paarweise Mittelwertvergleiche zwischen den Befragtengruppen zur Bewertung der neuen Schulstruktur

	Paarvergleiche zur Bewertung der neuen Schulstruktur				
	$M\,1$	$SD\,1$	$M\,2$	$SD\,2$	d
Alle Schulformen zusammenfassen					
L GS – SL GS	2.29	1.16	2.39	1.20	−0.12
L GS – SL ISS	2.29	1.16	2.89	1.19	**−0.72**
L GS – SL GYM	2.29	1.16	1.40	0.83	**1.25**
L GS – EL ISS	2.29	1.16	2.14	1.05	0.19
L GS – EL GYM	2.29	1.16	1.84	0.98	**0.59**
SL GS – SL ISS	2.39	1.20	2.89	1.19	−0.59
SL GS – SL GYM	2.39	1.20	1.40	0.83	**1.36**
SL GS – EL ISS	2.39	1.20	2.14	1.05	0.31
SL GS – EL GYM	2.39	1.20	1.84	0.98	**0.71**
SL ISS – SL GYM	2.89	1.19	1.40	0.83	**2.06**
SL ISS – EL ISS	2.89	1.19	2.14	1.05	**0.94**
SL ISS – EL GYM	2.89	1.19	1.84	0.98	**1.36**
SL GYM – EL ISS	1.40	0.83	2.14	1.05	**−1.11**
SL GYM – EL GYM	1.40	0.83	1.84	0.98	**−0.69**
EL ISS – EL GYM	2.14	1.05	1.84	0.98	**0.42**

Fettgedruckte d-Werte stehen für statistisch signifikante Mittelwertunterschiede nach α-Fehler-Adjustierung nach Bonferroni. Gruppen: L GS = Lehrer Grundschulen, SL GS = Schulleiter Grundschulen, SL ISS = Schulleiter Integrierte Sekundarschulen, SL GYM = Schulleiter Gymnasien, EL ISS = Eltern Integrierte Sekundarschulen, EL GYM = Eltern Gymnasien. M = Mittelwert, SD = Standardabweichung.

Tabelle 7.A2: Paarweise Mittelwertvergleiche zwischen den Befragtengruppen zur Bewertung einzelner Bestandteile der Strukturreform

	Paarvergleiche zur Bewertung einzelner Bestandteile der Strukturreform				
	$M\,1$	$SD\,1$	$M\,2$	$SD\,2$	d
Beide Schulformen alle Abschlüsse					
SL WS – EL NÜ	3.30	0.80	3.23	0.79	0.12
ISS als Ganztagsschule					
SL WS – EL NÜ	3.13	0.72	3.03	0.80	0.19
Duales Lernen ISS					
SL WS – EL NÜ	3.06	0.69	3.14	0.70	−0.16
Wegfall „Sitzenbleiben"					
SL WS – EL NÜ	2.58	0.99	2.33	0.94	**0.37**

Fettgedruckte d-Werte stehen für statistisch signifikante Mittelwertunterschiede nach α-Fehler-Adjustierung nach Bonferroni. Gruppen: SL WS = Schulleiter weiterführende Schulen, EL NÜ = Eltern nach dem Übergang. M = Mittelwert, SD = Standardabweichung.

Tabelle 7.A3: Paarweise Mittelwertvergleiche zwischen den Befragtengruppen zu den Erwartungen an die neue Schulstruktur

	Paarvergleiche zu den Erwartungen an die neue Schulstruktur				
	$M\,1$	$SD\,1$	$M\,2$	$SD\,2$	d
Verringerung sozialer Ungleichheiten					
L GS – SL GS	2.41	0.80	2.60	0.74	−0.35
L GS – SL WS	2.41	0.80	2.52	0.79	−0.20
L GS – EL VÜ	2.41	0.80	2.46	0.85	−0.09
SL GS – SL WS	2.60	0.74	2.52	0.79	0.15
SL GS – EL VÜ	2.60	0.74	2.46	0.85	0.24
SL WS – EL VÜ	2.52	0.79	2.46	0.85	0.10
Verbesserung indivdivitueller Förderung					
L GS – SL GS	2.17	0.73	2.50	0.72	**−0.63**
L GS – SL WS	2.17	0.73	2.33	0.77	−0.30
L GS – EL VÜ	2.17	0.73	2.43	0.87	**−0.46**
SL GS – SL WS	2.50	0.72	2.33	0.77	0.31
SL GS – EL VÜ	2.50	0.72	2.43	0.87	0.11
SL WS – EL VÜ	2.33	0.77	2.43	0.87	−0.18
Rückgang Schulabbrecher					
L GS – SL GS	2.23	0.65	2.48	0.67	−0.54
L GS – SL WS	2.23	0.65	2.47	0.72	**−0.49**
L GS – EL VÜ	2.23	0.65	2.37	0.84	−0.26
SL GS – SL WS	2.48	0.67	2.47	0.72	0.02
SL GS – EL VÜ	2.48	0.67	2.37	0.84	0.20
SL WS – EL VÜ	2.47	0.72	2.37	0.84	0.18
Mehr Abitur					
L GS – SL GS	2.31	0.71	2.51	0.70	−0.40
L GS – SL WS	2.31	0.71	2.51	0.67	−0.40
L GS – EL VÜ	2.31	0.71	2.50	0.82	**−0.36**
SL GS – SL WS	2.46	0.70	2.51	0.67	−0.10
SL GS – EL VÜ	2.46	0.70	2.50	0.82	−0.08
SL WS – EL VÜ	2.51	0.67	2.50	0.82	0.01
Verbesserung beruflicher Perspektiven					
L GS – SL GS	2.28	0.76	2.58	0.74	**−0.57**
L GS – SL WS	2.28	0.76	2.40	0.80	−0.23
L GS – EL VÜ	2.28	0.76	2.47	0.84	**−0.35**
SL GS – SL WS	2.58	0.74	2.40	0.80	0.33
SL GS – EL VÜ	2.58	0.74	2.47	0.84	0.19
SL WS – EL VÜ	2.40	0.80	2.47	0.84	−0.12

Fettgedruckte d-Werte stehen für statistisch signifikante Mittelwertunterschiede nach α-Fehler-Adjustierung nach Bonferroni. Gruppen: L GS = Lehrer Grundschulen, SL GS = Schulleiter Grundschulen, SL WS = Schulleiter weiterführende Schulen, EL VÜ = Eltern vor dem Übergang. M = Mittelwert, SD = Standardabweichung.

Tabelle 7.A4: Paarweise Mittelwertvergleiche zwischen den Befragtengruppen zur Bewertung des neu gestalteten Übergangsverfahrens

	Paarvergleiche zur Bewertung des neu gestalteten Übergangsverfahrens				
	$M\,1$	$SD\,1$	$M\,2$	$SD\,2$	d
Zufriedenheit mit neuem Verfahren					
L GS – SL GS	2.48	0.74	2.72	0.60	−0.51
L GS – SL ISS	2.48	0.74	2.83	0.74	**−0.66**
L GS – SL GYM	2.48	0.74	2.59	0.74	−0.22
L GS – EL ISS	2.48	0.74	2.64	0.86	−0.28
L GS – EL GYM	2.48	0.74	2.51	0.84	−0.06
SL GS – SL ISS	2.72	0.60	2.83	0.74	−0.22
SL GS – SL GYM	2.72	0.60	2.59	0.74	0.27
SL GS – EL ISS	2.72	0.60	2.64	0.86	0.16
SL GS – EL GYM	2.72	0.60	2.51	0.84	0.41
SL ISS – SL GYM	2.83	0.74	2.59	0.74	0.45
SL ISS – EL ISS	2.83	0.74	2.64	0.86	0.34
SL ISS – EL GYM	2.83	0.74	2.51	0.84	**0.57**
SL GYM – EL ISS	2.59	0.74	2.64	0.86	−0.08
SL GYM – EL GYM	2.59	0.74	2.51	0.84	0.15
EL ISS – EL GYM	2.64	0.86	2.51	0.84	0.21
Neue Regelungen fair					
L GS – SL GS	2.18	0.80	2.39	0.77	−0.37
L GS – SL ISS	2.18	0.80	2.67	0.86	**−0.84**
L GS – SL GYM	2.18	0.80	2.53	0.81	**−0.62**
L GS – EL ISS	2.18	0.80	2.46	0.88	**−0.46**
L GS – EL GYM	2.18	0.80	2.40	0.86	**−0.38**
SL GS – SL ISS	2.39	0.77	2.67	0.86	−0.49
SL GS – SL GYM	2.39	0.77	2.53	0.81	−0.26
SL GS – EL ISS	2.39	0.77	2.46	0.88	−0.12
SL GS – EL GYM	2.39	0.77	2.40	0.86	−0.02
SL ISS – SL GYM	2.67	0.86	2.53	0.81	0.24
SL ISS – EL ISS	2.67	0.86	2.46	0.88	0.35
SL ISS – EL GYM	2.67	0.86	2.40	0.86	0.45
SL GYM – EL ISS	2.53	0.81	2.46	0.88	0.13
SL GYM – EL GYM	2.53	0.81	2.40	0.86	0.22
EL ISS – EL GYM	2.46	0.88	2.40	0.86	0.09

Fettgedruckte d-Werte stehen für statistisch signifikante Mittelwertunterschiede nach α-Fehler-Adjustierung nach Bonferroni. Gruppen: L GS = Lehrer Grundschulen, SL GS = Schulleiter Grundschulen, SL ISS = Schulleiter Integrierte Sekundarschulen, SL GYM = Schulleiter Gymnasien, EL ISS = Eltern Integrierte Sekundarschulen, EL GYM = Eltern Gymnasien. M = Mittelwert, SD = Standardabweichung.

Tabelle 7.A5: Paarweise Mittelwertvergleiche zwischen den Befragtengruppen zur Bewertung einzelner Bestandteile des Übergangsverfahrens

	Paarvergleiche zur Bewertung einzelner Bestandteile des Übergangsverfahrens				
	$M\,1$	$SD\,1$	$M\,2$	$SD\,2$	d
Beratungsgespräch SL WS – EL NÜ	3.32	0.80	3.33	0.68	−0.01
Förderprognose SL WS – EL NÜ	3.40	0.67	3.12	0.78	**0.55**
Vergabe 60 Prozent SL WS – EL NÜ	2.91	0.85	2.66	0.84	**0.42**
Vergabe 30 Prozent SL WS – EL NÜ	2.21	0.96	2.07	0.91	0.22
Probejahr SL WS – EL NÜ	2.71	1.12	3.00	0.87	**−0.41**

Fettgedruckte d-Werte stehen für statistisch signifikante Mittelwertunterschiede nach α-Fehler-Adjustierung nach Bonferroni. Gruppen: SL WS = Schulleiter weiterführende Schulen, EL NÜ = Eltern nach dem Übergang. M = Mittelwert, SD = Standardabweichung.

Tabelle 7.A6: Paarweise Mittelwertvergleiche zwischen den Befragtengruppen zu den Erwartungen an das neu gestaltete Übergangsverfahren

	Paarvergleiche zu den Erwartungen an das neu gestaltete Übergangsverfahren				
	$M\,1$	$SD\,1$	$M\,2$	$SD\,2$	d
Leistungsgerechtere Verteilung					
L GS – SL GS	2.21	0.74	2.36	0.78	−0.29
L GS – SL WS	2.21	0.74	2.28	0.78	−0.13
L GS – EL VÜ	2.21	0.74	2.45	0.85	**−0.44**
SL GS – SL WS	2.36	0.78	2.28	0.78	0.15
SL GS – EL VÜ	2.36	0.78	2.45	0.85	−0.16
SL WS – EL VÜ	2.28	0.78	2.45	0.85	**−0.29**
Begabungsgerechtere Verteilung					
L GS – SL GS	2.32	0.77	2.30	0.76	0.04
L GS – SL WS	2.32	0.77	2.28	0.79	0.07
L GS – EL VÜ	2.32	0.77	2.48	0.83	−0.27
SL GS – SL WS	2.30	0.76	2.28	0.79	0.04
SL GS – EL VÜ	2.30	0.76	2.48	0.83	−0.31
SL WS – EL VÜ	2.28	0.79	2.48	0.83	**−0.34**
Verbesserung sozialer Gerechtigkeit					
L GS – SL GS	2.33	0.76	2.47	0.73	−0.27
L GS – SL WS	2.33	0.76	2.26	0.78	0.13
L GS – EL VÜ	2.33	0.76	2.44	0.85	−0.19
SL GS – SL WS	2.47	0.73	2.26	0.78	0.40
SL GS – EL VÜ	2.47	0.73	2.44	0.85	0.06
SL WS – EL VÜ	2.26	0.78	2.44	0.85	**−0.31**

Fettgedruckte d-Werte stehen für statistisch signifikante Mittelwertunterschiede nach α-Fehler-Adjustierung nach Bonferroni. Gruppen: L GS = Lehrer Grundschulen, SL GS = Schulleiter Grundschulen, SL WS = Schulleiter weiterführende Schulen, EL VÜ = Eltern vor dem Übergang. M = Mittelwert, SD = Standardabweichung.

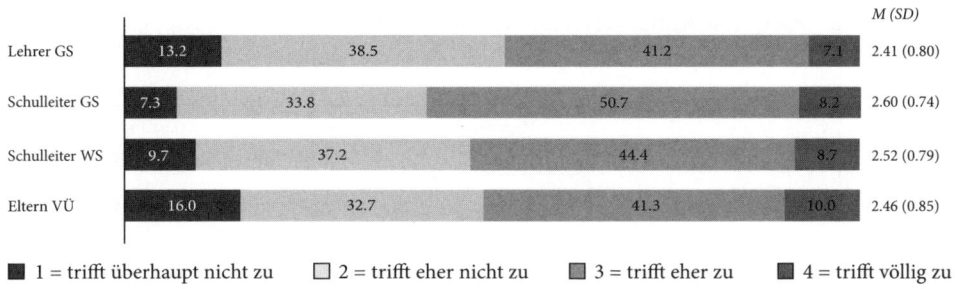

1 = trifft überhaupt nicht zu   □ 2 = trifft eher nicht zu   ■ 3 = trifft eher zu   ■ 4 = trifft völlig zu

Angaben in Prozent, Werte unter 5 Prozent werden in der Datenbeschriftung nicht ausgewiesen. Gruppen: Lehrer GS = Lehrer Grundschulen, Schulleiter GS = Schulleiter Grundschulen, Schulleiter WS = Schulleiter weiterführende Schulen, Eltern VÜ = Eltern vor dem Übergang; *M* = Mittelwert, *SD* = Standardabweichung.

Abbildung 7.A1:   Erwartungen an die neue Schulstruktur durch die Lehrer sowie Schulleiter der Grundschulen, Schulleiter der weiterführenden Schulen und Eltern (Item: „Soziale Ungleichheiten im Bildungssystem werden kleiner.")

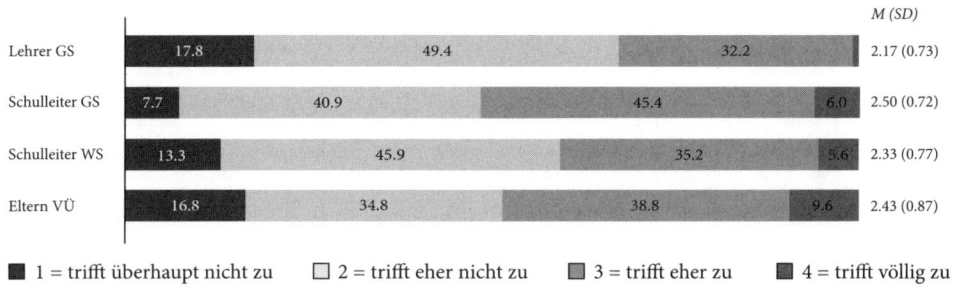

1 = trifft überhaupt nicht zu   □ 2 = trifft eher nicht zu   ■ 3 = trifft eher zu   ■ 4 = trifft völlig zu

Angaben in Prozent, Werte unter 5 Prozent werden in der Datenbeschriftung nicht ausgewiesen. Gruppen: Lehrer GS = Lehrer Grundschulen, Schulleiter GS = Schulleiter Grundschulen, Schulleiter WS = Schulleiter weiterführende Schulen, Eltern VÜ = Eltern vor dem Übergang; *M* = Mittelwert, *SD* = Standardabweichung.

Abbildung 7.A2:   Erwartungen an die neue Schulstruktur durch die Lehrer sowie Schulleiter der Grundschulen, Schulleiter der weiterführenden Schulen und Eltern (Item: „Es wird eine bessere individuelle Förderung der Kinder ermöglicht.")

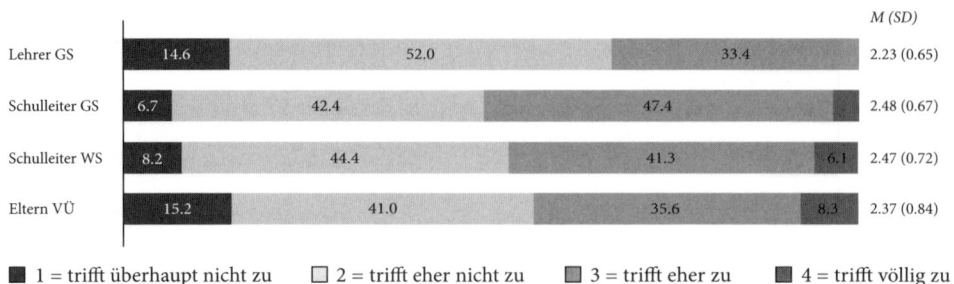

1 = trifft überhaupt nicht zu ☐ 2 = trifft eher nicht zu ▨ 3 = trifft eher zu ■ 4 = trifft völlig zu

Angaben in Prozent, Werte unter 5 Prozent werden in der Datenbeschriftung nicht ausgewiesen. Gruppen: Lehrer GS = Lehrer Grundschulen, Schulleiter GS = Schulleiter Grundschulen, Schulleiter WS = Schulleiter weiterführende Schulen, Eltern VÜ = Eltern vor dem Übergang; M = Mittelwert, SD = Standardabweichung.

Abbildung 7.A3: Erwartungen an die neue Schulstruktur durch die Lehrer sowie Schulleiter der Grundschulen, Schulleiter der weiterführenden Schulen und Eltern (Item: „Die Zahl der Schulabbrecherinnen und Schulabbrecher wird sinken.")

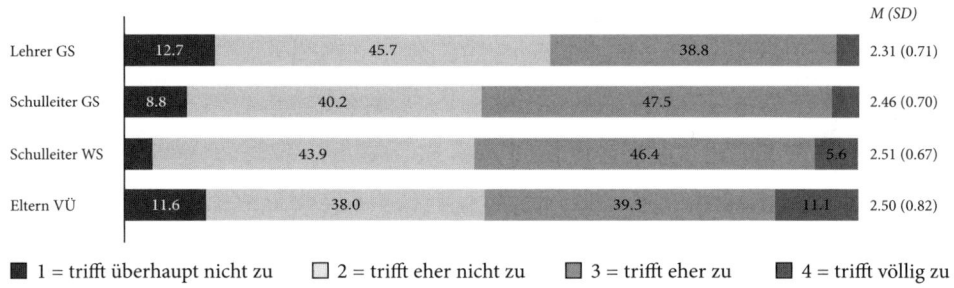

1 = trifft überhaupt nicht zu ☐ 2 = trifft eher nicht zu ▨ 3 = trifft eher zu ■ 4 = trifft völlig zu

Angaben in Prozent, Werte unter 5 Prozent werden in der Datenbeschriftung nicht ausgewiesen. Gruppen: Lehrer GS = Lehrer Grundschulen, Schulleiter GS = Schulleiter Grundschulen, Schulleiter WS = Schulleiter weiterführende Schulen, Eltern VÜ = Eltern vor dem Übergang; M = Mittelwert, SD = Standardabweichung.

Abbildung 7.A4: Erwartungen an die neue Schulstruktur durch die Lehrer sowie Schulleiter der Grundschulen, Schulleiter der weiterführenden Schulen und Eltern (Item: „Mehr Kinder werden das Abitur erwerben.")

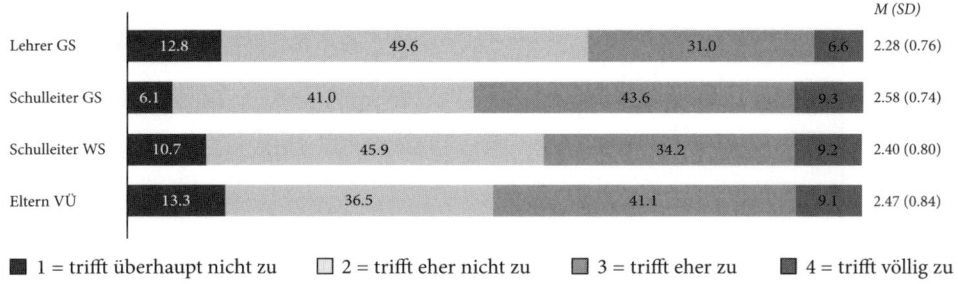

1 = trifft überhaupt nicht zu   2 = trifft eher nicht zu   3 = trifft eher zu   4 = trifft völlig zu

Angaben in Prozent, Werte unter 5 Prozent werden in der Datenbeschriftung nicht ausgewiesen. Gruppen: Lehrer GS = Lehrer Grundschulen, Schulleiter GS = Schulleiter Grundschulen, Schulleiter WS = Schulleiter weiterführende Schulen, Eltern VÜ = Eltern vor dem Übergang; *M* = Mitteltwert, *SD* = Standardabweichung.

Abbildung 7.A5:   Erwartungen an die neue Schulstruktur durch die Lehrer sowie Schulleiter der Grundschulen, Schulleiter der weiterführenden Schulen und Eltern (Item: „Durch die neue Schulstruktur werden sich die beruflichen Perspektiven der Schülerinnen und Schüler verbessern.")

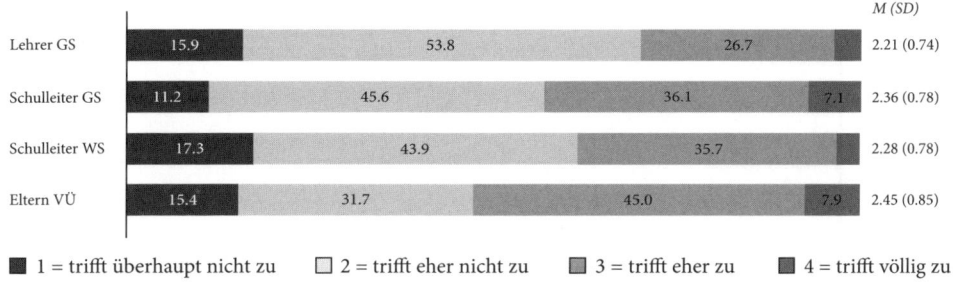

1 = trifft überhaupt nicht zu   2 = trifft eher nicht zu   3 = trifft eher zu   4 = trifft völlig zu

Angaben in Prozent, Werte unter 5 Prozent werden in der Datenbeschriftung nicht ausgewiesen. Gruppen: Lehrer GS = Lehrer Grundschulen, Schulleiter GS = Schulleiter Grundschulen, Schulleiter WS = Schulleiter weiterführende Schulen, Eltern VÜ = Eltern vor dem Übergang; *M* = Mitteltwert, *SD* = Standardabweichung.

Abbildung 7.A6:   Erwartungen an das neu gestaltete Übergangsverfahren durch die Lehrer sowie Schulleiter der Grundschulen, Schulleiter der weiterführenden Schulen und Eltern (Item: „Das neue Übergangsverfahren führt zu einer leistungsgerechteren Verteilung der Schülerinnen und Schüler auf die weiterführenden Schulen.")

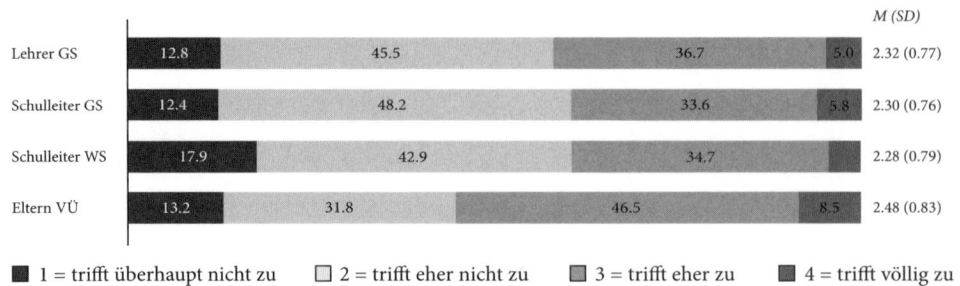

1 = trifft überhaupt nicht zu   2 = trifft eher nicht zu   3 = trifft eher zu   4 = trifft völlig zu

Angaben in Prozent, Werte unter 5 Prozent werden in der Datenbeschriftung nicht ausgewiesen. Gruppen: Lehrer GS = Lehrer Grundschulen, Schulleiter GS = Schulleiter Grundschulen, Schulleiter WS = Schulleiter weiterführende Schulen, Eltern VÜ = Eltern vor dem Übergang; M = Mittelwert, SD = Standardabweichung.

Abbildung 7.A7: Erwartungen an das neu gestaltete Übergangsverfahren mit Angaben durch die Lehrer sowie Schulleiter der Grundschulen, Schulleiter der weiterführenden Schulen und Eltern (Item: „Das neue Übergangsverfahren führt zu einer begabungsgerechteren Verteilung der Schülerinnen und Schüler auf die weiterführenden Schulen.")

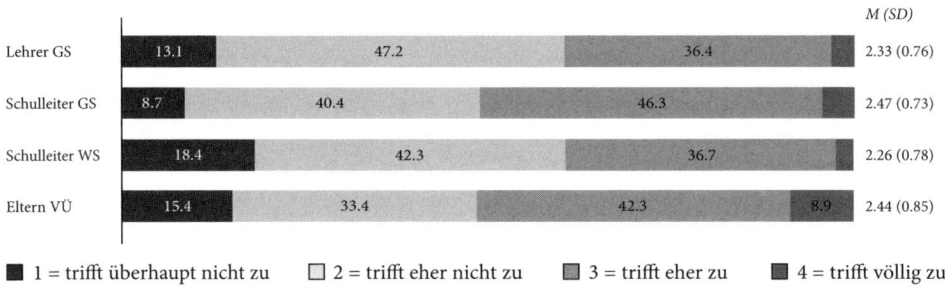

1 = trifft überhaupt nicht zu   2 = trifft eher nicht zu   3 = trifft eher zu   4 = trifft völlig zu

Angaben in Prozent, Werte unter 5 Prozent werden in der Datenbeschriftung nicht ausgewiesen. Gruppen: Lehrer GS = Lehrer Grundschulen, Schulleiter GS = Schulleiter Grundschulen, Schulleiter WS = Schulleiter weiterführende Schulen, Eltern VÜ = Eltern vor dem Übergang; M = Mittelwert, SD = Standardabweichung.

Abbildung 7.A8: Erwartungen an das neu gestaltete Übergangsverfahren durch die Lehrer sowie Schulleiter der Grundschulen, Schulleiter der weiterführenden Schulen und Eltern (Item: „Das neue Übergangsverfahren führt zu einer Verbesserung der sozialen Gerechtigkeit beim Übergang.")

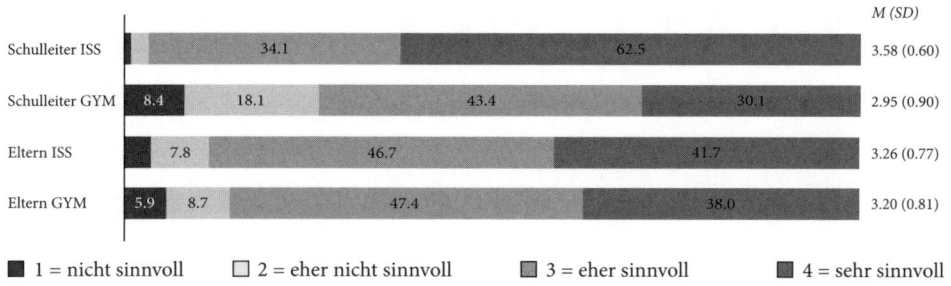

M (SD)

Schulleiter ISS	34.1	62.5	3.58 (0.60)
Schulleiter GYM	8.4 / 18.1 / 43.4 / 30.1		2.95 (0.90)
Eltern ISS	7.8 / 46.7 / 41.7		3.26 (0.77)
Eltern GYM	5.9 / 8.7 / 47.4 / 38.0		3.20 (0.81)

■ 1 = nicht sinnvoll □ 2 = eher nicht sinnvoll ■ 3 = eher sinnvoll ■ 4 = sehr sinnvoll

Angaben in Prozent, Werte unter 5 Prozent werden in der Datenbeschriftung nicht ausgewiesen. Gruppen: Schulleiter ISS = Schulleiter Integrierte Sekundarschulen, Schulleiter GYM = Schulleiter Gymnasien, Eltern ISS = Eltern Integrierte Sekundarschulen, Eltern GYM = Eltern Gymnasien; *M* = Mittelwert, *SD* = Standardabwei-

Abbildung 7.A9: Bewertung einzelner Bestandteile der Strukturreform durch die Schulleiterinnen sowie Schulleiter der weiterführenden Schulen und Eltern (Item: „die Möglichkeit über beide Schulformen alle Abschlüsse erwerben zu können")

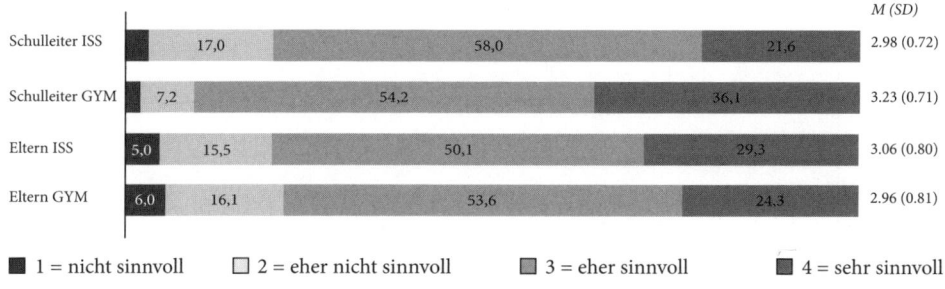

M (SD)

Schulleiter ISS	17,0 / 58,0 / 21,6		2.98 (0.72)
Schulleiter GYM	7,2 / 54,2 / 36,1		3.23 (0.71)
Eltern ISS	5,0 / 15,5 / 50,1 / 29,3		3.06 (0.80)
Eltern GYM	6,0 / 16,1 / 53,6 / 24,3		2.96 (0.81)

■ 1 = nicht sinnvoll □ 2 = eher nicht sinnvoll ■ 3 = eher sinnvoll ■ 4 = sehr sinnvoll

Angaben in Prozent, Werte unter 5 Prozent werden in der Datenbeschriftung nicht ausgewiesen. Gruppen: Schulleiter ISS = Schulleiter Integrierte Sekundarschulen, Schulleiter GYM = Schulleiter Gymnasien, Eltern ISS = Eltern Integrierte Sekundarschulen, Eltern GYM = Eltern Gymnasien; *M* = Mittelwert, *SD* = Standardabwei-

Abbildung 7.A10: Bewertung einzelner Bestandteile der Strukturreform durch die Schulleiterinnen sowie Schulleiter der weiterführenden Schulen und Eltern (Item: „die Führung der Integrierten Sekundarschulen als Ganztagsschulen")

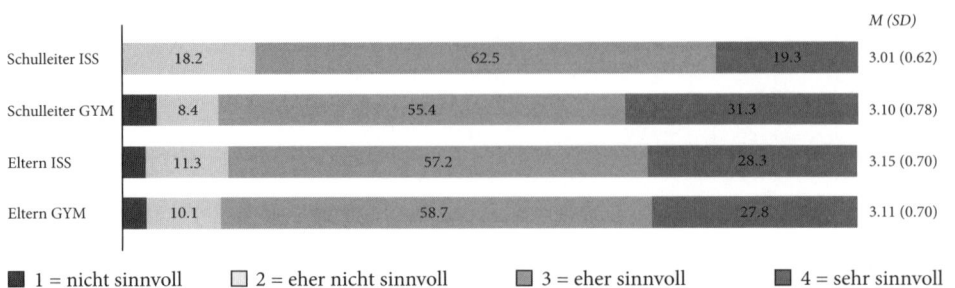

Angaben in Prozent, Werte unter 5 Prozent werden in der Datenbeschriftung nicht ausgewiesen. Gruppen: Schulleiter ISS = Schulleiter Integrierte Sekundarschulen, Schulleiter GYM = Schulleiter Gymnasien, Eltern ISS = Eltern Integrierte Sekundarschulen, Eltern GYM = Eltern Gymnasien; M = Mittelwert, SD = Standardabwei-

Abbildung 7.A11: Bewertung einzelner Bestandteile der Strukturreform durch die Schulleiterinnen sowie Schulleiter der weiterführenden Schulen und Eltern (Item: „die starke Betonung des Dualen Lernens bei den Integrierten Sekundarschulen")

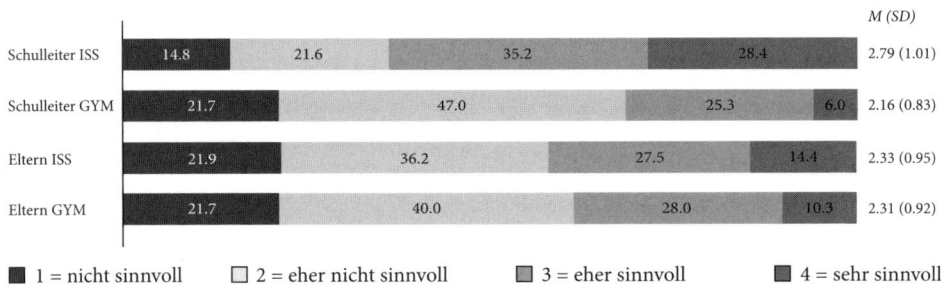

Angaben in Prozent, Werte unter 5 Prozent werden in der Datenbeschriftung nicht ausgewiesen. Gruppen: Schulleiter ISS = Schulleiter Integrierte Sekundarschulen, Schulleiter GYM = Schulleiter Gymnasien, Eltern ISS = Eltern Integrierte Sekundarschulen, Eltern GYM = Eltern Gymnasien; M = Mittelwert, SD = Standardabwei-

Abbildung 7.A12: Bewertung einzelner Bestandteile der Strukturreform durch die Schulleiterinnen sowie Schulleiter der weiterführenden Schulen und Eltern (Item: „der Wegfall des sogenannten „Sitzenbleibens" an den Integrierten Sekundarschulen")

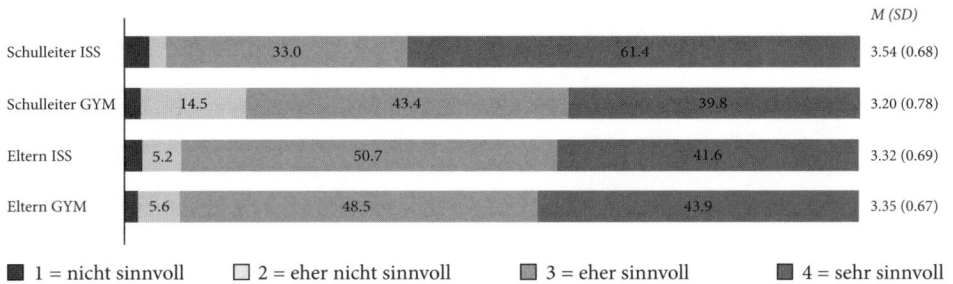

1 = nicht sinnvoll   2 = eher nicht sinnvoll   3 = eher sinnvoll   4 = sehr sinnvoll

Angaben in Prozent, Werte unter 5 Prozent werden in der Datenbeschriftung nicht ausgewiesen. Gruppen: Schulleiter ISS = Schulleiter Integrierte Sekundarschulen, Schulleiter GYM = Schulleiter Gymnasien, Eltern ISS = Eltern Integrierte Sekundarschulen, Eltern GYM = Eltern Gymnasien; M = Mittelwert, SD = Standardabwei-

Abbildung 7.A13: Bewertung einzelner Bestandteile des Übergangsverfahrens durch die Schulleiterinnen sowie Schulleiter der weiterführenden Schulen und Eltern (Item: „ein verbindliches Beratungsgespräch zwischen Schule und Eltern")

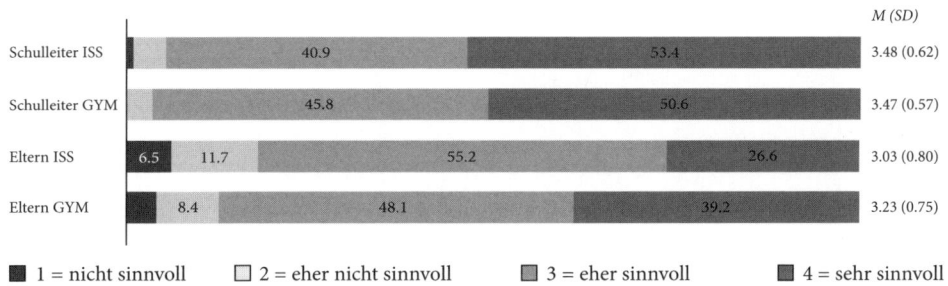

1 = nicht sinnvoll   2 = eher nicht sinnvoll   3 = eher sinnvoll   4 = sehr sinnvoll

Angaben in Prozent, Werte unter 5 Prozent werden in der Datenbeschriftung nicht ausgewiesen. Gruppen: Schulleiter ISS = Schulleiter Integrierte Sekundarschulen, Schulleiter GYM = Schulleiter Gymnasien, Eltern ISS = Eltern Integrierte Sekundarschulen, Eltern GYM = Eltern Gymnasien; M = Mittelwert, SD = Standardabwei-

Abbildung 7.A14: Bewertung einzelner Bestandteile des Übergangsverfahrens durch die Schulleiterinnen sowie Schulleiter der weiterführenden Schulen und Eltern (Item: „die schriftliche Förderprognose durch die Grundschule")

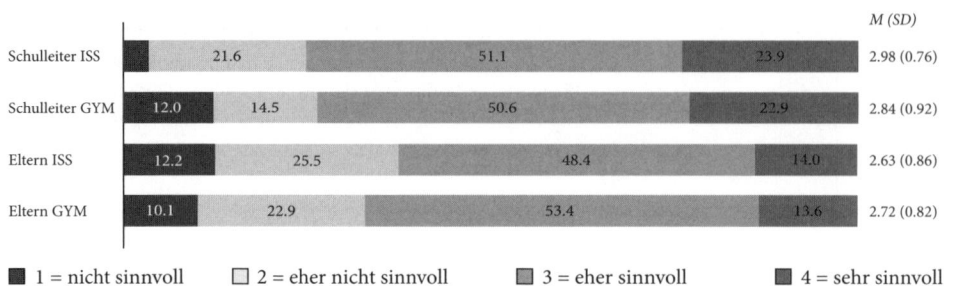

1 = nicht sinnvoll   2 = eher nicht sinnvoll   3 = eher sinnvoll   4 = sehr sinnvoll

Angaben in Prozent, Werte unter 5 Prozent werden in der Datenbeschriftung nicht ausgewiesen. Gruppen: Schulleiter ISS = Schulleiter Integrierte Sekundarschulen, Schulleiter GYM = Schulleiter Gymnasien, Eltern ISS = Eltern Integrierte Sekundarschulen, Eltern GYM = Eltern Gymnasien; M = Mitteltwert, SD = Standardabwei-

Abbildung 7.A15: Bewertung einzelner Bestandteile des Übergangsverfahrens durch die Schulleiterinnen sowie Schulleiter der weiterführenden Schulen und Eltern (Item: „die Vergabe von 60 Prozent der verfügbaren Plätze an einer Schule nach inhaltlichen, von der Schulaufsicht genehmigten Kriterien")

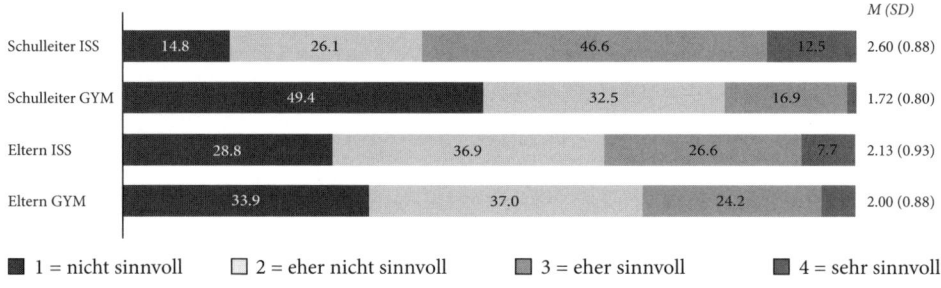

1 = nicht sinnvoll   2 = eher nicht sinnvoll   3 = eher sinnvoll   4 = sehr sinnvoll

Angaben in Prozent, Werte unter 5 Prozent werden in der Datenbeschriftung nicht ausgewiesen. Gruppen: Schulleiter ISS = Schulleiter Integrierte Sekundarschulen, Schulleiter GYM = Schulleiter Gymnasien, Eltern ISS = Eltern Integrierte Sekundarschulen, Eltern GYM = Eltern Gymnasien; M = Mitteltwert, SD = Standardabwei-

Abbildung 7.A16: Bewertung einzelner Bestandteile des Übergangsverfahrens durch die Schulleiterinnen sowie Schulleiter der weiterführenden Schulen und Eltern (Item: „die Vergabe von 30 Prozent der verfügbaren Plätze an einer Schule durch das Los")

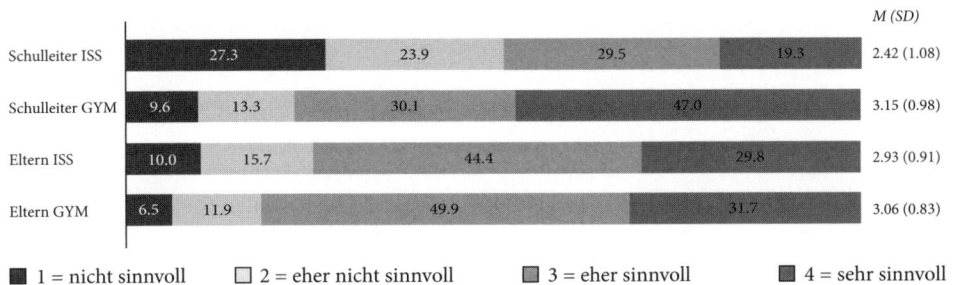

M (SD)

Schulleiter ISS	27.3 / 23.9 / 29.5 / 19.3	2.42 (1.08)
Schulleiter GYM	9.6 / 13.3 / 30.1 / 47.0	3.15 (0.98)
Eltern ISS	10.0 / 15.7 / 44.4 / 29.8	2.93 (0.91)
Eltern GYM	6.5 / 11.9 / 49.9 / 31.7	3.06 (0.83)

■ 1 = nicht sinnvoll   □ 2 = eher nicht sinnvoll   ■ 3 = eher sinnvoll   ■ 4 = sehr sinnvoll

Angaben in Prozent, Werte unter 5 Prozent werden in der Datenbeschriftung nicht ausgewiesen. Gruppen: Schulleiter ISS = Schulleiter Integrierte Sekundarschulen, Schulleiter GYM = Schulleiter Gymnasien, Eltern ISS = Eltern Integrierte Sekundarschulen, Eltern GYM = Eltern Gymnasien; M = Mitteltwert, SD = Standardabwei-

Abbildung 7.A17: Bewertung einzelner Bestandteile des Übergangsverfahrens durch die Schulleiterinnen sowie Schulleiter der weiterführenden Schulen und Eltern (Item: „das Probejahr am Gymnasium")

Kapitel 8
Die Berliner Schulstrukturreform – Zusammenfassung und Ausblick

Jürgen Baumert, Kai Maaz, Marko Neumann, Michael Becker, Hanna Dumont, Susanne Böse & Michaela Kropf

Alle Länder der Bunderepublik sehen sich gegenwärtig mit der Herausforderung der Modernisierung der Schulstruktur konfrontiert. Ausschlaggebend dafür sind demografische Entwicklungen, eine veränderte Bildungsnachfrage sowie der Zwang zur Beseitigung von strukturell entstandenen institutionellen Problemzonen, wie etwa den Hauptschulen in städtischen Ballungsräumen. Berlin ist das einzige Bundesland, dem es gelungen ist, ein Zwei-Säulen-Modell flächendeckend zu einem Zeitpunkt einzuführen. Daraus ergibt sich die Möglichkeit einer langfristigen wissenschaftlichen Begleitung in einem quasi-experimentellen Design, in dem Entwicklungsverläufe nicht nur beschrieben, sondern auch mit Kontrollgruppen verglichen werden können. Mit der BERLIN-Studie erfolgt eine entsprechende wissenschaftliche Begleitung und Evaluation der Berliner Schulstrukturreform einschließlich der Neugestaltung des Übergangsverfahrens in die weiterführenden Schulen. Im Folgenden werden die zentralen Befunde des vorliegenden Berichts der BERLIN-Studie zur Veränderung des Übergangsverfahrens von der Grundschule in das neu strukturierte Berliner Sekundarschulsystem zusammengefasst. Dabei wurden vier größere Fragekomplexe thematisiert. (1) Die Wahrnehmung der Reform durch die betroffenen Akteure, (2) Der 6. Grundschuljahrgang in Berlin – vor und nach der Schulstrukturreform, (3) Auswirkungen der Reform auf Muster sozialer Disparitäten im Übergangsprozess und (4) Konsequenzen der Reform für die Wahl der Einzelschule.

8.1 Die Berliner Schulstrukturreform in der Wahrnehmung der beteiligten Akteure

8.1.1 Beurteilung der Berliner Schulstrukturreform

Zweigliedrigkeit: Hohe Akzeptanz des Differenzierungsgrades der Sekundarstufe
Die Akzeptanz des Differenzierungsgrades der Sekundarstufe wurde mit drei Fragen erhoben, die unterschiedlich weitgehende Eingriffe in die bisherige Schulstruktur beschrieben. Die erste Frage bezog sich auf die Abschaffung allein der Hauptschule, die zweite Frage auf die Einführung der Zweigliedrigkeit und die dritte Frage auf die Einrichtung einer einheitlichen Sekundarstufe I, die auch das Gymnasium einschließt. Die Befragung ergab folgendes Bild: Hinsichtlich der Notwendigkeit, die kaum nachgefragte Hauptschule in Berlin abzuschaffen, war sich eine große Mehrheit des Leitungspersonals an allen Schulformen einig. Nahezu 70 Prozent der Schulleiterinnen und Schulleiter an Gymnasien und über

80 Prozent an Grundschulen und Integrierten Sekundarschulen hielten diesen Schritt für überfällig. Eine Mehrheit von rund 65 Prozent der Lehrkräfte an Grundschulen teilte diese Ansicht; aber immerhin gut ein Drittel von ihnen würde die Hauptschule offensichtlich gern als Nische für schwache Schülerinnen und Schüler beibehalten. Ob hier Fürsorgemotive oder implizite Begabungstheorien eine Rolle spielen, ist aufgrund der Befragung nicht zu entscheiden. Ein ähnliches Bild zeichnete sich in der Elternschaft ab, aber mit einer deutlicheren Tendenz zur Polarisierung.

Bei der Beurteilung der Einführung der Integrierten Sekundarschule und der Zweigliedrigkeit wiederholte sich dieses Muster. Die Zustimmung zur Strukturreform lag aufseiten des Leitungspersonals – also den Personen, die systemische Verantwortung übernehmen – zwischen 65 Prozent (Gymnasialleiterinnen und -leiter) und mehr als 80 Prozent (Leiterinnen und Leiter von Grundschulen und Integrierten Sekundarschulen). Die Zustimmung der Grundschullehrkräfte fiel mit 60 Prozent etwas vorsichtiger aus, während sich die Elternschaft – unabhängig davon, ob das Kind eine Integrierte Sekundarschule oder ein Gymnasium besucht – in zwei Lager teilte, wobei die Fraktion der Befürworter etwas größer war. Die hohe Übereinstimmung der Antwortmuster bei beiden Fragen legt den Schluss nahe, dass bei der Ablehnung von Reformmaßnahmen nicht der Grad der Differenzierung der Sekundarstufe ausschlaggebend ist, sondern schon die Antastung des Status quo, und zwar insbesondere die Integration der leistungsschwächsten Schülerinnen und Schüler in eine heterogenere Lerngemeinschaft.

Vor dem Hintergrund dieser Antworten überrascht die Bewertung einer ungegliederten Sekundarstufe I nicht. 85 Prozent der Leiterinnen und Leiter von Gymnasien wiesen die Vorstellung entschieden zurück. Aber auch eine deutliche Mehrheit von Lehrkräften und Schulleiterinnen und Schulleitern an Grundschulen sowie über 75 Prozent der Elternschaft an Gymnasien hielten eine solche Entscheidung für falsch. Dies gilt auch für rund 65 Prozent der Eltern von Kindern, die eine Integrierte Sekundarschule besuchen. Allein die Leitungen von Integrierten Sekundarschule konnten sich mehrheitlich (68 %) eine einheitliche Sekundarstufe I vorstellen.

Das Gesamtbild dieser Befunde spricht für den politischen, aber auch pädagogischen Realismus einer Strukturentscheidung zugunsten der Zweigliedrigkeit. Das professionelle Personal der Berliner allgemeinbildenden Schulen steht in relativ großer Mehrheit hinter dieser Entscheidung. Auch eine Mehrheit der Elternschaft unterstützt sie. Die weit geteilte Vorstellung von der Integrität des Gymnasiums weist darauf hin, dass die Landesregierung gut beraten war, die in Berlin immer wieder diskutierte Frage nach dem Frühübergang zum Gymnasium am Ende der 4. Jahrgangsstufe nicht im Zusammenhang mit der Strukturreform zu thematisieren und die bestehenden Regelungen unangetastet zu lassen.

Hohe Akzeptanz der Entkopplung von Abschluss und Bildungsgang: Unterschiedliche Wege führen zur allgemeinen Hochschulreife
Im Vergleich zu dem differenzierten Bild bei der Bewertung des Differenzierungsgrades der Sekundarstufe fällt die Beurteilung der zeitlichen und curricularen Differenzierung von Bildungsgängen bei Zielgleichheit erstaunlich eindeutig aus. Bei den Eltern hielten 85 Prozent (Elternschaft an Gymnasien) bis 90 Prozent (Elternschaft an Integrierten Sekundarschulen)

die Parallelität von zwei Bildungsgängen, die gleichermaßen zu allen Abschlüssen – also auch zur allgemeinen Hochschulreife führen – für sehr sinnvoll oder eher sinnvoll. Aufseiten der Schulleitungen lag die Zustimmung zwischen 74 Prozent an den Gymnasien und 97 Prozent an den Integrierten Sekundarschulen. Auf eine vergleichbar hohe Zustimmung traf die Berufsorientierung und das Duale Lernen an Integrierten Sekundarschulen (rund 85 % Zustimmung über alle Gruppen hinweg). Diese Befunde zeigen, dass die Entkopplung von Bildungsgang und Abschluss, die sich in den vergangenen Jahrzehnten in allen Bundesländern vollzogen hat, mittlerweile als Strukturmerkmal eines modernen Bildungssystems akzeptiert ist.

Ganztagsschule: Akzeptanz eines neuen Zeitregimes
Noch vor 15 Jahren war die Ganztagsschule ein Thema, das sowohl Politik als auch die Elternschaft entzweite. Die Vorrangigkeit der Erziehung in der Familie und die Verfügbarkeit über nichtreglementierte Zeit aufseiten der Jugendlichen wurden gegen einen überbordenden Fürsorgeanspruch des Staates ins Feld geführt. Der Strukturwandel der Familie, die zunehmende Berufstätigkeit beider Elternteile von schulpflichtigen Kindern und die Erfahrung einer neuen Rhythmisierung des Lernens in Ganztagsschulen haben diesen Streit obsolet werden lassen. 86 Prozent der Schulleiterinnen und Schulleiter an weiterführenden Schulen und rund 80 Prozent der Elternschaft hielten die flächendeckende Einführung der Integrierten Sekundarschule als Ganztagsschule für richtig. Dezidierte Ablehnung gab es praktisch so gut wie nicht mehr. Ein neues schulisches Zeitregime im Jugendalter ist prinzipiell akzeptiert. Die Bewährungsprobe betrifft demnach allein die Ausgestaltung der Ganztagsschule.

Verzicht auf Klassenwiederholung: Ein Streitthema
Die Frage der Klassenwiederholung polarisiert Eltern und Schulleitungen an den weiterführenden Schulen. Eine Mehrheit von 69 Prozent der Schulleiterinnen und Schulleiter an Gymnasien war der Ansicht, dass ein Verzicht auf Klassenwiederholung auch an den Integrierten Sekundarschulen pädagogisch nicht sinnvoll sei. Dabei war der Anteil dezidierter Meinungen relativ hoch. Dagegen war eine Mehrheit von 64 Prozent der Leiter und Leiterinnen von Integrierten Sekundarschulen – also die Personen, die durch diese Regelung direkt betroffen sind – der Überzeugung, dass dies eine pädagogisch sinnvolle Regelung sei, mit der Sekundarschulen auch vernünftig umgehen könnten. Bei dieser divergenten Beurteilung scheinen im Hintergrund noch unterschiedliche Vorstellungen über Förderung und Auslese zu wirken. Dagegen sind die Vorstellungen der Elternschaft – unabhängig davon, ob ein Kind eine Integrierte Sekundarschule oder ein Gymnasium besucht – einheitlicher. Rund 60 Prozent hielten den Verzicht auf Klassenwiederholung für wenig sinnvoll. Der Anteil dezidierter Befürworter des Verzichts auf Klassenwiederholung war mit 12 Prozent klein. Hinsichtlich der Umsetzung und Umsetzbarkeit der Reform ist jedoch entscheidend, dass die Schulleitungen der Integrierten Sekundarschulen mehrheitlich den Wegfall der Klassenwiederholung akzeptierten und nur eine Minderheit von etwa 15 Prozent diese Regelung dezidiert verwarf. Die Frage der Klassenwiederholung ist ein gutes Beispiel dafür, dass Systemlogik nicht notwendigerweise mit der Handlungslogik unterschiedlicher Akteure im System zusammenfällt.

Erwartungen hinsichtlich der Zielerreichung

Wenn man Lehrkräfte, Schulleiterinnen und Schulleiter sowie Eltern nach einem Jahr mehr oder minder direkter Erfahrung mit der neuen Schulstruktur um Auskunft zu ihren Erwartungen bittet, inwieweit die expliziten Ziele der Strukturreform auch tatsächlich erreicht würden, erhält man weder eine Aussage über die Implementation der Reform noch über das tatsächliche Umsetzungspotenzial. Darüber wird zu berichten sein, wenn die BERLIN-Kohorte die Sekundarstufe I durchlaufen hat. Mit der Erfassung von Erwartungen bei gegebener Urteilsunsicherheit erhält man jedoch einen Indikator für das Vertrauen in die Gestaltungsmöglichkeiten eines ergebnisoffenen Prozesses bei einmal getroffener Strukturentscheidung. Wünschenswert für die Umsetzung der Reform ist ein wohlwollender Realismus, der sowohl unbegründeten Optimismus wie destruktive Skepsis vermeidet. In diesem Fall erwarteten wir Urteile, die sich bei vier vorgegebenen Antwortalternativen (skeptisch/eher skeptisch/eher optimistisch/optimistisch) auf die beiden Mittelkategorien konzentrieren und sich damit um den theoretischen Mittelpunkt der Skala gruppieren. Urteile mit hoher Überzeugungssicherheit sollten selten auftreten. Im Einzelnen dürften die Antworten sowohl von der Akzeptanz der Strukturmerkmale als auch von der persönlichen Disposition zu eher optimistischen oder skeptischen Erwartungen abhängen.

Zu folgenden Zieldimensionen wurden Erfolgserwartungen erfragt: (1) Verbesserung individueller Förderung, (2) Verringerung der Schulabbrecherquote, (3) Verbesserung der beruflichen Perspektiven, (4) Erhöhung der Abiturientenquoten und (5) Verringerung sozialer Ungleichheit. Wichtigster Befund ist, dass die Erfolgserwartungen in allen Zieldimensionen insgesamt verhalten-realistisch waren. Etwa 80 Prozent der Antworten konzentrierten sich auf die beiden mittleren Antwortkategorien, mit denen leichter Optimismus oder leichte Skepsis zum Ausdruck gebracht werden. Betrachtet man die Antwortverteilungen der einzelnen Akteursgruppen, so neigten Grundschullehrkräfte etwas stärker zur Skepsis: Insbesondere waren sie der Meinung, dass eine Verbesserung der individuellen Förderung im neuen System eher nicht zu erwarten sei. Diese Skepsis teilten sie mit den Schulleiterinnen und Schulleitern von Gymnasien, aber auch mit der Elternschaft. Unter den Grundschullehrkräften und den Eltern fand sich auch eine relativ stabile Gruppe von etwa 15 Prozent, die dezidiert negative Erwartungen hinsichtlich des Erfolgs von Integrierten Sekundarschulen hatte. Insgesamt etwas zuversichtlicher waren alle Akteursgruppen hinsichtlich der Verringerung der Schulabbruchquoten und der relativen Zunahme von Abschlüssen mit Hochschulzugangsberechtigung. Ein gradueller Unterschied in den Antworttendenzen ist bei Schulleiterinnen und Schulleitern an Integrierten Sekundarschulen feststellbar: Auch ihre Urteile waren vorsichtig, aber mit einer positiven Gesamttendenz. Sie sahen ihre Arbeit als sachliche Herausforderung – risikoreich, aber nicht ohne Erfolgschancen.

Fasst man das Gesamtergebnis zusammen, so wird man festzuhalten haben, dass die übergroße Mehrheit aller Akteure in ihren Erwartungen hinsichtlich der Zielerreichung der Reform einen verhaltenen Realismus zum Ausdruck bringt. Reformeuphorie und systematischer Pessimismus sind die Ausnahme. Dies ist eine brauchbare Ausgangslage für die konkrete Arbeit. Schwierigkeiten bei der Umsetzung der Reform sind zu erwarten. Für ihre Bewältigung sind hohe Enttäuschungs- und Obstruktionsrisiken nicht hilfreich. Die größte Herausforderung der Umsetzung der Strukturreform wird nach der Ansicht aller Beteiligten die Verbesserung der individuellen Förderung sein.

8.1.2 Akzeptanz des modifizierten Übergangsverfahrens: Bewertung durch Schulleiterinnen und Schulleiter, Lehrkräfte und Eltern

Bewertung der neuen Übergangsregelung: Hohe Zufriedenheit mit dem Ergebnis und weitgehende Akzeptanz des Verfahrens
Aufgrund des bisherigen eingespielten Verfahrens war hohe Zustimmung bei allen Einzelregelungen zu erwarten, die den Beratungs- und Informationsprozess für die Eltern ordnen, ohne das Entscheidungsrecht der Eltern anzutasten. Durchaus kontrovers könnte dagegen die Auswahlregelung bei Übernachfrage weiterführender Schulen rezipiert werden. Kritisch dürften alle Vorschriften aufgenommen werden, die möglicherweise einen Kontrollverlust für die beteiligten Akteure bedeuten können. So war zu erwarten, dass Auswahlentscheidungen nach transparenten inhaltlichen Kriterien noch akzeptiert, Losentscheidungen, bei denen der Zufall regiert, aber abgelehnt werden. Die Ablehnung sollte umso stärker ausfallen, je wichtiger die Profilbildung einer Schule für die Akteure ist.

Wie sahen die Bewertungen der einzelnen Regelungen und des Verfahrens insgesamt aus? Beginnt man mit dem Ergebnis des Übergangsverfahrens, so ist das auffälligste Resultat, dass eine große Mehrheit der Eltern von Kindern an Integrierten Sekundarschulen und Gymnasien (zwischen 80 % und 90 %) mit der tatsächlich gewählten oder zugewiesenen Schule zufrieden oder sogar sehr zufrieden war. Dieser Befund weist darauf hin, dass das Verfahren praktikabel ist und das Ergebnis grundsätzlich mit den Vorstellungen der meisten Eltern verträglich zu sein scheint. Lässt man das Verfahren selbst – unabhängig vom individuellen Ergebnis – insgesamt bewerten, so war eine Mehrheit von etwa 60 Prozent der Eltern und der Leiterinnen und Leiter von Gymnasien damit zufrieden oder eher zufrieden. Besonders ausgeprägt war das positive Urteil bei Schulleiterinnen und Schulleitern an Grundschulen und Integrierten Sekundarschulen. Hier lag die Zustimmung bei über 70 Prozent.

Wirft man einen genaueren Blick auf die Einzelregelungen des Verfahrens, zeigte sich im Wesentlichen das vorhergesagte Muster. Über alle Akteursgruppen hinweg war die Nützlichkeit des verbindlichen Beratungsgesprächs und der schriftlichen Förderprognose unstrittig. Auch die Differenzierungskomponente bei der Auswahl von Schülerinnen und Schüler im Fall der Übernachfrage von weiterführenden Schulen fand überwiegende Zustimmung. Das Losverfahren dagegen, dass Profilierung und Wettbewerb von Schulen begrenzen soll, wurde von allen Beteiligten mit Ausnahme der Schulleitungen an Integrierten Sekundarschulen (Zustimmungsanteil 59 %) deutlich bis vehement abgelehnt. Über 80 Prozent der Leiterinnen und Leiter von Gymnasien sprachen sich gegen das Losverfahren aus und sahen darin eine besondere Gefahr für das Profil ihrer Schulen. Bei den Eltern fanden sich Ablehnungsanteile zwischen 66 Prozent (Eltern Integrierte Sekundarschule) und 71 Prozent (Eltern Gymnasium). Die Verlängerung der Probezeit am Gymnasium von einem halben auf ein ganzes Jahr traf auf große Zustimmung der Schulleiterinnen und

Schulleiter an Gymnasien sowie der gesamten Elternschaft. Schulleitungen an Integrierten Sekundarschulen standen der verlängerten Probezeit neutral bis eher ablehnend gegenüber.

Fazit

Insgesamt sind das neue Übergangsverfahren und die meisten seiner Einzelregelungen unter allen Akteuren entweder völlig unstrittig oder doch weitgehend akzeptiert. Das Ergebnis des Verfahrens führt bei der großen Mehrheit der Elternschaft zu Zufriedenheit oder sogar hoher Zufriedenheit. Umstritten bleibt der Losentscheid. Diese systemische Wettbewerbskorrektur wird offensichtlich von allen Beteiligten – mit einer gewissen Ausnahme der Schulleiterinnen und Schulleiter an Integrierten Sekundarschulen – als Kontrollverlust und nicht kalkulierbares Risiko betrachtet.

8.2 Der 6. Grundschuljahrgang in Berlin – vor und nach der Schulstrukturreform

Stabile Basispopulation

Die gemeinsame Basispopulation der ELEMENT- und BERLIN-Studie (Schuljahre 2004/05 und 2010/11) sind Schülerinnen und Schüler der 6. Jahrgangsstufe an Grundschulen in öffentlicher Trägerschaft. Im Schuljahr 2004/05 traf dies für 79.6 Prozent aller Sechstklässler zu. 6.4 Prozent des Jahrgangs besuchten eine private Grundschule und etwa 14 Prozent befanden sich zu diesem Zeitpunkt an einer anderen Schulform. Knapp 8 Prozent besuchten ein grundständiges Gymnasium, ungefähr 4 Prozent wurden an einer Förderschule unterrichtet, während sich die Übrigen auf Primarstufen an Gemeinschaftsschulen oder Gesamtschulen verteilten. Dieses Verteilungsmuster hat sich zwischen dem Schuljahr 2004/05 und 2010/11 nicht verändert, sodass man insofern von einer stabilen Basispopulation ausgehen kann. Allerdings hat sich der Anteil der Grundschüler, die eine Privatschule besuchen, in diesem Zeitraum von 6.4 auf 9.2 Prozent erhöht. Dies ist ein Trend, den Berlin mit anderen Bundesländern und insbesondere Großstädten teilt. Dies hat Auswirkungen auf die Basispopulation der BERLIN-Studie: Zu ihr gehören 76.4 Prozent der Sechstklässler – also 3.2 Prozentpunkte weniger als in der ELEMENT-Studie. Man wird im Auge zu behalten haben, ob sich diese Verschiebung in Veränderungen der Sozialstruktur oder des Leistungsniveaus der Stichprobe widerspiegelt.

Hohe Jahrgangsstärke in der BERLIN-Kohorte

Mit Beginn des Schuljahres 2005/06 wurde in Berlin die Einschulungsregelung geändert. Bis dahin galt eine Stichtagsregelung nach der alle Kinder, die bis zum 30. Juni eines Jahres das sechste Lebensjahr vollendet hatten, schulpflichtig wurden. Fiel der sechste Geburtstag in die beiden Monate vor oder nach dem Stichtag, konnte das Kind auf Antrag der Erziehungsberechtigten in der Regel vorzeitig eingeschult oder von der Einschulung zurückgestellt werden. Nach der neuen, zum Schuljahr 2005/06 in Kraft getretenen Regelung werden alle Kinder, die im Laufe des Kalenderjahres sechs Jahre alt werden zum jeweiligen Schuljahresbeginn schulpflichtig. Für den Umstellungsjahrgang – und dies ist die Kohorte der BERLIN-Studie – bedeutete dies, dass zuzüglich zur Zahl der Einschulungsfälle nach alter

Regelung auch diejenigen Kinder eingeschult wurden, die im zweiten Halbjahr 2005 ihren sechsten Geburtstag hatten und nicht vorzeitig eingeschult worden wären. Daraus ergibt sich eine um etwa 17 Prozent stärkere Besetzung des Umstellungsjahrgangs, während die Folgejahrgänge wieder die normale Stärke des jeweiligen Geburtsjahrgangs aufweisen. Die Untersuchungskohorte der BERLIN-Studie ist also ein ungewöhnlich starker Schuljahrgang mit allen punktuellen Belastungen für die Grundschulen und auch in Hinblick auf mögliche Engpässe beim Übergang in die weiterführenden Schulen.

Das mittlere Alter der Grundschuljahrgänge sinkt

Als Folge der Umstellung des Einschulungsverfahrens sank im Vergleich zu den vorhergehenden Jahrgängen – also auch der Kohorte der ELEMENT-Studie – das mittlere Lebensalter der Schülerinnen und Schüler. Dieser Effekt wurde durch einen Rückgang der Zurückstellungen bei der Einschulung und durch einen zunehmenden Verzicht auf Klassenwiederholungen in der Grundschule unterstützt. Im Ergebnis führten diese Faktoren dazu, dass die Schülerinnen und Schüler der 6. Jahrgangsstufe im Schuljahr 2010/11 im Mittel um fast fünf Monate jünger waren als die Sechstklässler im Schuljahr 2004/05.

Stabilität der sozialstrukturellen und ethnischen Zusammensetzung der Basispopulation bei ansteigendem Bildungsniveau der Eltern

Betrachtet man die sozialstrukturelle und ethnische Zusammensetzung der Basispopulation zu beiden Untersuchungszeitpunkten, so zeigen sich sowohl Konstanz als auch leichte Veränderungen. Der Anteil von Schülerinnen und Schülern, die aus Zuwandererfamilien stammen, blieb mit 45 Prozent konstant; allerdings hat sich die Binnenstruktur dieser Gruppe verändert. Der Anteil der Kinder mit eigener Wanderungserfahrung – also der ersten Generation – hat sich etwa halbiert, während der Anteil der Angehörigen der zweiten Generation gewachsen ist. Deutlich wird auch, dass eine zunehmende Anzahl von Kindern der dritten Generation bereits die Grundschule durchläuft. Der Anteil türkisch- und polnischstämmiger Schülerinnen und Schüler blieb konstant, während der Anteil von Kindern aus Familien, die aus den Staaten der ehemaligen Sowjetunion oder des ehemaligen Jugoslawiens zugewandert waren, leicht angestiegen ist. Die sozialstrukturelle Zusammensetzung der Basispopulation blieb trotz einer höheren Abwanderung an private Grundschulen unverändert. Allerdings lässt sich für Eltern mit oder ohne Zuwanderungsgeschichte gleichermaßen ein Anstieg des mittleren Bildungsniveaus feststellen; insbesondere haben mehr Eltern von Sechstklässlern im Jahr 2011 eine Hochschulreife oder einen Hochschulabschluss erworben.

Gestiegene Quoten der Gymnasialempfehlungen und des Übergangs zum Gymnasium

Die steigende Nachfrage des Gymnasiums ist ein säkularer Trend, der in allen Bundesländern auf unterschiedlichem Niveau, aber mit ähnlicher Steigung nachweisbar ist. Auch Berlin teilte in den vergangenen Jahren diesen Trend. Vom Schuljahr 2004/05 bis zum Schuljahr 2010/11 stiegen die Quoten der Gymnasialempfehlungen relativ kontinuierlich von 37 auf 45 Prozent und der tatsächlich realisierten Übergänge von 36 auf 43 Prozent. Damit weist die Reformkohorte der BERLIN-Studie einen um 7 Prozentpunkte höheren Gymnasialanteil als die Kontrollkohorte der ELEMENT-Studie auf. Ob sich mit den leicht zurückgehenden Übergängen zum Schuljahr 2010/11 ein Trendwechsel andeutet, muss im Rahmen der vorliegenden Studie noch offen bleiben.

Konstantes Leistungsniveau bei höherer Jahrgangsstärke und jüngerer Schülerschaft an Grundschulen und stabile Leistungsstandards beim Übergang
Was bedeuten diese Prozesse für das erreichte Leistungsniveau in der 6. Jahrgangsstufe und das Übergangsgeschehen? Die Schülerschaft der 6. Jahrgangsstufe war im Schuljahr 2010/11 im Mittel deutlich, und zwar um fast fünf Monate, jünger als die Vergleichskohorte des Schuljahrs 2004/05. Trotz dieser Altersdifferenz blieb das Leistungsniveau in der letzten Grundschulklasse – betrachtet man die drei untersuchten Domänen Lesen, Mathematik und Englisch zusammen – unverändert bei leichten Variationen zwischen den Domänen (Verbesserung im Lesen, Stabilität in Mathematik und leichter Leistungsrückgang in Englisch). Für die Noten ist ein leichter Anstieg zu verzeichnen. Die Quote der Gymnasialempfehlungen ist zwischen den beiden Untersuchungszeitpunkten um 8 und die der entsprechenden Übergänge um 7 Prozentpunkte angestiegen – bei stabilen Gütemaßstäben der Grundschule. Denn das mittlere Leistungsniveau sowohl der Schülerinnen und Schüler mit Gymnasialempfehlung als auch der Übergänger auf ein Gymnasium hat sich zwischen den beiden Untersuchungszeitpunkten nur marginal verändert. Dasselbe gilt für den Notendurchschnitt. Die mittleren Testleistungen und Noten für das Gymnasium empfohlener Schülerinnen und Schüler blieben trotz steigender Empfehlungs- und Übergangsquoten konstant.

8.3 Der Übergang von der Grundschule in die Sekundarstufe I: Effekte von Leistung und Herkunft vor und nach der Reform

8.3.1 Bildungsaspirationen – Die Rolle von Herkunft und Leistung

Steigende Bildungsaspirationen und stabile Ungleichheitsmuster
Vergleicht man die Bildungsaspirationen der Eltern in der ELEMENT- und der BERLIN-Studie, stellt man fest, dass im Zeitraum von 2005 bis 2011 die Attraktivität der Hochschulreife im Rahmen des langfristigen Trends weiter zunahm. Der Anteil der Eltern, die für ihre Kinder das Abitur wünschten, stieg von 58 auf rund 68 Prozent – also um etwa 10 Prozentpunkte. Damit korrespondiert ein entsprechender Rückgang der Attraktivität des Mittleren Abschlusses. Der Hauptschulabschluss bzw. der erweiterte Hauptschulabschluss kamen schon 2005 als reguläre Option bei 2 bzw. 4 Prozent Nennungen praktisch nicht mehr infrage. Daran änderte sich auch bis 2011 nichts.

Während sich Eltern mit Hauptschulaspiration und Aspiration auf einen Mittleren Schulabschluss kaum unterschieden, lassen sich systematische Unterschiede zwischen den beiden Elterngruppen, die für ihre Kinder die Hochschulreife bzw. einen Mittleren Schulabschluss wünschen, hinsichtlich Sozialstruktur und Bildungsniveau feststellen. Am Grundmuster dieser Unterschiede hat sich in den vergangenen Jahren wenig geändert. Der mittlere Sozialschichtindex beider Gruppen unterschied sich um mehr als eine halbe Standardabweichung. Dies entspricht beispielsweise dem Statusunterschied zwischen einem

Sozialarbeiter und einer Krankenschwester. Und die Bildungsaspirationen waren weiterhin in hohem Maße vom eigenen Bildungsniveau der Eltern abhängig. Für Eltern mit Abitur war ein entsprechender Schulabschluss der Kinder fast selbstverständlich; über 80 Prozent erwarteten 2005 (82 %) und 2011 (86 %) einen entsprechenden Abschluss. Hatten Eltern höchstens einen Hauptschulabschluss bzw. Mittleren Abschluss erreicht, lagen die entsprechenden Raten in der ELEMENT-Kohorte bei 45 bzw. 54 Prozent und in der BERLIN-Kohorte bei 56 bzw. 62 Prozent. Die deutlichen herkunftsbedingten Differenzen in den Bildungsaspirationen sprechen für relativ stabile sozialschichtabhängige Wertvorstellungen. Sozialschichtzugehörigkeit und Bildungsniveau erklärten gemeinsam etwa 17 Prozent der Aspirationsunterschiede von Eltern. Dies gilt gleichermaßen für die ELEMENT- und die BERLIN-Kohorte.

Langfristige Korrespondenz von Bildungsaspirationen und Schulleistung

Sowohl in der ELEMENT- als auch in der BERLIN-Studie hingen Schulleistungen der Kinder und Abschlusswünsche der Eltern eng zusammen. Testleistung und Noten erklärten gemeinsam in beiden Studien 51 Prozent der Varianz in den Abituraspirationen, also deutlich mehr als die Merkmale der sozialen Herkunft. In Berlin war also in beiden Kohorten nach sechsjähriger Grundschulzeit eine sichtbare Korrespondenz von Bildungsaspirationen – soweit es um den Wunsch nach einer Hochschulreife geht – und Schulleistungen feststellbar. Für den Vergleich zwischen der elterlichen Aspiration auf einen Hauptschulabschluss und einen Mittleren Schulabschluss fand sich nur in ELEMENT eine Korrespondenz zwischen gewünschtem Schulabschluss und den Schulleistungen der Kinder. In BERLIN hatten die Testleistungen und Noten der Kinder keine Vorhersagekraft mehr für die Wahrscheinlichkeit einen Mittleren Schulabschluss anstelle eines Hauptschulabschlusses anzustreben.

Berücksichtigt man Testleistung und Noten sowie Sozialschichtzugehörigkeit und Bildungsniveau gemeinsam in einer multivariaten Analyse zur Vorhersage der Aspiration auf ein Abitur, stieg der erklärte Anteil der Variabilität der Aspirationen um 1 Prozentpunkt auf 52 Prozent in der BERLIN-Kohorte und um 4 Prozentpunkte auf 55 Prozent in der ELEMENT-Kohorte. Was bedeutet dies? Zunächst: Schulleistungen und Bildungsaspirationen stehen in einem substanziellen wechselseitigen Zusammenhang – und zwar auch unabhängig von Herkunftsmerkmalen. Dies spricht für eine langfristig adaptive Zielregulierung und eine entsprechende Adjustierung von Aspirationen. Dann: Herkunft zählt – aber vor allem gemeinsam mit und vermittelt durch Leistung und nur in geringem Umfang spezifisch und zusätzlich.

Bildungsoptimismus von Zuwandererfamilien

Rein deskriptiv betrachtet ließen sich sowohl in der ELEMENT-Studie als auch in der BERLIN-Studie nur relativ kleine Unterschiede in den Bildungsaspirationen zwischen Familien mit und ohne Migrationshintergrund nachweisen. Kontrolliert man jedoch für Sozialschicht und Bildungsniveau, wird erkennbar, dass Zuwandererfamilien deutlich bildungsmotivierter waren als Eltern, die in Deutschland geboren wurden. Dieser Unterschied vergrößerte sich weiter, wenn auch Noten und Testleistungen konstant gehalten wurden. Dies spricht für einen *immigrant optimism,* der eine wichtige Integrationsressource zugewanderter Familien sein kann. Entscheidend ist allerdings die Frage, ob dieser in den Bildungsaspirationen zum Ausdruck kommende Optimismus auch in Vorteile der Bildungsbeteiligung umgesetzt werden kann.

8.3.2 Übergangsempfehlung bzw. Förderprognose – Leistungsstandards und herkunftsbedingte Disparitäten

Steigender Anteil von Gymnasialempfehlungen und stabile Gütemaßstäbe
Zwischen 2005 und 2011 setzte sich der Trend zu einem höheren Anteil von Gymnasialempfehlungen fort. Die Quote der entsprechenden Förderprognosen stieg in Berlin in diesem Zeitraum von 37 auf 45 Prozent. Vergleicht man die Durchschnittsnoten und die durchschnittlichen Testleistungen von Kindern mit und ohne Gymnasialempfehlung zu beiden Zeitpunkten, ergibt sich der bemerkenswerte Befund, dass trotz steigender Gymnasialempfehlungen die Gütemaßstäbe der Förderprognosen stabil blieben: 2005 und 2011 wurden in beiden Empfehlungsgruppen dieselben Leistungsergebnisse erreicht. Damit blieben auch die Leistungsabstufungen zwischen Gymnasialempfehlung und Empfehlungen auf nichtgymnasiale Schulformen, die für die Testleistungen ungefähr $d = 1.5$ SD und für die Noten etwa $d = 2.5$ SD betrugen, praktisch unverändert.

Übergangsempfehlung bzw. Förderprognose: Keine Verstärkung herkunftsbedingter Disparitäten
Auch die mit den Übergangsempfehlungen verbundenen herkunftsbedingten Ungleichheiten änderten sich zwischen 2005 und 2011 nur marginal. Die Abweichungen blieben im Bereich zufällig zu erwartender Schwankungen. Der Sozialstatus und das Bildungsniveau der Eltern sowie die Zuwanderungsgeschichte des Elternhauses hingen in erwarteter Richtung und in substanzieller Höhe mit den Übergangsempfehlungen bzw. Förderprognosen zusammen. Mit höherem Sozialstatus und steigendem Bildungsniveau verbesserte sich auch die Chance der Kinder, eine Gymnasialempfehlung zu bekommen. Dagegen erhielten Schülerinnen und Schüler aus Zuwandererfamilien seltener diese Prognose. Auch das Geschlecht stand mit der Übergangsempfehlung in Zusammenhang: Mädchen erhielten häufiger eine Empfehlung für das Gymnasium.

In der BERLIN-Studie erklärten das Geschlecht und die Merkmale der sozialen, bildungsmäßigen und ethnischen Herkunft gemeinsam 21 Prozent der Varianz der Übergangsempfehlung, in der ELEMENT-Studie lag der entsprechende Anteil bei 15 Prozent. In beiden Studien erwies sich die Durchschnittsnote als stärkster Prädiktor der Förderprognose – sie erklärte allein 95 Prozent der Varianz in ELEMENT und 90 Prozent der Varianz in BERLIN – gefolgt von den mittleren Testleistungen, die 46 Prozent (in ELEMENT) und 56 Prozent (in BERLIN) der Varianz aufklärten. Kontrollierte man für Testleistung und Durchschnittsnote, waren in beiden Studien keine zusätzlichen Effekte der Herkunft mehr nachweisbar. Die oben erwähnten Einflüsse der Herkunft auf die Übergangsempfehlung ließen sich also vollständig durch die Unterschiede in den schulischen Leistungen der Kinder (Tests und Noten), das heißt durch primäre Herkunftseffekte, sofern nicht in den Noten sekundäre Effekte enthalten sind, erklären. Mit der Übergangsempfehlung bzw. Förderprognose werden in Berlin herkunftsbedingte Disparitäten über die bereits bestehenden Zusammenhänge zwischen Herkunftsmerkmalen und Testleistung bzw. Noten hinaus nicht verstärkt. Es lassen sich also in Berlin keine mit der Übergangsempfehlung verbundenen zusätzlichen *sekundären* Herkunftseffekte nachweisen. Damit unterscheidet sich die in Berlin nach dem 6. Schuljahr vergebene Übergangsempfehlung bzw. Förderprognose strukturell von den Ungleichheit verstärkenden Übergangsempfehlungen in anderen Bundesländern am Ende der 4. Jahrgangsstufe. Dieses Ergebnis ist besonders bemerkenswert, da es in zwei parallelisierten Untersuchungen, aber unabhängigen Stichproben repliziert werden konnte.

Kleine sekundäre Herkunftseffekte bei der Notenvergabe
In diesem Zusammenhang gilt es jedoch auch zu prüfen, ob und vor allem wie eng die Notenvergabe mit objektivierbaren Leistungen einerseits und familiären Herkunftsmerkmalen andererseits zusammenhängt. Prüft man, inwieweit die drei Herkunftsmerkmale – Sozialstatus, Bildungsniveau und Migrationsstatus – die Durchschnittsnote vorhersagen, kann man in ELEMENT 13 Prozent, in BERLIN 17 Prozent der Notenvarianz durch Herkunftsmerkmale erklären. Der bei weitem wichtigste Prädiktor war jedoch die Testleistung, die allein 47 Prozent (in ELEMENT) bzw. 48 Prozent (in BERLIN) der Notenunterschiede erklärte. Kontrolliert man die durchschnittliche Testleistung, lassen sich in BERLIN zwar statistisch signifikante Effekte für die Herkunftsmerkmale finden, diese klärten jedoch kaum zusätzliche Varianz auf. In Berlin sind demnach weder bei der Übergangsempfehlung bzw. Förderprognose noch in der Durchschnittsnote am Ende der 6. Jahrgangsstufe nennenswerte *sekundäre* Effekte der Herkunft nachweisbar.

8.3.3 Die Übergangsentscheidung

Steigende Übergangsquoten zum Gymnasium und Stabilität der Verteilungsmaßstäbe
Nahezu parallel zum Anstieg der Gymnasialempfehlungen stieg auch der Anteil der Übergänger zum Gymnasium. Zwischen 2005 und 2011 erhöhte sich die Quote in den beiden Studien von 37 auf 43 Prozent. Trotz der gestiegenen Übergangsraten haben sich die Leistungsstandards – vergleichbar mit den bereits berichteten Befunden für die Übergangsempfehlung – nicht verändert. Das mittlere Leistungsniveau der Übergänger sowohl zum Gymnasium als auch zur Integrierten Sekundarschule blieb stabil, und zwar sowohl im Hinblick auf den Notendurchschnitt als auch im Hinblick auf die mittleren Testleistungen. Die Leistungsunterschiede zwischen beiden Gruppen sind nach wie vor beträchtlich und betragen für die Testleistungen etwa $d = 1.3\ SD$ und für die Durchschnittsnote rund $d = 1.8\ SD$.

Primäre und sekundäre Herkunftseffekte beim Übergang in die weiterführenden Schulen: Was entscheidet über den Übergang – Leistung, Herkunft oder beides?
Wichtigste Einzelprädiktoren der Übergangsentscheidung waren in Berlin die Durchschnittsnote, die Übergangsempfehlung bzw. die Förderprognose, die Bildungsaspirationen der Eltern und die durchschnittliche Testleistung. Sozialstatus, Bildungsniveau und Migra-

tionsstatus der Familien spielten eine deutlich geringere Rolle. An dieser Reihenfolge hat sich zwischen 2005 und 2011 nichts geändert. Auch die Stärke der Zusammenhänge blieb weitgehend konstant.

Die drei Eignungs- und Leistungsindikatoren – Testleistung, Noten und Empfehlung – erklärten im Rahmen der BERLIN-Studie insgesamt 58 Prozent der Varianz der Übergangsentscheidung auf, in ELEMENT waren dies 63 Prozent. Damit steht außer Frage, dass die Übergangsentscheidungen der Eltern zu beiden Untersuchungszeitpunkten im Kern Eignungs- und Leistungsentscheidungen sind. Diesen Befund muss man im Auge behalten, wenn man darauf hinweist, dass bei der Übergangsentscheidung auch Sozialstatus, Bildungsniveau und Zuwanderungsgeschichte der Familie eine Rolle spielen. Diese drei Merkmale erklärten gemeinsam 15 Prozent (in BERLIN) bzw. 13 Prozent (in ELEMENT) der Variabilität der Übergangsentscheidung. Dies ist der Gesamteffekt der Herkunft, in den sowohl primäre als auch sekundäre Herkunftseffekte eingehen. Mit höherer Sozialschicht und höherem Bildungsniveau der Familie steigt auch die Wahrscheinlichkeit des Kindes, ein Gymnasium zu besuchen. Besondere Aufmerksamkeit verdient der Migrationsstatus. Der bivariate Zusammenhang zwischen Migrationsstatus und Übergangsentscheidung ist in der ELEMENT- und BERLIN-Kohorte leicht negativ: Kinder aus Zuwandererfamilien hatten geringere Chancen, zum Gymnasium zu wechseln. Doch bereits bei Kontrolle der Sozialschicht und des Bildungsniveaus wird das Vorzeichen positiv: Bei gleicher Sozialschichtzugehörigkeit und gleichem Bildungsniveau der Familie deutete sich ein kleiner Vorteil für Kinder mit Migrationshintergrund an. Berücksichtigt man darüber hinaus Testleistung und Noten, wurde ein großer und stabiler Übergangsvorteil zugunsten von Kindern aus Zuwandererfamilien erkennbar. Zuwandererfamilien sind also – stimmen die Leistungsvoraussetzungen ihrer Kinder – sehr wohl in der Lage, ihren beschriebenen Bildungsoptimismus als persönliche Ressource für die Bildungsbeteiligung ihrer Kinder einzusetzen. Dieser Effekt war in BERLIN größer als in ELEMENT.

Betrachtet man die Rolle von Leistungs- und Herkunftsmerkmalen gemeinsam, ließen sich in BERLIN 62 Prozent, in ELEMENT 65 Prozent der Varianz der Übergangsentscheidung aufklären. Das heißt, die Herkunftsmerkmale tragen einen kleinen zusätzlichen Teil zur Aufklärung der Varianz der Übergangsentscheidung bei; in der BERLIN-Studie handelte es sich um 4 und in der ELEMENT-Studie um 2 Prozentpunkte. Der Großteil des Herkunftseffekts, der in den beiden Studien ja insgesamt 15 bzw. 13 Prozent der Varianz der Übergangsentscheidung ausmachte, ist über Unterschiede in den Leistungen vermittelt. Somit kam den primären Herkunftseffekten in beiden Studien eine größere Bedeutung beim Übergang auf das Gymnasium zu. Dennoch ließen sich in beiden Studien (d. h. auch im zweigliedrigen Sekundarschulsystem Berlins) zusätzliche sekundäre Herkunftseffekte erkennen und statistisch absichern, die über die Bildungsaspirationen der Eltern vermittelt werden. Dabei hatten die elterlichen Aspirationen auf ein Abitur in BERLIN einen signifikant größeren Einfluss auf den Übergang auf ein Gymnasium als in ELEMENT.

Die alte Schulstruktur und die Bedeutung der gymnasialen Oberstufen
Während sich beim Vergleich des Gymnasiums mit den Integrierten Sekundarschulen in BERLIN bzw. den zu einer Gesamtgruppe zusammengefassten nichtgymnasialen Schulfor-

men in ELEMENT kaum bedeutsame Veränderung im Übergangsprozess nach der Reform zeigte, ergab sich ein komplexeres Bild in zusätzlichen Analysen, in denen die Schulformen, aus denen die Integrierten Sekundarschulen hervorgegangen sind, mit betrachtet wurden. Dazu wurde analysiert, inwiefern die ehemalige Schulform einer Integrierten Sekundarschule das Übergangsverhalten beeinflusste. Hier zeigte sich in der Tat, dass die alte Schulstruktur noch erkennbar war und sich ein Zusammenhang zwischen Schulform, aus der eine Integrierte Sekundarschule hervorgegangen war, und Wahlverhalten von Eltern und Kindern nachweisen ließ.

Im Einzelnen zeigte sich in den zusätzlichen Analysen, dass zum Zeitpunkt der ELEMENT-Studie vorhandene Unterschiede zwischen Haupt- und Realschulen im Hinblick auf die Ausgangsleistungen der Schülerinnen und Schüler nach der Zusammenlegung der beiden Schulformen weniger stark ausgeprägt waren. Auf der anderen Seite war in der BERLIN-Studie ein neuer Unterschied zwischen Integrierten Sekundarschulen zu beobachten: Während in ELEMENT Kinder mit guten Leistungen und Noten eher auf eine Realschule als auf eine Gesamtschule wechselten, zeigte sich das umgekehrte in BERLIN. Hier gingen Schülerinnen und Schüler mit guten Noten und Leistungen eher auf eine Integrierte Sekundarschule, die vorher eine Gesamtschule war, als auf eine Integrierte Sekundarschule, die aus einer Realschule hervorgegangen ist. Das heißt, die Klientel an ehemaligen Gesamtschulen unterscheidet sich zwischen den beiden Studienzeitpunkten dahingehend, dass im Schuljahr 2011/12 ehemalige Gesamtschulen von leistungsstärkeren Schülerinnen und Schülern besucht wurden als im Jahr 2005. Auf der Basis weiterer durchgeführter Analysen zeichnete sich darüber hinaus ab, dass die größere Attraktivität von ehemaligen Gesamtschulen für Schülerinnen und Schüler mit besseren Noten und Leistungen auf das Vorhandensein einer eigenen gymnasialen Oberstufe zurückzuführen ist. Langfristig könnte dies dazu führen, dass sich aufgrund der unterschiedlichen Schülerzusammensetzung Leistungsunterschiede zwischen Integrierten Sekundarschulen mit und ohne gymnasiale Oberstufe ausbilden könnten.

8.4 Die Wahl der weiterführenden Schulen im neu geordneten Berliner Übergangsverfahren: Eltern wählen ihre Schule – aber wie und mit welchem Erfolg?

Wahlverhalten der Eltern

Eltern treffen Schulwahlen nicht unvorbereitet. Sie verfügen über eine Reihe von Informationsquellen. Thema des obligatorischen Beratungsgesprächs an der Grundschule ist nicht nur die Wahl der am besten geeigneten Schulform, sondern auch die Frage, welche weiterführende Schule im Einzelfall gewählt werden sollte. Dies ist auch ein Gesprächsgegenstand unter Eltern, und zwar insbesondere unter Eltern von miteinander befreundeten Kindern. Dabei werden nicht nur Erfahrungen mit älteren Geschwisterkindern ausgetauscht, sondern auch zunehmend die Internetauftritte der weiterführenden Schulen besprochen, die sich mittlerweile alle mit ihrem Schulprogramm auf einer eigenen Homepage vorstellen. In diesem Zusammenhang können auch Berichte der Schulinspektion eine Rolle spielen. Dies bedeutet, dass sich der Ruf einer Schule sehr wohl bis zu einem gewissen Grade substantiieren lässt. Mit zunehmender Informiertheit dürften die Schulwahlen der Eltern entschiedener ausfallen und möglicherweise auch stärker emotional besetzt sein. Damit steigt aber auch das Enttäuschungsrisiko, falls ein Schulwunsch nicht erfüllt werden kann. Bei strukturellen Passungsproblemen zwischen Nachfrage und Angebot können Akzeptanzprobleme für das gesamte Verfahren entstehen.

Eltern machen von ihrem Präferenzwahlrecht Gebrauch
Wie wichtig für Eltern die Wahl der einzelnen weiterführenden Schulen ist, wird aus der Nutzung des Wahlrechts deutlich. 94 Prozent aller Eltern gaben mindestens einen Schulwunsch zu Protokoll. In zwei Dritteln der Fälle wurde die Rangliste mit drei Wünschen voll ausgeschöpft. Je besser die Noten und Testleistungen der Kinder waren, umso eher machten Eltern von ihren Vorschlagsmöglichkeiten Gebrauch. Kritischer Aufmerksamkeit bedürfen wahrscheinlich die 6 Prozent der Eltern, die keinen Schulwunsch äußerten, sei es, dass ihnen die Wahl der Schule gleichgültig war oder sie durch das Verfahren überfordert wurden. Besonders betroffen waren leistungsschwächere Kinder, die aus sozial schwächeren Familien stammen. Hier stellt sich die Frage, inwieweit Beratungsprozesse optimierbar sind.

Was hat Priorität – die Schulform oder die Einzelschule?
Für die Mehrheit der Eltern ist die Wahl der Schulform die erste zu fällende Entscheidung. Dann werden innerhalb der Schulform Wunschschulen ausgesucht. Rund zwei Drittel der Eltern benannten drei Wunschschulen konsistent innerhalb derselben Schulform. 38 Prozent der Eltern entschieden sich eindeutig für Gymnasien und 31 Prozent eindeutig für Integrierte Sekundarschulen. Die Eltern mit einer konsistenten Wunschliste von drei Gymnasien stimmten in ihren Abschlussaspirationen weitgehend überein: Sie strebten für ihre Kinder fast ausnahmslos die Hochschulreife an. In den Fällen einer einheitlichen Wahl von Integrierten Sekundarschulen weist die Verteilung der Abschlusserwartungen darauf hin, dass die Philosophie des Zwei-Säulen-Modells, in beiden Schulformen alle Abschlüsse anzubieten, in der Elternschaft verstanden wurde. 42 Prozent der Eltern strebten für ihre Kinder das Abitur an, 37 Prozent einen Mittleren Abschluss, ein kleiner Prozentsatz die Berufsbildungsreife und der Rest war noch unentschlossen.

Besondere Aufmerksamkeit verdient das Drittel der Eltern, die als Wunschschulen sowohl Gymnasien als auch Integrierte Sekundarschulen angaben. In diesen Fällen ist nicht mehr die Schulform das prioritäre Entscheidungskriterium, sondern die Passung und Qualität der Einzelschule. Dies ist ein Phänomen, das auf eine sich verändernde Schullandschaft, in der sich Sekundarschulen und Gymnasien ineinanderschieben, hindeutet und für die Rationalität von Elternentscheidungen spricht. Die Elterngruppe der inkonsistenten Wähler äußerte hohe Bildungsaspirationen: 88 Prozent strebten für ihre Kinder das Abitur an. Gleichzeitig lagen die Noten der Schülerinnen und Schüler in charakteristischer Weise in jenem mittleren Bereich, in dem Grundschullehrkräfte eine Förderprognose sowohl für das Gymnasium als auch für die Integrierte Sekundarschule ausstellen können. Die tatsächliche Quote der Gymnasialprognosen lag bei 61 Prozent. Diese Eltern scheinen sich in einer Situation erhöhter Unsicherheit zu befinden, in der – unter den Bedingungen des

Zwei-Säulen-Modells – die Wahl der richtigen Einzelschule größere Bedeutung erhält als die Wahl der Schulform. Damit dürfte ein Zwei-Säulen-System, das die Wahl der Schulform freistellt, an Eltern, deren Kinder einen Notendurchschnitt im mittleren Bereich erzielen, erhöhte Entscheidungsanforderungen stellen.

Wahlmotive der Eltern: Einheitliche Motivstrukturen bei der Wahl von Gymnasien und Integrierten Sekundarschulen

Es ist ein bemerkenswerter Befund, dass die Schulwahlmotive von Eltern, die sich zwischen Gymnasien bzw. Integrierten Sekundarschulen zu entscheiden haben, kaum differierten. Es gab leichte Abweichungen in der Stärke der Motive, aber nicht in ihrer Rangfolge. Eltern trafen ihre Schulwahl vornehmlich aufgrund (1) des guten Rufs einer Schule, (2) der Qualität ihrer Ausstattung und (3) ob ein Kind dort mit leistungsstarken Schülerinnen und Schülern zusammen lernen kann. Über 90 Prozent der befragten Eltern hielten diese Schulmerkmale für wichtig oder sehr wichtig. Im Unterschied zu Ergebnissen aus Flächenstaaten spielten die Wohnungsnähe und der Ganztagsbetrieb einer Schule eine etwas geringere Rolle. In einer Großstadt mit ausgezeichneter Verkehrsinfrastruktur traten beide Faktoren im Vergleich zu anderen Qualitätsmerkmalen zurück.

Unterschiede in der Motivstärke zeigten sich besonders in zweierlei Hinsicht. Praxisorientiertes Lernen scheint in überraschender Weise für Eltern generell ein wichtiges Qualitätsmerkmal einer Schule zu sein. Über 90 Prozent der Eltern von Kindern an Integrierten Sekundarschulen hielten die Praxisorientierung ihrer Schule für wichtig oder eher wichtig. Die Zustimmungsrate lag bei Eltern mit Kindern an Gymnasien etwas niedriger, aber auch bei 85 Prozent. Die Differenz in der Motivstärke betrug eine drittel Standardabweichung. Die hohe Zustimmung ist bei der Wahl von Integrierten Sekundarschulen erwartungskonform – denn das berufsorientierte und Duale Lernen soll ja gerade ein Unterscheidungsmerkmal dieser Schulform sein. Umso überraschender ist es, dass der Anspruch der Praxisrelevanz des Lernens auch an das Gymnasium gerichtet wurde. Eltern erwarteten dabei kaum eine Anpassung der Fächerstruktur des Gymnasiums an die Integrierte Sekundarschule, wohl aber einen angemessenen Realitätsbezug des gymnasialen Programms.

Eine ähnliche Abstufung der Motivstärke zwischen den beiden Elterngruppen ist auch bei der Frage des Ganztagsbetriebs der weiterführenden Schulen zu erkennen. Für 63 Prozent der Eltern, die sich für eine Integrierte Sekundarschule entschieden haben, und für 46 Prozent der Eltern von Kindern an Gymnasien war dies ein wichtiger Aspekt ihrer Schulwahl. Die Differenz der Motivstärke zwischen beiden Gruppen betrug deutlich über eine drittel Standardabweichung.

Institutionelle Auswirkungen der Schulwahl: Über- und Unternachfrage von Schulen

Erwartungsgemäß werden weiterführende Schulen in unterschiedlichem Maße nachgefragt. Die Schulwahl von Eltern ist kein Zufallsprozess. Von den 214 weiterführenden Schulen im Land Berlin hatten zu Beginn des Schuljahres 2011/12 nach den Erstwünschen der Eltern 85 Schulen (40 %) eine Über- und 129 (60 %) eine Unternachfrage bzw. eine ausgeglichene Nachfrage zu verzeichnen. Dabei hielten sich Über- bzw. Unternachfrage in der Regel in engeren Grenzen. In knapp zwei Dritteln der Fälle betrug die Abweichung von Nachfrage und Angebot weniger als 45 Prozent der verfügbaren Plätze. Allerdings gab es auch bemerkenswerte Extremfälle. In einem Fall fielen auf 100 verfügbare Plätze 18 und in einem anderen Fall 253 Anmeldungen. Das neue Auswahlverfahren kam in 85 Schulen (40 %) zur Anwendung, obwohl in vielen Fällen nur ein sehr geringer Überhang an Erstwünschen zu verzeichnen war.

Schulen haben ihre eigene Geschichte

Betrachtet man die Auswirkungen der Schulwahlen getrennt für Gymnasien und Integrierte Sekundarschulen, so zeigt sich beim Vergleich der Anteile von über- und unternachgefragten Schulen ein ähnliches Ergebnis: In beiden Schulformen konnten rund 40 Prozent der Schulen die Erstwünsche der Eltern nicht in Gänze erfüllen und mussten Schülerinnen und Schüler abweisen. Bei einem genaueren Blick wird aber auch deutlich, dass die Varianz der Nachfrage-Angebots-Relation zwischen Gymnasien weitaus kleiner ist als die zwischen Integrierten Sekundarschulen. Die Standardabweichung der Nachfrage-Angebots-Relation betrug im gymnasialen Bereich 25 Prozent und im Sekundarschulbereich 55 Prozent. Dies bedeutet, dass für die Mehrheit der Gymnasien Über- bzw. Unternachfrage eher gering ausfielen, während sie im Bereich der Integrierten Sekundarschulen schon beträchtlich sein konnten. Dieser Befund legt den Schluss nahe, dass sich Gymnasien untereinander weit weniger in der von Eltern wahrgenommenen Qualität ihrer Arbeit und Ausstattung unterschieden als dies bei Integrierten Sekundarschulen der Fall war.

Eine genauere Analyse der Anwahlen von Integrierten Sekundarschulen belegt eine Attraktivitätsrangreihe, die im Wesentlichen durch die zurückreichende Schulgeschichte bestimmt wird. Mit der Umgründung einer Schule wird Schulgeschichte nicht neu begonnen. Integrierte Sekundarschulen, die aus Gesamtschulen mit eigener gymnasialer Oberstufe hervorgegangen sind, konnten zu rund 70 Prozent eine Übernachfrage verzeichnen, Integrierte Sekundarschulen, die durch Umgründung einer Realschule entstanden sind, waren zu etwa 50 Prozent übernachgefragt. Umgegründete Gesamtschulen ohne eigene Oberstufe wiesen nur in etwa 30 Prozent der Fälle Über-, aber in rund 70 Prozent Unternachfrage auf. Im Fall von umgegründeten Haupt- bzw. zusammengelegten Haupt- und Realschulen war Übernachfrage die Ausnahme; der Anteil übernachgefragter Schulen lag unter 10 Prozent. Bemerkenswert ist, dass auch hier einzelne Schulen hoch akzeptiert waren. Aus diesem Befund ergibt sich die Schlussfolgerung, dass die Geschichte einer Schule in doppelter Weise ihre Attraktivität bestimmt. Auch mit der Umgründung befreien sich Schulen nicht sofort von ihrer strukturellen Vergangenheit. Dies gilt für die Ausstattung mit einer gymnasialen Oberstufe ebenso wie für die bisherige Schulformzugehörigkeit. Aber auch innerhalb eines jeweiligen Strukturtyps gab es Varianz in der Nachfrage: Hier haben Schulen ihre pädagogische Geschichte selbst geschrieben. Sie wirkt auch im neuen System nach.

Das Schulwahlverhalten der Eltern verstärkt die Differenzierung des Systems und erhöht den Wettbewerb

Das beschriebene Schulwahlverhalten der Eltern macht Unterschiede auch zwischen Schulen derselben Schulform sichtbar und verstärkt diese. Diese Differenzierung war besonders ausgeprägt im Bereich der Integrierten Sekundarschulen. Daraus ergibt sich auch ein verstärkter Wettbewerb um knappe Schulplätze, der vor allem Schülerinnen und Schüler mit guten Noten betrifft, da deren Eltern in besonderem Maße übernachgefragte Schulen wählten. Dieser Zusammenhang war bei Integrierten Sekundarschulen deutlich zu erkennen; im Bereich der Gymnasien deutete er sich nur an.

Enttäuschte oder erfüllte Schulwünsche? Hohe Passung von Nachfrage und Platzangebot
Die letztlich wohl wichtigste Frage im Zusammenhang der Schulwahl von Eltern betrifft die Passung von Nachfrage und Platzangebot. Erzeugt das Wahlsystem Enttäuschung oder Zufriedenheit bei den Betroffenen? Trotz der beschriebenen differenziellen Nachfrage von Einzelschulen erweist sich das Zwei-Säulen-Modell im Hinblick auf die Passung von Nachfrage und Platzangebot als insgesamt gut bis sehr gut ausbalanciert. Im Gymnasialbereich konnten 92 Prozent der Erstwünsche tatsächlich erfüllt werden. In der zweiten Säule der Integrierten Sekundarschulen fiel diese Quote mit 79 Prozent etwas niedriger aus, blieb aber immer noch sehr hoch. Betrachtet man alle drei Schulwünsche zusammen, steigt die Quote der erfüllten Wünsche auf 98 Prozent für die Gymnasien und 89 Prozent für die Integrierten Sekundarschulen. Im Gymnasialbereich kann man also insgesamt von einer entspannten Situation sprechen. Im Bereich der Integrierten Sekundarschulen ist der Wettbewerb etwas größer, da es hier doch eine Reihe von kaum nachgefragten Schulen gibt. Dieser Befund weist auf einen institutionellen Entwicklungsbedarf hin.

Wovon hängt die Erfüllung des Schulwunsches ab? Leistung, nicht Herkunft entscheidet
Was entscheidet darüber, ob ein Schulwunsch erfüllt wird oder nicht? Eine multivariate Prüfung möglicher Faktoren, die für die Verwirklichung eines Schulwunsches verantwortlich sein könnten, zeigt ein eindeutiges Ergebnis: Bei Kontrolle der Nachfrage-Angebots-Relation der einzelnen Schulen entschied bei Übernachfrage über die Realisierung des Schulwunsches die Durchschnittsnote der Förderprognose. Nach Berücksichtigung der Durchschnittsnote hatten weder Geschlecht noch Sozialstatus noch Bildungsniveau der Eltern noch die ethnische Herkunft einen Einfluss auf die Platzvergabe an übernachgefragten Schulen.

Zufriedenheit von Eltern und Schülerinnen und Schülern mit ihrer neuen Schule
Zwei Monate nach dem Übergang auf die weiterführenden Schulen wurden Eltern und Schülerinnen und Schüler nach ihrer Zufriedenheit mit der tatsächlich gewählten oder zugewiesenen Schule befragt. In diesem Zeitraum dürften sich die Anspannung des Übergangs gelöst, und die erste Eingewöhnung in die neue Schulgemeinde abgeschlossen sein. Die Zufriedenheit der Eltern und der Schülerinnen und Schüler mit ihrer neuen Schule ist abgestuft nach dem Grad der Erfüllung ihrer Schulwünsche hoch bis sehr hoch. Wurde der Erstwunsch erfüllt, berichteten gut 90 Prozent der Schülerinnen und Schüler und deren Eltern hohe bis sehr hohe Zufriedenheit. Konnte nur dem Zweitwunsch entsprochen werden, sank die Zufriedenheitsrate der Eltern auf 80 Prozent. Aber trotz einer gewissen Enttäuschung sind die Vorbehalte nur gradueller Art. Kam der Drittwunsch zum Zuge oder wurde in wenigen Fällen eine Schule zugewiesen, lag die Zufriedenheitsrate der Eltern noch

immer bei 70 Prozent. Allerdings brachten in diesen Fällen 10 Prozent der Eltern große Enttäuschung zum Ausdruck. Die Zufriedenheitsrate der Schülerinnen und Schüler sank nicht unter 80 Prozent. Insgesamt scheinen dies gute bis sehr gute Voraussetzungen für die Umsetzung der Schulstrukturreform zu sein.

8.5 Übergreifende Aspekte, offene Fragen und Grenzen der vorliegenden Studie: Ein vorläufiges Fazit

Die im vorliegenden Berichtsband vorgestellten Ergebnisse umfassen die zentralen Effekte, die sich an der ersten Gelenkstelle von der Primar- zur Sekundarschule ergeben. Die Befunde machen deutlich, dass einerseits aufseiten der Akteure ein überwiegend positives, gleichwohl differenziertes Meinungsbild bezüglich der Reformmaßnahmen vorzufinden ist und andererseits mit Blick auf die ablaufenden Prozesse im Entscheidungs- und Übergangsverhalten keine grundlegenden Fehlentwicklungen erkennbar sind. Die Studie weist auch auf spezifische, mitunter zentrale Einzelaspekte und potenzielle Chancen und Risiken hin, die es gerade aufgrund ihrer Mehrdeutigkeit hinsichtlich längerfristiger Effekte weiter zu verfolgen gilt.

Bei der Interpretation der vorliegenden Ergebnisse muss allerdings auch beachtet werden, dass sich Effekte von Reformen im Laufe der Zeit verändern können bzw. erst nach und nach hervortreten. Gerade in den ersten Jahren können tatsächliche Reformeffekte mitunter noch von anfänglichen Umsetzungsproblemen überlagert sein. Im Falle der Berliner Schulstrukturreform wird sich das System beispielsweise allein dadurch weiterentwickeln, dass alle Akteure Erfahrungen mit den neuen Strukturen sammeln werden. Im untersuchten Jahrgang lagen mit Blick auf die neue Schulstruktur lediglich Erfahrungen eines Schuljahres in der neuen Zweigliedrigkeit vor, das neue Übergangsverfahren wurde zum ersten Mal durchgeführt. Insofern kann sich das Verhalten der Akteure bei zunehmender Eingewöhnung und Vertrautheit mit den neuen Strukturen und Abläufen weiterhin verändern (z. B. in Hinblick auf die Einschätzungen und Bewertungen des neuen Systems, die Nachfrage von Integrierten Sekundarschulen mit oder ohne Oberstufe oder Nachfrage-Angebots-Relationen, wie sie gegenwärtig zwischen den Einzelschulen und Schulformen variieren). Um die Stabilität der berichteten Befunde zu untersuchen, wäre eine Replikation der Grundschuluntersuchung der BERLIN-Studie in einigen Jahren wünschenswert.

Die Auswirkungen der Berliner Schulstrukturreform betreffen nicht nur den Übergang von der Grundschule in die weiterführenden Schulen, sondern in substanzieller Weise auch den Bildungserwerb im Sekundarschulbereich und spätere Übergänge. Diese bildungsbiografisch später gelagerten Effekte der Schulstrukturreform sind Gegenstand zukünftiger Auswertungen im Rahmen der BERLIN-Studie. So werden in der zweiten Studienphase die Bildungserträge von 15-Jährigen bzw. Schülerinnen und Schülern am Ende der 9. Jahrgangsstufe sowie der Übergangsprozess in die gymnasiale Oberstufe, in eine Ausbildung oder ein Hochschulstudium in den Blick genommen. Mit ersten Ergebnissen aus dieser bis zum Jahr 2017 andauernden Studienphase ist ab dem Jahr 2015 zu rechnen. Dabei werden unter anderem folgende Fragestellungen untersucht:

- Welche Veränderungen ergeben sich infolge der Systemumstellung für das mittlere Leistungsniveau und die Leistungsstreuung von Neuntklässlern bzw. 15-Jährigen?
- In welchem Maß gelingt es, die Gruppe der Schülerinnen und Schüler, die in den Basiskompetenzen Leistungen auf oder unter der Kompetenzstufe I erbringen, zu reduzieren? Ist ein Rückgang der Kopplung von Herkunftsmerkmalen und schulischem Leistungsniveau feststellbar?
- Kommt es zu einem Rückgang der Schulabbrecherquoten und zu einer Erhöhung des Anteils der Schülerinnen und Schüler mit Mittlerem Schulabschluss und Hochschulzugangsberechtigung?
- Lassen sich Veränderungen im Muster sozialer Disparitäten beim Übergang in die gymnasiale Oberstufe feststellen?
- Welche Veränderungen ergeben sich für die Abschlusserwartungen zum Ende der Sekundarstufe II, die weiteren Berufsperspektiven sowie die Berufs- oder Studienwahlen von Schülerinnen und Schülern, die einen zur Hochschulreife führenden Bildungsgang besuchen?
- Wie erfolgreich verläuft der Übergang in die Berufsausbildung und welche sozialen und ethnischen Disparitäten treten dabei auf?

Zu diesem Zeitpunkt werden die Ergebnisse einer Studie vorliegen, die aufgrund ihres Kontrollgruppendesigns belastbare Aussagen über die Wirkung einer Schulstrukturreform erlaubt.

Anhang 1
Skalierung der Leistungstests

Michael Becker, Marko Neumann & Gabriel Nagy

A1.1 Einleitung

In diesem Kapitel wird das Vorgehen bei der Skalierung der Testleistungen in den Leistungsdomänen Leseverstehen, Mathematik und Englisch dargestellt. Ein Schwerpunkt liegt dabei auf der Beschreibung der Skalierung mit Blick auf die vergleichende Perspektive zwischen ELEMENT (vgl. Lehmann & Lenkeit, 2008) und BERLIN. Bevor auf die konkreten Schritte und die Prüfung der Voraussetzungen der Skalierung näher eingegangen wird, soll zunächst der Aufbau der eingesetzten Tests und die Art der Administration in Grundzügen, wie sie für die Skalierung von besonderer Bedeutung waren, erläutert werden (vgl. auch Becker et al., Kap. 3 in diesem Band).

In der ELEMENT- und der BERLIN-Studie wurden in den drei Domänen Leseverstehen, Mathematik und Englisch die gleichen Leistungstests vorgelegt. Die Tests umfassten für Leseverstehen 37 Items, für Mathematik 54 Items und für Englisch 91 Items (vgl. Tab. A1.1). In Leseverstehen kamen dabei neben dichotomen Lösungsformaten auch polytome mit mehr als zwei Antwortkategorien vor. Weiterhin ist hervorzuheben, dass sich die Art der Testadministration im Leseverstehen und in Mathematik in Subtestteilen zwischen den Kohorten unterschied. So wurde in beiden Domänen zwar der Großteil des Tests beiden Stichproben erstmalig vorgelegt (vgl. Tab. A1.1, Zeile „Items ohne Testwiederholung"). Aufgrund des längsschnittlichen Studiendesigns von ELEMENT wurde dieser Stichprobe in beiden Domänen jeweils ein Teil von Aufgaben auch schon in der 5. Klasse vorgelegt. Dies geschah in ELEMENT, um eine längsschnittliche Verankerung und Vergleichbarkeit der Tests über die Jahrgangsstufen zu ermöglichen (vgl. Lehmann & Lenkeit, 2008; für eine kurze Beschreibung siehe auch Becker et al., Kap. 3 in diesem Band). Da für die Schülerinnen und Schüler der BERLIN-Stichprobe im Unterschied hierzu alle Aufgaben erstmalig vorgelegt wurden und die Administration für diesen Teil der Aufgaben entsprechend unterschiedlich war, muss für vergleichende Aussagen die Bedeutung dieser differenziellen Administration überprüft werden.

Vor diesem Hintergrund werden im Folgenden die Ergebnisse der Prüfung unterschiedlicher Eigenschaften der Tests mit Blick auf die Skalierung dargestellt. Dies umfasst einerseits, welche grundlegenden psychometrischen Passungseigenschaften die Tests in Hinblick auf das gewählte Skalierungsmodell aufwiesen (sog. *Item-Response*-Modelle, vgl. Embretson & Reise, 2000; für Eigenschaften der Tests im Sinne der Klassischen Testtheorie vgl. Becker et al., Kap. 3 in diesem Band). Die Modellpassung ist insofern zentral, um zu gewährleisten, dass die richtige bzw. falsche Bearbeitung der Aufgaben hinreichend genau durch das zugrunde gelegte Modell wiedergegeben wird. Andererseits wurde geprüft, inwiefern die Daten für die beiden Kohorten ähnliche Messeigenschaften aufweisen. Dies geschah so-

Tabelle A1.1: Übersicht Anzahl der Aufgaben, Art der Antwortformate und Art der
Testadministration (Items mit und ohne Testwiederholung in ELEMENT)

	Leseverstehen	Mathematik	Englisch
Items insgesamt	37	54	91
Davon:			
Dichotome Items	32	54	91
Polytome Items	5	0	0
Davon:			
Items ohne Testwiederholung	24	42	91
Items mit Testwiederholung	13	12	0

wohl in Form einer rein funktionalen Prüfung im Sinne von *Differential Item Functioning* (DIF-Tests) als auch hinsichtlich der Frage, ob sich die zwischen ELEMENT und BERLIN unterschiedliche Administration von Testteilen auf die Fähigkeitsschätzungen auswirkt. Hierbei war das Ziel, eine Skalierung mit Aufgaben zu etablieren, die in beiden Stichproben möglichst identische Messeigenschaften aufweisen. Dadurch sollte das Risiko minimiert werden, dass sich Verzerrungen und mangelnde Vergleichbarkeit aufgrund differenzieller Modellpassung und -gültigkeit zwischen den Kohorten ergaben. Die Darstellung des Vorgehens bei der Skalierung schließt mit der Beschreibung des finalen Skalierungsmodells und der Erläuterung der Schätzung der Personenparameter.

A1.2   Skalierungsmodell, Rasch-Homogenität und Messäquivalenz

A1.2.1 Skalierungsmodell

Der Skalierung der Testleistungen wurden probabilistische Messmodelle (Lord, 1981) zugrunde gelegt, die in der Literatur auch als Item-Response-Modelle (IRT) bezeichnet werden. In IRT-Modellen wird im Unterschied zur klassischen Testtheorie die Beziehung zwischen dem beobachtbaren Verhalten (z. B. für Leseverstehen richtige oder falsche Antworten zu einem Text) und der zu messenden latenten (nicht direkt beobachteten) Fähigkeit (z. B. Kompetenz des Leseverstehens) direkt modelliert. Die Beziehung zwischen manifestem Antwortverhalten und latenter Fähigkeit kann in unterschiedlichen Modellen, die verschieden restriktive Annahmen zur funktionalen Beziehung zwischen Antwortverhalten und Fähigkeit machen, formuliert und überprüft werden. Insofern kann auch getestet werden, inwiefern die Testmodelle passen und das Modell das Antwortverhalten hinreichend gut erklären kann.

Das hier eingesetzte IRT-Modell ist ein sogenanntes Rasch-Modell (Rasch, 1960), wie es auch in vielen der international und national vergleichenden *Large-Scale*-Untersuchungen verwendet wird (vgl. z. B. OECD, 2012; Weirich, Haag & Roppelt, 2012). Dieses Modell nimmt einerseits an, dass alle Testaufgaben in der Population, für die das Modell gelten sollte, die gleiche Fähigkeitsdimension wiedergeben (Itemhomogenität). Andererseits wird mit einem solchen Modell angenommen, dass die Testaufgaben gleichermaßen sensitiv sind für die zu messende latente Fähigkeit (alle Aufgaben weisen die gleiche Itemdiskrimination auf, sog. Rasch-Homogenität). Falls diese beiden Anforderungen nicht zutreffen, muss entweder ein anderes Modell zugrunde gelegt, einzelne nicht modellkonforme Items entfernt oder die Gültigkeit auf gewisse Subpopulationen eingeschränkt werden (für weiterführende Annahmen der Modelle vgl. u. a. Embretson & Reise, 2000; Rost, 2004).

Das hier zugrunde gelegte Rasch-Modell wurde als einfaches Rasch-Modell für dichotome Daten und in seiner erweiterten Form als Rasch-Modell für ordinal gestufte Antworten, ein sogenanntes *Partial-Credit*-Modell (PCM; Masters, 1982), verwendet. Im erstgenannten Fall werden nur richtige oder falsche Antworten zugelassen (also ein dichotomes Antwortformat). Entsprechend wurde dieses Modell für Mathematik und Englisch angewendet (vgl. Tab. A1.1). Im Leseverstehen wurde auf ein PCM zurückgegriffen, da für diese Leistungsdomäne auch teilrichtige Antworten zugelassen wurden (im Leseverstehenstest bis zu vier unterschiedliche Lösungen).

Die Funktion des Rasch-Modells ist eine logistische Funktion, die die Lösungswahrscheinlichkeit einer Aufgabe beschreibt. Dies wird hierbei über die Modellierung der Beziehung von Personenfähigkeit und Aufgabenschwierigkeit erreicht: Die Lösungswahrscheinlichkeit $P(X_{ij} = 1)$ für eine Aufgabe j einer bestimmten Person i hängt im Rasch-Modell lediglich von zwei Aspekten ab, einerseits von der (latenten) Fähigkeit der Person selbst, bezeichnet als θ_i, und andererseits von der Schwierigkeit der spezifischen Aufgabe, indiziert durch σ_j. Personenfähigkeit und Itemschwierigkeit werden dabei auf der gleichen Metrik verortet. Als logistische Funktion wird der Zusammenhang von Lösungswahrscheinlichkeit, Personenfähigkeit und Itemschwierigkeit durch folgende Modellgleichung spezifiziert:

$$P(X_{ij} = 1) = \frac{\exp(\theta_i - \sigma_j)}{1 + \exp(\theta_i - \sigma_j)} \tag{1}$$

Die Fähigkeit θ_i der Person i und die Schwierigkeit σ_j der Aufgabe j werden jeweils über eine Exponentialfunktion zueinander in Beziehung gesetzt, woraus sich die logistische Funktion bilden lässt. Die Funktionsgleichung (*Item Characteristic Funktion,* ICF) ist dergestalt spezifiziert, dass die Lösungswahrscheinlichkeit einer Aufgabe j genau dann 50 Prozent ist, wenn die Personenfähigkeit genauso hoch ist wie die Aufgabenschwierigkeit (also $\theta_i - \sigma_j = 0$). Je größer die Personenfähigkeit im Vergleich zur Aufgabenschwierigkeit wird, desto größer ist die Lösungswahrscheinlichkeit einer Aufgabe und geht asymptotisch gegen 1, umgekehrt geht die Lösungswahrscheinlichkeit asymptotisch gegen Null, je stärker die Personenfähigkeit die Aufgabenschwierigkeit unterschreitet. Grafisch lässt sich dieser Zusammenhang in Form der sogenannten *Item Characteristic Curves* (ICC; vgl. Abb. A1.1) veranschaulichen. Wie in Abbildung A1.1 auch zu erkennen ist, verlaufen die ICC im Rasch-Modell parallel, das heißt, sie weisen jeweils die gleiche Steigung auf und diskriminieren somit stets in der gleichen Weise zwischen unterschiedlichen Personenfähigkeiten.

Das PCM, wie es dem Test des Leseverstehens zugrunde gelegt wurde, nimmt an, dass die Schwierigkeit zweier benachbarter Lösungsstufen (also z. B. falsche Lösung vs. teilweise

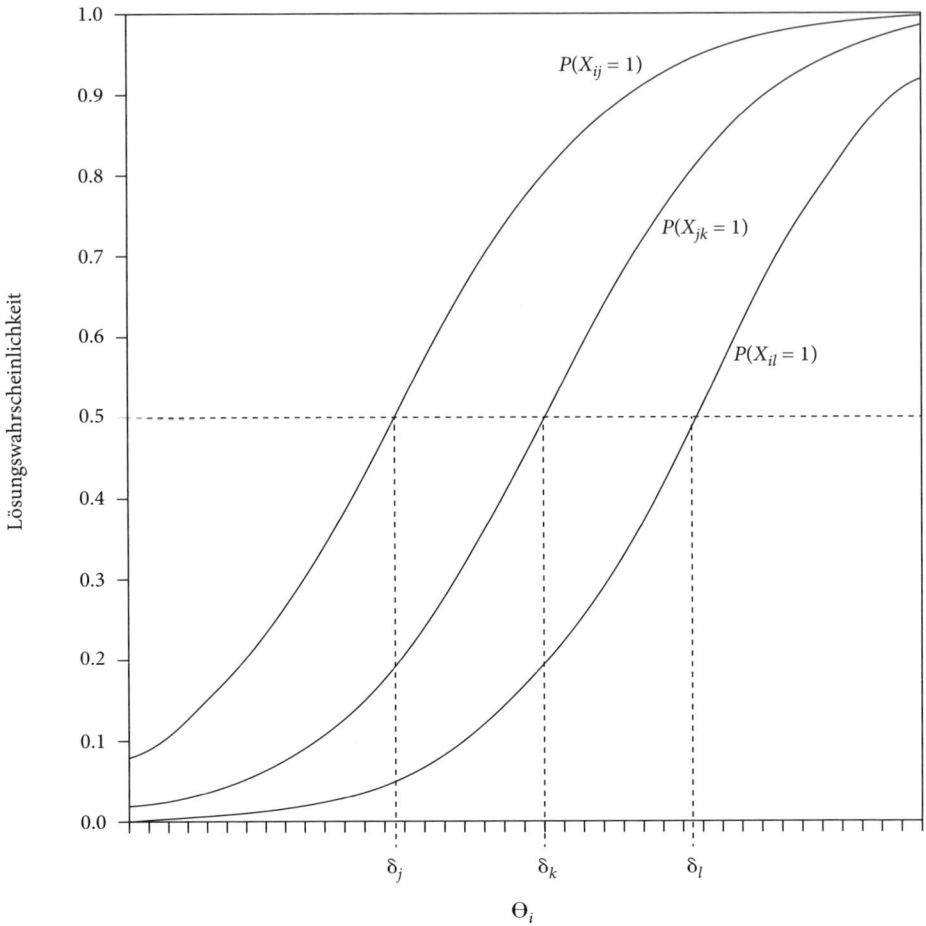

Abbildung A1.1: *Item Characteristic Curves* (ICC) von drei unterschiedlich schweren Items

richtige Lösung bzw. teilweise richtige Lösung vs. komplett richtige Lösung) jeweils dem in Gleichung 1 dargestellten Rasch-Modell folgt. Im PCM werden dementsprechend für eine Aufgabe mit m_j Abstufungen $m_j - 1$ Aufgabenparameter bestimmt, wobei jeder Aufgabenparameter σ_{js} die Schwierigkeit des Erreichens der nächsten „Stufe" $m + 1$ (d. h. die Stufe einer teilweise richtigen Lösung oder die Stufe einer komplett richtigen Lösung) darstellt, gegeben das Erreichen der vorangehenden Stufe. Der erste Stufenparameter einer Aufgabe mit drei Abstufungen σ_{j1} repräsentiert die Schwierigkeit, von einer falschen Lösung zu einer teilweise richtigen Lösung zu gelangen. Der zweite Parameter σ_{j2} steht für die Schwierigkeit, von einer teilweise richtigen Lösung zu einer komplett richtigen Antwort zu gelangen. Im PCM bestimmt sich die Wahrscheinlichkeit der Lösung einer spezifischen Kategorie x_j, $P(X_{ij} = x_j)$ damit wie folgt:

$$P(X_{ij} = x_j) = \frac{\exp \sum_{j=0}^{x_j}(\theta_i - \sigma_{js})}{\sum_{k=0}^{m_j} \exp \sum_{s=0}^{k}(\theta_i - \sigma_{js})} \qquad (2)$$

wobei $\sum_{S=0}^{0}(\theta_i - \sigma_{js}) = 0$ gilt. Die Gleichung 2 macht deutlich, dass die Wahrscheinlichkeit, eine Aufgabe auf einem bestimmten Niveau zu lösen (x_j), von der Personenfähigkeit θ_i und der relativen Schwierigkeit der verschiedenen Lösungsstufen σ_{js} abhängt. Wendet man die Gleichung 2 auf ein dichotomes Antwortformat an, reduziert sich der Ausdruck zu Gleichung 1, dem herkömmlichen Rasch-Modell.

A1.2.2 Analysen zu Itempassung und Messäquivalenz

A1.2.2.1 Überprüfung der Rasch-Homogenität

Wie eingangs erwähnt, besteht ein Vorteil IRT-basierter Skalierungsverfahren darin, dass die Passung der Aufgaben an die jeweils postulierten Modellzusammenhänge überprüft werden kann. Dies sieht vor zu testen, ob die empirisch ermittelten Lösungswahrscheinlichkeiten (jeweils gegeben die geschätzten Personenfähigkeiten und Aufgabenschwierigkeiten) den im Modell spezifizierten ICC-Verläufen entsprechen, was im Falle einer guten Modellpassung der Fall sein sollte. Als Maß der Itempassung an das Rasch-Modell hat sich unter anderem im Rahmen der international vergleichenden Schulleistungsstudien wie zum Beispiel PISA die sogenannte *Weighted-Item-Fit*-Statistik (Infit; Wright & Masters, 1982) als wichtiges Entscheidungskriterium etabliert. In Anlehnung an Wright (1994) werden Werte zwischen 0.80 und 1.20 als akzeptable Passung gewertet, wobei ein Wert von 1 eine perfekte Modellpassung der empirisch ermittelten ICC-Verläufe an den vom Rasch-Modell theoretisch zu erwartenden ICC-Verlauf repräsentiert. Fit-Werte größer als 1 indizieren einen schwächeren Zusammenhang als erwartet; die empirischen ICCs verlaufen also „flacher" als die vom Rasch-Modell postulierten Kurven und die Items können entsprechend weniger gut zwischen leistungsstarken und -schwachen Schülerinnen und Schülern diskriminieren. Umgekehrt indizieren Werte kleiner als 1 einen engeren Zusammenhang; die empirischen ICCs verlaufen also steiler als die modelltheoretisch postulierten ICCs (Wright & Masters, 1982). Innerhalb des genannten Grenzwertebereichs wird die Abweichung der Daten vom Modell als tolerierbar erachtet.

Entsprechend wurde für die Analysen zur Modellprüfung zunächst untersucht, ob die Aufgaben in beiden Kohorten (gemeinsam und getrennt) konform mit dem Rasch-Modell sind und hinreichend durch das Modell repräsentiert werden. Die Itempassung wurde hinsichtlich dreier unterschiedlicher Aspekte überprüft: Zum einen wurde geprüft, ob die Aufgabenpassung in einem gemeinsam geschätzten Modell (beide Kohorten zusammen) hinreichend ist. Zum anderen wurden die Itemparameter für beide Stichproben getrennt und ohne weitere Restriktionen frei geschätzt, um zu prüfen, inwieweit Items innerhalb einer Kohorte dem Rasch-Modell folgten. Zudem wurden die Itemparameter, die im gemeinsamen Modell geschätzt wurden, jeweils getrennt für die Parameterschätzungen in die

Tabelle A1.2: Kennwerte der Passung der Items an ein eindimensionales Rasch-Modell, jeweils für getrennte und gemeinsame Skalierungen der Kohorten für Leseverstehen, Mathematik und Englisch

Domäne	Stichprobe	Modellschätzung	Min	Max	SD	N Items		
						Fit <0.80	Fit >1.20	IP insg. (IP fix.)
Leseverstehen	B/E	gem. Sk.	0.91	1.18	0.06	0	0	42
	B	getr. Sk.	0.90	1.18	0.07	0	0	42
	E	getr. Sk.	0.90	1.19	0.06	0	0	42
	B	getr. Sk., IP gem. Sk.	0.81	1.16	0.08	0	0	42
	E	getr. Sk., IP gem. Sk.	0.86	1.34	0.09	0	4	42
		getr. Sk., korr.	0.84	1.19	0.08	0	0	42 (38)
Mathematik	B/E	gem. Sk.	0.85	1.34	0.09	0	3	54
		gem. Sk., korr.	0.85	1.19	0.08	0	0	51
	B	getr. Sk.	0.85	1.33	0.09	0	2	54
		getr. Sk., korr.	0.85	1.15	0.07	0	0	52
	E	getr. Sk.	0.85	1.35	0.10	0	4	54
		getr. Sk., korr.	0.85	1.14	0.08	0	0	50
	B	getr. Sk., IP gem. Sk.	0.85	1.14	0.08	0	0	52 (50)
	E	getr. Sk., IP gem. Sk.	0.86	1.15	0.08	0	0	50 (50)
Englisch	B/E	gem. Sk.	0.78	1.54	0.11	1	5	91
		getr. Sk., korr.	0.80	1.19	0.08	0	0	85
	B	getr. Sk.	0.79	1.58	0.12	1	5	91
		getr. Sk., korr.	0.81	1.19	0.09	0	0	85
	E	getr. Sk.	0.78	1.50	0.11	1	3	91
		getr. Sk., korr.	0.83	1.20	0.09	0	0	87
	B	getr. Sk., IP gem. Sk.	0.64	1.24	0.12	4	1	85 (85)
		getr. Sk., korr.	0.80	1.20	0.09	0	0	85 (79)
	E	getr. Sk., IP gem. Sk.	0.77	1.30	0.11	1	3	87 (85)
		getr. Sk., korr.	0.80	1.20	0.10	0	0	87(81)

B = Stichprobe BERLIN-Studie, E = Stichprobe ELEMENT-Studie, IP = Itemparameter, gem. Sk. = gemeinsame (konkurrente) Skalierung, getr. Sk. = getrennte Skalierung der Stichproben, korr. = korrigierte Skalierungen mit ausschließlich hinreichendem Itemfit aller Itemparameter, IP insg. = Anzahl insgesamt skalierter Items, IP fix. = Anzahl der Itemparameter, die auf die jeweiligen Parameterschätzungen der konkurrenten Skalierung fixiert wurden.

Substichproben eingesetzt, um zu testen, ob der Modellfit auch mit gleichzeitig geschätzten und damit auf einer einheitliche Metrik „kalibrierten" Itemparametern gegeben war (sog. *Concurrent Calibration;* vgl. Hanson & Beguin, 2002).

Für die Prüfung eines gemeinsamen Modells über beide Stichproben wurden die Leistungsdaten beider Studien zu einem Datensatz zusammengefügt und gemeinsam skaliert. Für die Domäne des Leseverstehens ergaben sich in der Itemparameterschätzung für das Gesamtmodell keine substanziellen Abweichungen vom Rasch-Modell. Die Passungswerte der Itemparameter in der gemeinsamen Skalierung lagen in einem Bereich von *Min* = 0.91 und *Max* = 1.18 (vgl. Tab. A1.2). In Mathematik passten in der gemeinsamen Skalierung drei Items nicht. In einer gemeinsamen Skalierung, in der diese Items ausgeschlossen wurden, fand sich für alle verbleibenden Aufgaben eine hinreichende Itempassung (insgesamt 51 Items). In Englisch genügten sechs Items den angelegten Gütekriterien nicht. Wie in Mathematik konnte unter Ausschluss dieser Aufgaben für die verbleibenden 85 Aufgaben ein hinreichender Fit erzielt werden.

Die weitere Prüfung der Itempassungen in Form einer getrennten, für jede Stichprobe frei geschätzten Skalierung erbrachte ähnliche Ergebnisse wie die vorangehend vorgestellten bzw. die Itempassung war tendenziell eher günstiger. Im Leseverstehen wiesen bei kohortenspezifischer Parameterschätzung alle Aufgaben einen hinreichenden Fit in beiden Stichproben auf. In Mathematik fand sich in BERLIN bei zwei und in ELEMENT bei vier Items kein hinreichender Fit. Unter Ausschluss dieser Aufgaben ergab sich für alle verbleibenden Items ein hinreichender Fit. In Englisch konnten 85 Items (BERLIN) respektive 87 Items (ELEMENT) von den insgesamt 91 Items in den getrennten Skalierungen angepasst werden (vgl. Tab. A1.2).

Hieran schloss sich die Prüfung der Passungsgüte der für jede Domäne gemeinsam geschätzten Itemparameter in getrennten Skalierungen (separat nach Kohorten) an. Für die BERLIN-Stichprobe fand sich im Leseverstehen ein hinreichender Fit für alle Items. Für ELEMENT zeigte sich ebenfalls eine angemessene Passung für den Großteil der Aufgaben, allerdings war die Modellpassung für vier Items nicht hinreichend. Bei freier Schätzung dieser Items fanden sich jedoch auch für diese Aufgaben wiederum hinreichende Passungswerte. Im Unterschied zu Leseverstehen wurden in der Mathematik nur 50 der 54 Items auf die gemeinsame Metrik in Mathematik fixiert, also diejenigen Items, die sowohl in der gemeinsamen als auch in der getrennten Schätzung einen hinreichenden Fit aufwiesen. Alle dergestalt einbezogenen Items wiesen eine hinreichende Passungsgüte auf. In Englisch wurde ebenso verfahren. Insgesamt wurden 85 Itemparameter für die gemeinsame Itemparameterschätzung genutzt. Final mussten von den 85 auf die gemeinsame Metrik fixierten Items weitere 6 Itemparameter in BERLIN bzw. 4 Itemparameter in ELEMENT frei geschätzt werden, um eine hinreichende Passung an das Rasch-Modell dieser Items zu erzielen (vgl. jeweils Tab. A1.2).

A1.2.3.1 Überprüfung der Messäquivalenz

Für vergleichende Untersuchungen wie die vorliegende ist nicht nur die Passung an das Rasch-Modell von Bedeutung, sondern auch die sogenannte Messäquivalenz (Meredith, 1993). Unter Messäquivalenz wird verstanden, dass Instrumente in unterschiedlichen Stichproben hinreichend ähnlich funktionieren und entsprechend keine Aufgaben für einen Vergleich herangezogen werden sollten, die der einen oder anderen Gruppe von Personen bei gleicher Fähigkeitsausprägung leichter oder schwerer fallen. Die Messäquivalenz kann zum Beispiel eingeschränkt sein, wenn sich Testbedingungen ändern oder einzelne Aufgaben systematisch unterschiedlich wahrgenommen und interpretiert werden. Falls keine Messäquivalenz gegeben ist, werden die Ergebnisse der Vergleiche gegebenenfalls verzerrt. Wie unter anderem Analysen von Gebhardt und Adams (2007) zeigten, kann das Problem der (eingeschränkten) Messäquivalenz auch gegeben sein, obwohl eine grundlegende Passung an das Rasch-Modell vorliegt. Die Untersuchung der Messäquivalenz stellt in diesem Sinne also eine zusätzliche Überprüfung der (differenziellen) Messeigenschaften dar, die über die Prüfung der einfachen Modellpassung hinausgeht.

Es lassen sich unterschiedliche Aspekte und Grade der Messäquivalenz differenzieren, wobei insbesondere die Unterscheidung zwischen absoluter und partieller Messäquivalenz von Bedeutung ist. Absolute Messäquivalenz ist gegeben, wenn gleiches Funktionieren für alle Aufgaben gegeben ist; partielle Messäquivalenz liegt dann vor, wenn nur ein Teil der Aufgaben in den Vergleichsgruppen ähnlich misst, ein anderer Teil jedoch ungleich funktioniert (Byrne, Shavelson & Muthén, 1989). Zwar ist absolute Messäquivalenz gegenüber partieller zu präferieren, jedoch ist in der Regel auch partielle Messäquivalenz hinreichend, um valide vergleichende Aussagen treffen zu können.

(a) Funktionale Prüfung von Differential Item Functioning

Eine relativ direkte Art, um Messäquivalenz im Rahmen von IRT-Modellen zu überprüfen, besteht darin, die getrennten Itemparameterschätzungen der Kohorten miteinander zu vergleichen. Finden sich unterschiedliche relative Positionen der Itemparameter (d. h. die Ordnung und Distanz der Itemparameter zueinander variieren zwischen den Stichproben), ist dies ein mögliches Indiz dafür, dass das Item keine Messäquivalenz aufweist, sondern eine differenzielle Itemfunktion (DIF; Holland & Wainer, 1993) vorliegt, das heißt die Lösungswahrscheinlichkeiten für dieses Item bei gleicher Personenfähigkeit zwischen den Gruppen variieren.

Deskriptiv findet sich dies in Abbildung A1.2 dargestellt. In dieser Abbildung sind auf der Abszisse die Itemparameter für ELEMENT und auf der Ordinate die Itemparameter für BERLIN abgetragen, jeweils für Deutsch, Mathematik und Englisch, wie sie aus den oben erwähnten freien Itemparameterschätzungen getrennt für die Stichproben ermittelt wurden (eingeschlossen wurden nur diejenigen Items, die in beiden Stichproben einen hinreichenden Modellfit aufwiesen). Neben den einfachen Punktschätzungen sind auch die Konfidenzintervalle auf einem α-Niveau von 5 Prozent abgebildet. Weisen die Aufgaben kein DIF zwischen den Kohorten auf, so sollten die Parameterschätzungen auf der Winkelhalbierenden liegen (vgl. Angoff, 1993). Aufgaben, die vom generellen Verlauf substanziell abweichen, sind potenziell mit DIF behaftet und somit nur bedingt für einen Vergleich zwischen den Kohorten geeignet. Wie man in Abbildung A1.2 erkennen kann, liegen die meisten der Itemparameter in beiden Studien relativ dicht um die Achse. Allerdings sind auch Abweichungen von der Diagonale festzustellen. Ebenso fielen die zugehörigen Korrelationen zwischen den Itemparametern beider Kohorten für Leseverstehen mit $r = 0.98$, für Mathematik mit $r = 0.97$ und für Englisch mit $r = 0.98$ zwar sehr hoch aus und weisen darauf hin, dass die meisten Aufgaben ähnlich für die beiden Kohorten funktionierten. Allerdings ist die Korrelation nicht ganz perfekt (d. h. $r = 1.0$), wie dies bei absoluter Messäquivalenz der Fall wäre. Insofern könnte DIF für einige Aufgaben von Bedeutung sein.

Um die Messäquivalenz und das spezifische DIF weiterführend zu prüfen, wurde ein vom *Educational Testing Service* (ETS; Clauser & Mazor, 1998; vgl. auch Nagy & Neumann, 2010) routinemäßig eingesetztes Verfahren angewandt. Es sieht vor, die Abweichungen

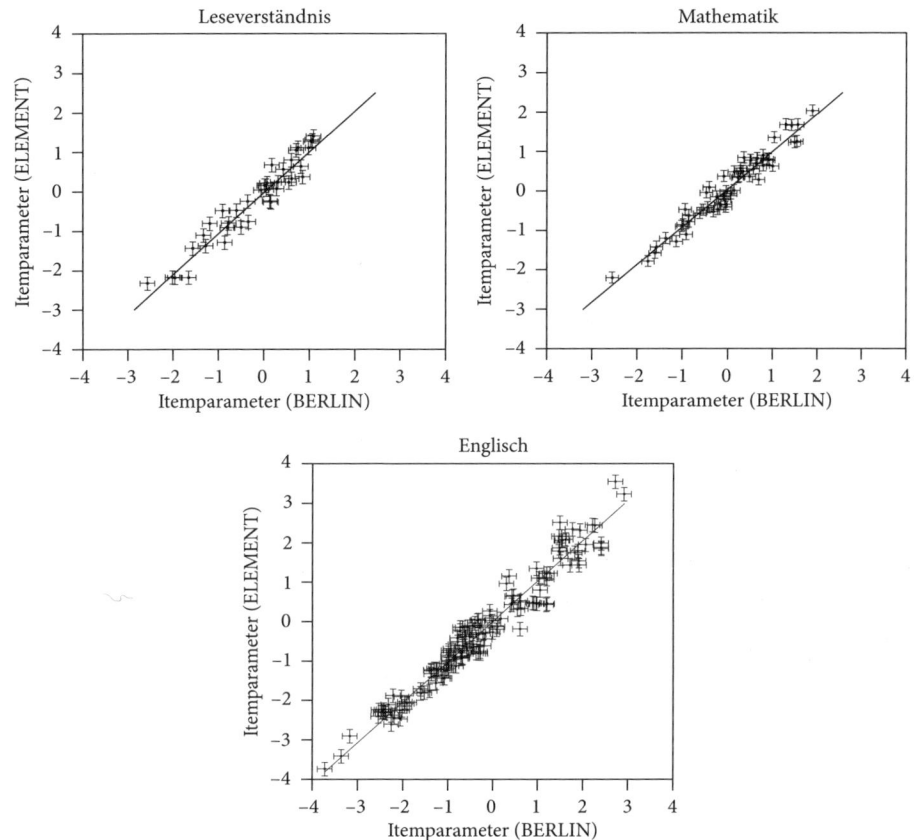

Abbildung A1.2: Itemparameter aus getrennten Skalierungen (mit Konfidenzintervall für $\alpha = 5\,\%$)

in der Lösungswahrscheinlichkeit nach ihrer Größe über die Schätzung von Effektstärken zu quantifizieren, und berücksichtigt somit nicht nur die statistische Variabilität der Itemparameter zwischen den Stichproben, sondern auch die absolute Größe des DIF. Das Verfahren umfasst mehrere, sukzessiv durchgeführte Schritte: Zunächst werden die Personenparamter der Leistungstests auf Grundlage eines gemeinsamen Modells aller Personen (hier: ELEMENT und BERLIN) geschätzt. Dies dient als vorläufiges Modell zur Approximierung der Personenfähigkeit (unter vorläufiger Annahme absoluter Messäquivalenz). Mit dieser Proxy-Variable für die Personenfähigkeit wird für jede der Aufgaben eine logistische Regression zur Vorhersage der logarithmierten Lösungswahrscheinlichkeit geschätzt, wobei neben der geschätzten Personenfähigkeit $\hat{\theta}_i$ auch die Stichprobenzugehörigkeit (als Dummy-Variable mit Kodierung 0 = ELEMENT, 1 = BERLIN) als unabhängige Variablen in das Modell eingeht (vgl. Gleichung 3).

$$logit\left[P(X_{ij})\right] = \beta_{0j} + \beta_{1j}\hat{\theta}_i + \beta_{2j}Kohorte_i + e_{ij} \tag{3}$$

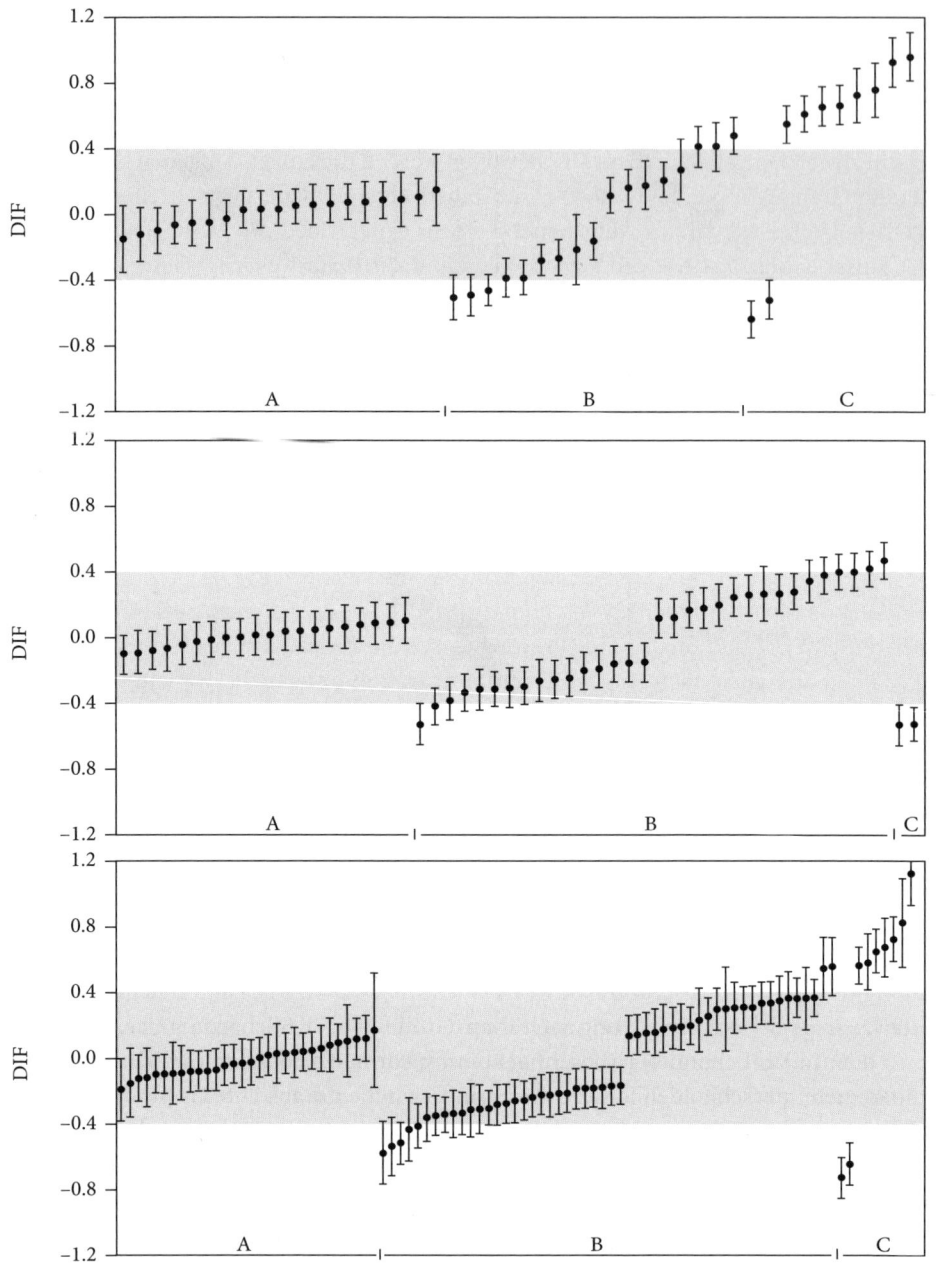

A = „nicht von DIF betroffen", B = „kaum von DIF betroffen", C = „stark von DIF betroffen"; Kodierung: DIF < 0.00: Vorteil zugunsten ELEMENT, DIF > 0.00: Vorteil zugunsten BERLIN.

Abbildung A1.3: Absolute DIF-Werte und 95-Prozent-Konfidenzintervalle zwischen ELEMENT und BERLIN (von oben nach unten: Leseverstehen, Mathematik und Englisch)

Somit ist es möglich zu prüfen, ob unter Kontrolle der individuellen Personenfähigkeit noch statistisch signifikante Unterschiede in der Lösungswahrscheinlichkeit zwischen Kohorten auftreten. Darüber hinaus können die Kohorteneffekte nach ihrer Größe klassifiziert werden. Als Items ohne DIF werden Aufgaben bezeichnet, die statistisch nicht signifikant von Null abweichen; als kaum von DIF betroffen werden diejenigen Aufgaben klassifiziert, die einen Grenzwert von $|\beta_{2j}| = 0.40$ nicht statistisch signifikant überschreiten; als stark von DIF betroffen werden die Aufgaben mit einem Unterschied von $|\beta_{2j}| > 0.40$ eingestuft (vgl. Clauser & Mazor, 1998; vgl. Nagy & Neumann, 2010, für weitere Erläuterungen eines solchen Vorgehens).

In Abbildung A1.3 finden sich die Ergebnisse dieser Analysen grafisch abgebildet, jeweils getrennt für die Domänen Leseverstehen, Mathematik und Englisch. Für das Leseverstehen resultierten 10 der insgesamt 42 Parameter, die nach dem ETS-Verfahren als stark von DIF betroffen einzustufen waren. Sie befinden sich sowohl im Bereich von $\beta_{2j} < -0.40$, was einen Vorteil zugunsten der ELEMENT-Stichprobe anzeigt, als auch im Bereich β_{2j} von > 0.40 (Vorteil zugunsten BERLIN). In Mathematik fanden sich 2 der 54 Itemparameter und in Englisch 9 der 91 Itemparameter mit DIF von $|\beta_{2j}| > 0.40$.[1]

(b) Prüfung der Auswirkungen der Testadministration

Neben dieser rein funktionalen DIF-Prüfung wurde die Messäquivalenz für Leseverstehen und Mathematik auch nach Art der Testadministration untersucht. Es wurden separate Modelle für die unterschiedlichen Aufgabenblöcke geschätzt, je nachdem ob die Aufgaben in ELEMENT bereits in Klassenstufe 5 eingesetzt wurden und somit in der 6. Klasse eine Testwiederholung vorlag oder ob sie für beide Stichproben zum ersten Mal administriert wurden (der Englischtest wurde in beiden Stichproben erstmals in Klassenstufe 6 eingesetzt; vgl. Tab. A1.1).

Für Leseverstehen führte dies zu deutlichen Unterschieden zwischen den Schätzungen (vgl. Tab. A1.3). Für eine Schätzung der Kohortenunterschiede basierend auf Items, die lediglich einmal und damit in beiden Stichproben gleichartig verwendet wurden, zeigte sich ein höherer Mittelwert für die BERLIN-Stichprobe ($d = 0.24$). Die T2-Items hingegen führten zu einer höheren Schätzung zugunsten der ELEMENT-Stichprobe mit einem Effekt von $d = 0.22$. In Mathematik war dieser Effekt in der Form nicht vorzufinden. Die Schätzung der Kohortenunterschiede differierte hier kaum zwischen den T1-Items ($d = -0.07$) und den T2-Items ($d = -0.08$).

Wurden sowohl die Items mit und ohne Testwiederholung verwendet und dabei die Parameter der Items ohne Testwiederholung invariant gesetzt (die Parameter für die übrigen Items frei geschätzt), so konvergierten die Ergebnisse aus diesen Skalierungen mit

---

1 Da DIF unabhängig vom eingesetzten Skalierungsmodell (z. B. Rasch- vs. mehrparametrisches Birnbaum-Modell) bestehen kann, wurden für die hier präsentierten Ergebnisse alle Items in die vorläufige Schätzung der Personenfähigkeit einbezogen, unabhängig der spezifischen Passung an das Rasch-Modell. Eine alternative Modellierung, die die Personenfähigkeitsschätzung und anschließende DIF-Prüfung mit den ausschließlich Rasch-konformen Items vorsah, ergab identische Ergebnisse.

Tabelle A1.3: Schätzung der Kohortenunterschiede in den Testleistungen zwischen ELEMENT und BERLIN basierend auf Items ohne und mit Testwiederholung für Leseverstehen und Mathematik

Domäne	Skalierung	Anzahl invarianter IP (B/E)	Cohens d^1
Leseverstehen	T1	23	0.24
	T2	18	−0.22
	T1 inv./T2 frei	23	0.25
Mathematik	T1	42	−0.07
	T2	12	−0.08
	T1 inv./T2 frei	41	−0.08

T1 = Items ohne Testwiederholung, T2 = Items mit Testwiederholung, T1 inv./T2 frei = T1-Items ohne Testwiederholung invariant gesetzt, T2-Items mit Testwiederholung frei geschätzt zwischen Kohorten.

[1] Polung Cohens d = Werte > 0.00 höherer Mittelwert in der BERLIN-Stichprobe.

den Ergebnissen, die unter ausschließlicher Heranziehung der einmalig vorgelegten Items resultierten (vgl. Tab. A1.3). Darüber hinaus ist zu erwähnen, dass sich mit einer derartigen Skalierung keine weiteren Items fanden, die DIF aufwiesen.

A1.3 Finales Messmodell und Linking zwischen den beiden Kohorten sowie Schätzung individueller Fähigkeitsparameter

Aus der Zusammenfassung dieser unterschiedlichen Prüfungsschritte resultierten die finalen Modelle der Itemparameterschätzungen. Sie repräsentierten entsprechend der Ergebnisse der vorangehenden vorgestellten Prüfungsschritte Modelle mit partieller Messäquivalenz, in denen weitgehend alle Items mit hinreichendem Itemfit beibehalten werden konnten und nur wenige Items entfernt werden mussten. Für die Domäne Leseverstehen wurden in BERLIN alle 37 Items beibehalten (d. h. 42 Itemparameter aufgrund der *Partial-Credit*-Items; vgl. Tab. A1.4). In Mathematik wurden von den 54 Aufgaben für BERLIN zwei Items und für ELEMENT vier Items aus der Skalierung aufgrund mangelnder Passung an das Rasch-Modell entfernt. In Englisch war dies in BERLIN für sechs Items und in ELEMENT für fünf Items der Fall.

Für die Etablierung einer vergleichbaren Metrik über beide Stichproben wurde im Leseverstehen und in Mathematik lediglich auf die nur einmal vorgelegten T1-Items zurückgegriffen, da nur für diese sichergestellt war, dass sich die Testadministration nicht zwischen den beiden Stichproben unterscheidet. Die in ELEMENT doppelt vorgelegten Items wurden nicht für die gemeinsame Kalibrierung verwendet; die Parameter für diese Items wurden frei geschätzt. In Englisch gab es keine Einschränkungen bedingt durch die Testadministration, da der Englischtest für beide Stichproben erstmalig administriert wurde. Entsprechend umfasste das Set als zur Kalibrierung potenziell geeignet erscheinender Items bzw. Itemparameter für Leseverstehen 23 der 42 Itemparameter, in Mathematik 41 Itemparameter

Tabelle A1.4: Übersicht über die Anzahl der invariant und frei geschätzten Itemparameter in der finalen Skalierung für Leseverstehen, Mathematik und Englisch für ELEMENT und BERLIN

	Leseverstehen		Mathematik		Englisch	
	B	E	B	E	B	E
Items insgesamt	37	37	52	50	85	86
Itemparameter insgesamt	42	42	52	50	85	86
Itemparameter fixed zwischen Stichproben	22	22	40	40	73	73
Itemparameter keine Messäquivalenz/frei	20	20	12	10	12	13

B = Stichprobe BERLIN-Studie, E = Stichprobe ELEMENT-Studie.

und für Englisch 75 Itemparameter. Von diesen konkurrent kalibrierten Itemparametern musste im Leseverstehen und in Mathematik jeweils ein Item frei geschätzt werden, in Englisch traf dies auf zwei Items zu, da sich sonst eine mangelnde Itempassung ergab. Dies resultierte im Leseverstehen entsprechend in 22 fixierten Itemparametern, in Mathematik in 40 Itemparametern und in Englisch in 73 Itemparametern, auf denen die finale gemeinsame Metrik basierte (vgl. Tab. A1.4). Alle Testaufgaben, die sich als nicht messäquivalent, aber mit guter Passung an das Rasch-Modell zeigten, wurden bei der Schätzung der Personenparameter mitberücksichtigt, um die vorliegende Information möglichst effizient auszuschöpfen, jedoch, um keine Probleme hinsichtlich der Konsistenz der Schätzung zu erzeugen, frei geschätzt. Da die Zahl Rasch-konformer, aber frei zu schätzender Items zwischen BERLIN und ELMENT für Mathematik und Englisch variierte, fanden sich entsprechend unterschiedliche absolute Itemzahlen in den finalen Skalierungen (vgl. zusammenfassende Übersicht über die finalen Skalierungsmodelle in Tab. A1.4).

Für die Schätzung der Personenparamter wurde auf *Warms Maximum-Likelihood-Estimator* (WLE; Warm, 1989) zurückgegriffen. Auf die Schätzung latenter Modelle mit Hintergrundmodell (bzw. in Form von *Plausible-Value*-Schätzungen; Mislevy, Beaton, Kaplan & Sheehan, 1992) wurde verzichtet. Letzteres ist insbesondere in Testadministrationen indiziert, in denen ein Multi-Matrix-Design verwendet wird (d. h. einzelne Personen erhalten jeweils nur ein Subset der Items aus der Gesamtmenge der Aufgaben, wodurch die Information zwischen den Personen lediglich partiell vorliegt und variieren kann). Weiterhin kann eine latente/*Plausible-Value*-Schätzung angezeigt sein, wenn die Anzahl der Aufgaben relativ niedrig ist ($N < 15$; vgl. u. a. Wu, Adams & Wilson, 2007, S. 80) und somit wenig präzise gemessen wird. Da beides weder für BERLIN noch für ELEMENT gegeben war, fanden sich entsprechend keine bedeutsamen Unterschiede zwischen den jeweiligen Modellen.

In Tabelle A1.5 finden sich die standardisierten Mittelwertunterschiede (Effektstärken) zwischen den Kohorten für Leseverstehen, Mathematik und Englisch, jeweils basierend auf unterschiedlichen Personenfähigkeitsschätzungen (WLE und latent in ConQuest). Die Schätzungen beruhen jeweils auf den vorangehend genannten finalen Rasch-Modellen mit partieller Messäquivalenz. Die Mittelwertunterschiede zwischen den Stichproben zeigten

Tabelle A1.5: Vergleich der Mittelwertunterschiede in den Personenfähigkeiten zwischen BERLIN und ELEMENT basierend auf unterschiedlichen Schätzmethoden der Personenfähigkeit (WLE und latent in ConQuest)

Domäne	Schätzung	Cohens d^1
Leseverstehen	WLE	0.24
	Latent	0.25
Mathematik	WLE	−0.08
	Latent	−0.08
Englisch	WLE	−0.21
	Latent	−0.21

WLE = Warms Maximum-Likelihood-Estimator; Latent = Latente Mittelwertschätzung in ConQuest.

[1] Polung Cohens d = Werte > 0.00 höherer Mittelwert in der BERLIN-Stichprobe.

sich konsistent und variierten kaum zwischen den unterschiedlichen Schätzungen der Personenfähigkeiten. Wie Tabelle A1.5 entnommen werden kann, zeigten sich keine nennenswerten Auswirkungen der unterschiedlichen Schätzverfahren, hier exemplarisch dargestellt für die Kohortenunterschiede in den Testleistungen zwischen BERLIN und ELEMENT. Für die Analysen im vorliegenden Berichtsband wurde entsprechend auf die WLE-Personenparameter zurückgegriffen und auf eine latente Schätzung durch *Plausible Values* verzichtet. Die WLE-Schätzungen erfolgten jeweils mit der Software ConQuest (Wu, Adams, Wilson & Haldane, 2007).

A1.4 Literatur

Angoff, W. H. (1993). Perspectives on differential item functioning methodology. In P. W. Holland & H. Wainer (Eds.), *Differential item functioning* (pp. 3–23). Hillsdale, NJ: Erlbaum.

Byrne, B. M., Shavelson, R. J., & Muthén, B. (1989). Testing for equivalence of factor covariance and mean structures: The issue of partial measurement invariance. *Psychological Bulletin, 105,* 456–466.

Clauser, B. E., & Mazor, K. M. (1998). Using statistical procedures to identify differentially functioning test items. *Educational Measurement: Issues and Practice, 17,* 31–44.

Embretson, S. E., & Reise, S. P. (2000). *Item response theory for psychologists.* Mahwah, NJ: Erlbaum.

Gebhardt, E., & Adams, R. J. (2007). The influence of equating methodology on reported trends in PISA. *Journal of Applied Measurement, 8,* 305–322.

Hanson, B. A., & Beguin, A. A. (2002). Obtaining a common scale for IRT parameters using separate versus concurrent estimation in the common item nonequivalent groups equating design. *Applied Psychological Measurement, 26,* 3–24.

Holland, P. W., & Wainer, H. (1993). *Differential item functioning.* Hillsdale, NJ: Erlbaum.

Lehmann, R., & Lenkeit, J. (2008). *ELEMENT: Erhebung zum Lese- und Mathematikverständnis: Entwicklung in den Jahrgangsstufen 4 bis 6 in Berlin. Abschlussbericht über die Untersuchungen 2003, 2004 und 2005 an Berliner Grundschulen und grundständigen Gymnasien.* Berlin: Humboldt-Universität zu Berlin.

Lord, F. M. (1981). *Applications of item response theory to practical testing problems.* Hillsdale, NJ: Erlbaum.

Masters, G. N. (1982). A Rasch model for partial credit scoring. *Psychometrika, 47,* 149–174.

Meredith, W. (1993). Measurement invariance, factor analysis, and factorial invariance. *Psychometrika, 58,* 525–543.

Mislevy, R. J., Beaton, A. E., Kaplan, B., & Sheehan, K. M. (1992). Estimating population characteristics from sparse matrix samples of item responses. *Journal of Educational Measurement, 29,* 133–161.

Nagy, G., & Neumann, M. (2010). Psychometrische Aspekte des Tests zu den voruniversitären Mathematikleistungen in TOSCA-2002 und TOSCA-2006: Unterrichtsvalidität, Rasch-Homogenität und Messäquivalenz. In U. Trautwein, M. Neumann, G. Nagy, O. Lüdtke & K. Maaz (Hrsg.), *Schulleistungen von Abiturienten: Die neu geordnete gymnasiale Oberstufe auf dem Prüfstand* (S. 281–306). Wiesbaden: VS Verlag für Sozialwissenschaften.

OECD – Organisation for Economic Co-operation and Development. (2012). PISA 2009 Technical Report. PISA, OECD Publishing. doi:10.1787/9789264167872-en (11.02.2013)

Rasch, G. (1960). *Probabilistic models for some intelligence and attainment tests.* Copenhagen: Danmarks Paedogogiske Institut. Reprint, Chicago: University of Chicago Press, 1980.

Rost, J. (2004). *Lehrbuch Testtheorie – Testkonstruktion.* Bern: Huber.

Warm, T. A. (1989). Weighted likelihood estimation of ability in item response theory. *Psychometrika, 54,* 427–450.

Weirich, S., Haag, N., & Roppelt, A. (2012). Testdesign und Auswertung des Ländervergleichs: Technische Grundlagen. In P. Stanat, H. A. Pant, K. Böhme & D. Richter (Hrsg.), *Kompetenzen von Schülerinnen und Schülern am Ende der vierten Jahrgangsstufe in den Fächern Deutsch und Mathematik: Ergebnisse des IQB-Ländervergleichs 2011* (S. 277–290). Münster: Waxmann.

Wright, B. D. (1994). Reasonable mean-square fit. *Rasch Measurement Transactions, 8,* 370.

Wright, B. D., & Masters, G. N. (1982). *Rating scale analysis: Rasch measurement.* Chicago: MESA Press.

Wu, M. L., Adams, R. J., Wilson, M. R., & Haldane, S. (2007). ConQuest (Version 2.0) [Computersoftware]. Camberwell, VIC: Australian Council for Educational Research (ACER).

Wu, M. L., Adams. R. J., & Wilson, M. R. (2007). ACER ConQuest version 2.0: generalized item response modeling software [Manual]. Camberwell, VIC: ACER Press.

Anhang 2
Beschluss des Berliner Abgeordnetenhauses zur Weiterentwicklung der Berliner Schulstruktur

Das Abgeordnetenhaus hat in seiner Sitzung vom 25.06.2009 mit den Drs. 16/2479, 16/2479-1 und 16/2535 Folgendes beschlossen:

1. Die Berliner Schulstruktur wird mit folgenden Zielen weiterentwickelt:

- alle Kinder und Jugendlichen zu höchstmöglichen schulischen Erfolgen und die übergroße Mehrheit zum mittleren Schulabschluss am Ende der 10. Jahrgangsstufe zu führen sowie den Anteil derjenigen, die die Schule ohne Abschluss verlassen, deutlich zu verringern;
- die Abhängigkeit des Bildungserfolgs von der sozialen Herkunft deutlich zu verringern;
- die Abiturientenquote innerhalb der nächsten zehn Jahre deutlich zu erhöhen.

Um diese Ziele zu erreichen bedarf es einer Schule, die alle Kinder und Jugendlichen mit ihren jeweiligen Ausgangslagen annimmt und individuell fördert, die nicht nach vermeintlicher Leistungsfähigkeit sortiert, sondern individuelles und längeres gemeinsames Lernen in heterogenen Lerngruppen in den Mittelpunkt stellt. Es bedarf eines nicht auslesenden Schulsystems und einer neuen Lern- und Lehrkultur, so wie es dem Selbstverständnis der Gemeinschaftsschule entspricht.

Die bevorstehende Weiterentwicklung der Schulstruktur durch die Errichtung einer integrativen Schulform in der Sekundarstufe, die alle bisherigen Bildungsgänge einschließt und zu allen Abschlüssen, einschließlich Abitur, führt, ist ein wichtiger Zwischenschritt in Richtung eines ungegliederten, nicht auslesenden Schulsystems.

Die Mitteilung – zur Kenntnisnahme – des Senats vom 11. Februar 2009 über die Weiterentwicklung der Berliner Schulstruktur ist eine geeignete Grundlage für eine qualitative Verbesserung des Berliner Schulsystems. Sie ist nach Maßgabe folgender Eckpunkte umzusetzen:

1.1. Gleichwertigkeit von integrierter Sekundarschule und Gymnasium

Ein zweigliedriges Schulsystem in der Sekundarstufe I ist nur dann erfolgreich, wenn beide Schularten gleichwertig sind. Das bedeutet im Einzelnen:

- An beiden Schularten gelten die gleichen Bildungsstandards und entsprechend gleiche Lernvolumina.
- Beide Schularten vergeben alle Schulabschlüsse einschließlich des Abiturs nach gleichen Kriterien.

- Für aufgenommene Schülerinnen und Schüler ist ein Wechsel der Schulart durch Entscheidung der Schule nicht mehr zulässig. Ein Verlassen der Schule auf eigenen bzw. Wunsch der Eltern bleibt selbstverständlich möglich.
- Für den Übergang in die gymnasiale Oberstufe gelten gleiche Anforderungen und Regelungen.
- Gemeinsamer Unterricht von Schülerinnen und Schülern mit und ohne sonderpädagogischen Förderbedarf findet an beiden Schularten statt.
- Beide Schularten sind gleichwertig im Hinblick auf den Anspruch, jeden Schüler und jede Schülerin in einer heterogenen Lerngruppe zum bestmöglichen Abschluss zu führen.

1.2. Die integrierte Sekundarschule

In der integrierten Sekundarschule lernen Schülerinnen und Schüler mit unterschiedlichen Lernvoraussetzungen und mit allen Lernausgangslagen. Die integrierte Sekundarschule hat das Ziel, all diese Schülerinnen und Schüler zu dem größtmöglichen Lernfortschritt zu führen, d.h. auch Spitzenleistungen zu fördern. Daher braucht die integrierte Sekundarschule eine ihren Aufgaben entsprechende Ausstattung, um ihre Schülerinnen und Schüler individuell fördern zu können. Für die integrierte Sekundarschule bedeutet dies im Einzelnen:

- Die Sekundarschule arbeitet als Ganztagsschule integrativ. Eine Aufteilung in unterschiedliche Bildungsgänge findet nicht statt. Durch eine ganztägige Bildung und Erziehung sowie die Einbeziehung formeller und informeller Bildungsangebote wird die individuelle Förderung der Schülerinnen und Schüler unterstützt.
- Die integrierte Sekundarschule führt zu allen Schulabschlüssen. Dabei soll das Abitur nach 13 oder 12 Jahren erreicht werden können.
- Im Unterricht lernen die Schüler/innen differenziert entsprechend ihrer Lernvoraussetzungen. Über die Form der Differenzierung entscheidet die Schule auf Grund ihres schuleigenen pädagogischen Konzepts. Dieses Konzept soll darauf gerichtet sein, die äußere Fachleistungsdifferenzierung als Organisationsform zugunsten der Binnendifferenzierung und des individuellen Lernens soweit wie möglich zu überwinden.
- Klassenwiederholungen entfallen bzw. finden nur in Ausnahmen – wie in der Gemeinschaftsschule – im Rahmen von Bildungs- und Erziehungsvereinbarungen mit den Eltern statt.
- Das Duale Lernen wird verbindlich an allen integrierten Sekundarschulen angeboten, steht allen Schülerinnen und Schülern offen und führt zu allen Abschlüssen.
- Als Berechnungsgrundlage für die Ausstattung der Schulen gilt eine Frequenz von 25 Schüler/innen je Lerngruppe.
- Darüber hinaus erhalten die Schulen Ressourcen für Teilungsstunden und individuelle Förderung.
- Alle integrierten Sekundarschulen haben eine gymnasiale Oberstufe: Entweder als Teil der Schulen oder in Form verbindlicher Kooperationen mit beruflichen Gymnasien oder mit Oberstufen anderer Sekundarschulen.

- Es sind die dienst- und laufbahnrechtlichen Voraussetzungen zu schaffen, damit Lehrkräfte unterschiedlicher Laufbahnen Funktionsstellen an den integrierten Sekundarschulen besetzen können.

- Die Personal- und Sachmittelausstattung von Schulen mit einem hohen Anteil an Schülerinnen und Schülern aus armen Familien oder mit einem Migrationshintergrund wird zusätzlich deutlich verbessert.

- Für den Ganztagsbetrieb erhalten die Schulen zusätzliche Lehrer/innen, Sozialarbeiter/innen und Erzieher/innen.

- Für das Duale Lernen gibt es zusätzliche Ressourcen.

- Für die Integration von Schülerinnen und Schülern mit sonderpädagogischem Förderbedarf erhalten die Schulen zusätzliche Ressourcen.

- Die wöchentliche Pflichtstundenzahl wird für alle Lehrerinnen und Lehrer an der integrierten Sekundarschule und am Gymnasium auf 26 Unterrichtsstunden festgelegt.

1.3. Das Gymnasium

Das Gymnasium wird wie die integrierte Sekundarschule veränderte Lernformen und Möglichkeiten zur stärkeren individuellen Förderung entwickeln.

- Es führt nach 12 Jahren zum Abitur. Durch Überspringen einer Jahrgangsstufe kann es auch in kürzerer Zeit zum Abitur führen.

- Eine quantitative Ausweitung der bisherigen Angebote im Gymnasium ab Jahrgangsstufe 5 gibt es nicht.

- Ein Gymnasium soll möglichst – wie es für die integrierte Sekundarschule geregelt sein wird – auf eine durch die Schule angeordnete Wiederholung einer Jahrgangsstufe verzichten.

- Berufsorientierung und Berufsvorbereitung sind auch Auftrag des Gymnasiums. Das Duale Lernen kann im Rahmen des Schulprogramms angeboten werden.

1.4. Die Gemeinschaftsschule

Die Pilotphase Gemeinschaftsschule wird fortgesetzt und wissenschaftlich begleitet. Weitere Schulen können sich bewerben. Im Einzelnen:

- Die Gemeinschaftsschule führt von der Schulanfangsphase zu allen Schulabschlüssen, insbesondere dem MSA in Klasse 10 und dem Abitur in Klasse 12 oder 13.

- Die Grundstufe ist in der Regel Teil einer Gemeinschaftsschule; Ausnahmen sind verbindliche Kooperationen mit einer oder mehreren Grundschulen.

- Gemeinschaftsschulen haben eine gymnasiale Oberstufe: Entweder als Teil der Schulen oder in Form verbindlicher Kooperationen mit beruflichen Gymnasien oder mit Oberstufen anderer Sekundarschulen.

- Die Aufnahme weiterer Schulen in die Pilotphase der Gemeinschaftsschule ist in jedem Schuljahr möglich.

- Die Deckung des Bedarfs an Gemeinschaftsschulplätzen soll in der bezirklichen Schulentwicklungsplanung berücksichtigt werden, sofern erforderlich auch durch die Neugründung von Gemeinschaftsschulen.
- Es sind die dienst- und laufbahnrechtlichen Voraussetzungen zu schaffen, damit Lehrkräfte unterschiedlicher Laufbahnen Funktionsstellen an den Gemeinschaftsschulen besetzen können.
- Die Gemeinschaftsschule wird als schulstufenübergreifende Schulform rechtlich abgesichert.

1.5. Oberstufenzentren

Im Rahmen der Schulstrukturreform sind die vielfältigen Erfahrungen und Kompetenzen der OSZ für verbindliche Kooperationen mit integrierten Sekundarschulen einzubeziehen. Dabei geht es insbesondere um Angebote

- in der gymnasialen Oberstufe
- im Bereich des dualen Lernens
- für die beruflichen Orientierung.

1.6. Übergang Grundschule – integrierte Sekundarschule/Gymnasium

Dem Übergang von der Grundschule in die weiterführenden Schularten kommt im weiteren Bildungsweg der Schülerinnen und Schüler eine besondere Bedeutung zu. Mit den beiden gleichwertigen Schularten der integrierten Sekundarschule und dem Gymnasium, die beide zu allen Schulabschlüssen einschließlich des Abiturs führen, werden gute Voraussetzungen geschaffen, um alle Schüler/innen mit unterschiedlichen Lernvoraussetzungen und Lerngeschwindigkeiten bestmöglich zu fördern.
Für den Übergang von der Grundschule in die integrierte Sekundarschule und das Gymnasium bedeutet dies Folgendes:

- Die Bildungsgangempfehlung entfällt.
- Die Eltern sowie die Schüler/innen haben Anspruch auf eine frühzeitige und individuelle Beratung durch die Grundschule, die schriftlich zu dokumentieren ist, in welcher weiterführenden Schule/Schulart die Schülerin oder der Schüler voraussichtlich die optimale Förderung entsprechend ihrer/seiner Lernentwicklung, Kompetenzen, Leistungen, Begabungen und Neigungen erhalten wird.
- Die Eltern entscheiden nach einem verbindlichen Beratungsgespräch mit der Grundschule, ob ihr Kind an einer integrierten Sekundarschule oder einem Gymnasium angemeldet werden soll. Sie haben Anspruch auf ein Beratungsgespräch an der Schule, an der sie ihr Kind anmelden wollen.
- Die integrierten Sekundarschulen und die Gymnasien nehmen im Rahmen freier Plätze alle angemeldeten Schüler/innen auf.

- Gibt es an einer integrierten Sekundarschule oder an einem Gymnasium mehr Anmeldungen als verfügbare Plätze, so ist ein Aufnahmeverfahren durchzuführen, das für beide Schularten gleich zu gestalten ist, nach folgenden Kriterien:
- Die Schulleiterin oder der Schulleiter kann im Rahmen eines Auswahlverfahrens bzw. Auswahlgespräches mit den Eltern und der Schülerin oder dem Schüler nach transparenten und gerichtsfesten Kriterien mindestens 60 Prozent der Plätze vergeben.
- Mindestens 30 Prozent der Plätze werden durch Los vergeben.
- Bis zu 10 Prozent der Plätze werden weiterhin im Rahmen einer Härtefallregelung im Einvernehmen zwischen Schule und Bezirk vergeben.
- Die Entfernung des Wohnorts zur Schule ist kein Auswahlkriterium.
- Für Schülerinnen und Schüler, bei denen sich zum Halbjahr der Klasse 7 abzeichnet, dass sie die Ziele der Jahrgangsstufe voraussichtlich nicht erreichen werden, ist eine Bildungs- und Erziehungsvereinbarung zwischen Schule, Eltern und Schülerin oder Schüler zu schließen.
- Führt die Bildungs- und Erziehungsvereinbarung nicht dazu, dass am Ende der Klasse 7 die Ziele erreicht werden, so wechselt eine Schülerin oder ein Schüler des Gymnasiums in die Klasse 8 der integrierten Sekundarschule und setzt dort den Bildungsweg fort.
- Das neue Übergangsverfahren wird unter Berücksichtigung der in Punkt 1. genannten Ziele wissenschaftlich begleitet und evaluiert. Über die Ergebnisse der Evaluation ist nach vier Jahren zu berichten.

1.7. Sonderpädagogische Förderung

Der Grundsatz „Integration hat Vorrang" – entsprechend dem gültigem Schulgesetz – gilt und wird weiter ausgebaut im Rahmen der Entwicklung eines Gesamtkonzepts der „Inklusiven Schule" entsprechend der UN-Konvention über die Rechte von Menschen mit Behinderung.
Der Senat wird aufgefordert darzustellen, wie das Wahlrecht der Eltern gewährleistet und der Ausbau der gemeinsamen Erziehung umgesetzt werden kann. In diesem Zusammenhang ist darzustellen, inwieweit es mit Blick auf die optimale Förderung jedes Kindes möglich und sinnvoll ist, derzeit vorgehaltene Doppelstrukturen, insbesondere für die Kinder mit dem sonderpädagogischen Schwerpunkt ‚Lernen', zugunsten des gemeinsamen Unterrichts schrittweise mit dem Ziel der verstärkten Integration in die Regelschule abzubauen und die sonderpädagogischen Förderzentren zu Beratungs- und Kompetenzzentren mit Netzwerkfunktion umzubauen.

1.8. Mehr Ganztagsschulen

Ganztagsschulen begünstigen eine Lehr- und Lernkultur, die auf die Interessen und Voraussetzungen des einzelnen Kindes eingeht, die Schülerinnen und Schüler zur Selbstständigkeit erzieht und Freude am Lernen und an Leistung vermittelt. Denn an Ganztagsschulen gibt es mehr Zeit. Mehr Lehr- und Lernzeit, um die Schülerinnen und Schüler optimal individuell zu fördern. Ganztagsschulen sind in diesem Zusammenhang auch eine wichtige Voraussetzung, um insbesondere für bildungsbenachteiligte Kinder mehr Chancengleichheit zu schaffen.

Ein umfangreiches Angebot an zusätzlichen Aktivitäten gibt jeder Schülerin und jedem Schüler die Möglichkeit, seine besonderen Fähigkeiten zu entdecken und zu entfalten.

Aus diesen Gründen ist es erforderlich, dass alle integrierten Sekundarschulen von Anfang an zu Ganztagsschulen ausgebaut werden und auch bei den Gymnasien der Einstieg in den Ganztagsschulbetrieb gemacht wird.

Im Bereich der Grundschule wird angestrebt, allen Schülerinnen und Schülern den Zugang zu Ganztagsschulen zu ermöglichen.

2. Verfahren der Umsetzung

Der Senat wird beauftragt, auf dieser Grundlage die erforderlichen Schritte zur Umsetzung einzuleiten und insbesondere die rechtlichen Rahmenbedingungen (z.B. Schulgesetz) zügig zu erarbeiten, über die Arbeiten regelmäßig zu berichten und dem Abgeordnetenhaus eine entsprechende Senatsvorlage zur weiteren Beratung vorzulegen.

Zu der Umsetzung gehören:

- die Entwicklung eines Leitbildes für die neue integrierte Sekundarschule. Das Leitbild soll insbesondere darstellen und Anregungen geben, wie an der integrierten Sekundarschule eine neue Kultur des individuellen Lernens und individuellen Förderns entsteht, wie durch Binnendifferenzierung alle Schülerinnen und Schüler zu höchstmöglichen Lernergebnissen geführt werden können, wie der Schulalltag an einer ganztägigen integrierten Sekundarschule funktionieren kann und welche personellen, räumlichen und sachlichen Ressourcen für die integrierten Sekundarschulen zu Verfügung stehen.
- Einführung der neuen integrierten Sekundarschule beginnend zum Schuljahr 2010/11. Der Prozess der Umwandlung sollte zum Schuljahr 2011/12 abgeschlossen sein.
- begleitende schulbezogene Fort- und Weiterbildung zur Qualifizierung des pädagogischen Personals, insbesondere mit dem Schwerpunkt „Lehren und Lernen in heterogenen Lerngruppen".
- Hierbei soll auf die Erfahrungen aus der Pilotphase Gemeinschaftsschule zurückgegriffen werden.
- Die Lehrerausbildung muss entsprechend den Anforderungen der Sekundarschule und des Gymnasiums insbesondere im Schwerpunkt „Lehren und Lernen in heterogenen Lerngruppen" angepasst werden.
- ein Verfahren, das es den Bezirken ermöglicht, für einen Übergangszeitraum im Zusammenhang mit der Schulstrukturreform benötigte Schulgebäude über den gemessen an der Zahl der Schülerinnen und Schüler bestehenden Bedarf hinaus vorzuhalten, ohne dadurch Nachteile bei den Bezirkszuweisungen zu erleiden.